叢書・ウニベルシタス　980

ベルクソン書簡集 III

アンリ・ベルクソン
平賀裕貴 訳

法政大学出版局

目次

全巻目次

凡例

書簡はオリジナルの原稿に忠実な形で表示し、以下の記号を使用した。

――一行目＝日付。SDの略号は日付なしの意。［　］内は推定年月日。

――二行目＝宛先人。Xの略号は宛先が不明であるか、（？）の保留付きで提示されているもの。

――三行目＝機関と蔵書を表す記号およびその蔵書中の資料の分類番号。nc の略号は、入手したものの未分類であった蔵書を示す記号。あるいは協力者の略号：NBR, BSP, SSG など。

――名刺。文章や句読法が異なった名刺は、日付の特定の参考になるので、その仕様を尊重している。

書簡の内部においては以下のとおり。

――ほぼ変化がなく安定したベルクソンの書体に従った。しかし中には、いくつかの特殊な例があった（tout à fait が tout-à-fait と書かれている、等）。

――論文や著書からの引用には、《　》がついている場合と、何もついていない場合がある。下線が引かれていることはまれである（引かれていない場合はイタリックで書かれている）。

――上部に印刷のある便箋については、印刷された部分に編者が下線を引いた。

――判明な表示のために、発送地と日付を改行して分離した。

――／＝原文の改ページ

——／傍点／＝線で消された語、あるいは文章

——〈　〉＝後から付け加えられた語、あるいは文章

——／…／＝判読できなかった語、あるいは文章

書簡に記された署名について

——書簡資料はＨ・ベルクソンの署名によって特定され、正統なものであるとされる。署名は、離れて書かれている本文に対して右上がりに書かれており、一八九〇年以降確定している。本文は基本的にベルクソンの手で書かれており、夫人の手によるものにもベルクソン自筆の署名がある。公的で事務的な書簡にも同様の署名が入っている。《Ｈ・Ｂ》という署名は非常に稀である。書簡の手書き原稿においては、末尾の文章あるいは《Ｈ・ベルクソン》の署名の後に句点が記されることはない。

書簡の発送について

——封筒：＝手紙、あるいは電報または気送管郵便とともに保存された封筒。

——宛先人の住所は、転送のため修正されることがあった。

——印＝郵便局印。市、街区、時刻、月日、年が記載されている。手紙の日付を確認する、あるいはそれを特定する手がかりとなった。

註

——本書では、言及されている筆者あるいは著書に関して、必要不可欠な特定をするにとどめた。これらの原稿の多くはドゥーセ図書館で収集され、資料登録の際の登録簿に記載されたＢＧＮの記号とそれに伴う数字をも

って整理された。このリファレンスは、可能な場合には付記しておいた。現在使われている検索カードを用いると、資料の書架番号を知ることができる。

——下書き原稿の註には、それが記されていた文書の情報が記載されている。それらの文書とは多くの場合、送られてきた著書に付いていた広告か出版のお知らせである。その著書の出版年月日が（特に印刷終了日、法廷納本の日付によって）推定可能な場合は、ベルクソン書簡の日付特定に役立った。年と月しか判明しない場合は、そのテクストはその年その月の末尾に挿入した。付記されている情報は、図書館あるいは個人蔵書等にその資料が入ったときに付けられた目録の整理番号である。J・ドゥーセ図書館に関しては、BGNおよび数字が付されている。この情報に基づいて、専門家はドゥーセ図書館の検索カードを使って、この基金独自の書架の分類方法に従って保管されている著書の分類番号を特定することができる。

＊

日本語版追加凡例

一、原書には、すでに『論集』*Mélanges*（一九七二年）に収録されているために、重複を避けて部分的にしか掲載されていない書簡がいくつか存在するが、訳出にあたってはそれらも全訳した。
一、文中の［　］は編者による補足であり、〔　〕は訳者による補注である。
一、封筒の宛名等の表記は、日本語式に地名↓建物名↓肩書↓人名といった順番になるよう、原書に変更を加えた。

（訳者記）

参照した蔵書の略号

『アンリ・ベルクソン書簡集』刊行に際しての初めの照合作業のために、我々に所有資料の閲覧を許可してくださったすべての図書館や資料室、そして個人蔵書に対して謝意を表するものである。我々が迅速に本書を出版することができたのは、多くのベルクソン文書の責任者あるいは所有者の厚意のおかげであり、その好意的な助力によって出版された本書の見返しのページにその名称を列挙し、敬意を表するものである。

AASP　Archives de l'Académie des Sciences, Paris（Mme Fl. Greffe）．科学アカデミー古文書館、パリ
ACFP　Archives du Collège de France, Paris（Mme E. Maury）．コレージュ・ド・フランス古文書館、パリ
AFBCN　Archivio Fondazione B. Croce, Napoli（Mme M. Herling）．B・クローチェ基金資料館、ナポリ
AICP　Archives de l'Institut catholique, Paris（M. St. Billoneau）．カトリック学院古文書館、パリ
ALS　Archives Littéraires Suisse, Berne（M. M. Michaud）．スイス文学文書館、ベルン
AMBL　Archives Maurice Blondel, Louvain-la-Neuve,（M. Cl. Troisfontaines）．モーリス・ブロンデル資料館、ルーヴァン＝ラ＝ヌーヴ
ANFP　Archives nationales de France, Paris.　フランス国立中央文書館、パリ
ANLASR　Accademia Nazionale dei Lincei, Fondo Storico, Rome（Mme A. Baccari）．アッカデーミア・デイ・リンチェイ、歴史資料室、ローマ

ARAP　Archives Raymond Aron, Paris（Mme D. Schnapper, Mme E. Dutartre）．レイモン・アロン（政治研究センター付属）文書資料室、パリ

ARBB　Académie royale de Belgique, Bruxelles．ベルギー王立アカデミー、ブリュッセル

AUP　Archives de l'Unesco, Paris．ユネスコ資料館、パリ

BCL　Bibliothèque cantonale de Lugano（Mme Diana Rüesch）．ルガーノ州立図書館

BCUL　Bibliothèque cantonale et universitaire de Lausanne（Mmes D. Mincio, V. Mayor et V. Sugnaux）．ローザンヌ州立大学図書館

BENSP　Bibliothèque de l'École normale supérieure, Paris．高等師範学校付属図書館、パリ

BIP　Bibliothèque de l'Institut, Paris．フランス学士院付属図書館、パリ

BJNUJ　Bibliothèque juive nationale et universitaire, Jérusalem（Mme B. Wolff, R. Weiser）．イスラエル国立図書館、エルサレム

BLL　British Library, Londres．大英図書館、ロンドン

BLO　Bodleian Library, Oxford．ボードリアン図書館、オックスフォード

BNCF　Bibliothèque nationale centrale, Florence（Mme P. Pirolo）．フィレンツェ国立中央図書館

BNCR　Bibliothèque nationale centrale, Rome（M. L. Lattarulo）．国立中央図書館、ローマ

BNFP　Bibliothèque nationale de France, Paris（Mme M. Sacquin）．フランス国立図書館、パリ

BPUG　Bibliothèque publique et universitaire de Genève（Mme B. Prout）．ジュネーヴ公立大学図書館

BSBM　Bayerische Staatsbibliothek, Munich（Mme J. Wagner）．バイエルン州立図書館、ミュンヘン

BSP　Bibliothèque de la Sorbonne, Paris．ソルボンヌ図書館、パリ

BVLCF　Bibliothèque de la Ville, La Chaux-de-Fonds（Mme S. Béguelin）．ラ・ショー・ド・フォン市立図書館

CPO　Centre Charles-Péguy, Orléans（Mme J. Sabiani). シャルル・ペギーセンター、オルレアン

CULNY　Columbia University Library, Manuscript Library, New York（M. Jean Ashton, C. A. Turley, Mme T. Chebotarev, B. R. Crystal). コロンビア大学付属図書館、マニュスクリプト・ライブラリー、ニューヨーク

Doucet　Bibliothèque littéraire Jacques-Doucet, Paris（M. Y. Perret, Mme Bobis, R. Froger). ジャック・ドゥーセ文学図書館、パリ

FPAS　Fonds privé Anne Souriau. アンヌ・スーリオ個人蔵書

FPBSP　Fonds privé Brigitte Sitbon-Peillon. ブリジット・シットボン＝ペイヨン個人蔵書

FPCF　Fondazione Primo Conti, Fiesole. プリモ・コンティ財団、フィエーゾレ

FPÉH　Fonds privé Élie Halévy（Mme Henriette Guy-Loë). エリー・アレヴィ個人蔵書

FPJF　Fonds privé Jean Ferrari. ジャン・フェラーリ個人蔵書

FPJM　Fonds privé Joanina Minkowska. ジョアニーナ・ミンコフスカ個人蔵書

FPLB　Fonds privé Lucien Lévy-Bruhl. リュシアン・レヴィ＝ブリュール個人蔵書

FPM　Fonds privé Murat（M. R. De Laguiche). ミュラ個人蔵書

FPPA　Fonds privé Pierre Andreu. ピエール・アンドルー個人蔵書

FPT　Fonds privé Troisier-Ollivier. トロワジエ＝オリヴィエ個人蔵書

GPVF　Gabinetto Scientifico Letterario G. P. Vieusseux, Florence（Mme C. Del Vivo). G. P. ヴュッスー文学科学資料館、フィレンツェ

GUBCB　Göteborgs Universitetsbibliothek, Centralbibliotheket（M. A. Larsson). ヨーテボリ大学図書館中央館

HAL　Husserl Archiv, Louvain. フッサール文庫、ルーヴェン

HSNY　Historical Society, New York（Mme M. Haley). ニューヨーク歴史協会

IMECP　Institut Mémoires de l'Édition contemporaine, Paris（Mme Martine Ollion）．現代出版資料研究所、パリ

JHUELB　The Johns Hopkins University, The Milton S. Eisenhower Library, Baltimore, Maryland, USA（Mme Margaret N. Burri）．ジョンズ・ホプキンス大学、ミルトン・S・アイゼンハウアー図書館、ボルチモア、メリーランド、ＵＳＡ

KAD　Keyserling-Archiv, Darmstadt, Hessische Landes-und Hochschulbibliothek（Mme Ute Gahlings）．カイザーリンク資料館、ダルムシュタット、ヘッセン大学・州立図書館

KBH　Koninklijke Bibliotheek, Den Haag（M. Th. Verbeck, Mme A. Langendoen）．オランダ国立図書館、デン・ハーグ

KBK　Det Kongelige Bibliotek, København, Copenhague（M. P. Ringsted）．デンマーク王立図書館、コペンハーゲン

KBS　Kunglige Biblioteket, Stockholm（M. O. Winberg）．スウェーデン王立図書館、ストックホルム

LCW　The Library of Congress, Manuscript Division, Washington, USA（M. Fred Bauman）．アメリカ議会図書館、マニュスクリプト部門、ワシントン、ＵＳＡ

MAEAP　Ministère des Affaires étrangères, Archives, Paris．フランス外務省付属文書資料室、パリ

MLSIUC　Morris Library, Southern Illinois University, Carbondale．モリス図書館、南イリノイ大学、カーボンデール

MSMLM　Münchner Stadtbibliothek, Monacensia Literaturarchiv, Müunich（Mme Ursula Hummel）．ミュンヘン市立図書館、モナセンシア文学資料室、ミュンヘン

NLH　Niedersächsische Landesbibliothek, Hannover（Mme Fr. Leloutre）．ニーダーザクセン州立図書館、ハノ

ーファー

NLSE　National Library of Scotland, Edimbourg（M. Chr. Taylor）．スコットランド国立図書館、エディンバラ

RACNY　Rockefeller Archive Center, New York（M. Th. Rosenbaum）．ロックフェラー・アーカイヴ・センター、ニューヨーク

RANHH　Rijksarchief in Noord-Holland, La Haye（M. J. Wigmans）．北ホラント州国立文書館　デン・ハーグ

RHPR　*Revue d'Histoire et de Philosophie religieuses*.　宗教史宗教哲学評論

SAS　Svenska Akademien, Stockholm（M. G. Landberg）．スウェーデン・アカデミー、ストックホルム

SNM　Schiller Nationalmuseum, Deutsches Litteraturarchiv, Marbach am Neckar（P. Weiss）．シラー国立博物館、ドイツ文学資料室、マルバッハ・アム・ネッカー

UBL　Universiteitbibliotheek, Leiden.　大学図書館、ライデン

UBAL　Universitätsbibliothek Albertina, Leipzig（Mme E. Schuricht）．大学図書館アルベルティーナ、ライプツィヒ

UBU　Universitetsbibliothek, Uppsala（C. Chevallier）．大学図書館、ウプサラ

UCLAYL　University of California, Los Angeles, Library Special Collections, Charles E. Young Research Library（Mme Anne Caiger）．カリフォルニア大学ロサンジェルス校、特別収蔵品、チャールズ・E・ヤング・リサーチ・ライブラリー

ULB　University Library, Bristol.　ブリストル大学図書館

ULE　University Library, Edimbourg.　エディンバラ大学図書館

ULHH　University Library, Houghton, Harvard（Mme E. Walhout）．ハーバード、ホートン大学図書館

VCP　Bibliothèque Victor Cousin, Paris.　ヴィクトール・クーザン図書館、パリ

WDTT　Waséda-Daïgaku-Toshokan, Tokyo（Mme Yumiko Nakamura, M. Yasuhiko Masuda）．早稲田大学図書館、東京
YIJRNY　Yivo Institute for Jewisch Research, New York（L. Greenbaum）．イーヴォ・ユダヤ調査研究所、ニューヨーク
YUSLNH　Yale University Sterling Library, New Haven（Mme P. Slatter）．イェール大学スターリング記念図書館、ニュー・ヘイブン

図版はシュザンヌ・ナジ夫人所有のネガをもとに、ジャック・ドゥーセ図書館ベルクソン・コレクションにあるものを使用した。（92240 Malakoff）

ベルクソン書簡集Ⅲ

一九二五年

ミュラ伯爵夫人へ

一九二五年一月一日

FPM

パリ、ヴィタル通り三二番地
一九二五年一月一日

親愛なる奥様
私の感嘆に満ちた心持ちをご存じでしょうから、奥様にこれをお伝えするのに元日という機会すらまったく必要ないものと存じます。ですが、どれほど私が奥様の親愛なる訪問に感激し、お話できずどれほど悔やんだかをお知らせするのをこれ以上遅らせたくはありません。私の体調は良好ですが、時折ひどくなる関節炎でベッドに寝たきりです。／これがいまだ私を苦しめます。幾日かののちにはほとんど解放されるでしょう。そのときには奥様にお電話するよう妻に頼んでおきます。

敬具
H・ベルクソン

封筒：気送速達電報
ミュラ伯爵夫人
サン＝ドミニク通り四一番地
パリ七区
印：パリ一六区、ショパン広場、一九二五年一月一日十三時

M・アルヴァックスへ

一九二五年一月三日

IMECP (Fonds M. Halbwachs)

パリ、ヴィタル通り三二番、一九二五年一月三日

親愛なる友
もう少しで三週間にもなるひどく痛む関節炎のせいで、ベッドで身動きがとれずにおります。しかし快復しつつあり、あなたが気遣いのうえで望まれた会合のお約束に、あなたが発つ前にはお応えできそうです。つまり本日午後は

可能ではないと考えます。これについては非常に申し訳なく思います。あなたの研究全般について、特に記憶についての研究について語り合えれば幸いです[1]。パリにお越しの際に時間が許せば、近況を必ずお知らせくださるようお願いいたします。

敬具

H・ベルクソン

（1）後出の一九二六年四月二十七日の書簡参照。

一九二五年一月九日

G・ミュレへ

パリ、ヴィタル通り三二番、一九二五年一月九日

BodLO (Ms G. Murray Papers, 266, f. 168–169)

親愛なる同僚殿

親切なお手紙をどうもありがとうございます。確かに私は体調が悪くベッドに伏せていますが、そうした理由で我々が会期を延期したのではありません。なぜなら、あなたは大変ご厚意をもって私の議長の座を代わってくださるでしょうから。これは単純に、我々が待ち望んでいる通りには、両議会が我々の学士院のための予算を依然として可決してくれないのが理由です。下院はその急を要する旨を認めましたが、上院は議案を保留したままであり、我々はあらかじめそうした決定に対処することができ／ません。会期を最終的に決定するための日付に関しては、当然あなたに都合を伺いたいと思います。あなたの参加は不可欠です。「心理学研究協会 Society of Psychological reseach」の「会報」はまだあなたの実験に関する書評を掲載していませんが、『マンチェスター・ガーディアン』[1]で読んだ要約は、きわめて強く私の関心を引きました。あなたがパリにいらっしゃったときに、これについてお話できることを願っています。

敬具

H・ベルクソン

（1）『マンチェスター・ガーディアン』紙。

一九二五年一月九日

G・ド・レイノルドへ

ALS

パリ、ヴィタル通り三二番
一九二五年一月九日

親愛なる同僚にして友

あなたが手筈を整えたにもかかわらず、このたびの会期の延期がそれを台無しにしてしまったことを強く残念に思います。しかし、これは不可避のことでした。というのも、上院は大臣の申し出のためにこの切迫した事態を繰り延べてしまい、この状況では、我々は最終決定にあらかじめ対処できないからです。これは敬意を欠いた行為であり、さらにすべてをやり直さざるをえない危険に我々を曝すものです。一ヶ月前から私はベッドに寝たきりで、関節炎がひどく／痛みます。――それゆえ、最終的に私は委員会の会議へ参加しないと決めました。訪問を受けることから完全には距離をとることはできないでしょう。いずれにせよ、もしパリにいらっしゃることを決めた場合は、どんな場合であれあなたの訪問は待ち遠しいものとなるでしょう。その場合、気送速達便にて面会の約束を申し出たいので、いつ到着し、どこに滞在するかをお知らせください。あまりに早くに約束することは難しいですが。

敬具　／

H・ベルクソン

一九二五年一月十二日

ディーデリヒスへ

SNM (Fonds Diederichs)

新住所：パリ、ヴィタル通り三二番地
一九二五年一月十二日

イエナのオイゲン・ディーデリヒス様

敬愛すべき貴殿

今月六日の貴翰への返信において、もしアルゴ・ルーエ氏が彼の書籍をドイツ語で翻訳出版する計画を私に明かした場合に、それを思い止まらせるためにはできる限りのことをするとあなたに一心にお伝えしました。私はドイツで激しく攻撃されています。私と個人的関係にあり、努めて私を弁護してくれる著者の非常に賞賛に値する書籍が、まぎれもなく私の承認によってドイツ語訳で出版されるのは、私には耐え難いものとなるでしょう。ルーエ氏は私のこうした理由を理解してくださると信じております。

貴翰の別の一節に関して、ひと言伝えさせてください。戦前の我々の関係についての輝かしい思い出をいまだ持ち続けています。そして多くの機会を確かに与えてくださったにもかかわらずあなたと連絡しなかったのは、まさに我々両国間に起こったことの後に、我々の関係を元のまま回復することが困難に思われたからです。しかし、時が一切を解決しました。あなたは当然、依然として私の著作のドイツでの出版者であり続けます。

敬具

H・ベルクソン

一九二五年一月十五日

F・C・S・シラーへ

UCLAYL (Schiller Papers, coll 191, Box1)

パリ、ヴィタル通り三二番地

一九二五年一月十五日

親愛なるシラー

ダヴォスから送っていただいた親切なお言葉への感謝が遅くなりました。なかなか消えない関節炎によりベッドに伏せており、今ようやく良くなってきたというのがその理由です。この折を利用し、どれほどの喜びをもってあなたの『信仰の問題』[1]を拝読したかをお伝えします。このテーマに関してあなたに書信を送れずにいたのは、／受け取ったときに非常に多忙だったからです。これは、一段と難解なテーマに関する、実に洞察力に優れた独創的な心理学研究です。避けようがなく若干曖昧となる抽象的形式のもとで信仰全般の状態を考察する代わりに、あなたは形式と素材を一緒に受け止め、信仰対象の多様性そのものによって区別される各信仰を一つずつ検討しています。その結果、あなたの研究は／とりわけ具体的で血の通ったものとなっています。この著作に対してあらゆる称賛を込めて——敬具

H・ベルクソン

（1） *Problems of Belief*, Londres, Hodder, 1924.

一九二五年一月二十一日。Doucet（BGN 2355）、マドリッド王立人文科学アカデミー通信会員となる。

一九二五年一月二十五日

Ch・デュ・ボスへ

Doucet（BGN 3033）

パリ

一九二五年一月二十五日

親愛なる友

あなたは私の「形而上学入門」に多大な敬意を表してくださり、多くの関心を集めることが予想される叢書に推挙してくださいました。しかしながら、随分前から、ガリマール氏はこれを一冊の本の形で再販したいと言っており、原則として私はそれを許諾しました。再販が叶わなかったのは、論考のいくつかの箇所を手直しするため、／他の二、三のエセーも同様に推敲せねばならなかったからです。それらのエセーは、あなたが触れた選集のなかでこの論考とともに刊行されると思われます。この選集(1)の序文の執筆に取りかかっていたので、これらの作業はすべて中断されています――この序文はかなりの長さになっていて、非常に難解な研究に取り組むにあたってはいったん止めねばなりませんが、私はこれをいっそう急を要するものと考えております。お分かりいただけると思いますが、私には／ご依頼していただいたことを行うのはまったく不可能です。

体調は良くなり始めていますが、いまだベッドに伏せています。健康を取り戻したときにお時間がありましたら、あなたとお話ができれば非常に幸いです。

敬具

H・ベルクソン

あなたにお会いできるのは大変喜ばしいことです。その際には、どれほどの興味とともに海外作品の美しい翻訳を読んだかをお伝えしたく思います。／これはあなたが出版して、送っていただいたものです。

（1） 出版準備中の『思想と動くもの』のこと。

一九二五年一月二十七日

R・ドゥーミックへ

IMECP（RDM D 1）NRB

パリ、ヴィタル通り三二番地
一九二五年一月二十七日

親愛なる友

親切なお誘いに感謝いたします。これに応じられる体調であればよいのですが、しつこい関節炎で六週間以上前からベッドに寝たきりです。そのうちに少し起き上がれるようになることを願いますが、自信はありません。いずれにせよ一、二時間立つか座って過ごせるようになるには、おそらく充分長い期間を経ることになるでしょう。敬具

H・ベルクソン

SD［一九二五年一月末］

J・バンダへ

Doucet（BGN 617）BSP

興味深く、また精神的に豊かな『メリザンドへの手紙』をご親切にも送っていただき感謝申し上げます。／…／また「ル・リーブル」についての格調高い紹介にも感謝申し上げます。[1]

（1）一九二五年一月二十八日発行の『メリザンドへの手紙』の著者ジュリアン・バンダから入手した、出版社「ル・リーブル」の代表取締役エミール・シャモンタンの名刺の裏に鉛筆で書かれた下書き。そこから日付を推測した。

一九二五年二月三日

マリー・キュリーへ

BNFP（Fr na 1844, f. 240-241）

パリ、ヴィタル通り三二番地

一九二五年二月三日

親愛なる奥様

新たな機関を創設する計画に、望む通りには専念することができません。長患いの関節炎のため、もうすぐ二ヶ月もベッドに寝たきりです。これは改善しつつありますが、どうやらなおも少しの間私の活動を阻むでしょう。

準備中のあらゆる事柄は、満足とは懸け離れたものです。特にあなたがいくらか不安を覚えている書類（C.I.C.I 130）に関しては、いかなる程度でも責任をもつつもりはなく、この書類はリュシェール氏の個人的見解を述べたものにすぎないのは明らかだということを彼に告げました（まさにそれゆえに、彼はそれを「レポート」ではなく、「リュシエール氏の所見」と名付けたのです）。――大抵の場合、我々に課された計画は、もっぱら議論の基礎に役立つことを目的とします。この計画に関して存続するものは、我々が／熟慮の後に維持することを決定したもののみでしょう。

敬具(1)

H・ベルクソン

（1） マリー・キュリーからの別の書簡：f. 242, 一九二五年二月九日、ベルクソンへの委任。f. 243, 一九二五年三月二十五日、会議の実行可能の旨 f. 244, 一九二五年十月十四日、ベルクソン辞任への遺憾の意。「文明の未来のための大いなる重要性を有する活動に向けて、あなたとの協力という恩恵を授かったことに感謝していたことをご理解ください」。そして一九二四年十一月三日の書簡（BGN 730）。

一九二五年二月五日

A・アインシュタインへ

BJNUJ（Archives Einstein, 34.026）

パリ、ヴィタル通り三二番地

一九二五年二月五日

親愛なる同輩

お伝えいただいたエルサレム大学の開校式へのヴァイツマン教授からの招待には深く感動いたしました。もし可能であったなら、喜んでこの感動的な式典に出席したでしょう。ですが不幸にもその手段が見当たりません。誇張なくお伝えしますが、何年ものあいだ半日の休みも取ることができていません。講義や講演のためにいろいろな国で取り交わした約束を守ることさえ叶いません。時折こうした約束に皆が念を押してくれますが、いつも延期せざるをえません。このような状況にあっては、エルサレムへの渡航のために留守にすることなど到底不可能です。あなたから／ヴァイツマン教授へ（教授宛の手紙をあなたにお送りします）、心からの感謝と遺憾の意をお伝えいただけないでしょうか。

国際知的協力委員会の次回の会期にあなたと再会できることは、大きな喜びとなります。これは新機関の創設が主な目的となるでしょう。委員会のメンバーの幾人かが第一に抱いた杞憂は私にももちろん理解できたのですが、この機関が機能するところを目にすることで、すっかり消え去ってしまうことを期待します。

敬具

H・ベルクソン

C・L・ドーリアックへ

一九二五年二月八日

Doucet（BGN 2807）

パリ

一九二五年二月八日

拝啓

この立派なご著書(1)を送ってくださったことに直ちに感謝いたします。すぐにでも拝読しようと思います。この本を構成するいくつかの研究についてはすでに存じておりましたが、各々を続けて再読し、そしてきわめて力強く洞察力を保ち続ける思考を再び理解することは、どれほど興味をそそるでしょうか。／著者の愛するあれこれの哲学者の理論をいかに謙虚に主題に据えても、それは著者自身のものであって、著者の個人的概念が放出されているからです。リオネル・ドーリアックその人を知る幸運に恵まれた者たちにとって、心動かされずしてはこの書を読めないとも言わせてください。彼らは、ドーリアックの思想や言葉のすべての特徴的輪郭とともに、彼の全体をそのうちに再び見出すでしょう。そして特に、／彼の話法のうちに非常に鮮明な魅力をもたらしている含蓄の豊かさを覚えるでしょう。奥様にくれぐれもよろしくお伝えください。

敬具

H・ベルクソン

封筒：カール・リオネル・ドーリアック

ヌーヴェル通り八番地
パリ九区
印：パリ一六区、ショパン広場、一九二五年二月九日二十時四十五分

（1）〔訳注：注番号が付されているが、注自体は欠如している〕

一九二五年二月十日

レニエへ

AIP

［パリ、一九二五年二月十日。アカデミー・フランセーズ賞委員会への招集願い。「残念ながら本年はアカデミーに出席できません。二ヶ月以上前から執拗な関節炎に捕らえられ、私は伏して過ごしています」。］

一九二五年三月四日

G・ド・レイノルドへ

ALS

アルプ＝マリティーム県、カップ・マルタン
デュニュール・ヴィラ
一九二五年五〔ママ〕月四日

親愛なる同僚にして友

あなたの丁重なお便りが、地中海沿岸におります私のもとに届きました。移動が可能になるとすぐに、医師らは私をここに移送したのです。快復からはほど遠いもので、動くことも非常に困難です。それにもかかわらず、少なくとも何日間か交渉事をせねばならないでしょう。というのも、我々の委員会の業務に携わらざるをえないのです。来週には、委員会にとって達成必須な、大変重要で緻密な仕事があります。明後日には私はパリに帰ります。

あなたにお手紙を書けるよう、あなたが伝えたがっていた創意工夫に富む計画の文書をお待ちしております。ロネオグラフ版が完成していないのか、私宛の冊子が配達の遅

れを被っているのか、これはいまだ手元に届いておりません。パリで手にできることを期待します。会議での審議前にそれを拝見し、検討できることが望ましいでしょう。奥様に親愛なる同僚にして友よ、それでは近いうちに。
よろしくお伝えください。

敬具
H・ベルクソン(1)

(1) この手紙はベルクソン夫人が手書きし、ベルクソンが末尾にサインを加えている。

一九二五年三月七日　G・マルセルへ

BNFP (Fonds G. Marcel, nc)
パリ、ヴィタル通り三二番地
一九二五年三月七日

拝啓
何週間も前から病に苦しんでおりますゆえ、『嬰へ長調四重奏』(1)を送っていただいたことにいまだ感謝を申し上げておりませんでした。しかし、どれほどの興味をもって拝読したかお伝えするのをこれ以上遅らせることはできません。まさに生命力にあふれたこの劇作品は、終始哲学的思考に突き動かされています。あなたは、純粋に人間的な感覚のなかで貫徹される精神化作用を我々に目撃させます。／それはより高尚な感情の影響下に行われ、この感情はまずはもっぱら単に感覚に寄り添いますが、最後にはそれを自分の内に取り込んでしまいます。そしてこの卓越した倍音が、最終的には基音を包み込むのです。真に独創的で力強いこの作品への称賛の言葉を送ります。

敬具
H・ベルクソン

(1) 『嬰へ長調四重奏、四幕劇』 *Le quatuor en fa dièse, pièce en cinq actes*, Paris, Cadet, 1920; Paris, Plon, 1925.

一九二五年三月十四日　G・マルセルへ

BNFP (Fonds G. Marcel, nc)
パリ、ヴィタル通り三二番地

一九二五年三月十四日

親愛なる貴殿へ、親切なお言葉に感謝申し上げます。あなたが示唆した「ベルクソン哲学と音楽」という言葉から、あなたの論考[1]がすでに発表されていたことを思い出しました。それを拝読したいと強く思っていますので、何号に掲載されたのかを教えてくだされればありがたく存じます。

敬具

（1） *Revue musical*, VI, 5, 1er mars 1925, p. 220–229.

一九二五年三月十五日

ペギー夫人へ

CPO (Cor-IV, Inv 243)

パリ、ヴィタル通り三二番地
一九二五年三月十五日

拝啓

三ヶ月前から身動きできず、ここ何日かは特に苦しんでおりました。そのせいで、いまだあなたとの約束を決められずにいました。明日火曜日の午後五時にいらしていただくことはできますか？ もしこの時間でご都合がよろしければ、返信には及びません。

敬具

H・ベルクソン

封筒：ペギー夫人
ウーダン通り一二番地
ソー（セーヌ県）
印：パリ、モンパルナス駅、一九二五年三月十三日二十三時三十分

一九二五年三月十八日

A・ロワジーへ

BNP (Fr na 15649, f. 189–190)

パリ、ヴィタル通り三二番地
一九二五年三月十八日

親愛なる同僚殿

あなたの近著二作『ルカによる福音』と『人間の道徳』[1]を送ってくださったことに感謝するのが何ヶ月も遅れてし

まいました。その理由は、十二月まで手の空いた時間は、私が議長を務めた国際連盟の委員会から課せられた活動と懸念事項に占められており、一息つけそうになったまさにそのときに、病に倒れてしまったからです。三ヶ月以上ベッドに伏せています。とはいえ、どれほど深甚な興味をもってご著書を読んだかを知っていただく必要があります。まずは「人間の／道徳」についてですが、道徳において、先入観や理論や体系を退けて現実と対峙するためのかくも厳格な努力を、人々がまったく払ってこなかったかどうかは分かりません。ですが、この新たなご高著は先人たちの誰よりも、私自身が研究した問いに達していることが分かります。社会道徳に関する多くの点について、個人的省察を通じてあなたのそれに類した結論、ともかく両立する結論に到達したことに気づいてどれほど満足したでしょうか！　実のところ私は社会的視点にのみに限定しないことに拘るのです。私が大きな場所を割くのは形而上学的考察であり、／これこそ諸事実から解放されているように私には思われます。しかし、この考察は多くの部分であなたの考察に重なり合うものです。

この非常に立派な著作をお書きになられたこと、そして聖ルカの福音にあなたが捧げた著作にもまた祝意を示したく思います。これに関して自分はあまり知識がありませんが、注釈における並外れた学識の深さ、そして第三福音書の多くの曖昧な点へと投げかける光に感嘆せずにはおれません。この感嘆を、あなたの作品に対して感じたことを何度でもお伝えします。

敬具

H・ベルクソン

（1）『聖ルカによる福音』*L'Évangile selon saint Luc*, Paris, Nourry, 1924;『人間の道徳』*La morale humain*, Paris, Nourry, 1923.

H・ド・レニエへ

SD［一九二五年三月末］

BIP (Ms 5698, f. 310)

ヴィタル通り三二番地
アカデミー・フランセーズ会員
道徳政治学アカデミー会員
アンリ・ベルクソン

なおも痛みが続き、いまだに感謝できずにおりますが、親愛なる同輩アンリ・ド・／レニエ氏は非常に美しい『日付のある散文』(1)――人々を蘇らせ、事物に生命を与える驚くべき喚起です――を送ってくださいました。

(1) 別の筆跡で、「一九二五年」と記されている。この日付は正確だと考えられる。『日付のある散文』*Proses datées*, Paris, Mercure, 1925 は一九二五年三月二十七日に刊行された。そこから日付を推測した。

一九二五年四月四日

Ch・モーラスへ

ANFP (576 AP 73)

ヴィタル通り三二番地
アカデミー・フランセーズ会員
道徳政治学アカデミー会員
アンリ・ベルクソン

『内的音楽』(1)――きわめて美しい本であり、散文であっても韻文であっても終始芸術家の様相を示している――を送ってくださったことに感謝を込めて。心理学者たちはここに多くの学ぶべきものを見出すでしょう。

封筒：シャルル・モーラス
ヴェルヌイユ通り六〇番、パリ七区
印：パリ六区、ショパン広場、一九二五年四月四日十九時三十分

(1) *La musique intérieure*, Paris, Grasset, 1925.

一九二五年四月二十二日

G・メールへ

Doucet (BGN 2934)

アルプ＝マリティーム県、カップ・マルタン
デュニュール・ヴィラ
一九二五年四月二十二日

親愛なる友
名誉にも私に捧げていただいた研究を、見事完成させた

と耳にするのはどれほどうれしいことでしょう！　言うまでもなく、その研究について語り合えればとても喜ばしいことです。つまり、より／全般的に言って、あなたの目標は何かということについてです。しかし不幸にも、私は何ヶ月も前から病に苦しんでいます。四ヶ月続けて、耐え難い関節炎によりベッドに寝たきりで、関節炎が大半の動作を非常に困難にしていました（あるいはなおも困難にしています）。パリを離れられる状態／になるやいなや、医師らは南仏への移動を命じました。現在私はそこに滞在し、そして良くなり始めていると感じています。あと二、三ヶ月ここに滞在します。パリに戻ったらひと言お知らせします。／敬具

H・ベルクソン(1)

(1)　この手紙はベルクソン夫人が手書きし、ベルクソンが末尾にサインを加えている。

一九二五年四月二十五日

J・リュシェールへ

Doucet (NGB 2837)

アルプ＝マリティーム県、カップ・マルタン
デュニュール・ヴィラ
一九二五年四月二十五日

親愛なる友

噂に聞くように、内閣が倒れる以前に(1)、結局上院は会期延期前に法案に時間を割こうとしたのか否かを確認するために、ブレモン氏に対して手紙をしたためました。返信を受け取れずに時が経ち（ブレモン氏はその後パリを離れていたことを知らせてくれました）、私は委員会招集を決めて、四月十一日になってジュネーヴ事務局へその旨を通知しました。招集状は五月十一日に向けて発送され、電報で打診された委員会メンバーはその日に来ることが可能だと教えてくれました。

長い間待ちながら、委員会議長として最大限の厳しい責任を被りました。上院の票決は確定していたと言われたと

しても、ご存じでしょうが、それは事情に深く通じた上院議員の意見とは思えません。そしてもし票決が不利であったならば、当然国際知的協力委員会は、／上院委員会が要求する詳細な説明を提出するにあたって国際知的協力委員会を招集しなかった点で議長を非難したでしょう。こうした説明を、評議会の会期前の昨年十一月の時点で私は切望しました。そのときにすぐ私は委員会招集を欲しましたが、予算上の理由で不可能だと返答されました。それは良からぬ滑り出しであって、この開始の際の不手際が、それに続く他のことともに、その後パリで行われたすべてに影響を及ぼしました。

キュリー夫人は国際知的協力機関の問題に強く関心をもっていますが、五月後半にはポーランドへ発ってしまいます。それが五月十一日以降の会期延長が不可能であった理由の一つです。

およそ健康を快復するにはほど遠いですが、南仏の日差しのおかげで良くなり始めています。あなたにお勧めいただいた通りでした。

敬具

H・ベルクソン(2)

（1）一九二五年四月二十七日、ポール・パンルヴェがエドゥアール・エリオから首相の座を引き継いだ。

（2）この手紙はベルクソン夫人が手書きし、ベルクソンが末尾にサインを加えている。

SD［一九二五年四月末］

Ch・ブロンデルへ

ACFP（C-XII-Bergson-41 B）

ボーセジュール大通り四七番地
アカデミー・フランセーズ会員
道徳政治学アカデミー会員
アンリ・ベルクソン

親愛なる同僚であるあなたに、二つの優れた研究(1)を送っていただいたことに感謝を述べておくべきでした。これらは、社会学に対する精神病理学と心理学の重要性を示しています（自殺に関するあなたの考察は、特に教えに富むものです）。私は（「原始心性」に関することに）生物学もまた貢献するだろうと付言できると思います。

敬具

H・ベルクソン

（1）「病理学・社会学的心理学」« Psychologie pathologique et sociologie », conférence à la Faculté de médecine du 25 février 1925, *Journal de psychologie*, XXII, 4, 15 avril 1925, p. 326–359. そこからこの日付を提唱した。この「原始心性」への言及は、著作に先立つ論文に関連するものである。

一九二五年五月一日

H・A・ローレンツへ

RANHH (Lorentz C.I.C.I)

カップ・マルタン、デュニュール・ヴィラ

（アルプ＝マリティーム県）

一九二五年五月一日

拝啓

送ってくださったお便りは、地中海沿岸におります私のもとに届きました。移動可能になるやいなや、すぐに医師たちが私をここに送り出したのです。言うまでもなく、会期終了まであなたを引き止めておけないのを非常に残念に存じます。しかし最初の三日間にあなたがいるだけで、それだけでも充分なものになるでしょう。私は／全力を尽くし、来るべき機関に関する必要不可欠な仕事を、この初めの数日中に収めます。

そうすれば、あなたが任命する代理人が、あなたが去るときに交替のため会期開始からすぐあなたの席に付くというやり方にすっかり適うものになるでしょう。そうしてルードン大臣、もしくは彼およびあなたが指名した人が同僚になることを、我々は心からうれしく、また光栄に思うでしょう。

なかなか治らない関節炎に私はまだ苦しんでいます。この関節炎は五ヶ月もの間、そして今もなお私の動きを封じ、大半の動作を苦痛にします。しかしながら、全会議に参加できるよう願っています。これが今年度の初仕事になるでしょう。というのも、十二月以降、すべてを中断せねばならなかったからです。

敬具

H・ベルクソン（1）

（1）この手紙はベルクソン夫人が手書きし、ベルクソンが末尾にサインを加えている。

一九二五年五月一日

G・ミュレへ

BodLO (Ms G. Murray Papers, 266, f. 198 b-c)

アルプ＝マリティーム県、カップ・マルタン
デュニュール・ヴィラ
一九二五年五月一日

拝啓
あなたが病に苦しんでおり、今会期に欠席することを耳にするのはとても残念です。これが委員会の全メンバーの心情であると固く信じております。言うまでもなく、あなたが代理人を決められたのですから、トインビー教授以上に好ましい人や、／彼が協力しようと欲していたこの機関に関して我々により興味深く有用な提案をしてくれる人を選ぶことはできないでしょう。

五ヶ月もの間なかなか消えない関節炎で動けずにいました。それが今日でもなお、私のすべての動作をつらいものにします。この五ヶ月間あらゆる仕事を中断しなければなりませんでした。しかし委員会の審議に参加するようには努めます。それが私の仕事、そして——願わくば——健康への復帰となるでしょう。

後ほどあなたに／どんなに興味深く『会報』[1]のあなたの実験の話を読んだかをお伝えします。これこそがこの問題に対して行われた、飛び抜けて重要で説得力のあるものです。

敬具[2]
H・ベルクソン

（1）『心理学研究協会会報』*Proceedings for Psychological Research.*
（2）この手紙はベルクソン夫人が手書きし、ベルクソンが末尾にサインを加えている。

一九二五年五月二十二日

ベルクソン夫人からJ・H・ハイドへ

HSNY (Hyde Papers)

パリ、ヴィタル通り三二番地

一九二五年五月二十二日

拝啓

今朝の電報のような親切なご招待に対して、夫も私もあなたに大変感謝しております。夫は五ヶ月以上もつらい関節炎に苦しんで寝たきりです。立てるようになった／のは先週のことなのに、知的協力委員会のいくつかの会議の議長を務めさせるために、皆が夫を運び出さんばかりです。その後さらに酷い再発に襲われました。可能になればすぐに、私たちは夫を田舎に移すつもりです。しかし彼でさえ今の段階でその時期を予測できません。したがって非常に残念ですが、／あなたの魅力的なお誘いをお受けできないのです。

夫があなたにくれぐれもよろしく伝えてほしいとのことでした。

敬具

L・ベルクソン

一九二五年五月二十七日
Chr・ボネヴィからベルクソンへ

BNFP (Fr na 18455, f. 66–99)

オスロ大学動物学研究所のクリスティン・ボネヴィは、M・キュリーに宛てて国際知的協力委員会の運営に関する三つの意見の相違を提起しているが (f. 66, 27 mai 1925)、そこにクリステン・ボネヴィからベルクソンに宛てたタイプ原稿の手紙が添付されている。内容は委員会メンバーの給与、メンバーの交替、議長が行う監督の職務に関してである (f. 67–69)。

一九二五年六月五日
E・M・ハウスへ

YUSLNH (Misc. 12.395) SSG

パリ、ヴィタル通り三二番地

一九二五年六月五日

親愛なるカーネル・ハウスへ

二、三日前にあなたがパリにいらっしゃったと聞きましたが、できることならば電話をかけるべきでした。私の健康状態は今非常に芳しくありません。何ヶ月間もベッドで寝ていなければなりませんでした。体調は良くなり始めておりますが、外出はおろか、室内でも続けて数分以上立ったり歩いたりすることさえまだできません。現在あなたがどれほど多忙かは存じておりますが、もし平日の何曜日でも（もしくは土曜日でも）四時から五時の間に少しの時間でもあれば、御夫人を伴っていらしていただき、私たちとお茶を楽しんでいただければ、私たちにはこのうえない喜びとなるでしょう。そしてそれをあなたに懇願せずにはおれません。

　もしいらっしゃることが可能であれば、恐れ入りますが前日に一筆お便りください。そうすれば、私は他のどんな約束でも延期しますので。

敬具(1)

H・ベルクソン

（1）この手紙はベルクソン夫人が手書きし、ベルクソンが末尾にサインを加えている。

一九二五年六月六日

E・M・ハウスからベルクソンへ

YUSLNH（Misc. 12.395；タイプ原稿）SSG

一九二五年六月六日

ベルクソン博士へ

あなたが病気だと知って心を痛めております。すぐに訪問して、あなたに喜んでいただきたいと思います。おっしゃるように前日にはお伝えします。

早期の快復のために心からの尊敬と希望を込めて。

敬具(1)

パリ、ヴィタル通り三二番、ベルクソン博士

（1）〔訳注：注番号が付されているが、注自体は欠如している〕

一九二五年六月十八日

A・アインシュタインへ

BJNUJ（Archives Einstein, 34.813）

パリ、ヴィタル通り三二番地
一九二五年六月十八日

親愛なる同僚殿
まずは、リオ・デ・ジャネイロから送っていただいた絵葉書に、デ・カストロ氏とともにサインを添えていただいた心遣いに感謝いたします。非常に感激いたしました。もしあなたに向けてどこにお返事を書けばよいか分かっていれば、すぐにでもこの感激をお伝えしたでしょう。
あなたからの二つの質問に、残念ながら今すぐにはっきりとした返答をすることはできません。次回の会期の／国際知的協力委員会は、主に来るべき機関の最終的編成について費やされるでしょう。しかし、この機関の創設に関して、フランス国会が政府の提出した法案を可決しなければ、この最終的編成に取りかかることはできません。もしこの可決が今月末までに、もしくは来月初旬までに行われなければ、／委員会は七月後半に、確かとはいえませんがジュネーヴで開催されることになるでしょう。そうでない場合、委員会は早くとも十一月にならなければ招集できません(もちろん、国会がこの期日以前に可決すると仮定してですが)。――したがって来月初めでなければ、決定できないのです。
いずれにせよ、期待するのは(そしてこれは疑いなく委員会全体の意向です)、あなたが何にも邪魔されず、今回我々の任務にご参加いただけることです。
敬具
H・ベルクソン(1)

(1) この資料はアインシュタインによって「返信済み。E」と記されている。

一九二五年七月十五日

A・アインシュタインへ

BJNUJ (Archives Einstein, 34.814)

スイス、サン=セルグ(ヴォー州)
一九二五年七月十五日

親愛なる同僚殿
あなたにいまだお手紙をお送りできていませんでした。というのも、七ヶ月前から私を苦しめている病状が再発して、ベッドか長椅子に居ることを余儀なくさせるからです。ですが、あなたからの質問、あるいはむしろ人々があなたに投げかける質問に答えることに、さらに遅れるわけにはいきません。

我々の委員会の創設以来、ドイツの科学を無視することが問題になったことは決してありません。委員会を作ったとき、我々は——ドイツが国際連盟に未加入だったにもかかわらず——ある優れたドイツの物理学者に委員会に参加してもらうため、お声がけしました。そしていまやあなたが我々の仕事に参与してくださるようになりました。したがって、我々の委員会がいかなる精神をもち、いかなる目的を／示しているかはご存じでしょう。この目的は二重のものです。科学研究の国際組織によって科学の前進を援助すること、そして全世界の学者を互いに、少しずつ——漸進的に——親密になるよう促すことで、国際連盟の理想に奉仕することです。

フランス政府を介して機関から委員会に提供されるものに関しては、まず我々の委員会によって、さらに国際連盟によって、機関は厳密にそして充分に国際的であることが規定されています。以上がそもそも、この機関を供与するフランス政府のはっきりとした意図だったのです。もしこの創設が、国家間の利害についての判断から着想を得たのであれば（あなたが書かれたところによると、それを危惧する人もいるようですが）、この機関を計画しつつあるフランスのなかで生じた反応の冷淡さは理解できないでしょう。ご存じでしょうが、六ヶ月間上院はこの計画を未決定のままにしました。ようやくそれを可決したところなのです。本当のところ、この国際機関創設について目の当たりにしたのは、実際にはフランスから国際連盟への贈り物だったのです（そしてそれは、フランスが贈り物をする財力がまったくないときに行われたと言われています）。敬具

H・ベルクソン

一九二五年七月二十四日

G・ミュレへ

BodlO (Ms G. Murray Papers, 267, f. 6)

スイス、ヴォー州、サン＝セルグ
一九二五年七月二十四日

親愛なる同僚殿

あなたの丁重なお手紙にすぐに感謝し、また分科委員会の名においてあなたが表そうとした認識にどんなに感激したかをお伝えします。期待していたあなたとのお話を充分にできないのはどれほど残念でしょう。それは我々の委員会が扱う問題だけに限らず、また同様に／テレパシーの実験についてもです。私はそれを報告書で注意深く何度も読み返しました。こうした方向へ、同じく方法論的で、同じほどの確実さをもって、同様に説得力のある結果によって実験を行った人は決していませんでした。

敬具

H・ベルクソン

一九二五年八月十二日

国際連盟事務総長へ

Doucet（BGN 2398, タイプ原稿）:
MAEAP（SDN 1837, f. 34–35, f. 76, original et copie）

スイス、サン＝セルグ（ヴォー州）
一九二五年八月十二日

事務総長殿

私の健康状態では、残念ながら知的協力委員会に参加し続けることができません。何ヶ月も前から病気によりベッドか長椅子に居ることを余儀なくされ、現在まで快復の兆しを少しも見せず、委員会の最近の会議に出席するのも妨げられました。そのうえ健康を取り戻したとしても、労働時間を最低限に減らさねばならないこと、とりわけ年間の大半をパリから離れて暮らすことを検討するよう促されました。こうした状況下で国際知的協力機関の創設は、――もしあらゆる点で好結果であれば――フランス人メンバーの任務がさらに重要となり、必須でなくともパリに居ることがさらに望ましくなる以上、非常に残念ですが知的協力委員会メンバーからの辞職を評議会に伝えざるをえません。／国際連盟の評議会は、初日からさっそく委員会参加のために私を招集しました。そして委員会自体も、すぐに私を議長に選出してくださいました。したがって私は当初から近場で、委員会がますます高まる豊かさと連帯を自らの活動に与えることに成功した弛まぬ努力を見守ってきました。委員会を去るという深い無念さをもし現在何かが和らげるならば、それはこの新しい試みが衝突した大部分の難点を委員会が克服したこと、そしてパリの国際機関創設が委員会にさらに重要な活動手段を提供しつつ、国際連盟の追求する偉大な理念の実現のため、より効果的に委員会を機能させることでしょう。

(署名) H・ベルクソン(1)

(1) オプレスクからベルクソンへの二通の予備の書簡が、ドゥーセ図書館に保管されている。日付は一九二五年二月九日と七月三日 (BGN 2396m 2397)。

一九二五年八月二十一日

G・ミュレへ

BodlLO (Ms G. Murray Papers, 267, f. 59-60)

スイス――ヴォー州――サン=セルグ(1)

一九二五年八月二十一日

親愛なる同僚殿

何週間も避けられないと少しずつ感じながら最終的に下した決断について、あなたにお知らせしようと筆を執ろうとしたちょうどそのときに、あなたの丁重なお便りが届きました。健康状態により、残念ながら委員会に参加し続けることは許されませんでした。九ヶ月前から、あらゆる治療に抵抗し続ける病によって寝たきりを余儀なくされています。そして周囲の者によれば、/快復したとしても私の仕事を著しく減らさねばならず、何より年間の大半パリを離れて暮らさざるをえないことが見込まれます。この状況下での国際機関の創設は、委員会のフランス人メンバーの任務をさらに重要なものとし、可能な限りパリにいることを要請する以上、国際知的協力委員会メンバーからの辞職を評議会に伝える必要性を感じました。

多くの絆で結ばれていた委員会を去らねばならない無念をお分りいただけると思います。親愛なるミュレ博士、お伝えいたしますが、この絆のうちいかなるものよりも強いものは/あなたに対する私の共感です。あなたにお会いする機会がもはや自ずとは与えられないと考えると、私の悲しみは大変なものです。お望みでしたら、そのような機会を作り、お目にかかって可能な限り一緒に語り合えるように努めましょう。

あなたからの質問に取りかかりましょう。私の辞任はすでに提出されました。もはや議長の権限はもっていません。ですが、気後れなくすることなく、あなたが「特別図書館情報局協会」の会議に／国際知的協力委員会の代表として出席できることを保証します。委員会は、会合であなたにより紹介されることに非常に満足するでしょう。その会合では特に委員会に関する質問が討議されるでしょう。敬具

H・ベルクソン

（1）この手紙はベルクソン夫人が手書きし、ベルクソンが末尾にサインを加えている。

一九二五年八月二十五日

G・ド・レイノルドへ

ALS

スイス、サン＝セルグ

一九二五年八月二十五日

親愛なる同僚にして友

あなたのお便りは深く心を打ちました。もちろん、あなたが語っている業務を私は委員会に差し戻したかったのです。けれども言えることは、全力を尽くして自分の職務を重要視し、それに献身的に尽くす用意がある同僚たちとともに居られる僥倖に私は恵まれたということです。お伝えいたしますが、あなた以上に重要な貢献はもたらす者はいないでしょう。／もしこの三年間に我々が確かな道筋を辿ってきたのであれば、それは大部分をあなたに負っているのです。我々の活動にもたらされるべき道徳的性格を形作る者、さらに我々の熟議と決議に対して確約するための闊達さと貴さとを形作る者は、もはやいないのです。この闊達さと貴さは我々の熟議と決議が必ずや維持せねばならないものです。こうした主題をずっと以前から考えていたことはご存じでしょう。

委員会の務めは、より強力な活動手段が委員会のものになった今となっては、より複雑になるでしょう。／それはつまり、あなたの助力がかつてないほど必要だということです。

我々が――いまや自ずとはもたらされないですが――お会いして一緒に話し合う機会を作れることを期待しています。九月にはもうサン＝セルグではお会いできません。来週にはもう、新しい治療法を実施するためにジュネーヴの外科病院に行かなければなりません。これは私が待ち望ん

でいたものです。近況をお伝えできるように努めたいと思います。現在は／何週間も前からわずかながら長引く発熱の状態に鑑みて、あらゆる面会が禁止されています。敬具

H・ベルクソン(1)

（1）この手紙はベルクソン夫人が手書きし、ベルクソンが末尾にサインを加えている。

一九二五年八月二十九日　G・ベルゲへ

BPUG (Ms. fr. 595, f. 8)

ヴィタル通り三二番地
アカデミー・フランセーズ会員
道徳政治学アカデミー会員
アンリ・ベルクソン

G・ベルゲ氏の丁重なご招待に感謝するとともに、残念ながら／病のために動けずにおりますので、——非常に興味深い講演に出向くことができずにおります。

サン＝セルグ、
一九二五年八月二十九日

一九二五年八月三十日　X・レオンへ

VCP (349-2, f. 149-150)

サン＝セルグ（スイス）
一九二五年八月三十日

親愛なる友

返事がとても遅くなりました。というのも、サン＝セルグでかなり病気に苦しんでおり、状態が改善するどころではなかったからです。今まで治療を受けたリウマチの症状は今のところ、深部の原因、つまり肝臓と、おそらくは腎臓の機能不全の影響が体の表面のみに現れているものです。午後になればさっそく、ジュネーヴの病院へ入院のため向かいます。そこで上記の見通しから考案された治療を受けることになるでしょう。／

あなた自身も我々が願うようには体調が芳しくないと伺って、どれほど残念に思っていることでしょう！　ハーバードでの会議の計画は、現在まで決定されている範囲ではよく考えられていると思われます。[1]　もしラランドとジルソンがそこに出席したいのであれば、アメリカ人たちが不満を言うことはないでしょう。――もしレヴィ＝ブリュールが加わってくれればなおさらです。ル・ロワについて言えば、私の出発前にこの用件について私のところに話しに来ました。これについては長く話し込んだものです。そして彼の言葉から考えるに、彼に頼み込むのは誤りでしょう。彼のように仕事で多忙で、多くの責務に直面しなければならないようでは、彼にとっては／我々に時間を一ヶ月も割くことは実際には不可能ですし、またそれを頼む権利も我々にはまったくないように思われました。そのうえ、もし私の理解が正しければ、金銭的な困難もあります。

会議の主催者たちに、あなたからひとこと言っていただければありがたい点が一つあります。プログラム上で私が出席するかのような告知が見受けられます。しかし反対に、私は行くことができないと明言したのです。出席不可能だとはっきり分かっていた時期に私が行くと言ったとは哲学界の人々が信じないことを、心から願います。

あなたが語った哲学者たちが依然として存命であるかどうかは私には言えません。戦争／以来、私は非常に不定期にしか海外の刊行物を読めませんでした。――図書館から引き続き定期的に提供があるイギリスとアメリカの刊行物は、その限りではありません。バルトが亡くなったとどこかで読んだという漠然とした記憶がありますが、はっきり断言はしません。[2]

H・ベルクソン[3]

（1）一九二六年九月十三日から十七日にかけてのハーバードでの第六回世界哲学会議。

（2）パウル・バルトは一九二二年に死去。

（3）この手紙はベルクソン夫人が手書きし、ベルクソンが末尾にサインを加えている。

一九二五年八月十一日

ベルクソン夫人からミュラ伯爵夫人へ

FPM

スイス――サン＝セルグ

一九二五年八月十一日

拝啓

夫の近況をお伝えするのが遅くなりました。というのも、このところ夫は大変疲労しているからです。パリを離れる前に苦しい一週間を過ごしましたが、あなたに快復の報告ができればと願っていました。事実、快復の兆しが見えてきたように思います。我々の友の一人であるジュネーヴの医師は新たな治療法を試みてくれています。彼はリウマチに臓器の機能不全から引き起こされる感染状態を認めています。それは実のところ過労によるものです。彼は最大限の安静状態を命じていますが、この条件は幸運にもパリよりサン゠セルグで実現しやすいものです。発熱は弱まっているものの／そこからすべてが影響を受けています。奥様、パリを離れてあなたがすっかり休養し、良好になることを願います。奥様へ夫からの愛情のこもった思い出を、私の真摯な友情の確かさを添えてお送りします。

L・ベルクソン

一九二五年九月十二日

H・A・ローレンツへ

RANHH (Lorentz C.I.C.I)

ジュネーヴ――ケ・デ・ゾー゠ヴィーヴ六二番地

一九二五年九月十二日

親愛なる同僚殿

お便りを書くのが大変遅れました。その理由は、健康状態がいまだに多くの不都合を生み出すからです。私はサン゠セルグに身を落ち着けていましたが、新鮮な空気とその標高は私が望んだ効果は生み出しませんでした。それゆえ私はジュネーヴの外科病院にいます――手術を受けるためではなく治療が目的で、／これは特殊なもので、現在まで試したあらゆるものよりも有効であることを期待します。しかし、あなたが先の会期中に発言された、私に対する誠に好意的な言葉への感謝をこれ以上遅らせたくはありません。ご存じのように、その誕生に立ち会い、その活動が目前で少しずつ重要度や連帯感を増していったこの委員会を、強い心残りなくして離れることはできません。とはいえ、委員会が信頼できる人の手に委ねられていることは存じております。そして／あなたが委員会のために行ったすべてに、またきわめて高度で科学的な諸課題が課された際に、あなたが進んで貢献した仕事の総量に思いを馳せるとき、委員会の将来に対する杞憂を抱くことはありません。親愛なる同僚よ、あんなに自然に得られていた会話の機会がこれほど懐かしいとは！　もはや自ずとはこの機会が得られない今となっては、せめてそれが生まれるように希望させてください。運営委員会／の会議は定期的にあなたをフランスに招聘するでしょう。そうすれば、とても濃密で鮮明な追憶を後に残す対話を再び手にする手段を見つけられるでしょう。今日秘書として手伝ってくれている妻が、あなたと奥様にくれぐれもよろしくとのことです。私からの挨拶もそこに加えておきます。

敬具

H・ベルクソン（1）

（1）この手紙はベルクソン夫人が手書きし、ベルクソンが末尾にサインを加えている。

一九二五年十月二十日

マリー・キュリーへ

BNFP (Fr na 18444, f. 245)

ジュネーヴ、一九二五年十月二十日

拝啓

送ってくださったお手紙に非常に強く心を打たれました。あなたの判断以上に私にとって貴重なものはありませんでした。あなたは委員会に最も精力的で効果的な援助を提供してくださいました。さらにあなたは委員会についての最良の構想をいくつか提案してくださいました。機会があれば必ず、あまりご迷惑でなければ、我々の興味がある問いを／一つずつ語るために伺いたいと思います。

敬具

H・ベルクソン

一九二五年十月二十一日

ミュラ伯爵夫人へ

FPM

ジュネーヴ

一九二五年十月二十一日

親愛なる友

ずいぶん前からあなたに近況をお伝えせねばなりませんでした。しかしサン＝セルグでの滞在中は良い知らせは伝えられなかったでしょう。新鮮な空気とその標高は望んだ効果を生まず、外科病院への入院のためにジュネーヴへ降りたとき、私はかなり悪い状態でした。それは手術のためではなく、病状の根本原因に達するための長期の治療法のためです。それにより私は今／のところとても良好です。そして今まさにパリに帰りますが、それは少しの間だけになるでしょう。治療を再度受けるため、おそらくジュネーヴに戻ります。その後南仏へ向かうでしょう。パリの気候は明らかに私にとって好ましくありません。

ところで、親愛なる友よ、少し不満を言わねばなりません。あなたは私に丁重に近況を訊ねてくださいましたが、あなたの近況はまったく知らせてくださいません。このバカンスがあなたにとって申し分ない休暇をもたらしていたことを願っています。たぶんあなたはすでにパリへの帰路にあるでしょう。それがどれほど私にとってうれしいことでしょうか！　あなたと再会し、私の病気が中断を余儀なくした語らいを再開するのが待ち遠しいです。というのも、あなたは親切にも私と語り合いに来てくださるでしょうから。いずれにせよ、近いうちに期待しています。　敬具

H・ベルクソン

封筒：ミュラ伯爵夫人
、、、、、、、
／サン＝ドミニク通り四一番地
パリ七区／
〈ホテル・ポンパドゥール・フォンテーヌブロー・セーヌ＝エ＝マルヌ〉
印：ジュネーヴ一、速達、一九二五年十月二十二日十五時

一九二五年十二月十五日

É・デュナールへ

MAEAP (SDN, 1837, f. 46)

ジュネーヴ

一九二五年十二月十五日

国際知的協力委員会の活動への参加に関して、サー・オースティン・チェンバレンの提案に基づき、国際連盟理事会が感謝の意を送ってくださる旨を通知するあなたの書簡(1)を受理したことをお伝えするのは、殊のほか名誉です。これにどれほど心を打たれたかを評議会にお伝えください。そしてまた、健康状態のせいで私に託してくださった任務を諦めざるをえないという深い無念の意も理事会に再度お伝えください。

H・ベルクソン

（1） 一九二五年十二月十二日の国際連盟の事務総長エリック・ドゥナールの書簡（BGN 2356）〔この時期の国際連盟事務総長はジェイムズ・エリック・ドラモンド James Éric Drummond であるが、ここではデュナール Dunnard と記されている〕

一九二六年

一九二六年

マクミラン社へ

BLL (Add 55166, f. 121)

グラース（アルプ＝マリティーム県）、ホテル・ドゥ・ベルヴェデール

一九二六年一月二十日

マクミラン社御中

拝啓

昨年六月三十日までの私の出版物の収支の支払いとして、四四四一フランを受領したことを認めます。

最大限の感謝を込めて。

敬具

H・ベルクソン

「一九二六年一月二十日」付の一フランの収入印紙

一九二六年一月二十六日。YUSLNH (Zeta, Ke. 926k)。フリードリッヒ・コッチェからベルクソンへ著作の送付『認識と現実』*Erkenntniss und Wirklichkeit...*（ライプチッヒ、一九二六年）

一九二六年二月一日

G・プレッツォリーニへ

BCL (Archivio Prezzolini)

グラース、

一九二六年二月一日

拝啓

返事があまりに遅れてしまいました。送ってくださった、この教えに富むと同時に興味深く、また血の通った著作をどれほどの喜びをもって読んだかをお伝えせねばなりませんでした[1]。しかし一年以上前から著しく体調が悪く、リウマチ症状によって動作が困難で、その原因はきわめて根深く思われますので、／骨が折れ集中力を要する治療を各所で受けることを余儀なくされています。パリに戻った際に

は、必ずあなたの親切な申し出を受けて、お会いする約束をいたします。もしよろしければ、非常に楽しく鮮明な思い出となっている対話を再開しましょう。

この機会を利用して、国際機関にあなたがいらっしゃることを知ったのがどれほどうれしいかを伝えさせてください。

敬具

H・ベルクソン

（1）『ファシズム』*Le fascisme*, Paris, Bossard, 1925 traduit par G. Bourgin.

J・ギットンへ

SD［一九二六年二月八日以降］

Doucet（BGN 879）

ドゥーセ図書館に保管中のギットンからの二六通の書簡中の数通に対する、ベルクソンの書簡のいくつかの下書きについて記載する。以下が全リストである。一九二六年二月八日付。一九三二年二月二十三日付、七月十二日付、十二月三日付。一九三三年二月二十三日付（ベルクソン夫人へ）、五月十七日付。一九三四年二月二十日付、五月二十六日付（五月二十六日付のベルクソンから手紙の返信、後述）、六月十五日付（一九三二年六月十六日にベルクソンが返信、後述）、十二月三十一日付。一九三九年十月十二日付。三通は日付が不完全。一九三六年（?）五月三十一日付、十月十八日付。一通は日付が欠如。これらの書簡の幾通かはJ・ギットンによって色彩され図柄が入れられており、ベルクソンへの郵送物あるいは返信であると推測される（BGN 879–901, 623, 2383–2384）。ベルクソンからの書簡の所在は不明。

H・ハイドへ

一九二六年二月十八日

HSNY（Hyde Papers）

ダクス

一九二六年二月十八日

拝啓

一年以上前から、機関会議には出席できませんでした。というのも著しく病気に苦しんでおり、なおも体調が優れません。その結果、通例のように、私の手元には年報が渡っていません。まさに今日この件について機関の事務局に手紙を出しました。遅からずあなたは冊子を受け取るでしょう。――あなたの親切な言葉への感謝を伝えるよう、妻から託されました。

敬具

H・ベルクソン(1)

(1) 一九二六年二月二十三日にハイドからの返信あり。

一九二六年二月十八日

R・レニエへ

AIP

ダクスのホテル・デ・ランパール。機関年報の請求。「病気の深刻な再発の後に、再度快復しつつあります。私は今ダクスに居り、泥風呂療法を試みています」。

一九二六年三月二日

J・シュヴァリエへ

Doucet (BGN 2825, f. 9–21)

ダクス（ランド県）、ホテル・デ・ベニョ

一九二六年三月二日

親愛なる友

あなたの――グラースから再送された――講義の第二講(1)を受け取ったばかりですが、この件についてすぐにお手紙を出したく思いました。あなたは私を過度に高く評価しています。そして全般的に、作品内に自らについては一切が明かされないようにたえず警戒する著者の人格に、重要性を付与しすぎています。哲学はその著者にとっては科学と同じく非人格的なものなのです。しかし、あなたが私について語るのですから、――私が判断できる範囲では――これ以上に見識に富み、かつ興味深い方法によってこれを行うことはできないとまさに言わざるをえません。これについて詳細にお伝えできればよいのですが、今私は疲労困憊しており、今日のところは――特にあなたが私を招いて／この第二講のために行おうと望んでいたように――修正するか、あるいは可能なら削除すべきだと考える二、三の節を指摘するだけに留めます。

一つ目は私の家族の出自に関する事柄、つまり五三頁と、特に本頁下部の注の（I）です。幸運にも私には多くの友人がおりますが、ところが友人だけというわけではありません。私の仕事に関して、往々にして世間の人は外国の出自の影響を受けたことを重視しました。この考えは、私の著作を読み、私について研究することのみに専念する人々の精神には決して思い浮かびません。この考えは、（人種や環境などの影響によって広まる誤った観念のために強固になった）示唆を一度受けると、本当の中心観念になってしまいます。また高等師範学校への私の入学や、／私の見解などに関する頁下部の注は、（「言い逃れ」という言葉が、悪意ある人々によって曲解されうることとは別に）間違いを含んでいます。事実、私はこれに価値を認めません。この注を残すのは深刻な弊害となると思います。

第二の文章は数学に関してです。この学問は若い頃に私を最も魅了しました。しかしながら、もし仮に私に偉大な数学者の才能があったならば、別の方向へと向かうことはなかったと思います。したがって、私見では私を「才能に恵まれた数学者」（五九頁）として扱うのは行きすぎでしょう。これについて七一頁の文章「諸学の長期間の実践を通じて授けられたあらゆる能力を彼はもっている」についても同様だと伝えておきます。他方で、あなたはデボーヴ教授についてちょっとした面白い鬱憤を述べていますが、彼は「君は数学者になれるだろう」と私に言ったのは確かですが、しかし／「偉大な数学者」になるだろうと彼が予想するに至ったとは考えられません。これらすべての表現を和らげてよいと思われます。余談ですが、一八七七年の全国コンクールで提示された問題の私の解答が数学年報に発表されたのは——あなたがこの情報を公表してもいいですが——一八七八年です。(2)

さらに、前述の二つよりはさほど重要でない第三の点です。確かに私は初めスペンサー主義者でしたが、スペンサーの心理学はスチュアート・ミルの学説中で最も私の心を引きつけたものとは別でした。いずれにせよ、双方について、私はプロパガンダを行ってはいません。それゆえ、六六頁であなたがおっしゃったことは取り除くか表現を和らげるべきでしょう。また、哲学科の学友に対して私が影響力をもっていたとは考えません。——そして当時哲学に関して未熟であり、自分の思考をまだもっていないことを充分に／認め／感じていたので、影響力をもとうと望んだことはありません。

友よ、やっと一番重要な修正を必要とする文に取りかかります。九四頁から九七頁が問題です。これらの頁を同封して送ります。修正か、削除したほうがいいと思われる文章に鉛筆で下線を引いておきました。余白にごく簡潔に理由を示しましたが、あなたとお会いできるときに、より詳細なものをお渡しします。／

終わりに些細なことが二点あります。七〇頁で、私が心理学を「憎んでいた」と書いていましたが、「軽く見ていた」のほうがより正確でしょう。他に六三頁で、渾名を付けることが皆好きだった高等師範学校で、私が「お嬢さん《ミス》」と呼ばれていたのは事実です。友人のドゥーミックが、アカデミー・フランセーズ入会時の私の演説へのすばらしい歓迎演説のもともとの原稿で、そのことを思い出させてくれました。式典前に二つの演説内容を確認する責任を課された知的協力委員会メンバーの一人が、悪意で解釈される恐れがあるため、このディテールを除くようドゥーミックに勧め、それは削除されました。おそらくここでも削除されてしかるべきでしょう。

総じて、私に対して抱いてくださる友情によって、すべての読解でアプリオリに私への好意的な／傾向が前提にされています。困ったことに経験上悪意も同様にその役割を果たしますし、たとえ「人の言うこと」をあまり気にかけなくても、それは考慮が必要な要素です。

友よ、これら全点に同意いただければうれしく思います。

敬具

H・ベルクソン

今週末ダクスを離れます。パリに滞在するかまだ分かりませんが、いずれにせよ今後は私への手紙はパリへと送らねばならないでしょう。手紙は変わらず遅れず届くでしょう。

伝え忘れましたが、「おそらく／宗教的問いへの手がかりとともに、道徳的で社会的問いに関する」（八〇と八一頁）膨大な私の研究についての告知を目にするのは好ましくありません。残念ながら、この研究の終わりまで到達する時間と体力が今あるか分かりません。いずれにせよ、これが宗教的問いを目指すと考えてはならないでしょう。なぜならもっぱら道徳が主題となるでしょうから。

封筒：ジャック・シュヴァリエ氏
ヴィラ・プリムローズ・モンフルリー
ラ・トロンシュ（イゼール県）

印：ランド県、ダクス、一九二六年三月三日十七時五十五分

（1）「ベルクソンとその時代」«Bergson et son époque», *Revue hebdo. Des Cours et Conférences*, numéro du 15 avril 1926, 27. p. 8-15. この講義はこの雑誌の一九二六年三月三十一日、四月十五日と三十日、六月十五日と三十日、七月十五日に発表される。シュヴァリエの『ベルクソン』Paris, Plon, 1926 がそれに続き出版される。ベルクソンは「連続と非連続」«Le continu et le discontinu», *Annales de l'Université de Grenoble*, II, 1, 1925（BGN 1496, envoi autographe）を受け取っていた。

（2）『論集』p. 254-255.

添付書類。シュヴァリエ原稿のテクストと注：ベルクソンの訂正はイタリックで下線を引かれている：

——九四頁——ドイツ的観念に対し、彼はほとんど一人で戦い、あるいは嘲笑していたからである。彼はつねに明晰にものを見ていたので、最初から彼は明晰に理解した（I）。重要な頁で、我々の主義主張と我々の国における彼の信念は不変であることが表明されている。彼は戦争の意義を明らかにし、ドイツ帝国主義を、つまり人類の精神化の大いなる営みに対立する低級な地獄の勢力との戦いを暴く。そしてまたある力に対立させ……。

（I）ドゥーミックは、一九二六年二月二十六日の演説で、戦争のほんの少し前になされたエドモン・ロスタンとベルクソンの対話について詳細に述べている。「ある国家の集団生活には、絶えず一部に身元不明の人がいる。いかなる悪魔的技術によって、個々人を意気消沈させ、国民を武装解除させる意見を敵が我々の間で拡散するのかを我々は知っている。危機のときには何が生じるだろうか。そのとき、炎があなたの瞳に灯った。そしてあなたの眼差しはすでに、半ば現実を超えたひとつのヴィジョンに釘付けになる。このとき、あなたのおっしゃるように、フランスはこのヴィジョンに警戒心を抱くこともあるでしょう。軍隊の最初の動員において、すべての亡霊は消え去り、愛国心の偉大な風によって一掃されるだろう」。

ベルクソンによる余白の注

「これは削除します。というのも、戦争の前にドイツについて議論する機会はありませんでした。しかし、私が彼の影響を受けたことはまったく事実です」。／

——九五頁——……は民衆＝神のなかで具現化されたメ

カニズムにおいて消耗される。消耗されない力は、道徳の力、そしてフランスの表現する正義と自由の理念に依る精神である。彼はさらなる行動をする。彼は海外への、イギリス、スペイン、アメリカ合衆国へのフランスの理念を伝える宣教師になった。それらは諸国家のなかでも、彼がスペインについて語ったように、寛容で騎士道的であり」、我々と同じ道徳的な構想を有し、同じ道徳的高みにいる。一九一六年末になるとすぐに、彼はコレージュ・ド・フランスでの講義と著作の完成を中断し、アメリカへと旅立った（I）。彼はそこで二回の休暇を、そして二回の戦争における最悪の時を、一九一七年二月から五月と、一九一八年五月から九月までを経験した。彼は戦争について、ある種の心理状態にあった。彼は最も貴重な物、つまりフランス文化が彼の生活のなかで脅かされていると考えていた。彼は友人たちに話しに行く義務があると信じた。それは（I）人々がそのときに「知識階級の大使」について語るように、ベルクソンについて語ったことである。彼はコレージュ・ド・フランスを離れた。人々はすぐさま彼を大使に就かせた。こうしてフランスからアメリカ合衆国へと渡ったベルクソン大使という神話が奇妙にも生まれた。

ベルクソンによる余白の注
「スペインとアメリカ合衆国、しかしイギリスではありません。
まったく正確ではありません。戦争が勃発したとき私はすでに休暇でした。
この記述は削除すべきでしょう。今日忘れられた「神話を蘇らせる」危険があります。

——九六頁——……はウィルソン大統領とレーンとの会見であり、彼の行動と、そしてジョフルの行動について、歴史が我々に語ることになるだろう。しかし、歴史の審判を待たずに断言できることは、知的共感と真実に基づいた、こうした外交の有効性である。この外交に関する秘訣のすべては、有効性を事実へと導くために相手の視点に立つことにある。つまりそれが、行動へと延長されたベルクソン的方法全体である。

戦争が終結すると、平和の、つまり真の平和の到来の、言い換えれば絶えず繰り返し前進し続けなければならず、「つねに同じ方向へ、さらに高く、正義と事実へと」進む平和の到来に対して有効にベルクソンは働いた。一九二二年に国際連盟の知的協力委員会議長の座を彼は承諾した。これに二年前から参加していたので、議長が他人の手に渡り、中立化という口実のもとに、いくつかの国との関係をすぐさま無条件に回復するように要求されるのを避けるため、彼は承諾せざるをえなかった。ところが、カルタゴの精神が生き残る限り、カルタゴは絶えず立ち上がる……。彼はその精緻な著作のなかで、自らが外交官であり実行者であることを示した。／

ベルクソンによる余白の注

これらすべてが削除されるよう強く望みます。というのもまず、アメリカで私が為したことの重要性を誇張されたくないからです。そしてこの文章は、どこかで残念な解釈を引き起こすかもしれないからです。

知的協力委員会の発足当時から、私は議長に任命されていました。このように語ってしかるべきですが、しかし、私が下線を引いた文章を削除すべきです。これらはおそらく曲解されるでしょう。

——九七頁——……を望む。無用な案を放棄するための特殊な技法があった。それらを褒めちぎり、正しい計画に至るために、言葉のあらゆる意味でお世辞を言うのである。しかしこの議長は、整然と組織された結果、一本のピンのための隙間すらない生活のなかで、隕石のごとく墜落してしまった。彼の力は時代とともに尽きていった……。

今日に至り、時を経て、その活動は未達成である。そして我々の周りでは、花が約束した可能性に実りが応えることはなかった。それが絶望する理由なのだろうか。なぜなら時間が影響力を及ぼさない力というものがあるからである。その力をもつ者たちは時間に勝利するだろう。

奇妙で当惑させる神秘によって、大戦の暴虐さが荒れ狂う中、人類は理想的なものにまで高まった。この時期についてベルクソンは忘れることのできない思い出を保ち、それが彼を魅了しており、今なお高揚させる。そして一切は上位の水準に、英雄的行動の水準に移し替えられ、これが魂を持ち上げて魂そのものを超えさせる。

ベルクソンによる余白の注

この思い出が「私を魅了する」とは述べないでください。これにはあまりに多くの恐怖の光景と、多くの喪と悲惨な出来事の思い出が伴うものです。

一九二六年四月九日：シュヴァリエの『ベルクソンとの対話』六三頁から七一頁によれば、この日の会談で、ベルクソンは以下の点についてシュヴァリエに「注意を促した」。ベルクソンの手によるオリジナル原稿が残存している。

第四講

すばらしく明晰で見識に富む説明である。私は一九五頁とアインシュタインに関する示唆に／関してだけ／ついてだけ指摘します。私の本を読んだことに関して、アインシュタインが哲学に、特にフランスの哲学に慣れ親しんでいることは疑わしい（本書の翻訳を現在に至るまで出版したいとは望んでいませんし、適任の翻訳者を探すのが困難だと思います）。したがって彼は、私に同調せず、私のことを理解するための哲学的素養をもたず、私のあらゆる説明に動じないフランス人物理学者の誰かに頼らなければならなかったのです。／

第六講

二頁。「大多数の生物学者はエラン・ヴィタルを無用な観念的存在のなかに追いやってしまう」――まったく正しくありません。「創造的進化」、あるいはそうした主張における進化は、幾らかの（特にイギリスとアメリカの）生物学者たちによって確かに受け入れられ、使用されてさえいます。フランスでも、目立った反感があるのはル・ダンテックの周辺からだけです。

一七頁。「彼は、進化的視点に対する優れた仮定によって自分の研究を試みた」。これは「生物変移論についてのいくつかの疑念によって」と言ったほうがより正確でしょう。

同頁。「発端となった精察が、彼を進化に対立する結論へと導いた」。これは「発端となった精察が彼の疑念のいつかを堅固なものにした」と言ったほうがより正確でしょう。

しかし、読者にこうした試行錯誤を知らせる必要はないでしょう。私自身これについて読者に話そうとは思いません。

九、一八、一九、二〇、二一頁。ここでは私ではなく、シュヴァリエが語っていると明記する必要があります。読者がこの点を誤る可能性がありますし、必ずや誤るでしょう。

というのも、二一頁に実質的にはいつか私の考察が入り込んでいるからです。この明記は他の頁にもしっかり適用されるでしょう（あなたへ推奨するのは、読者が私の物を読むのではない、あるいは／いずれにせよ私のテクストを参照しない、ということをつねに考えることです）。

二三頁の二。「それは意識的意志のわずかなきっかけである」。そして二四頁「目的は意図的であった」——私はこれほど踏み込みません。意志もしくは選択について語るのは、与えられたもの、つまり純粋経験を超えるものです（私は純粋経験だけに自制したく思います）。第一に言えることは／原則／、私の考える活動方法は、機械的なものよりも意志的なものに類似するということです。

二九頁。「ラマルクが眼に帰する……」。私はラマルクが彼の考えを眼の形成に一度も適用しなかったとは決して考えません。／それは／「ラマルクのような（あるいはむしろ新ラマルク主義の）仮説のなかでは」と言わねばならないでしょう。

四三頁下部と四四頁上部。「無限のエネルギー……神へと遡らなければならないだろう」私自身は無限のエネルギーについて述べてはいません。他方で、経験だけに自制しようとしているので、必然的に構成物である第一原因による説明を避けています。つまり、著作からの抜粋としてではなく、『創造的進化』から抽出された（そのうえまったく無根拠ではない）推論として、すべてを挙げなければいけないでしょう。

四七頁と四八頁上部。同様の所見が見られます。これは『創造的進化』の際の省察です。必ず／こうした状況を明確にしなければならないでしょう。そうでなければ読者は、著作の意図や、特に著作の方法論とは異なる間違った観念を抱くでしょう。この方法論は本質的に諸事実から構成され、／諸／機械論がそれらを説明するのに充分かどうかを確かめて、不充分な場合は諸事実が我々を導くところまで探求し、この点で／諸事実／を越え出ないということにあります。私が何か新しいものをもたらしたとすれば、これです。／

第七講

五、六、七、八頁、特に六頁。

これらの頁の書き方は、私が『創造的進化』で神の存在証明を行おうとしたと推測させてしまうかもしれません。

少なくとも、私がある種の信仰をもち、読者をそこに向かわせようと望んだと思わせるでしょう。この解釈は私が理論のなかで、特に方法論のなかで本質とみなしているものを破壊してしまうでしょう。方法論は経験から出発し、可能な限り深く根源へと遡りながら、経験が停止するところで同じく停止することから成ります。このように私は「エラン・ヴィタル」に遡ります。おそらくこの跳躍《エラン》はどこからかやって来るでしょう。しかし、それはどこでしょうか？　それについて私は語っていません。なぜなら『創造的進化』の著者として私が使用した資料によっては、これについて語ることができないからです。私はこの原因を名付けました。名付けたとき、神としか呼称できませんでした。しかし、もし『創造的進化』だけに満足したならば、この神は有限で不完全な世界の原因Xとしてしか認識されないでしょう。伝統的な属性を神に与えることを可能にするものは何もなく、ことさらここでこれを神として示すものは何もありません。つまり人間が最も執着するもの、彼らが／それに／神に関心を向けるときに第一に考えるものが欠如しています。より先に進むためには、私が理解するような純粋な哲学の方法論が必要となります（もちろん、私は啓示／への呼びかけや信仰については言っているのではありません）。P・ド・トンケデクに書いたように、まったく別の性質に関する研究が必要でしょう。道徳的問題を掘り下げねばならないでしょう。言えることは、『創造的進化』で示された見解は、私があえて「完全な」と称した神のようなもの、祈るときに人が訴えかける神と相容れないものなど何もないということでしょう。しかしこの神の実在を証明する、もしくは証明したいと述べることは行きすぎでしょう。もう一度言えば、私が立ち止まる地点、研究した後に私が立ち止まらねばならない地点と、人が／哲学的に／別の本性に関する哲学研究を介してしか到達しない地点との間に論理の飛躍を行うことになるでしょう。／この／　／読者／シュヴァリエとの友情関係において私を知る者たちは、おそらく私が彼に与えた説明がこの頁で繰り返されていると考えるでしょう。この曖昧さを払拭せねばなりません。

（七頁下部から八頁上部にかけて、シュヴァリエ自身が私をよく理解していることを示す文章が一つ、二つあります）。

七頁から一六頁は非常に興味深いですが、これらも拙著の各所で採用されたテーマに関するあなたの省察として提示されねばならないでしょう。そうでなければ、なおも誤解を生むでしょう。読者が間違いを犯すかもしれないのは／私の方法論について、つまりこの方法論がさらにしっかりと提供するはずのものについてです。すなわちこれらの頁で、人がそこから引き出す諸結論が一点に集約するに従って、拙著から抜粋された各文が関連づけられるのです。読者に提示される印象は以下の通りです。私がアプリオリに精神的秩序について諸々の真実の実在を仮定し、とにかくそれらを発見することを求めて研究に従事しており、これらの抜粋に含まれる主張がこの研究における諸段階を表すということです。上記の点は、是非はさておき私の諸結論に付与される、きわめて独自の確実性を失わせる危険があるでしょう。もしこれらの結論がいくらか説得力をもつとしたら、まさにそれは、この種の意図や関心のまったくの外部において、当初は完全に無縁であるかのように見えて学問をまったく別方向に導いていた実証的な研究を契機として得られたからです。

こうした理由で、私との対話に関する一七頁の注を残すことは推奨しません。そのとき、話者ベルクソンはいくらか個人的感情を表したかもしれませんが、それゆえにもはや哲学者ベルクソンではなかったのです。この哲学者ベルクソンはある方法論を活用し、この方法論の諸結果だけに留まります。人々が彼のなかに認めるすべての信頼は、こうしたことの恩恵です。同じ方法論から得られたもので、同じく信頼を受けるべきだと誤解させる考えを読者に与える／権利は、話者ベルクソンにはないでしょう。この種のやりとりの後では、そこにはあなたの（大変興味深くはある）省察があるにもかかわらず、読者が残りの論述のすべてが私に由来すると信じてしまいます。

一九頁の注にも同じ所見を覚えます。「我々には予測不可能で、創造主には予測できる」。これは、あなたの名においてしか語ることはできません。私はそう主張しないでしょう。二〇頁全体に対してもまた同じ見解を抱きます。

二一頁から二二頁（神的人格）。ここでなおも読者は、私が扱ってすらおらず、扱う手段すらない問題を解けると私が思い込んでいるという印象を抱くでしょう。しかしながら、私が書いたものについて、あるいは私の方法論では私がもはや何も語れないと感じた瞬間から提起される問いについてのあなたの指摘としては、これらすべてははなはだ面白いものです。

二五頁から三〇頁。個人的省察としてはまったく正当ですが、「第一原因」には決して頼らず、つねに固有の説明を与えていた私の方法論には完全に反します。ここでなお読者には／誤読の可能性があります。というのも、ここに拙著の文章への参照があるからです。お分かりいただかねばならないのは、このテクストがここで単にあなたの個人的省察の主題に用いられているということです。

他方で、二五頁下部で示唆されるボナパルト公との会話において、『創造的進化』やその他の場所で述べた機械論に対する反論を、私が繰り返しているだけのように見えます。一般的に言って、単なる会話を典拠にしない／ほのめかさない／ほうが望ましいと私は考えます。

三四頁。二五頁から三〇頁と同様の見解。不完全な、もしくは一般的方法によって（もう見つけられませんが、既出の節／文章／が示していたような「悪の問題」の形式のもとでも）自分に問題を課したわけではありません。

四三頁。「社会は善にも悪にも無関心である」。私としてはこれほど踏み込まないでしょう。しかし、読者はそれを信じるかもしれません。なぜならこの文章のすぐ後に私の原文が続くからです。

四六頁。ここには、拙著から借用された要素によって構築された宗教道徳があります。でも、読者は信じてしまうかもしれませんが、私がこれを構築したわけではありません。私が考えた道徳は（たしかにいまだに不明確ですが）こうした精神に対立しませんが、しかしより複雑なものでしょう。／エミール・オリヴィエからの引用／エミール・オリヴィエのいくつかの格律を、私は／アカデミー・フランセーズでの演説内で引用しましたが、もとよりこれらの格律は大変優れたものであり、私の思考を解説するためでなくオリヴィエの心理学を読者に伝えるためにその折に加えられたのです。――総じて、読者はシュヴァリエが参照する拙著の原文には向かわず、／私／したがって、読者は原文で言われたこととあなたがそれについて行った省察とを区別しないとみなさねばなりません。

／四七／四八頁。ラヴェッソンの引用に対して同様の見解。これが引用だとは充分にみなされないでしょう。

五〇頁。唯一で普遍的な「時間」が神のためだけに存在すると語るのは、私の思考を超えています。しかしながら、読者は私がこう思考したと信じるでしょう（そして特に

『持続と同時性』の本文が引かれたこの頁下部の注を検討しましょう）。おそらくあなたは、自身の見地からこの結論が必要だと主張してもよいでしょう（それは興味をそそる説になるでしょう）。しかし、私が説明した通り、「時間」に関するあなたのヴィジョンはあなたのものであると告知せねばなりません。

五二頁。「事物へ向かうために、神から出発する」。これはたぶんスピノザ風の方法論です。一般的に言って、そこには本物の方法論を目にすることができるでしょう。しかしそれは私のものではなく、読者はこれを私に還元してはなりません。というのも私は、まるで与えられたものであるかのような神からは決して出発しないからです。

五四頁。「ベルクソンは、彼の信念から人間を遠ざけるような／いかなるものの発表もためらうだろう」。これでは、執筆や発表の前にあれこれの信念を傷つけられぬよう気をかけていると思われてしまいます。こうした心配はしません。本来あなたが一番に、真実以外に私は配慮しなかったことを語るべきです。ですが、私がしばしば（おそらくあなた自身に対して）語ったことは、信仰は慰めを与えるものだということであって、もし望まぬうちに信仰から人々を引き離していたのならば、心苦しく思います。

五五頁。「後者の直観方法は、神へと回心させるのみである。したがって、人間においてはこの直観は存在しない」。――もう一度言いますが、神にあるもの、神が為すものについてあえて述べたことは一度もありません。それゆえこれらは理論から導き出された推論です。しかし読者は、これを理論そのものだと考えてしまうでしょう（五八頁を参照）。

五九頁の注。引用された文章は、私がラヴェッソンの思想を要約したものです。彼の精神には賛同しますが、注が示唆するようには、その責任をすっかりもつわけではありません。

この講義に関する総論はとても興味深く際立ったものです。あなたは、一度見出された完全な真実のなかで、適用すべき方法論、さらには神に身を置くことから成る方法論を頻繁に用いています。しかし、それは彼のものです。私の方法論とは本質的に／異なります（もし私が新しいものを提供したとすれば、この方法論です）。これは、精神的現実の道を経験によって運ばれながら、可能な限り遠くへと進むという方法であり、経験を超え出ません。この経験は、もし神秘体験にならないかぎりは、神にまで至りません。確かに、私はこの経験を排除しません。そして人は、この経験が私の方法の延長に位置すると主張さえするかもしれません。しかし、もう一度言えば、私の方法論はそれほど遠くまでは行きません。

あなたはまさにこうした印象を読者に与えていることでしょう。口頭の講義では、人が自ずと書き込むものや、解説されるテクストに付け足されることに関して、声の調子で警告がなされます。しかし、執筆された作品／のなかで／はまったく別の印象を与えます。そこには、私からの引用とは別に、私の著作の各頁への簡単な参照や特定の会話への示唆がありますし、あるいはとりわけ注釈は、／著者の／私の／その／思考もしくは簡単な説明であるのかどうか、もしくはこの思想の延長やこの思考が主題となる変奏であるのかどうか、多くの場合で何も言及していません。読者は区別しないでしょうし、区別できないでしょう。つまり読解のせいで誤った印象を引き出すでしょう。さらに言えば、この講義全体は（もしくは少なくとも私がこの講義について指摘したものは）、私の諸々の著作内で取り上げられたテーマについてのシュヴァリエの個人的省察として提示されねばなりません。つまり、私の思考の延長としてありえるかもしれないものとして与えられねばなりません。読者は、ここにいっそう関心を向けるかもしれません。しかし、他の六講とは完全に対照をなす第七講のこの特徴的な性格を絶えず、そうでなくともしきりに喚起せねばならないでしょう。さもなければ／読者／、これらのテーマが登場する私の著作の諸節への参照や原文を目にすることで、読者は私がこのやり方でこれらのテーマを／によって／用いたと考えるでしょう。私が提起する理論の性格や、そして特に（私が最もこだわった）方法論はそれによって歪んだものになってしまうでしょう。

一九二六年三月十五日

É・スーリオへ

FPAS

一九二六年三月十五日、パリ

親愛なる同僚殿

何ヶ月も前から非常に苦しんでおり、長期の骨の折れるさまざまな治療に取りかからねばならなかったので、あなたからお送りいただいた二つの著作[1]について望んだようには研究できませんでした。体調がもっと良くなったとき、さらに詳細に読んでみます。しかし全体を一瞥してみますと、その重要性と独自性が理解できます。ここに存在するように私に／思えるのは、誤った区分の拒否や、それゆえ心理学で確証されたものを概念に置換することで導入される抽象的理論を拒否するための厳正な努力です。あるいは私が誤っているのでなければ、心理学とまさに哲学の将来は、直接経験への回帰のなかにあります。この直接経験はこの二つの著作のなかに見出せると思います。――この著作は豊かな内容にあふれています（実際つねに新しくなり／読者の辿ることができる道筋へとその精神を向かわせます）。しかしながら、繰り返し言えば、性急な読解では漠然とした印象しか引き出せません。いずれにせよこの読解により、あらゆる共感の言葉とともにあなたにご挨拶申し上げます。

H・ベルクソン

（1）『感情的抽象』*L'abstraction sentimentale*, Hachette, 1925;『生きている思考とフォルムの完全』*Pensée vivante et perfection formelle*, Hachette, 1925.

一九二六年三月二十一日

マクミラン社へ

BLL（Add 55166, f. 122-123）

パリ、ヴィタル通り三二番地
一九二六年三月二十一日

マクミラン社御中

拝啓

『持続と同時性』の英訳を是非出版したいという提案に感謝いたします。大変残念ながら、本書の他言語への翻訳の申し出に対して、すでに答えたように、当座はこうした翻訳が不可能だと伝えざるをえません。第一の困難は、適切な翻訳者を探し出すことにあります。翻訳者となる人は、本職の哲学者であり、さらに数学の言葉を操ることに馴染みがなければならないでしょう。――この二つの条件を一人の翻訳家のなかに見つける見込みは非常に低いでしょう。

／第二の困難は、大部分においてアインシュタインの理論とそれが喚起し続ける議論を対象にする本書は、たびたび修正や補足が必要となってくるでしょう。これは、かなりの早さで売れてしまうフランス語著作の出版社にとっては比較的容易ですが、必然的に売れ行きがより遅くなる翻訳にとっては、それほど簡単ではないでしょう。

この二つの難点を乗り越える何らかの手段を発見した場合には、あなたの親切な提案を必ず思い出していただきたく存じます。もし私がこの本の翻訳を／考えるのであれば、言わずもがなあなたの出版社に出向くでしょう。　敬具

H・ベルクソン

一九二六年四月五日

G・ハミルトンへ

BodLO (Ms Engl. Letts. c. 271-2, f. 76)

パリ、ヴィタル通り三二番地

一九二六年四月五日

親愛なるハミルトン

近著の詩集[1]を献呈いただくことで授けてくださった名誉にはこのうえなく感動しました。とびきりの喜びとともにこれを拝受したことは言うに及びません。感謝申し上げます。

小さな八つの詩句に、――きわめて見事な八つの詩句に――信条の全要約を収めることに成功したのは、本当の離れ業に他ならないでしょう。　敬具

H・ベルクソン

（1）『詩集』*Poems*, Londres, Heinemann, 1925.

一九二六年四月十日

Ch・ブロンデルへ

ACFP（C-XII-Bergson-41 G）

パリ

一九二六年四月十日

親愛なる同僚殿

何ヶ月も前から病に伏せて、特にここ数週間苦しんでおりますので、『原始心性』[1]に関する誠に興味深く有益なご

著書を送付いただいたことにいまだ感謝できずにおりました。――この機会を利用して、ジョルジュ・デュマの心理学概論(2)のあなたの頁をどれほど高く評価しているかをお伝えしたく存じます。これらはとりわけ炯眼に富み、多くの示唆を含みます。

敬具

(1)「レヴィ＝ブリュールへの序文」Préface de Lévy-Bruhl, Paris, Stock, 1926 (23 mars 1926).

(2) 一九二八年に出版が開始された『新心理学概論』に先立って、ジョルジュ・デュマは共同執筆者たちを最初の『心理学概論』の二冊に招集することから始めた。シャルル・ブロンデルは二冊目の数章に参加している。「意欲」*Les volitions*, p. 333–425.「人格性」*La personnalité*, p. 522–574. これらの章は当初『心理学誌』に発表された。*Journal de Psychologie*, XVI, 6–7, p. 606–642, 15 juin 1920 et XVII, 3–4, p. 193–218 et p. 309–331, 15 mars et 15 avril 1920.

一九二六年四月二十二日

M・トゥタンへ

Doucet (BGN 3071, minute autographe)

トゥタンへの書簡（複写）

パリ、ヴィタル通り三二番地

一九二六年四月二十二日

拝啓

短い間にジャダン通りの三の二番地から三番地へ連続して発生した煙突火災に関しておっしゃったことを再考せざるをえません。この二つの煙突に建築上の欠陥がなくとも、かかる事故の再発を避けるために何かするべきだと思われます。わが家に隣接する家の物は、当然我々の所有物ではありません（とはいえ、二つの煙突は接近しており、いわば連結しているでしょうから、この家の建築家とその点について話してみるべきです）。しかし、少なくともわが家に関して、今後できる限り煙突の安全を確保するためにいくらか工事をするなどの改修をしなければならないでしょうか？　この種の事故が発生したら残念に思います。問題点を確認していただけますでしょうか？

敬具

H・B

一九二六年四月二十七日

M・アルヴァックスへ

IMECP (Fonds M. Halbwachs)

パリ

一九二六年四月二十七日

親愛なる友

送っていただいた記憶に関するご著書(1)に対して、そしてそこに添えていただいたお便りに対して随分前に御礼を申し上げておくべきでした。ですが、書籍はすぐ読みました。まさしくこの本は甚だ興味深く、重要だと判断しました。ゆえにこの主題に関しては、取り上げられた主張の一つずつに対して私の意見を説明する手紙を書きたいと欲していました。運悪く私の健康状態がそれを許さず、いまだできずにおります。一六ヶ月前からあらゆる治療を試みた、感染性リウマチによって身動きできずにいるのです。この病気のために――そして特に／病気よりも薬になおのことかかりきりにならねばなりません――やりたかったことを絶えず翌日へと先延ばすことを強いられています。しかしあなたに感謝を申し上げ、どれほどの喜びをもってあなたの著書を読んだかを伝えるのをこれ以上遅らせたくはありませんでした。この著書ははっきりと区別される二つの部分を含んでいます。一つは、個人的記憶から集合的記憶への可能な限りの還元であり、二つ目は集合的記憶そのものの研究です。この最後の部分はおそらく、ほとんど反論を引き起こさないでしょう。ここには社会学者と心理学者が等しく利益を取り出せるような考察が豊富にあります。第一部に関して言えば、／高度な水準で独創的であるように思えます。気がついたすべてを入念で細かな分析によって伝えるならば、私は山ほどのことをしなければいけないでしょう。集団性を通じた想起《ルメモラシオン》の働きの内に、我々がどれほど支えられているかをあなたは示しました。この働きによって、我々は個人的知性へとあらゆる価値を付与する気にさせられるのです。しかし、集団のなかでの個人の解決の方向にあなたが進みすぎていないかどうか、私は自問します。あなたの視点に立つために最大限の努力を費やした後でさえ、記憶《スヴニール》の保存と喚起における特定のもの、つまり本質的なものを社会に向け直すことには私は至りませんでした。／内容のすばらしい濃密さとともに一つずつ検討せねばならない種々の分析に対して、こんなにも曖昧な主張を表明するのは気がとがめます。あいにく簡単な手紙ではこれ以上は語ることはできません。あなたと詳しくお話しする何らかの機会を待たねばならないでしょう。もっとも、あなたが立証を望むすべてを論証しているようには思えないときでも、我々を取り囲む社会とそれに保持される教育のうちに見出される（主に明確にし、表現し、説明するための）手がかりを示すことで、少なくとも我々の利益となっていると取り急ぎ、伝えさせていただきます。この著作に対するあらゆる賛辞を贈らせてください。

敬具

H・ベルクソン

（1）『記憶の社会的枠組み』*Les cadres sociaux de la mémoire*, Paris, Alcan, 1925.

一九二六年四月二十七日

A・ロワジーへ

BNFP（Fr na 15649, f. 191-192）

パリ、ヴィタル通り三二番地

一九二六年四月二十七日

親愛なる同僚殿

何ヶ月前から病に伏し、この数週間は特に苦しんでおり、『宗教と人類』[1]に関してわずかだけしか綴ることができません。何はともあれ、どれほどの興味とともにこの優れた著作を読んだかを伝えたいと思います。ここで展開される観念は大部分ですでに、明示的であれ暗示的であれ、あなたの先行する著作内に見出せます。しかし、今こそこれらの観念がどれほど互いに補強し合い、堅固に結ばれた全体を形作っているのかがいっそう理解できます。私の誤りでなければ、この近著は哲学の専門家らのうちに、あなたの概念をこのうえなく浸透させることでしょう。／

長い間私は道徳に関する問いを気にかけており、関心を抱いていました。もし私の研究がいつか一冊の本に成就したら、諸々の本質的な点でどれだけあなたに同意しているかがお分かりになるでしょう。そして、理性と人間的理想の超論理的性格に関するあなたの見解がどれくらい洞察に富み、深遠なものと考えたかを伝えたいと思います。意見の相違は、この理想を打ち立てるにあたって形而上学に譲るべき場所に関わっているように思われます。もっともこれは、『創造的進化』の数頁についてご提示いただいた興味深い批判で、暗示的（一八六頁から一八八頁）に示されたものです。――これは確かに不完全な／頁ですが、しかし、もしより多くの正確さを注ぎ込もうとすれば、形而上学と科学の進歩さえも恣意的に先取りせねばならないでしょう。

敬具

H・ベルクソン

（1） *Religion et humanité*, Paris, Nourry, 1926 (BGN 1168, 自筆献辞入り).

一九二六年四月二十七日

Ch・A・ストロングへ

RACNY (Strong Papers) NRB

パリ、ヴィタル通り三二番地

一九二六年四月二十七日

親愛なるストロング

「現象の起源」(1)についての二つの優れた論文を送っていただき、感謝申し上げたく存じます。これらは、知覚の問題に鮮明な光を当てるものです。知覚についてあなたが指摘しようとした通り、あなたの結論の大部分に、つまり私が（時間のなかでの）「縮約」と呼ぶものにいくらか相当する、あなたの「単純化」を私は受け入れるでしょう。しかしながら、私はあなたほど根本的な区別を「仮象」と「現実」との間に設けないでしょう。私としてはそこに見出すのは、ほとんど部分と全体との差異だけです。――近いうちに、これらのすべてについてあなたとパリで語り合えればうれしく思います。

敬具

H・ベルクソン

（1） 『ヒバート・ジャーナル』*Hibbert Journal*, XXXV, 137, janvier 1926, p. 39–58,「仮象の発生、1 距離と大きさ」«The genesis of appearences, I-Distance and magnitude»; *Ibid*., 138, avril 1926, p. 137–153,「感覚質」«II-Sensible qualities». 続く数号でH・N・ランドルとの論争が生じる。

一九二六年四月二十九日

E・M・ハウスへ

YUSLNH (Misc. 12.395) SSG

パリ、ヴィタル通り三二番地
一九二六年四月二十九日

親愛なるカーネル・ハウス

昨日のあなたの親切な訪問の機を逃してしまったことを至極残念に思います。この一六ヶ月の間私は病気に罹っており、少しは良くなってきたのですが、訪問を受けないよう忠告されています。しかし、この規定はもちろんあなたには適用されませんし、いらっしゃったことを知らせてくださるならば、喜んでお会いします。もし再度電話をいただくことをお願いすれば、ご迷惑なのではないかと心配です。それでもそのような誘惑に抵抗できません。もし再度少しの時間を与えてくださるなら、あなたに最も都合がいいときの土曜か日曜に、御夫人とともにお茶をしにいらして我々を喜ばせていただけないでしょうか。来週の何日でも都合はよいです（月曜を除きます。／医者へ行かなければいけません）。一筆お便りください。

敬具
H・ベルクソン

一九二六年五月十三日

J・シュヴァリエへ

Doucet（BGN 2825, f. 22–25）

パリ、ヴィタル通り三二番地
一九二六年五月十三日

親愛なる友

まだあなたにお返事できずにいたことを悔やんでおります。しかし少し快復してきました。今は病気以上に、治療のほうが私を邪魔して時間を奪います。そうであっても、第二、第四、第六講の補足と修正が申し分ないことをお伝えするのをこれ以上遅らせたくはありません。変更点はまったく見当たりません。反対に、あなたの元のテクストに関する、述べておくべき二、三の異議を覚えました。再読によってこうした考えに至りました。第一のものは、第二講のタイプ原稿の七四頁下部の注全体についてです。この注が関わるのは、／ご説明いただいたところによれば、一つの明確な事実です。しかし、多くの労力を費やしてそこに記された遠回しの言葉は、あまりに無礼、かつ奇異なもので、私としては（イギリス人がこの言葉に与える意味において）「無視」すべきでしょう。経験上悪意ある人たちは、たとえ反論を記すためだけに非難を含む文章が刊行されたとしても、刊行されるとすぐにそれを摑み取り、拡散し、利用します。したがって目的に反して、この注を残すことであなたが一つの風説の手助けをする危険を冒すことになると思われます。これをきっちりと削除すべきです。

　別の二つの異議が心に浮かんだのは、あなたの第二講を『講義と／講演』誌で再読した折でした。ともにこの雑誌[1]の四月十五日号の二一一頁についてです。あなたはまず（頁中央で）ドイツ哲学を憎んでいると言っています。この表現は大げさです。実際、私は／まったく／ドイツ哲学をほとんど知らず、せいぜいカントしか読んでいませんでした。おそらく「私はこれに意欲を抱かなかった」、あるいは「それは私を魅了しなかった」と言ったほうがより正確でしょう。――他方で、ブートルーが高等師範学校の／その／彼の授業で「彼の思考の基礎を決して我々に与えなかった」と言うのはなお踏み込みすぎでしょう。我々は、彼の博士論文によってその基礎に通じています。彼はとりわけ自分を哲学史家とみなしており、「教条的になる」ことに非常に慎重でした。このように説明されるほうがより正確だと思われます。確かに彼は体系の歴史／から／体系／離れることも「可能だった」が、まったくそれを望みませんでした。――少なくとも、厳密に言えば二年次の彼の授業ではそうでした。三年次に大学教授資格の我々の課題を評価するときには、彼は少し気さくになりました。

　私の「形而上学入門」の[2]英訳については、ロンドンでマクミラン社から刊行された版を探しましたが、無駄でした。ですが、その版がイギリスで印刷されている間に、ニューヨークで印刷されたアメリカ版を入手したところです。――この版は、見た目はあまり洗練されていませんが、同一の内容です。これをこの手紙とともにあなたに送ります。これを保管していただくようお願いします。もう他のものはないからです。

　親愛なる友よ、あなたが費やした、またあなたが私を研究し、なおかつ私の思考に寄り添うために引き続き費やしてくださる全労力に感謝申し上げます。

敬具

H・ベルクソン

（1）*Revue des Cours et Conférences, supra.*

（2）『形而上学入門』*Introduction to metaphysics*, London, Macmillan, 1913; New York, Putnam's Sons, 1912. T・H・ヒュームが双方の訳者である。

一九二六年五月二十四日

E・M・ハウスへ

YUSLNH (Misc. 12.395) SSG

パリ、ヴィタル通り三二番地

一九二六年五月二十四日

親愛なるカーネル・ハウス

送っていただいた二冊の本を強い関心をもって読みました(1)。もし仮に私の健康がまたもや不充分なものでなかったならば、もっと早くあなたにお手紙を書くべきでした。同封の手紙に、きわめて重要で教えに富み、かつ明快なこの作品から喚起された印象を書きました。それをフランス語で書きました。というのも、（間違いかもしれませんが）シーモア教授はいつの日か私が述べた／ことを出版したいとあなたから伝えられた覚えがあります。その場合、彼はこれを簡単に英語に翻訳するでしょう。活字で出版するという危険を冒すほど、私は自分の英語を充分に信頼しておりません。親愛なるカーネル・ハウスへ、切なる尊敬と心からの感謝とともに。

敬具

H・ベルクソン

（1） この書簡は後続の講評の導入である。

一九二六年五月二十四日

E・M・ハウスへ

Doucet (BGN 675, 自筆原稿)；YUSLNH (Misc. 12, 395, 本書の参照元)(1)

パリ、ヴィタル通り三二番地

一九二六年五月二十四日

カーネル・ハウス

送ってくださったすばらしい二冊の本を読了――そして再読――いたしましたので、これらがどれほど私の感興をそそったかをお伝えするのをこれ以上遅らせたくはありません。この期間にあなたが果たした役割の重要さは周知されているでしょうが、その性質や詳細までは正確に認識されていません。この点について、まずこの著作は鮮明な光を投げかけます。しかし、そのうえで、どれほどこの著作が歴史家とモラリストにとって有益でしょうか！　それは、戦争の三分の二の期間に「舞台裏で《ビハインド・ザ・シーン》」起こっていたことの一面を照らします。他方でこれは、著名な人物／をよりよく理解し、評価することを可能にします。それはあなたが関係をもつ人物たちです。あなたは多くの場合で、書物を読むように彼らを読み解いているように思えます。

あなたの話の最終部は、私に一番強い印象を与えました。アメリカ参戦に先立つ二ヶ月の間に、あなたの思考をわずかながら分かち合う者とみなしてくださったときの、一緒に過ごした時間がこれによって蘇りました。あなたが語ろうとしてくださったもののなかに、初日から私を驚かしたことが三つありました。まずはじめに、アメリカは参戦して同盟国側に与しなければならないというあなたの信念です。それから、／戦争への決意を固めた場合に、アメリカが均衡状態のなかに投入する武力の総量です。それにより正義という大義のためにアメリカが為すことを人々が目撃し、以後ある国家が世界平和を乱そうとするならば、よくよく考えさせるようにするためのものでした。最後に三番目のものは、以後新たな土台の上に、公正と正義の原理の上に、国家間の関係確立の必要性のためにあなたが抱く理念です。一九一七年の二月から三月の二ヶ月間にウィルソン大統領（最終的には彼が評価され、私も確信するように歴史上の偉人の一人であり続けます）が戦争へとアメリカを向かわせる前に綿密に自省し、戦争の必要性を国民に／説明できたのは彼のみであることは容易に理解できます。つまり、人間がこのような著しく並外れた責任を請け負うことはいままでありませんでした。しかし、彼はあるものによってこの責任をさほど重いものと感じなかった。それはあなたが――ヨーロッパにおける当座の問題を研究し、それに関するすべての要素をまとめ上げたあなたが――もっていた信念、そのときにまさにアメリカが為さなければならないものであった信念です。

アメリカ合衆国が戦争へ向かい、同盟国の即座の勝利がすぐに確実なものとなり、国際関係に関して得られたことがなかった最高度の理念が地平線から現れた忘れられない日々でした！

敬具(2)

H・ベルクソン

（1）『チャールズ・シーモアの聞き書きによるカーネル・ハウス親書』*The intimate papers of Colonel House arranged as narrative by Charles Seymour*, Bouston-New York, Houghton, 1926–1928. ハウスから送られた一冊は「わが使命」のなかに伝えられている献辞を含んでいた。「アンリ・ベルクソン、あの忘れられぬ日々におけるわが指導者、哲学者にして友へ（パリ、一九二六年五月一日）」。

（2）この論評のタイプ原稿の二つの複写は、同一の書類に記載されている。一方はこの書簡のフランス語、他方はこの書簡の英語の翻訳である。

一九二六年五月二十八日

P・ヴァレリーへ

Doucet（VRY 306 in 12）

一九二六年五月二十八日

親愛なる、かつきわめて卓越した同輩

『ロンブ』[1]を噛み締めて読んだ喜びは、大変得難いものでした——この本にはたくさんの鋭く深遠な哲学があります。貴殿の各々の省察は、熟考への誘いとなります。それらは多くの方向性をもち、貴殿は／読者の精神をそこへ投げかけます。またそれらは、貴殿の思考が描き出す至って独自の曲線に接しています。

敬具

H・ベルクソン

封筒：ポール・ヴァレリー氏

アカデミー・フランセーズ会員

ヴィルジュスト通り四〇番地

パリ一六区

印：パリ一六区、ショパン広場、一九二六年五月三十一日七時三十分

（1）『ロンブ（注記ほか）』*Rhumbs (Notes et autres)*, Paris, Le Divan, 1926 (mars 1926).

一九二六年六月十二日

Ch・A・ストロングへ

RACNY（Strong Papers）NBR

パリ、ヴィタル通り三二番地

一九二六年六月十二日

ストロング氏

パリにいらっしゃると知るのはどれほどうれしいことでしょうか！　近いうちに会って少しでも一緒にお話できるよう期待します。残念ながらあまり動き回れず、私も動きたくはありません。良くなってきているのですが、車の乗り降りにも苦労します。／ですが、あなたがわが家の戸口まで来てくださるなら、入っていただくのはまったく難しくないでしょう。私の住居は直接道に面しています。お話をするための一階の部屋まで、一度車を降りてしまえば四、五歩しかかからないでしょう。こうした点もお気に召しますでしょうか？／例えば来週水曜日の五時にいらしていただけますか？

妻がよろしく伝えてほしいとのことです。

敬具

H・ベルクソン

BSP（2088, f. 44–46）

一九二六年六月十四日

Fl・ドラットルへ

パリ、ヴィタル通り三二番地

一九二六年六月十四日

親愛なるフロリス

近頃は毎日、十八ヶ月も前から切り離されていた外部世界との接触を取っていました。それで疲労が生じ、とりわけ習慣が乱れてしまい、もっと早くにお手紙を出すことが妨げられてしまいました。非常に立派に組み立てられ、観衆を教育しつつ魅了するために見事に作られた、きわめて洗練された講演(1)を私に捧げてくださったことへの感謝をこれ以上遅らせたくありません。この講演がもつ欠点は、私／に対してあまりに好意的であることに他なりません。しかし、この欠点のおかげで私はあなたと長く付き合いがあるのですから、あまり訂正しないようにお願いします。そして非常に高度な哲学的射程から、二つの言語が比較される節は特に注目を浴びたでしょう。この講演が、オックスフォード大学出版局に認められ、その刊行物があらゆる国の学者の関心をえながら継続して出されることが望まれます。もし講演が誌上で発表される必要があれば、『アングロ・アメリカン誌』が最適だと思います。というのも、『哲学誌』も『形而上学／誌』も問題にはなりません。これらは抽象的な哲学の論考のみを発表しています。別の言い方をすれば、一般大衆にアングロ・サクソン人への親近感がそれほどない場合、我々の文芸雑誌はフランスの哲学的教養がもつフランス＝イギリス的側面を示すための論考の発表を重要視しないでしょう。別の期に、二国間の緊密な協力や双方の精神の相互浸透を大切にする人たちが特にこの側面の興味を深くしたならば、まさに『アングロ・アメリカン誌』がその人たちに訴えかけるでしょう。しかし、パリにお立ち寄りの際に、もし／お望みなら、これについて共に語り合えるでしょう。というのも、いずれにせよこの論考はバカンスの後でなければ発表されないでしょうから。

講演は完璧にタイプ打ちされています。アンリエットにはあらゆる賛辞を捧げます。私は彼女のこうした才能を知りませんでした。このタイプ原稿を送り返す必要があるかどうかあなたはおっしゃっていませんでした。したがって、とりあえず私が保管しておきます。

そして今ここに――あなたが望んでいたので――一つ、二つばかり細かい所見があります。おそらく、ロズウェルに関する文章を和らげるべきでしょう。私の初めての／『笑い』の翻訳について語っていただいたことは、真実そのものです(2)。しかし、彼は職業翻訳家であり、該当の節は編集者たちの間で彼の評判を傷つける危険があるでしょう。――一方で、八、九頁を元のままにすべきかどうか一緒に検討しましょう。私にとってはこれらの頁は、大変好ましいものです。しかし、私の家族の詳細は読者に明かされないことを望みます。それが少なくとも私の最初の印象です。ですが、パリでお会いできるときに、再度この点を一緒に吟味できるでしょう。

アンリエットと子どもたちに対して最上級の友情を、そして親愛なるフロリスへ感謝を。／敬具

H・ベルクソン

(1) 一九二六年五月三日にキングズ・カレッジで行われた講演「アンリ・ベルクソンの人格性とイングランド」«La personnalité d'Henri Bergson et l'Angleterre», *Revue de Littérature comparée*, 7, 2, 1927, p. 300–315.

(2) この刊行物の三一一頁によれば、ベルクソンはフレッド・ロズウェルの翻訳の提案をクラウズリー・ブレルトンによってチェックさせた。最終的に英訳は二人の翻訳者の名で出版された。*Œuvres*, p. 1503.

一九二六年六月十五日

J・H・ハイドへ

HSNY（Hyde Papers）

パリ、ヴィタル通り三二番地
一九二六年六月十五日

拝啓

親切なお手紙ありがとうございます。これによってあなたがイギリスに長く滞在されていたことを知りました。もっと魅力的な時期を選ぶことはできなかったようですね。いわば、あなたはこのゼネストを見物するために桟敷席にいて、その間イギリス国民は辛抱強さと組織力のとても立派な例を示したのでした。

そして、医師にはどうにもできない感染性リウマチによって、もうすぐ十八ヶ月もほとんど動けずにいます。快復し始めています。しかし、懸念していますが、完全に健康を快復するまでに、まだかなり長い／時間がかかるでしょう。

妻はあなたの親切な言葉にとても感動しました。よろしく伝えてほしいとのことです。

敬具
H・ベルクソン

一九二六年六月二十日

Fl・ドラットルへ

Doucet（BNG 2856）

パリ、ヴィタル通り三二番地
一九二六年六月二十日

親愛なるフロリス

何ヶ月か前にお返ししたと思いますが、アルゴ・ルーエがポール嬢との協力によって書いた本を一週間貸していただけませんか？　貸していただけるなら、送っていただけないでしょうか？　ジョルジュ・ルシャルティエ氏（アメリカ政治とアメリカ全般についての秀逸な論文をたぶんご存じでしょう）が、『ニューヨーク・タイムズ』／に発表する論文のためにこの著作を用いたいと強く願っています。彼はこの論文をすぐに書き終えようとしており、この本を至急手に入れたがっています。よろしくお願いします。

敬具

H・ベルクソン

一九二六年六月二十一日

G・M・パレオローグへ

ボダン競売会、一九八三年六月二十七日

あなたはカヴールの[1]、何より血の通った肖像を書き記しました。彼の著作への理解を促し、それにより、人生の途上で出会う困難そのものに支えを見出せる真の政治家の特徴的輪郭を明らかにしました。なんと偉大な人物であり、あなたの示したように、よく比較されるビスマルクをどれほど超えた者でしょうか！

（1）『偉大な現実主義者、カヴール』*Un grand réaliste, Cavour*, Paris, Plon, 1926. 一九二七年八月二十一日にもパレオローグからベルクソンへの手紙があることを指摘しておこう（BGN 815）。

一九二六年七月八日

G・メールへ

Doucet（BGN 2935）

パリ、ヴィタル通り三二番地
一九二六年七月八日

親愛なる友

あなたが私に費やしてくださった研究[1]をたった今読みました。どれほど見識に富み、力強いものと感じたかをお伝えしたいと思っていました。あなたは難解な部分を扱いました。平凡な読者により好まれそうな外部的・表面的視点に立つ学説の周りをうろつく代わりに、あなたは中心へまっすぐ向かい、私が本質とみなす二、三の概念を内部から把握させるように努めました。まさにこれによって、この哲学と科学との関連を提示しました。不思議なことに人は両者を／対立させていました。あまりにもたくさんの厚意をもって著者を語っている点だけを咎めておきましょう。これはご存じのように、相互的共感の結果なのです。

クレルモンを背景として捉えることによって、あなたは真実のなかに達していました。さらに古い友人のロスタンとコンスタンティンの姿をそこに浮かび上がらせることで、大変な喜びを私に与えてくださいました。

一八ヶ月の間、発熱を伴うことさら深刻な感染性リウマチのせいでほとんど身動きできずにいました。快復しつつありますが、パリにあまり留まらないように皆私に勧めます。もうすぐ出発するところです。私が／戻ったらすぐに、私とお話しに来ていただけるようにお願いすることにします。あなたの本の、わずかですが具体的ないくつかの誤りを指摘したく思います。次の版からは簡単に消すことができるでしょう。ですが、特に詳細にあなたに伝えたいのは、これを読んで得られた喜びについてです。

妻と娘は、送っていただいたきわめて立派な一冊の最初の頁で、私の名前に彼女たちの名前を加えるというあなたの思いやりに非常に感銘いたしました。再度感謝申し上げます。

敬具

H・ベルクソン

封筒：ジルベール・メール氏
ジュシュー広場三番地
パリ五区

印：パリ六区、ショパン広場、一九二六年七月九日二十時三十分

（1）『アンリ・ベルクソン――作品、フランス文学史のための記録』*Henri Bergson: son œuvre, document pour l'histoire de la littérature française*, Nouvelle revue critique, Célébrités d'aujourd'hui, série 2, Paris, 1926.

一九二六年七月三十日

É・ビュルネへ

BNFP (Fr na 17388, f. 232–233)

スイス、サン＝セルグ
一九二六年七月三十日

親愛なる友

随分前にあなたに手紙を出さなければいけませんでした。しかし、丁重なお手紙(1)が届いたとき、発熱を伴う感染性リウマチに再び襲われたところでした。私はもうすぐで二年も苦しんでおり、幾分長い不動の期間を余儀なくされました。そうして今は良い状態にあります。これ以上あなたへ

の返信を遅らせることはできませんでした。MM・ヘレンと／セルジャンの親切な申し出を受諾できればよかったのですが、その手段が見つかりませんでした。しばらく前にすでに、確かに『新フランス評論』の出版編集長ガリマール氏から同様の申し出がなされました。私はそれを受け入れました。その小冊子が未刊行なのは、必要だと思われる修正と補足をまだ行えていないからです。MM・ヘレンとセルジャンに、私の強い無念の意を伝えていただけませんか？

そしてあなたの手紙がどのくらい私を感動させたか、／そしてあなたがアンリ四世高校で過ごした年月について、どれほど鮮明な追憶を私も同じく保ち続けているかを伝えさせてください。この高校で、さらにその後高等師範学校で、私は卓越した生徒たちを得ましたが、あなたよりも完璧で、より優れて確固たる諸々の長所が併せて見られた人はいませんでした。あなたは科学のほうに向かいましたが、それを悔やむべきではありません。なぜなら科学に決して失望させられることはないからです。しかしあなたが哲学に愛着を持ち続け、遅かれ早かれ哲学があなたの科学に関する省察の恩恵を受けると私は確信しています。パリに寄るときにお話をしに来ていただけませんか？　何年か前に行っていた会話を再開しませんか（機会があれば、メチニコフの理論について語りましょう）。——では近いうちに。御夫人によろしくお伝えください。

敬具

H・ベルクソン

あなたが求めていたポートレートを送らせてください。十四年前の物ですが、それより新しいものはないのです。

（1）　一九二六年十二月六日のビュルネへの返信（BGN 717）。このようにこの手紙のやりとりが再開された。というのも、一八九七年十二月二十七日、一八九七年三月一日、四月十八日、七月三日のビュルネからベルクソンへの書簡が証言するように、先立つ交流があったからである（BGN 713から716）。おそらくビュルネの著作『ポール・ヴァレリーと精神の一体性』*P. Valéry et l'unité de l'esprit...*, Paris, Scheur, 1926（BGN 26, 献呈）の送付に続いて生じたものだろう。ベルクソンは以前に『イコンから離れて、ロシア亡命者の小説』*Loin des icônes, roman des émigrés russes*, Paris, Flammarion, 1923（BGN 23, 自筆献辞入り）と『救世主の門』*La porte du Sauveur*, Paris, Riederm, 1926（BGN 24, 自筆献辞入り）を受け取っている。

SD［一九二六年七月末］

E・ミンコフスキーへ

Doucet (BGN 2197) BSP

ミンコフスキー

拝啓

この「精神分裂症」を解釈することを可能にしたのは、特に深く入り込んだ一連の分析です。「早発性痴呆症」に関する多くの議論によって、この「精神分裂病」に関する見解はすでに非常に大きな前進を成し遂げています。私はとりわけあなたの／…／に注目しました。

どれほどの興味をもって、現実との生きた接触の喪失についての概念の研究[1]を読んだかをお伝えせねばなりません。この「精神分裂症」を解釈すること／そしてその原因によって定義し／説明すること／を可能にしたのは、特に深く入り込んだ一連の分析です。「早発性痴呆症」に関する多くの議論によって、この「精神分裂病」に関する見解はすでに非常に大きな前進を成し遂げています。／原因にまで遡ることができるのは稀です／精神分裂病と進行麻痺との間の比較には、特に注目しました。そこには一連の教えと示唆に富んだ考察があります／…／。あなたが説明に用いたものと同種の概念を、いくつか私が導入していたことをあなたは思い出させてくれました。それに関して、直接的観察のなかで解釈の方針を探求すること以外の才能は、私にはありません。／そこに精神病理学の問題の鍵があるのであって、伝統的心理学の、大抵の場合は言葉の上での区別であったり分類をはっきりと適合させることのうちにあるのではありません。伝統的心理学の、大抵の場合では言葉の上での区別や分類を根拠にするのでなく、そこでは諸事実の描写のためのみならずそれらの解釈のために伝統的心理学は照会される理由がありました／伝統的心理学の大抵の場合で、言葉の上での区別や分類そのものを採用することの代わりです。

本書を献呈いただくことで大変な名誉を与えてくださいました。感謝申し上げます。／…／本の発送に添えられた丁重な手紙にも同じく感謝します。運悪く何ヶ月も前から苦しんでおり、パリに再び住めるようになるには、どうやら少し時間がかかるでしょう。パリに戻り、体調が良くなったときには、あなたの最近の研究について長い時間語り合えることを願います。

敬具

（1）『現実との生きた接触の喪失についての概念と病理学へのその応用』*La notion de perte de contact vital avec la réalité et ses applications en psychopathologie*, *Paris, Jouve et Cie*, 1926（BGN 2566, 自筆の献辞には一九二六年七月と日付がある）の著者ウジェーヌ・ミンコフスキーから入手したインクと鉛筆による下書き。一九二六年七月十八日付のミンコフスキーの手紙が含まれている。そこから日付を推測した。

一九二六年八月十一日

ペギー夫人へ

CPO（Cor-IV, Inv 244）

スイス、サン゠セルグ

一九二六年八月十一日

拝啓

ジェルメーヌ嬢のすばらしい成功を知るのがどれほど喜びだったか言い表せません。私たちのこの賞賛を彼女に伝え、あなた自身でもこれを受け取っていただけますか？　もっともこの成功は、少しも意外ではありません。ピエールに関しても私はまったく心配していません。彼は／雪辱を——これを彼に予言することもできると考えます——来年果たすでしょう。残念ながら、試験においてつねに重要な役割を担う運は、今回は上手く彼を助けませんでした。

多少の発熱を伴う感染性リウマチにより、私はいまだ動けずにいます。これに約二年前から私は支配されています。ですが、私の状態は徐々に改善しています。いずれにせよ、冬が終わる前か中／頃に、最終的にはパリに帰れるよう願っています。もしよろしければ、私たち皆が集まる日取りを決めましょう。妻と娘がよろしくとのことです。敬具

H・ベルクソン

封筒：ペギー夫人
ウーダン通り一二番地
ソー（セーヌ県）
印：ディボーヌ゠レ゠バン、一九二六年八月十一日十四時二十分

一九二六年九月二十二日

Ch・ペギー夫人へ

CPO（Cor-IV, Inv 245）

ジュネーヴ

一九二六年九月二十二日

拝啓

もちろんジェルメーヌ嬢があなたや祖母からあまり離れずにいることが望ましいでしょう。しかし、もし正確な要請を作成しなければ、つまり望む種類のポストをはっきりと大臣に告げなければ、そしてたとえお願いできなくても、可能であれば彼の選択肢となるいくつかの空席のポストを指定しないならば、ご存じのようにこのような用件で上手くいく見込みはあまりありません。したがって、この点について必要な詳細を私にお教え願えますか（現在空いているか、もしくはこれから空くポストを問い合わせれば、ジェルメーヌ嬢は情報を得られるでしょう）。事情がよく分かったら、中等教育局長であるヴィアル氏に手紙を書きましょう。個人的には知りませんが、彼に状況を説明すれば考慮してくれると期待しています。

実のところいつパリに帰れるのかも、パリに留まれるのかどうかも分かりません（私は今もひどく悪い状態です）。とはいえ、私への手紙はパリにお送りいただかなければならないでしょう。手紙は転送されます。

妻と娘がよろしく伝えてほしいとのことです。　敬具

H・ベルクソン

封筒：ペギー夫人
ウーダン通り一二番地
フランス、ソー（セーヌ県）
印：ジュネーヴ、速達、一九二六年九月二十三日十八時から十九時

一九二六年九月二十三日

ブランシュヴィックへ

IMECP（Fonds L. Brunschvicg）; Doucet, 複写（BGN 2828）

ジュネーヴ

一九二六年九月二十三日

親愛なる友

親切なお手紙にあらゆる感謝を捧げます。我々は遅れずにあなたの新しい著作(1)を手にすることができたと思います。前もってこれを読むことを喜んでいます。――私は再びジュネーヴのブルカール医師の病院におります。ここで、昨年行なった治療法に効果を感じました。／今年はあまりその効果に満足していません。もうすぐパリに戻るつもりですが、パリに居続けるかどうか分かりません。ダクスで新たな季節を過ごし、その後もその地に留まる可能性があります。しかし、目の前にもはや――最善の場合を仮定して――集中的で本当に効果のある結果のためには限られた時間しかない年齢となっては、健康を得ることが時間をこのように犠牲にすることに値するのかどうか考えています。／

妻と娘があなたとお家族によろしく伝えてほしいとのことです。

敬具

H・ベルクソン

(1) おそらく『西洋哲学における意識の進歩』*Le progrès de la conscience dans la philosophie occidentale*, Paris, Alcan, 1927.

J・ロマンへ

SD［一九二六年十月末］

Doucet (BGN 671) BSP

／感謝／親愛なる同僚、『独裁官』を送っていただき感謝申し上げます。／ここには多くの哲学があり、作品／…／それが特に生き生きとすることに変わりありません／そして同時に劇的で生き生きとする／独創的な作品で、そこには多くの哲学があり、それが作品を劇的で生き生きとしたものにすることに変わりありません。あらゆる感謝を捧げます(1)。

(1)『独裁官、デメトリオス』*Le dictateur, Démétrios*, Paris, NRF, Gallimard, 1926（一九二六年十月二十七日出版。ここから日付を推測）。寄贈書（BGN 148, 自筆献辞入り）の著者ジュール・ロマンから入手した書評依頼状の表に鉛筆で書かれた下書き。

一九二六年十一月二十一日。ベルクソンからI・ベンルービへの書簡：『論集』の一四八〇頁に発表された書簡は、ジュネーヴ公立大学図書館にある原稿群にはもはや所蔵されていない。

一九二六年十一月二十一日

G・メールへ

Doucet（BGN 2936）

ヴィタル通り三二番地
一九二六年十一月二十一日

親愛なる友

問い合わせし、納本が免除されているかどうか調べてみます。ですが、いくつか正確な詳細を教えていただかねばなりません。以下の点をお教えください。1．諸々の巻の完全なタイトル。2．出版の日付。3．サイズと頁数。

言うまでもなく、お話をしに来てくださるなら、私にとって大変喜ばしいことです。パリにいついらっしゃり、いつお時間があるのか／お教えください。そうしたら日時を提案します。私はきわめて悪い状態です――どんな治療でも治らずにいる感染性リウマチによって何ヶ月も前からほとんど動けずにいます。

敬具

H・ベルクソン

封筒：転送願い

ジルベール・メール氏
ジュシュー広場三番地
パリ五区
印：パリ一六区、ショパン広場、一九二六年十一月二十三日
二十時三十分

一九二六年十一月二十八日

J・ヴァールへ

IMECP（Fonds J. Wahl）

パリ、ヴィタル通り三二番地
一九二六年十一月二十八日

親愛なる友

どのような興味を伴って、『パルメニデス』についてのあなたのすばらしい著作を読んだかをお伝えしたいと思います(1)。相変わらず病に苦しみ、望んでいたほどにはこの本について勉強できませんでしたが、一度読んだだけで充分に重要性が示されました。実際、理解することがきわめて難しく、ある面では非常に困惑を覚えるこの対話について

の、最も納得のいく解釈をあなたが与えてくれたように思います。この著作は『パルメニデス』を解明すると同時に／プラトン主義全般を明らかにします。考えていた以上に、そしてアリストテレス主義自身が認める以上に、プラトン主義はアリストテレス主義に類似しているように思えます。——この優れて見識に富む研究に対してあらゆる賛辞を送ります。

敬具

H・ベルクソン

封筒：ジャン・ヴァール氏

文学部教授

／ナンシー／〈パリ、ポンプ通り四四番〉

印：パリ一六区十八

(1)『プラトンの「パルメニデス」についての研究』*Étude sur le Parménide de Platon*, Paris, Rieder, 1926.

一九二六年十二月二日

N・セーデルブロムへ

UBU (Saml. Ultänningar, f. 8–9)

パリ、ヴィタル通り三二番地

一九二六年十二月二日

猊下

スカンジナビア学院から送られてきた招待状によって、貴殿が本日パリにいらっしゃり、「スウェーデンとフランス間の主要な諸関係」について講演を行うことを知りました。どれほどこれを聞きたかったでしょう。そして、久しい以前から切望されたこの機会を利用することはどれほど喜ばしいことであったでしょうか。これによって、個人的に／あなたとお知り合いになれたのに！　残念ながら、何ヶ月も前からきわめて深刻な感染性リウマチに苦しめられ、これは外出を妨げるだけでなく、屋内ですらほとんど動けないことを余儀なくされています。せめて貴殿には、私の非常に深い無念さとお知らせしたく思いました。そして、私の健康状態が回復し、いつの日かこの逸した機会を再び手にするのをどれほど望んでいるかもお伝えしたく思います。貴殿がパリにまたいらっしゃるか、あるいは貴殿に何度も誘っていただいた、／スウェーデンで講演するという親切な招待をついに有効に利用できることでしょう。

敬具

H・ベルクソン

一九二六年十二月二十九日

Ch・ヴェルナーへ

BPUG (Ms. fr. 9008/1, f. 15) NBR

アンリ・ベルクソン
アカデミー・フランセーズ会員
道徳政治学アカデミー会員
ヴィタル通り三二番地

最愛なる同僚へ感謝申し上げます。私たちから、あなたとご家族へ、我々の／心からのお祝いを送ります。私は良くなり始めています。そして新年は、あなたとお話するという楽しみがないままに過ぎることがないように願います。

敬具

H・ベルクソン

封筒 f. 16：シャルル・ヴェルナー教授
フロリッサン通り四番地
ジュネーヴ（スイス）
印：パリ一六区、ショパン広場、一九二六年十二月三十日二十一時三十分

SD［一九二六年末］

E・フォルティへ

YUSLNH

（Zeta Krh5. 926fb. 復元困難な鉛筆書きによる下書き）

（この下書きは、断片的かつ全体を通じて削除箇所がある）

フォルティ

親愛なる氏へ。私は／これ以上遅らせたくはありません／あなたの「L」とそれに同封された手紙を送っていただいたことに感謝します。これをちょうど読み終えたところで、私の興味を強く引いたことをお伝えします。あなたは最も複雑で難しい主題を選びました。困難さと複雑さは、心理学的生[1]のあらゆる表れのなかで、直接的に我々のうちに働く決断力に由来します。

大変強い興味をもってこの決断力について読みました。これ以上難解な主題はないでしょう。決定力は心理学的生のあらゆる表れのなかで我々のうちに働きます。／あなたが採用した方法論は……／そしてそれを切り離すことは不可能でしょう。／あなたはその方法論を採用しました／これらの条件において、ここでは最適のように思われる方法論を選びました。あなたはいくつかの論点を捉え、その各々について意識を介した直接的観察から導き出された結果をもたらしました。

あなたがこれ以上複雑で難解なものに出くわすことはないでしょう。その理由は、決断力は多くの場合でその背後あるいは内部に、多数の事実や状態を前提とするからです。決断力はその総合や結果です。／

あなたはこれ以上複雑で難解で重要なものは手にできないでしょう。というのも、決断力は心理学的生のあらゆる要素の収束点だからです。あなたは本質を、そしてそれらの要点を明らかにしました。それは内省的方法論を見事に適用したおかげであると思われます。おそらく意志に関してあなたが基礎を作ったすべての研究のなかで、／観察に／あなたは精神病理学的考察に多くの成果をもたらすことになるでしょう。すなわち、病的な不決断の諸形態についての分析は、さらに興味深いものになるでしょう。しかし、この点から出発しなかったことは正しいと思います。なぜならその難解さが、まさにこの主題を限界づけるからです。あらゆる称賛を……敬具

病的な不決断のいくつかの形態についての分析は、意志による決断の諸側面を明瞭にしうると私は考えます。

（1）『決断力——心理学的分析試論』*La décision. Essai d'analyse psychologique*, Paris, PUF, 1926. ここから日付を推測した。

一九二七年

一九二七年一月二日

N・セーデルブロムへ

UBU (Saml. Utlänningar, f. 10-11)

パリ、ヴィタル通り三二番地

一九二七年一月二日

猊下

どれほど大きな関心をもって、送付いただいた『宗教史概論』[1]を拝読したかをお伝えせねばなりません。訳者の指摘のように、これは真に新たな著作であり、それは貴殿がティーレの文書を再編したゆえです。こうして新たに蘇った著作は、それが我々に簡潔な宗教史を示すことにおいて、きわめて教えに溢れているだけではありません。そのうえに、さまざまな／信仰集団の本質をいたって巧みに明らかにすることで、宗教哲学全般に向けたすべてが準備されています。この哲学を通じて、宗教の定義に捧げられた諸著作——特に一九一一年[2]に出版され、私を大いに驚かせた「諸宗教」に関する小さな本は基礎を打ち立てています。

私は同様の大きな関心をもってエドワード・シリトー氏の「人生と労働」[3]の発表を読みました。これは申し分なくストックホルムの世界会議の重要性を示しています。／また貴殿の見事な「国際連盟第七会総会のための説教」[4]も示してくれます。これらのさまざまな著書を送ってくださったことに感謝いたします。また同じく、貴殿との対話についてどれほど鮮明な思い出を持ち続けているかを、この機会に言わせてください。もし、私の望むように、貴殿が近いうちにパリにいらっしゃるならば、ある問題、要するに死活の問題をめぐる問いについての会話を再度行えることを願います。

猊下、御夫人に私の尊敬の意をお伝えください。敬具

H・ベルクソン

（1） C・P・ティーレの概論のW・コルスヴァントによるフランス語版。Paris, Leroux, 1925.

（2） 『諸宗教。歴史的展望』*Les religions. Coup d'œil historique.*

Lausanne, 1911.

（3）『人生と労働に関する世界キリスト教会議』*The universal christian conference onlife and work*, Londres, Longmans, 1926 所収。

（4）Upsala, 1926.『文学週間』*La semaine littérature*, 34, 1926, p. 433-435. ドイツ語では、N・シュデルボルム「一九二六年九月五日ジュネーヴのサン＝ピエール大聖堂での国際連盟会議開会における説教」«Predigt zur Eröffnung der Völkerbund Versammlung in der Kathedrale st Pierre in Genf am 5. Septembre 1926»,『ディ・アイヘ』誌 *Die Eiche*, 4, 4, 1926, p. 382-387.

一九二七年二月十二日

Fl・ドラットルへ

Doucet（BGN 2857）

パリ、ヴィタル通り三二番地

一九二七年二月十二日

親愛なるフロリス

添付されたあなたの『ディケンズ』(1)を受け取りました。すぐさま端から端まで読んでしまおうという誘惑に抵抗できませんでした。この読書から得られた喜びをあなたに伝えなければなりません。本書は格段に有益で、関心を引き、血の通ったものです。これはフランスとイギリスの二人の天才のあまり知られていない類似性を理解させ、それと同時に／ディケンズの作品のいくつかの側面をさらによく認識させます。あなたは正面から、非常に繊細な、ドーデとディケンズとの真の関係という問題を扱い、それに対して受け入れやすいと思われる解決を提示しました。多くの点に関してとても洞察に富む考察、思考を促す指摘に気がつきました。私からのあらゆる称賛の言葉をこの秀逸な著作へ、そしてあらゆる友情をあなたと／ご家族に送ります。

敬具

H・ベルクソン

（1）『ディケンズとフランス、英仏文学の相互作用研究』*Dikens et la France, étude d'une interaction littéraire anglo-française*, Paris, Librairie Universelle, 1927 (mars 1927).

A・ロワジーへ

BNFP (Fr na 15649, f. 193)

ダクス

一九二七年二月二十四日

親愛なる同僚殿

治療中のダクスで、送ってくださった『イスラエルの慰め』[1]を受け取りました。どれほどの関心を抱いて、詩情に満たされたこれらの頁を読んだかを伝えさせてください。原典の息吹をこのように一つの翻訳へと移す苦労は、骨が折れたでしょう。他方で、あなたの翻訳は非常に有意義であると感じました。この翻訳はまさに／決定的なやり方でこれらの詩篇を位置づけているように見えます。そして実際にその意味と重要性を我々に理解させてくれるのです。

敬具

H・ベルクソン

（1）『イスラエルの慰め　第二イザヤ書』*La consolation d'Israël, Second Isaïe*, Paris, 1927.

J・H・ハイドへ

HSNY (Hyde Papers)

パリ、ヴィタル通り三二番地

一九二七年四月八日

ハイド氏

丁重なお誘いに対して心より感謝申し上げます。残念ですが、お受けすることができません。良くなり始めたとはいえ、いまだ部屋を離れないようにしなければならず、まったく動いてはいけない状態ではないにしても、少なくとも最大限に制限された動きを強いられています。

会いに来てくださるという親切なご提案にどれほど心を打たれたでしょうか！　少し／前に日時をお知らせくだされば、医師やその助手たち、もしくは別の人に会うことなく、多少お話できます。私にとってこれは大変な楽しみとなるでしょう。

敬具

H・ベルクソン

一九二七年四月十日

Ch・ペギー夫人へ

CPO (Cor-IV, Inv 246)

パリ、ヴィタル通り三二番地
一九二七年四月十日

あなたを襲った耐え難い不幸を知るに際して、強く心を痛めております。あなたがボードワン夫人をどれほど大切に思っていたか、またどのくらい御夫人があなたたちすべてを愛していたかを我々は存じております。ああ、彼女の他界は非常に大きな空白を生むでしょう。／親愛なる御夫人、あなたとご家族へきわめて強くて深い共感の気持ちを送らせてください。

H・ベルクソン

封筒：シャルル・ペギー夫人
ウーダン通り一二番地
ソー（セーヌ県）
印：パリ一六区、ショパン広場、一九二七年四月十一日二十時

一九二七年四月二十六日

J・H・ハイドへ

HSNY (Hyde Papers)

一九二七年四月二十六日

ハイド様

午前の終わりが都合がいいとのことなので、明日水曜日の十一時から十二時の間にお待ちしております。訪問によってあなたが私に示してくださる友好の証に、もう一度感謝を伝えさせてください。

敬具
H・ベルクソン

一九二七年五月二十日

E・ムーニエへ

IMECP (Fonds Revue Esprit) NBR

パリ
一九二七年五月二十日

美しいバラを送ってくださるというあなたとご友人たちのお考えに、どんなに私が感動したかを言い尽くせません。あなたがジャック・シュヴァリエ[1]に贈られた本に、私の名を刻むことができるのを大変うれしく思いました。

この機会を利用してあなたへと最大限の共感を含んだ賛辞の言葉を——どうぞあなたの友人たちとともに共有してください——送らせてください。

H・ベルクソン

（1）「私はベルクソンから花束について感謝する手紙を受け取りました。この花束は、ベルクソンに関する本のために彼が使用を許可してくれた写真を返却する際に贈ったものです」一九二七年昇天祭の日の手紙（『ムーニエ著作集　第四巻』(*Œuvres de Mounier*, t. IV, Le Seuil, 1963, p. 425)．ムーニエは、ベルクソンがジャック・シュヴァリエの著書『ベルクソン』の仕上げ作業に着手したと記している。シュヴァリエはグルノーブル大学時代の教師で、この本は「フランス的思考の師たち」叢書として上梓された。

一九二七年五月二十九日

H・M・カレンへ

YIJRNY (616, 30769)

パリ、ヴィタル通り三二番地
一九二七年五月二十九日

親愛なるカレン教授

あなたがパリにいらっしゃり、お目にかかる機会が持てそうだと知ってとてもうれしく思います。私の体調が良くなったと各新聞が報じて以来、あらゆる方面から以前決めた約束を果たすようにあまりに頼まれるので、折り悪しく自分の時間をもはや持てないでいます。あなたがパリで過ごす二日間に、自由に使えるのは／火曜日の朝だけしかないでしょう。それゆえ、もしあなたが火曜日の朝十一時半にわが家にいらしていただけるなら、いくらかお話できるでしょう。返事をいただくには及びません。いずれにしても、私は家におります。

送っていただいたご著書をどれほどの興味と喜びとともに読んだかを、私の口からお伝えしたく思います[1]。敬具

H・ベルクソン

（1）『W・ジェイムズの哲学、著作選集』*The philosophiy of W. James, drawn from his own works*, New York, Modern Library, 1925. 一九二七年十月十八日の書簡を参照。

SD［一九二七年五月末］

A・セリエへ

Doucet (BGN 2188) BSP

拝啓

長い闘病期間に溜まった仕事の滞りの精算を今は強いられているので、送っていただいたご著書を詳細に検討することは不可能であり、この主題に関してはわずかしか書くことができません。ですが、『心理的自動症研究[1]』の最初の読解が、私の関心を非常にかき立てたことをお知らせします。私が誤っていなければ、あなたが示した手法は、最終的には心理学と精神科医が身を投じるべきものでしょう。つまり、あなたのおっしゃる通り、機械論的説明は大抵の場合形而上学的仮説を含んでいる一方で、この手法は／何にも勝って／実際に現実に到達する直接的な心理学的観察を備えています。あなたが行った自動症の感覚の起源と役割の検証は、完全に内部へと入り込み、教示を与えてくれるものだと思われます。しかし、再度申し上げますが、そうしたいと思っても、今はあなたの視点を深めることが私にはできません。／したがって、今のところは自制しておきます／

敬具

（1）『脳』*l'Encépale* (Journal de Neurologie, de Psychiatrie, de Biologie et de Physiologie pathologique du système nerveux, n°4), Paris, Delarue, 1927（BGN 1533, 一九二七年五月十八日付の献呈、そこから日付を推測）の抜粋である『心理的自動症研究』の著者アンドレ・セリエから入手した鉛筆書きの下書き。

一九二七年六月十一日

P・ヴァレリーへ

BNFP (Fr na 19165, f. 192–193)

パリ、一九二七年六月十一日

親愛なる、そして卓越した同輩へ

私を推薦者とするというお考えに深く心を打たれました。この敬意と――付け加えさせていただければ――友情のこうした証に対して、貴殿にすぐに感謝したく思います。残念ながら私の健康状態は、時間のかかる会議への出席をほとんど許さないでしょう。というのも、私を脅かしている関節強直症を見るに、一時間以上座って動かずにいるのは不可能だからです。そのうえ、行き来することも難しい階段席中央の私の席へと辿り着くのに、私のような歩き方では、多くの痛みを伴うかもしれません。計り知れぬほど無念です。この記念すべき日に貴殿のそばにいられたら私の喜びは大きなものとなったでしょう。少なくとも私は貴殿と同じ気持ちになったでしょう。

貴殿が／最近非常に痛ましい不幸に襲われたことを知らずにいました。我々の両親が老いれば老いるほど、両親を失うことに身構えて、受け入れることが一向にできなくなります。貴殿の悲嘆に対しお悔やみを申し上げます。

敬具

H・ベルクソン

É・ビュルネへ

一九二七年六月十二日

BNFP (Fr na 17388, f. 234-235)

パリ、ヴィタル通り三二番地

一九二七年六月十二日

親愛なる友

モンティヨン賞のためにアカデミー・フランセーズに『救世主の門』を提出するよう私が勧めたところ、あなたは出版社から献本されるだろうとおっしゃったと思います(1)。健康状態が少し改善したので、アカデミーの会議とモンティヨン賞の委員会とにあらためて出席することができました。ご著書は委員会の手に渡っていないことを確認しました。おそらくあなたの出版社の側に手違いか、あるいは何か遅れがあったのでしょう。一月一日以前に事務局へと提出されなければ、作品はアカデミーの賞に参加することができません。

もし仮に献本が今年になってなされたか、あるいは年末より前になされるならば、ご著書は来年に賞を競うことができるでしょう。
我々の対話の大変楽しかった思い出を今も持ち続けています。／あらためてあなたがパリにいらしたときに、この対話を再開できることを期待します。
敬具
H・ベルクソン

（1） *La porte du Sauveur*, Paris, Rieder, 1926.

一九二七年六月十六日

ミュラ伯爵夫人へ

FPM
パリ、ヴィタル通り三二番地
一九二七年六月十六日

親愛なる友
これがポール・ヴァレリーのアカデミー・フランセーズ入会式のための招待状です。私が誤っていなければ、会はとても興味深いものとなるでしょう。長時間着席し、動かずにいることが困難なので、残念ですが私は出席できないでしょう。その反面、歩いたり外出したりし始めているので、最初の／訪問はあなたのところに伺いたいと思っています。ですから、もしよろしければ、我々が旅立つ前にお目にかかりにいきます（たぶん今月の終わりか来月の始めには出発するでしょう）。あなたに都合がいい時間を選ぶために、妻が電話すると思います。
——敬具
H・ベルクソン

封筒：ミュラ伯爵夫人
サン＝ドミニク通り四一番地
パリ七区
印：パリ一六区、ショパン広場、一九二七年六月十六日二十時四十分

一九二七年六月十六日

ディーデリヒスへ

SNM (Fonds Diederichs)
パリ、ヴィタル通り三二番地
一九二七年六月十六日

イエナのオイゲン・ディーデリヒス
敬愛すべき貴殿
『精神のエネルギー』のドイツ語訳を喜んで許可いたします。しかし、この本は、一見して考えるほど翻訳が容易ではありません。したがって、翻訳家は完全に哲学の専門家であり、フランス語について深い理解を有していなければいけません。オイゲン・レルヒ教授は第二の条件を満たすのではないでしょうか？[1]／
送ってくださる旨をお知らせいただいた自伝は、大変な喜びをもって拝読することになるでしょう。[2] この本はたぶん、何年間もあなたが追求していた作品、——哲学が非常に広範囲に利益を享受する作品について、新たな詳細を与えてくれるでしょう。
実のところこの二年間ひどく病に苦しんでいます。しかし快復し始めており、仕事に復帰することができました。

敬具

H・ベルクソン

（1）『精神のエネルギー』*Die seelische Energie*, Jena, Diederichs, 1928. 訳者は実際にオイゲン・レルヒとなった。
（2）おそらく『死と生成』*Stirb und Werde*, cf. *infra*, 19 octobre, 1929.

一九二七年六月十八日

G・フォールへ

BNFP (Fr na 16419, f. 7)

パリ、ヴィタル通り三二番地
一九二七年六月十八日

拝啓
私の快復はそれほど完全ではありません。それゆえお手紙をくださった際に、あなたの親切な訪問を歓待する日取りをお知らせするのはなお難しいものでした。現在私の体調は良くなりました。どうぞお越しください。何日かの間から選択させていただくだけで結構です（どちらかといえば／五時／半／がよいでしょう）。どの日が最も都合が良いかお伝えします。
『ロマン主義的愛』[1] を親切にも送ってくださったことに、ずいぶん前から御礼を申し上げねばなりませんでした。——これは魅力的な本で、大変強い喜びとともに読みました。

敬具

H・ベルクソン

（1）『イタリアにおけるロマン主義的愛』*Amori romantici in Italia*, Roma, Bestetti, 1927.

一九二七年六月十八日

X・レオンへ

VCP (388-6, sf)

パリ

一九二七年六月十八日

親愛なる友

フィヒテに関するご高著(1)の最終巻をご丁寧にも送ってくださったことに対して、直ちに感謝を申し上げます。最初の数頁しかまだ読むことはできていませんが、この新たな一冊が先立つ本と同等の価値をもつことが前もって分かります。あなたは、フィヒテの、彼の思想の、そして彼の時代の記憶を、一つの記念碑的作品の位置へと高めるでしょう。これについては／賞賛したく思います。

敬具

H・ベルクソン

（1）『フィヒテとその時代』*Fichte et son temps*, t. III, Paris, Colin, 1927.

一九二七年七月三日

R・B・ペリーへ

ULHH (bMS Am 1092.10,267)

パリ、ヴィタル通り三二番地

一九二七年七月三日

親愛なるペリー氏

丁重なお手紙を受け取ったところです。あなたが聞いてくださった質問に少々困惑させられます。実際、公開の明確な意図なく私が言ったり書いたりしたもの、つまり手紙、私の講義の際に取られたノート、事後に書き留められた会談などについてのあらゆる出版に対して、今まで抵抗してきたのです。私はこの禁止事項を遺言にしたためさえしました。そこでは、特に書簡について記載しました。必要であれば、いかなる書簡の出版をも防ぐための法的手段を用いることを要請するつもりです。今回のような場合に例外を設けることの困難さのひとつは、／私がつねに原則的理由によって出版拒否を動機づけることから生じます。あれやこれやの刊行を望んだ友や同僚を不満にさせたことはあるかもしれませんが、彼らを傷つけてはいません。というのもまさに、私が手放さない原則がそこにあると後になって彼らも気がつくからです。もし仮に私が今日例外を作り、もはや以前と同じでなくなれば、今後は何人かの人が傷ついたと感じるでしょう。しかし、いずれにしても、もしそこから私にとっていくらか厄介事が生じたとしても、それは厄介事にすぎません。この種のまったく個人的な理由のために、わが偉大なるウィリアム・ジェイムズの思い出への敬意となるはずの多方面にわたる書簡の出版に、最小限の誤りも犯したくないのです。したがって、私の書簡の不掲載があなたの出版にとっての「欠点《ドロウバック》」になるのかどうか、例えば、今回のケースのような不掲載に読者が驚くことになる空白を作るかどうか、私の書簡がこの哲学書簡に記載されない唯一のものであるかどうか、詳細にご検討いただきたく思います。わが偉大なる友人の家族が、私の書簡がそこに含まれることをぜひとも切望しているのかどうかも、同じく確かめてください。この理由づけは、私にとっては決定的です。つまり私は、あなたとヘンリー・ジェイムズ氏にすっかり判断を下す役目を任せます。したがって私は／完全に／先んじてあなたの見解に同意しておきます。

　運悪く私は快復していませんが、良くなり始めており、まさに田舎へと出発しようとしているところです。あなたと御夫人にヨーロッパですぐにでも再会することを期待しています。

敬具

H・ベルクソン

私の住所は九月の始まりまで以下のものとなります――スイス、サン＝セルグ（ヴォー州）。

SD［一九二七年七月末］

P・デュポンへ

YUSLNH

（Zeta. Re22a.972d：復元困難な鉛筆書きによる下書き）

拝啓

あなたの『相対主義の解釈』[1]を大きな興味をもって読みました。これは新たな形式のもので、先行するあなたの研究の本質的概念を提示しているように思います。私のものと類似する出発点を採用しながら、あなたが辿り着いた結果は、あなたも注意を促したように、私が導かれた結果とは大変異なったものです。ですが、あなたがもたらした結果と完全に両立不可能であるかどうか私は分かりません。／そして私が仕事に費やせる時間は、いまやあまりに別種の研究によって独占されているので、目下この問いを深めることはできません。／…／いつかそれをできるように期待しています。／あなたが示す非常に力強い努力に対して、すべての賛辞を送りたいと思います／。それが私にとってあなたをより十全に理解する手段となるでしょう。しかし、これからあなたに／あなたの研究による力強い貢献に対して、私の賛辞を送りたいと思います／あなたの非常に個人的な努力が、どれほど興味深いものであるかお伝えしたいです。

敬具

（1） ポール・デュポン『パンルヴェ氏の主張による相対主義の解釈』*Interprétation du relativisme d'après une opinion de M. Painlevé*, Paris, PUF, 1927（一九二七年七月三十日）. ここから宛先と日付を推測した。

一九二七年八月五日

J・ジロドゥーへ

BNFP (Fr na 25418, f. 34)

アンリ・ベルクソン
アカデミー・フランセーズ会員
道徳政治学アカデミー会員
ヴィタル通り三二番地

『ジェローム・バルディニ／の最初の失踪』を送ってくださるというご厚意に対し、ジャン・ジロドゥー氏に感謝申し上げます。これは精神を描く作品であり、そこには多くの空想と同時に多くの真実があります[1]。

一九二七年八月五日

（1） *La Première Disparition de Jérôme Bardini*, Paris, Sagittaire, 1926.

ミュラ伯爵夫人へ　一九二七年九月二十三日

FPM

ダクス

一九二七年九月二十三日

親愛なる友

近況をお知らせしてから大変ご無沙汰しておりました。私にとってつねに至極難しいことは、私の体調が良いのか悪いのかお伝えすることです。これは前進と後退の繰り返しで、正直に言いまして、最後には私の頑丈な楽観主義をも打ちのめしてしまいます。ともあれ、私はダクスに来ました。ここは私が／この春にとても快適に過ごした場所で、この三回目の治療後に健康の快復が決定的になることを期待しています。

奥様のご機嫌はいかがでしょうか。本心を言えば、奥様の近況を知るためにお手紙を差し上げたのです。――ダクスの治療は目下仕事をするにはあまりに骨の折れるものです。しかし二ヶ月の間／サン＝セルグで我々の過ごしていたとき、できる限り哲学することにしました。一度ならず、奥様の意見を聞いてみたい問いに出くわしました。道徳についての問いが、すべてのなかで最も難しいものであり、現代の哲学者たちに奇妙にも蔑ろにされているものです。

もう数日しかダクスにはおりません。つまり、それから我々はパリに帰ります。／妻が親愛の情を奥様に伝えてほしいとのことです。

敬具

H・ベルクソン

封筒：転送願い

ミュラ伯爵夫人

サン・ドミニク通り四一番地

パリ七区

印：ダクス・ラロス、一九二七年九月二十三日

一九二七年九月三十日

A・ロワジーへ

BNFP (Fr na 15649, f. 194–195)

ダクス

一九二七年九月三十日

親愛なる同僚殿

あなたが投げかけてくださったご質問に答えるのはそれほど難しくありません。『ザ・エシカル・レクチャーズ・ファンド・コミティー』については耳にしたことはありません。しかし、名前を教えていただいた委員会メンバーについては、彼らの仕事を通じてよく知っています。そして、アドラー氏、ドーズ・ヒックス氏、ヘフディング氏、マクドゥガル氏とはお会いし、話し合う機会さえありました。これらの人々を指導教授とする著作は、非常に信頼でき、とても顧慮に値するものであるに違いありません。――したがって残る問題は、なんであれ特定の哲学の博士論文の／公開を目的とする集団的労力に、どの程度協力せねばならないか、あるいは協力できるのかを理解することです。これは個人的見解に属する事柄です。私に関しては、この種の協力に与することは、つねに拒否していました。これは(我々の多くの原則と同じく!)、どうやら個人的感情の抽象的様式にすぎない原則に従ってのことです。その作品のこれこれの講演者が言ったりやったりすることの、わずかばかりの責任者として自分をみなさざるをえなくなるでしょう。まさにその一方で、この講演者はこの責任者一人にすべての責任を要求するでしょうから。しばしば私はためらいがちで、むしろ大げさに心配をしていると言われます。しかし、どうにでもなるものではありません。それゆえ多くの友人の助言や懇願にすらも逆らって、私の孤立状態からは決して足を踏み出さなかったのです。もう／一度言えば、そこには私が例に挙げるつもりはないですが、ひとつの立場があるのです。これはどうも過度な個人主義に起因しますが、おそらく同様にある考えに基づきます。その考えとは、哲学的方針が単純な形式で維持される際に、その方針自体はしっかり定義された意味をもたず、方針を展開する哲学者の人格からその方針の意義が生じてしまい、たとえその形式に人が同意したとしても、すぐに深刻な対立が必ず起こってしまう、というものです。この最後の視点を考慮すれば、ご質問は重要さを欠くわけではありません。親愛なる同僚よ、私はこれら一切について、また他の多くのことについてどれほどあなたとお話したいと望んでいるでしょうか！　しかし三年前から私は感染性リウマチによって動けずに、これが私に／ほとんど完全な――物理的なものですが――孤立状態を強いています。そして、あなたも病に苦しんでいると伺いました。それについて大変心を痛めています。すぐにでもあなたが快復するために、いくらか休息を取れることを願っています。何年か前からあなたが行っていた莫大な努力は、あなたの健康を害する何ものかになりえますから。――敬具

H・ベルクソン

一九二七年十月十八日

H・M・カレンへ

YIJRNY（616, 30771-2）

パリ、ヴィタル通り三二番地

一九二七年十月十八日

カレン教授

この『ニュースクール・フォー・ソーシャルリサーチ』誌名義でお伝えてくださった招待に、どれくらい私が感動したのかは言い表せられません。あなたが本誌について語った後、その対象と方法は、切に強く私の関心を引きました。もし可能であれば、喜んでそちらに連絡を取り、また喜んでアメリカ滞在を延長したく思います。あちらにしばらく行かずにいると、欠乏感を覚えます。そしてこのたび、あなたと語らい、非常に鮮明な記憶を留めているこうした意見交換を再開するのは光栄なものとなるでしょう。残念なことにその手段が／見当たりません。私は三年前から大変病に苦しんでいます。あなたにお会いしたときには、快復の途上にあると思っていました。しかし近頃再発してしまい、ほとんど動けずにいます。たとえ私の健康が来年末までに改善したとして、――この病気の歳月の間に溜まった仕事や決められた約束などの著しい滞りや、快調になればすぐにこの滞りを精算する必要によって私の時間が使い果たされるのは別にしても、たぶん長い旅行を可能にするほどではないでしょう。ですからアルヴィン・ジョンソン博士に私の遺憾の意をお伝えいただけないでしょうか？

そして私の心からの感謝を受け取ってくださいませんか？

あなたに語った再発が生じたのは、ウィリアム・ジェイムズについてのご高著[1]をどれほど喜びをもって読んだかを伝えるべく筆を執った、七月か八月のことでした。本書は、多数の概念をほんのわずかな頁に凝縮し、我々の心そのものにこの哲学者の思考を導き入れます。そして神秘体験の記述を補うために書いてくださったことは、高い重要性を帯びています。それを読みながら浮かんだ問いは以下のものです。もしこの経験が何か「反社会的」あるいは「非人間的」でさえあるもの、またはもしこの体験が「道徳」の／カテゴリーに入らないものであれば、神秘家たちはなぜ人類の道徳的方向性にあのような影響を及ぼし、反対に形而上学の発展に対してはわずかな影響しか及ぼさないのでしょうか？　この体験が我々の「基準と理念《スタンダーズ・アンド・アイディアルズ》」にまったく馴染まないままだとしても、この経験を「宇宙全体」（もしくは少なくともそれに関わるこの「宇宙全体」の部分）のなかの序列として感じ取る者に理解を促し、あるいはむしろそれを感じさせるからですし、こうした者は、このように感情の言葉で道徳の本質的問いに、あるいは生命の価値や意義に関する問いに答えるからではないでしょうか？　より正確に言えば、知りたかったのは次の点です。この状態で、あるいはこの状態を脱しながら、あなたはある意味で（感動の形で生まれる限りにおいて）実在の源泉もしくは我々が属する力との関係を把握したと感じたことはあるでしょうか？　ここで私は形而上学者たちのように語り、理性的な言葉で質問をしています。しかしながら、このように提起された問題に理性的に答えることができず、おそらく提起することもまったくできないのが神秘体験の本質そのものだということを無視してはおりません。ですが、表現できなくとも問題の解決、定立あるいは削除に関して、少なくとも表現不可能であることをおそらく示唆できるでしょう。——どうぞ、わざわざこれに関して詳しく書くようなご苦労には及びません。近いうちにはパリにいらっしゃらないようですが、新たな／機会に直接お話しできることを期待しております。送っていただいた興味深い手紙に対して、ウィリアム・ジェイムズが述べたような私の「個人的反応」をただ指摘したかったのです。

私はダクスで治療を受けたばかりで、後はパリに帰るだけです。私のパリの医師にミラード・スミス博士に手紙を出すように依頼するか、私自身で彼に出すでしょう。彼の研究を教えていただき感謝いたします。

敬具

H・ベルクソン

（1） Cf. *supra*, 29 mai 1927. 一九二七年十一月二十二日にカレンからの返信、*ibidem*, 30775.

一九二七年十月二十二日

ミュラ伯爵夫人へ

FPM

パリ、ヴィタル通り三二番地

一九二七年十月二十二日

親愛なる友

M・パレオローグが成就した作品をきわめて高く評価しており、彼のアカデミー入会を強く望みます。今後どのように彼の立候補を支持すればいいでしょうか？　ご存じのように、まさに見込みのある各々の候補者に／与えられたさまざまな約束や援助を考慮しなければいけません。「現在は過去を孕んでいる」[1]というライプニッツの言葉は、特にアカデミー・フランセーズの選出に当てはまります。いずれにせよ、私のできることをします。アカデミーの状況を正確に確認できれば、私のできることもよく分かるでしょう。移動には非常に苦労するので、帰ってからアカデミーに出向くことができませんでした。しかし来週の／木曜日の会議には努めて出席しようと思います。

奥様がパリに帰ると聞き、うれしく思います。少し時間が許すようになったら、すぐに一緒にお話をする必要があるでしょう。ダクスで奥様から受け取った親切なお便りは、病のこの三年間を経てぐらついた私の心をひととき強くしました。ああ、いかに私が哲学の専門家であろうとも、日々の生活の／中でほんの少ししか哲学を手にしていないのです。

敬具

H・ベルクソン

〔訳注1：『モナドロジー』二二節の表現。正確には「現在は未来を孕んでいる」というもの。〕

一九二七年十一月四日

L・ブランシュヴィックへ

BJNUJ (Schwadron Coll.) ; Doucet (BGN 2827)

一九二七年十一月四日

親愛なる友

あなたと語り合うのはどんなに喜ばしいことになるでしょう。水曜日五時頃お越しいただけますか？　あなたは私の都合の良い日のうちからこの日を指定してくださいました。したがって、もしこれからご連絡がなければ、水曜日にお待ちしております。

帰った折に決心したようには機関に赴くことができませんでした。病の再発が起こり、／これが新たに動作を大変難しくしたのです。しかし快復し始めています。あなたがこの夏にすっかり休養できたことを願っております。というのもサン＝セルグでお目にかかったときには、あなたはまだバカンスを充分には過ごしておりませんでしたから。

敬具

H・ベルクソン

一九二七年十一月十六日

L・マドランへ

ANFP (355 AP-1)

パリ、ヴィタル通り三二番地

一九二七年十一月十六日

拝啓

あなたの親切な訪問を受けることが、無上の喜びであることは言うまでもありません[1]。明後日金曜日の六時はいかがでしょうか。簡略化のために、もし返信がなければ了解ということでよろしいでしょうか？

敬具

H・ベルクソン

（1）一九二七年十一月十六日のマドランの書簡への返信（BGN 793）。

一九二八年

一九二八年一月三日

[J・デ・ガション]へ

自筆原稿、ボダン競売会、二〇〇〇年十二月二十五日、94

パリ、一九二八年一月三日。八つ折りの二頁半のもの

「あなたの興味深い叢書の一冊を私に割り当ててくださることで、大変な名誉を与えてくださいました。私の人柄は脇に置いておかれるか、最小限にしか気にされず、むしろ人々には拙著と私が述べた概念に取り組んでほしいと思います。書簡で名が挙げられたエドゥアール・ル・ロワとアルベール・チボーデは、お互い見事にそうした務めを自分のものにするでしょう……」。彼らでなければ、ジャック・シュヴァリエあるいは「より鋭いモラリストにして批評家」[1]ルネ・ジルーワンがこの仕事をなすことができるでしょう。

（1）このテクストは、後述するジャック・シュヴァリエとの書簡のやりとりで話題になる作品を対象にしていると見られる。その場合ベルクソンのこの手紙の宛先は、この叢書を運営するジャック・デ・ガションだろう。

SD［一九二八年一月五日］

ヴェルナーへ

BPUG (Ms. fr.9008/1. f. 17)

ベルクソン夫妻
ヴィタル通り三二番（一六区）

親愛なる同僚よ、我々は強く感謝を申し上げ、／我々からは心からのお祝いの言葉を送ります。一緒に語り合ったいろいろな対話の追憶をどれほど心に留めたままでいるかをご存じでしょう。私の健康が酷い状態ではあっても、近々対話を再開したいと願っています。——敬具

H・ベルクソン

封筒 f. 18：シャルル・ヴェルナー教授

フロリッサン通り四番地
、、、ジュネーヴ（スイス）
印：ジュネーヴ、郵便配達、一九二八年一月五日。ここから日付を推定した。

H・ド・レニエへ　一九二八年一月十一日

BIP (Ms 5698, f. 311)

パリ
一九二八年一月十一日

親愛なる同輩

あなたが手紙に書いたことに留意しておきます[1]。評議会には必ずそのことを伝えましょう。とはいえ、プーラ氏の素質を私自身とても評価しており、彼の作品には大変共感しております。この作品はオーヴェルニュ地方が作り出す非常に美味な果実のうちの一つです。

H・ベルクソン

（1）一九二八年一月十一日のH・ド・レニエからベルクソンへの手紙（BGN 833）。

V・ジローへ　一九二八年一月十三日

Doucet (Ms 15110)

パリ
一九二八年一月十三日

親愛なる同僚

わずかながら協力者となり、ご準備中の興味深い選集で重要な役目を果たすことは、大きな喜びになるでしょう。しかし、私は病に苦しみ、病に加え実施しなければならない治療によってひどく疲労しています。それゆえ仕事のために自由になる時間は限られています。ですから、この時間は最も／急を要する仕事のために費やさねばならず、おそらく三年の間に溜まった膨大な滞りを精算し、約束したすべての決めごとを果たすことはできないでしょう。新たな決めごとを取り決めることは、どんなに軽いものでも実際には不可能でしょう。ですから、ご容赦いただけますでしょうか？

真に心からの新年のお祝いを伝えさせてください。／敬具

H・ベルクソン

〔訳注：一月十三日の書簡が一月十二日の書簡より先に掲載されている。〕

一九二八年一月十二日

H・ド・レニエへ

BIP (Ms 5698, f. 312)

一九二七年一月十二日

親愛なる同輩

評議会によりプーラ氏の任命が承認されたことをお知らせできるのをうれしく思います。――官報がそれを伝えるまで、この情報は内密にしていただくようお願いいたします。

H・ベルクソン(1)

（1）一九二八年一月十四日にH・ド・レニエからの返信（BGN 834）。

一九二八年一月十六日

Fl・ドラットルへ

Doucet (BGN 2858)

パリ、ヴィタル通り三二番地
一九二八年一月十六日

親愛なるフロリス

この非常に正確な資料を収集する苦労を担っていただき、誠に感謝申し上げます。ドイツ文化の研究者についての同様の資料を入手できたらすぐに、ビュルター議長にこの資料を送るつもりです。

お手紙によれば、あなたが専念している仕事は次第に／難渋なものになっているように見受けられます。ご自愛ください。これはかつて皆が私にくださった忠告であり、それに留意できなかった後悔とともに今日あなたにお伝えします。

添付した「哲学的直観」の新たな版[1]をご査収ください。あなたはここに――たぶん初めて――装飾模様で飾られた形而上学を目にするでしょう。

わが最良の友情をアンリエットと二人／の子どもたちと分かち合ってください。

敬具

H・ベルクソン

(1) «L'intuition philosophique», Édition d'Art Pelletan, cf. *Mélanges*, p. 1534.

V・ジャンケレヴィッチへ

一九二八年二月十日

(*Pages*, fs, sp)

パリ、ヴィタル通り三二番地

一九二八年二月十日

経済原理に関する興味深い論考に感謝申し上げます[1]。あなたは、特に体系化の精神の起源と価値についての新たな側面からこれを展開しています。

敬具

H・ベルクソン

(1) 「経済原理の精神的意義」«Signification spirituelle du principe d'économie», *Revue phil.*, 1, 1928, p. 88–126. ベルクソンは「ベルクソン哲学へのプロレゴメナ」«Prolégomènes au bergsonisme», 『形而上学・倫理学評論』誌 *RMM*, XXXV, 4, 1928, p. 437–490（BGN, 自筆献辞入り）を受け取る。

J・バリュジへ

SD［一九二八年二月二十二日］

IMECP（BRZ 2. C. 5）

アンリ・ベルクソン
アカデミー・フランセーズ会員
道徳政治学アカデミー会員

ヴィタル通り三二番地

『時間への旅』[1]を送っていただき感謝いたします。この本は、私の／関心を強く引きました。この著書を読むいかなる人も、これほど自然であると同時に個人的な言語が一つの翻訳にみられることは想像できないでしょう。

H・ベルクソン

封筒：ジョゼフ・バリュジ氏
／ギャランシエール通り八番、プロン書店宛／
「ヴィクトル・ユーゴー広場三番」
パリ／六区／
印：パリ一六区、ショパン通り、一九二八年二月二十二日十八時。ここから日付を推測した。

（1） V. Carderelli, *Voyages dans le temps*, préface et traduction de J. Baruzi, Paris, Plon, 1928（23 mars 1928）.

SD［一九二二年から一九二九年］

J・バリュジへ

IMECP（BRZ 2. C. 5）

アンリ・ベルクソン
アカデミー・フランセーズ会員
道徳政治学アカデミー会員
ヴィタル通り三二番地

フランス知的連合委員会に対して、その丁重な招待に感謝申し上げると同時に、非常に疲労しており、夜間外出を自制しなければならず、これに応じることができないことがきわめて残念です。(1)

（1） ヴィタル通りでの滞在期間中と考えられる。したがってこの名刺を前書簡に続けて組み入れた。

一九二八年二月二十八日

J・H・ハイドへ

HSNY（Hyde Papers）

パリ、ヴィタル通り三二番地
一九二八年二月二十八日

親愛なるハイド氏
親切なお言葉に切に感謝し、あなたの先の書簡に私が返信しなかったとする誤解がどれほど残念なものか、再度お伝えします。次の木曜日にアカデミー・フランセーズの会合に出席しなければなりません（しかし、もし最終的に移動に大変な困難を感じなければですが）。私は／五時半頃にならなければ帰宅しないでしょう。そのときまで、あなたのご親切な訪問を先延ばししていただけませんか？　もしくは翌金曜日の午前の終わりはいかがでしょうか？　それとも日曜日のご都合がよろしい時間はどうでしょう？

敬具

H・ベルクソン

ミュラ伯爵夫人へ

一九二八年二月二十九日

FPM

パリ、ヴィタル通り三二番地

一九二八年二月二十九日

親愛なる友

体調が悪いと知って残念に思います。私の近況をお伝えしなかったのは、これがそれほどよいものではなかったからです。かなり深刻な再発を被りましたが、立ち直り始めておりますので、奥様が来客を受けられる状態になったらすぐにでもお伺いいたします。お知らせください。私の間違いでなければ、奥様は再度過労に陥っていたのです。肝臓病の発症はしばしば疲労のしるしです。

奥様が良くなり次第、我々の対話を再開しなければいけないでしょう。多くの点について奥様のような哲学者の意見を拝聴したく存じます。奥様にお目にかからずにこれほど長い時間を過ごすのはつらいものでした。――ですから近いうちに会えることを願います。

敬具

H・ベルクソン

封筒：ミュラ伯爵夫人
サン・ドミニク通り四一番地
パリ七区
印：パリ一六区、ショパン広場、一九二八年三月一日十八時

V・ジローへ

SD［一九二八年二月末］

Doucet（Ms 15111）

アンリ・ベルクソン
アカデミー・フランセーズ会員
道徳政治学アカデミー会員

ヴィタル通り三二番地

格別に感動的で心を動かされる言葉によって、ウジェニー・ド・ゲランの高貴な生涯を語るご高著(1)に対し、感謝申し上げます。

敬具

H・ベルクソン

(1) 『ウジェニー・ド・ゲランのキリスト教的生涯』*La vie chrétienne d'Eugénie de Guérin*, Paris, Plon, 1928 (12 février 1928). ここから日付を推測した。

SD [一九二八年二月末]

G・ポリッツェルへ

Doucet (BGN 669) BSP

『心理学基礎批判』を送っていただき感謝します。この本/…/についてはとても表面的な読解しか/今までのところ/まだできておりません。ですが、今後心理学に関する誠に興味深い研究を示すでしょう。/同様に示唆に富み、/興味深い、/内省方法についての批判も示すでしょう(その方法を代替できるのかどうかを知ることが残る問題でしょうか?)。同様に興味深い、内省方法についての批判も示すでしょう/現在まで実践されている方法のような/(ただそれを置き換えることができるのかどうかが問題でしょうか?)(1)。

(1) ジョルジュ・ポリッツェルの著作『心理学基礎批判』*Critique des fondements de la psychologie*, Paris, Rieder, 1928 (février 1928) に添えられた名刺に鉛筆で書かれた下書き。ここから日付を推測した。

一九二八年三月四日

G・ド・レイノルドへ

ALS

パリ、ヴィタル通り三二番地

一九二八年三月四日

親愛なる同僚にして友

どのくらいお手紙(1)に感銘を受けたか言い尽くせません。諸々の大学と高等学校のフランス文学の教授陣がノーベル賞に私を推薦し、その運動のまとめ役が私の高く評価する同僚であり友であるのは、私の名誉であり、いつまでも大変な誇りとなります。／私の同輩への感謝を、手紙内の他の署名者たちへと伝え、あなた自身も受け取っていただけますか？

いつかパリにお越しになって、もし語らいに来ていただけるのなら、たいへん大きな喜びとなります。今冬はパリを離れませんし、自宅でしか行えない治療を必要としている状態です。七月より前にパリを発つことはおそらくないでしょう。お会いできることを願っています。妻からあらゆる敬意と／祝いの意を奥様へ、そしてあなたにもよろしく伝えてほしいとのことです。

敬具

H・ベルクソン

（1）嘆願書の署名者たちの文書とともに、一九二八年三月二日のG・ド・レイノルドの書簡（ALS）に応じたもの。

一九二八年三月九日

H・ド・レニエへ

BIP (Ms 5698, f. 313-314)

パリ

一九二八年三月九日

親愛なる同輩

ヴェネツィアに行けるほどまでには体調がもはや芳しくないのをどれほど残念に思ったか、先日あなたに伝えました。ところが、ご高著を読むことで、そこにいるかのような幻想に近いものを感じました。『アルタナ』[1]が我々を真にそこへと導くのは、諸々の感覚、感情、夢のような束の間の印象の繊細な喚起や、いくつかの事物の描写によってではありません。これらの要素は／、唯一の感動のうちに交じり合っており、これを表現することはできないでしょうし、それは長く染み込んでいく、ヴェネツィアによって残されたものです。たぶんテオフィル・ゴーチエも、この種のものを我々に与えようと欲したのでしょう（彼のヴェネツィアについての著作にはいたく感動しました）。しかし、彼はあまりに物質的な手段を用いており、同じ効果の強度を得ることには達していません。この著書に対するあらゆる祝辞を送ります。／敬具

H・ベルクソン

（1）『アルタナ、あるいはヴェネツィアの生活』*L'Altana ou la vie vénitienne, 1899-1924*, Paris, Mercure de France, 1928.

一九二八年三月二十三日

G・マルセルへ

BNPF (Fonds G. Marcel, nc)

親愛なる同僚

『形而上学日記』[1]を献呈してくださるというあなたのお気持ちに、どんなに心を打たれたかをまず言わせてください。しばらく前からひどく病に苛まれ、仕事のためにとてもわずかな時間しか割けず、膨大な仕事の滞りの精算を強いられているので、あなたの作品をかなり表面的にしか読めていません。しかし、一読するだけで／この深遠さと重要性を評価するのは充分でした。私はここに特に、客観性の、あるいはむしろ実在の問題を新たな言葉で提起するための厳密な努力を見出しました。この思考にあなたが与えた「日記」という形式は、読者に対してあなたの視点を見据えるのにいくらか労力を課すのも事実です。私も注意深く再読しなければいけないでしょう。ここまで来ると、あなたが展開する哲学が特に適用されるのは、／「心霊研究」によって、つまりご高著の第二部で非常に重要な場所を与えていた心霊現象研究によって拡張された現実であるように思えます。

敬具

H・ベルクソン

(1) *Journal métaphysique*, Paris, Gallimard, 1927.

一九二八年三月二十四日

M・プラディーヌへ

BSP (2175, f. 63-64)

パリ、ヴィタル通り三二番地
一九二八年三月二十四日

親愛なる友

しばらく前から病に苦しんでおり、仕事の時間を減らさざるをえないうえに、私の病気が始まって以来溜まった仕事の滞りをすっかり精算する必要に駆られているので、『感覚の問題』[1]を表面的にしかまだ読めていません。しかしながら、一瞥しただけでこの著作の重要性と意義は充分に明らかでした。／あなたの思考の内部に入り込むためには、より詳細に読まなければならないでしょう。

今のところは、あなたの主張については私自身で完全に受け入れることができそうなものしか把握していません。あなたも言うように、感覚をその対象から隔てて、何よりもそこに潜在的行為を見ないのならば、感覚を理解することは不可能でしょう。ただ、そうしたことから知的なものを作り出す感覚のこうした性格が、知性の介入を意味するのかが問題となります。しかし／あなたの結論のこの部分を私は誤解しているのかもしれません。もう一度言いますが、本書のより徹底的な読解が必須でしょう。

敬具

H・ベルクソン

（1） 一九二八年三月十六日のプラディーヌの書簡への返信（EP, 1993）:『感覚の問題』*Le Problème de la sensation*, Paris, Belles-Lettres, 1928.

V・バッシュへ

SD［一九二八年三月末］

Doucet（BGN 2174）BSP

大変教示に富むと同時に興味深く、また感動的なシューマンの生涯をめぐるご高著を送ってくださり、感謝いたします。彼が愛情《コン・アモーレ》を込めて描写されていることが分かります。／そして一度ならずご著書を読みながら、弱音の伴奏のように、シューマンの音楽を聞いているように感じました／それはテクストを弱音で伴奏するかのような音楽の、絶えず存続する追想を伴っています。

敬具(1)

（1）『シューマンの悲痛な生涯』*La vie douloureuse de Schumann*, Paris, Alcan, 1928（一九二八年三月十九日、ここから日付を推測）（BGN 1228, 自筆献辞入り）の著書ヴィクトール・バッシュから入手した鉛筆書きの下書き。

J・シュヴァリエへ

一九二八年四月八日

Doucet（BGN 2825, f. 26–32）

パリ、ヴィタル通り三二番地

一九二八年四月八日

親愛なる友へ

まずは感謝申し上げたいと思います。しかし、多忙であり、新たな論考(1)を執筆するために労を尽くしたと聞き、どんなに気の毒に感じたかもお伝えしたく思います。あなたのご著書の何頁かをただ抜粋することもできたでしょう。あなたはそのように仕事を理解していると信じていたので、ジャック・デ・ガションにあなたの名を伝えたのです。ともあれ、この新たな論考は卓越したものです。あなたは理論の本質すべてを、イギリス人が言うように「率直《イン・ア・ナッツ》に《シェル》」提出しました。分析的かつ総合的なこの報告は、哲学文化にそれほど親しみのない読者にも手の届きやすい明晰さを備えていると確信しています。

八頁から一一頁は、節度を欠いたものではありません。というのも、皆はひとつの肖像を手に入れることを執拗に求めますが、しかし／肖像は、友情で彩色された拡大鏡を通じてモデルを見た画家によって描かれるものです。あなたの仕事の最後（二〇頁）に引用された判断について、どのようにその言葉を私は受け入れられるでしょうか？　とはいえ、偉大で気高い魂が外部にその固有の美や偉大さを放つことをどうして妨げられるでしょうか？

八、九頁にある、多義的だとみなされそうな二つの節（鉛筆で1、2と印をつけました）、そして表現を和らげるか削除するべき節（3と番号を振りました）について指摘させてください。節1は、それまで教えていたことから心が離れたので教壇を諦めたと信じさせてしまうでしょう（読者からのあらゆる誤解を予期せねばなりません）。他方で「ベルクソン哲学から抜け出す」という表現をより厳密に解釈する人々は、私がコレージュ・ド・／フランスを離れたのは、人々が私に帰そうとした成功から逃れるためだけであったと思い描くかもしれません。そして、この成功は私には質のよくないものにみえる人気によって外部へ伝わったのは確かです。これは私の辞任の理由の一つですが、唯一のものではありません。なぜなら、六十歳近くに達したらすぐにすべてを研究に捧げようと常々考えていたからです。したがって、おそらくこの節は修正したほうがいいでしょう。節2についても同様です。ここから、私が国際連盟へ向かっていったことが病気の原因だったと推論されるかもしれません。この移行はせいぜいその原因の一部になっただけです。私のジュネーヴでの活動に喚起を促したほうがよいかもしれません。私は国際連盟の一席を占めていたのではなく、委員会の一議長を務めていたのです。最後に、節3内での描写は確かに忠実ですが、私の些細な不幸について読者は知らないほうがいいでしょう。医師たちは私が快復すると明言しています。私は確信が持てませんし、それについては何も信じてもおらず、彼らの言うことを鵜呑みにするのを禁じています。出版のための写真を求められる老作家たちは、三十年も前の肖像写真を躊躇なく提供します。ここでも事情はそれほど変わらず、人々は疾患以前の四年前のベルクソンで満足するか、もう一方のベルクソンについてわずかに何か言うことでしょう。——しかしこれはそれほど重要ではありません。ですから、あなたの望む通りに正確に事をなしてください。論考はそのままで非の打ち所のないものです。

最後に単純な疑問点について。あなたが私に捧げてくださった著作に、P・デ・トンケデクへの私の書簡を挿入するのは有益かつ必要でさえあったでしょう。というのも、この書簡は誤った解釈を修正したからです。ここでは反対に、私の研究から直接生まれた概念のみを伝える簡潔な要約のなかで、結論であるかのように置かれた引用が、神の実在と本性の問題を解決する方向へと理論全体を方向づけているように見えていはしないでしょうか？　——この問題はほんの少しだけ扱ったもので、私が検討した問題に先んじて、自分に課した方法論を用いて取りかかることはできませんでした。もしあなたの論考が拙著に通じている読者に向けたものであるなら、差し障りはないでしょう。しかしながら、収録される叢書に鑑みると、あなたの説を読む多くの人たちは、あなたの語ることでしか私の理論を認識しないでしょう。彼らは、私の著作の諸部分の意味を取り違えはしないが、間違ったアクセントで文章を読むように、全体を不正確に再現する危険があるのではないでしょうか？　以上が引用を読んで得た印象です。ともあれ、あなたは自身の印象を追求しなければいけません。残すべきか削除すべきかどうかご検討ください。あなたがなさることとは良い結果になるでしょう。

あらためてあなたへの／感謝と祝辞を述べます。敬具

H・ベルクソン

封筒：ジャック・シュヴァリエ教授

セリリー（アリエ県）

印：パリ一六区、一九二八年四月八日十三時、R+n°813.

（1）『アカデミー・フランセーズ第七座席——アンリ・ベルクソン、未刊資料とアカデミー・フランセーズ第七座席の歴史』*Fauteuil VII: Henri Bergson, suivi de pages inédites et de l'his-*

toire du 7e fauteuil, Paris, Lampe d'argile, 1928 (BGN 1016; et 190). ベルクソンは後に『習慣、科学的形而上学試論』*L'habitude, essai de métaphysique scientifique*, Paris, Boivin, 1929 (BGN 910 et 911) を受け取る。

一九二八年四月十九日

R・レニエへ

AIP

［パリ。モンティヨン委員会メンバーはFl・ドラットルの著作『ディケンズとフランス』を検討する任務を受けている］賞の授与は一九二八年十二月二十日。

一九二八年四月二十一日

A・シェヴリオンへ

Doucet (Ms 23243)

パリ
一九二八年四月二十一日

親愛なる同輩

モンティヨン賞のために検討せねばならない場合、念のためにF・ドラットルの『ディケンズとフランス』[1]をあなたに勧めました。あなたが実際にその報告の担当になったと聞き、あらためてこの本へあなたの注意を喚起したく思います。著者はリール大学教授で、英文学を最も深く研究した人物の一人です。／一昨日そのことについてお話できると期待していました。というのもアカデミーの会合に出席予定でした。しかしながら、最後になって外出するにはあまりに悪い状態になってしまいました。

敬具
H・ベルクソン

（1）『ディケンズとフランス――英仏文学の相互影響についての研究』*Dickens et la France. Étude d'une interaction littéraire anglo-française*, Paris, Librairie Universitaire, 1927 (3 mars).

一九二八年四月二十一日

G・ド・レイノルドへ

ALS

パリ、ヴィタル通り三二番地
一九二八年四月二十一日

親愛なる同僚にして友

パリでお会いできることを本当にうれしく思います。現在ひどく病に苦しんでいます（この間再発したのです）。ですが、あなたとお話できるこの機会を逃せば、とても後悔するでしょう。――明日日曜日の四時にお茶を飲みにいらしていただいて、我々を喜ばせてくださらないでしょうか？　あるいは、火曜日の／同時刻はいかがでしょう。もし明日を選ばれるなら、返信いただかなくて結構です。お返事が何も来なければ、あなたをお待ちしております。

いわずもがな、御夫人もパリにいらっしゃるなら、一緒にいらしていただければ格段の喜びでしょう。

敬具
H・ベルクソン

一九二八年五月二十三日

ミュラ伯爵夫人へ

FPM

パリ、ヴィタル通り三二番地
一九二八年五月二十三日

親愛なる友

お会いできるために充分に健康状態が改善することをつねに願っております。残念ですが状態はほとんど変わらぬままです。一度に数歩進むことも、私には大きな困難です。そして階段を数段登ることは不可能です。それでも奥様の近況を知りたく思います。奥様を悩ませてはいけませんが、もし／ほんの少し時間があれば、もし少しでもお知らせをくださるなら、奥様が良好かどうかお伝えください。度々お会いし、長い間話しているときと同じぐらい、奥様のことを考えていることを信じてください。――妻があなたによろしく伝えてほしいとのことです。

敬具
H・ベルクソン

封筒：ミュラ伯爵夫人
サン・ドミニク通り四一番地
パリ七区
印：パリ一六区、ショパン広場、一九二八年五月二十四日七時三十分

〔一九二八年五月末〕

ボストン・アカデミーへ

Doucet（BGN 2357）

秘書殿

アメリカ芸術科学アカデミーが、三月九日の会議で私を海外名誉会員に選んでくださった旨のお手紙への返信として、この名誉をきわめて光栄に感じていることを急いでお伝えします。そしてアカデミーに私の強い感謝の意を伝えてください。

……氏へ／私の……の信頼を／お許しください。(1)

（1）アメリカ芸術科学アカデミーの海外名誉会員としての、ボストン・アカデミーからの任命証書に鉛筆で書かれた下書き。

一九二八年六月三日

ミュラ伯爵夫人へ

FPM

パリ、ヴィタル通り三二番地
一九二八年六月三日

親愛なる友

ご存じのようにパレオローグ氏の肩書に関しては、奥様の意見に全面的に賛成です。奥様と同様に、彼のアカデミー入会を願っています。望むようにはその点で彼を援助できないのは、かつての生徒であり友人のレーモン・ルクーリが立候補しており、／可能な限りの最多票を彼に取ってほしいと思っているからです。もしここで成功しなくても、別の機会に指名されるでしょう。しかし、ルクーリが承認されなくても、私は固執することはないでしょう。

奥様の体調が良くなったと聞き、どれほど幸せな気分でしょう！　妻に頼んで奥様に／来週中にお電話差し上げます。残念ながら酷い困難を伴わねば移動できず、もし完全に破損していても最終的には目的地に着くエレベーターがあるのでもなければ、アカデミーに出席することは私には不可能でしょう。

親愛なる友へ、近々お会いしたいと思っています。

敬具
H・ベルクソン

封筒：ミュラ伯爵夫人
サン・ドミニク通り四一番地
パリ七区
印：パリ、一九二八年六月三日二十四時発送

一九二八年六月十一日

Ch・ブロンデルへ

ACFP（C-XII-Bergson-41 H）

一九二八年六月十一日

親愛なる友

この頃非常に病に苦しめられており、あなたの『集団心理学入門[1]』をわざわざ送ってくださったことにいまだ感謝を申し上げておりませんでした。最大限の関心をもってこれを読みました。あなたは、我々の心理学・個人的的生における集団的なもの（同じように私は社会化したものと言いたいですが）に多くの光を与えました。確信はありませんが、あなたはこの社会的要素にあまりにも大きな割合を割いてはいませんが、ここにその重要性を過小評価する心理学の傾向に対する自然な反応があります。特に注目した章では、デュルケムとタルドの視点の「実践的」一致が示されています。しかしまた別の章から、心理学者と社会学者が利益を導き出すことができるでしょう。本書へのあらゆる称賛を込めつつ、敬具

H・ベルクソン

（1） *Introduction à la psychologie collective*, Paris, Colin, 1928.

一九二八年六月十二日

J・ベンルービ[1]へ

KBH（133 M 122, 4）

パリ、ヴィタル通り三二番、一九二八年六月十二日

拝啓

長患いをして、最近特に苦しんでおり、『フランスにおける哲学的潮流』をご丁寧にも送ってくださったことにいまだ感謝できずにおりました。それでも、どんなに関心をもちつつこの著作を読んだかをお伝えせねばなりません。貴兄はその総体においても、あらゆる細部においても同時

代のフランス哲学へ同化しました。重要ないかなる理論も、作家も、著書も無視しませんでした。そしてこれらすべてから、分析における正確さのおかげで、適切に思われる理念を貴兄は提示しました。／

このような結果に辿り着くためには、以前に増して、非常に多数で広範囲に及ぶ読解をし、長く時間をかけて入り込んでいくことが必須だったでしょう。貴兄がそれを手中に収めたことをお祝いいたします。

私はすでに／割いていただいた頁に関しては意見を述べました。これは私の思考を忠実に要約しています。とりわけ「空間」と「時間」の間の対立表を作成するというアイディアは実際に独創的なもので、いくつかの点についての研究を容易にしうるものです。

『フランス現代思想《ザ・コンテンポラリー・ソート・オブ・フランス》』に関してあなたに向けた所見を、この本に関しては当然私は改めることになるでしょう。他の理論との外的類似を根拠にして、著者が受けた影響を再構成するというきわめて大きな危険を人は冒してしまうものです。著者自身に由来する明確な指標が、著者の精神のなかで実際に起こったことを発見させてくれるとき、彼の辿った歩みは自然に推測できるようにも見えたものとはかなり異なるようにしばしば感じられます。しかしながら貴兄には一つの構想が必要であって、哲学者たちを分類する必要があり／（単純な目録だけを手にしないように）、それゆえ類似に応じて区分しなければならず、そうした類似はただちに諸々の影響を思い浮かべさせてしまうものです。なるべく人は、そうした影響の仮説的な特性がいくつかの例で強調されることを望むでしょう。

敬具(1)

H・ベルクソン

封筒：J・ベンルービ氏

大学准教授

ルゼルナ大通り四二番、ジュネーヴ（スイス）

印：パリ一六区、ショパン広場、一九二八年六月十六日十四時

(1)『フランスにおける哲学的潮流』*Philosophische Strömungen der Gegenwart in Frankreich*, Leipzig, Meiner, 1928（BGN 994, 自筆献辞入り）.

〔訳注1：I・ベンルービはいくつかの筆名をもち、J・ベンルービもそのひとつ〕

SD［一九二八年六月末］

V・ジローへ

Doucet（Ms 15112）

アンリ・ベルクソン
アカデミー・フランセーズ会員
道徳政治学アカデミー会員
ヴィタル通り三二番地

テーヌに関する／この優れて、深く入り込んだ、輝かしい研究[1]を送ってくださったことに対し、わが親愛なる同僚へ感謝申し上げます。強い興味をもってこれを読んだばかりです。——敬具

H・ベルクソン

（1）『イポリット・テーヌ、研究と資料』*Hyppolite Taine, Études et documents*, Paris, Plon, 1928（2 juin 1928）ここから日付を推測した。

SD［一九二八年六月末］

J・L・ヴォドワイエへ

Doucet（BGN 680）BSP

／……氏へ感謝申し上げます／いかなる興味をもったかを彼に伝えたいと思います／『プロヴァンスの新たな美』を送ってくださいましたが、ここには多くの考察と創造的空想と詩情が存在します。／

／『プロヴァンスの新たな美』[1]をご送付くださいまして、氏に感謝申し上げます。そしてどのような興味をもってこの著書を読んだかを彼にお伝えしたいと思います。ここには多くの考察と創造的空想と、そして／

（1）『プロヴァンスの新たな美』Jean-Louis Vaudoyer, *Nouvelles beautés de Provence*, Paris, Grasset, 1929（22 mai 1928）（BGN 171, 著者献呈は一九二八年六月と日付があり、ここから日付を推測した）の著者ジャン＝ルイ・ヴォドワイエから入手した書評依頼状の裏表に鉛筆で書かれた下書き。

R・レニエへ

一九二八年七月一日

AIP

［パリ。ブリウー・コンクールのための著書を読む時間がありません］

G・ド・レイノルドへ

一九二八年七月八日

ALS

パリ、ヴィタル通り三二番地
一九二八年七月八日

親愛なる同僚にして友

以前は私も仲介したのですが、歴史部門の特派員の要職に関することながらも、あまりに不利な状況ではそうもいきません。今回の欠員は道徳部門に関するものなので、私たちが同じ困難にぶつかることがないよう願っています。決定は主にこの部門のメンバー（シャルル・ブノワ、レベイオ、ブルドー、セイエール、ゴーヴァン、バルドゥー、シャルドン、ストロウスキー）次第です。／まさに今日メンバーの一人セイエール男爵に手紙を書きます。彼は特に耳を貸してくれますし、さらに他の者にも同じく手紙を出すつもりです。残念ですが、今はアカデミーに出向くことができません。あらゆる移動が極度の困難となっています（サン゠セルグに皆で行くときにはさまざまな乗り物で運んでもらわなければならないでしょう）。しかし、より良い体調になって／新年度を迎えたいと思います。そして選出は今年度末前か、それよりも早く行われることはおそらくないでしょう。

今月十八日頃私たちはスイスへと出発します。サン゠セルグにお見えになるのであれば、大変喜ばしく思います。レイノルド夫人へあらゆる敬意を捧げます。よろしくお伝えください。

敬具
H・ベルクソン

SD〔一九二八年七月六日〕

F・ド・クロワッセへ

Doucet (BGN 729) BSP

拝啓

もうすぐパリを発つところです。私の健康状態は非常に悪化傾向にあり、医師たちは田舎に赴いて、ダクスでの治療を推奨しています。誠に丁重に提案してくださったご訪問を、新年度に延期していただけませんか？　ご高著について私が書き送ったことについて、より詳細に、面と向かって再度お話できれば、心から喜ばしく思います。(1)

（1）フランシス・ド・クロワッセの「パリ、一九二八年七月五日」と記された手紙の表に鉛筆で書かれた下書き。ここから日付を推測した。

一九二八年八月二十三日

ミュラ伯爵夫人へ

FPM

サン＝セルグ（ヴォー州）スイス

一九二八年八月二十三日

親愛なる友

なんというすばらしい考えをおもちなのでしょう！　そして奥様に再会できればどれほど喜ばしいでしょう。土曜日の午後にお待ちすることを了承しました。私はローザンヌの病院に滞在し、そこで新たな治療を行った後、サン＝セルグに戻ったばかりです。

望んだ快復は残念ながらもたらされず、ほとんど動けない状態です。私は／二階の私の占める小部屋から動けず、階段を降りることはできません。しかしながら、晴れたときはとてもすばらしい眺望が臨めます。奥様がいらっしゃったときにご覧いただきたいと思います。

親愛なる友、もうすぐお会いできるでしょう。外気と静けさが奥様を健康に導くようにどれほど願っているでしょ

うか！　妻が／よろしく伝えてほしいとのことです。敬具

H・ベルクソン

通りからは見えないので、我家を見つけるのはとても難しいです。あなたの運転手にメモを渡しておきます。

サン゠セルグのベルクソン邸

アルジエを通って来るのでないなら、サン゠セルグの村に入って村のなかで拙宅への道を訊ねてください（例えばすぐ右手に見つかる食料品店にお訊ねください）。

もし反対にアルジエからの街道を通ってサン゠セルグに到着するならば、人に聞かずとも下記の指示をちゃんと辿れるでしょう。拙宅まで至る道はサン゠セルグの村の少し手前の左手にあり、道路の右手に見える家のほとんど真向かいです。／この家は村の少し外にあります。この道の入り口に位置する電柱には「私有地」の表示があります。この道は自動車でも行けますし、邸宅まで入ってくることもできますし、方向転換する場所もあります。

拙宅は窪地にあり、道路からは見えません。

一九二八年九月二十一日

A・ロワジーへ

BNFP (Fr na 15649, f. 196)

ダクス

一九二八年九月二十一日

親愛なる同僚

最近病に苦しんでおり、『人間的道徳』(1)の新装版をお送りくださったことに対してまだ感謝を申し上げておりませんでした。もっとも、すぐさま再読し、この著書への賛辞はあなたにすでに語りました。この本は「アラユル魂ト共ニ σὺν ὅλῃ τῇ ψυχῇ」書かれています。そして先入観や型にはまった観念なしに論じられることがほとんどない主題に関して、本書は感じたもの以外は持ち込みませんでした。これは経験されたと同時に／思考されたものです。――それが、近年私自身の心を最も占める道徳的な問いです。それについて記されていると考えられますので、一つならざる点であなたに近い結論へと私は到達します。私は、少なくとも問題の措定については、つねに古代の形而上学と近

いところにいます。親愛なる同僚よ、このすばらしいご高著に対しての賛辞をあらためて述べさせてください。敬具

H・ベルクソン

(1) *La morale humaine*, Paris, Nourry, 一九二八年の加筆修正第二版（BGN 410, 自筆献辞入り）には、一九二八年九月三日のロワジーからの手紙（BGN 2208-28）が添えられていた。

ミュラ伯爵夫人へ

一九二八年九月二十七日

FPM

ダクス、ホテル・デ・ベニョ

一九二八年九月二十七日

親愛なる友

何日か前からダクスにいます。思ったよりもそれほど難儀することなくここに到着しました。それに、治療のおかげで大変良好に感じます。これはすでに改善をもたらしてくれました。もし奥様がいらしていただき輝きを与えてくださらなかったら、今年のサン゠セルグはそれほど良い思い出とはなりませんでした。奥様とそこで過ごしたとても短い時間が、私の精神に何度も蘇ります。スイス特有の、そして湖と山岳の間の調和を生み出すような静寂のなかで、奥様がイヴェルドンでの滞在を楽しめたことをどんなに願っているでしょうか！　親愛なる友よ、近いうちにお会いできることを期待します、敬具

H・ベルクソン

封筒：転送願い
ミュラ伯爵夫人
サン゠ドミニク通り四一番地
パリ七区
印：Bahe...; LAB... 一九二八年九月二十八日十九時

J・E・ブランシュへ

一九二八年九月二十九日

BIP (Ms 7037, 5, f. 264)

ダクス

一九二八年九月二十九日

親愛なる師よ（それでは「返礼《リシプロケイト》」させていただき、あ

なたの作品全体がそうさせるようにこう呼ばせてください）、送っていただいたご高著『ゴーギャンからルヴュ・ネグルへ(1)』をいかなる喜びとともに拝読したかを貴殿に伝えねばなりません。これはまったく前著作に肩を並べるもので(2)、有益で示唆に富む視点で満たされております。私が一度ならず考えたのは、これを／読んでいると、あなたは絵画の哲学を我々にご教示くださっているのだろうということです。思考し記述する術を知る芸術家たちが哲学者たちのために自身の芸術の分析を行わない限り、美学はそれがいまだ多くの場合で満足している曖昧な一般論を強いられるでしょう。

敬具

H・ベルクソン

（1）『画家の肖像――ゴーギャンからレヴュ・ネグルへ』*Profils de peintre: de Gauguin à la Revue Nègre*, 3e série, Évreux, Hérissey, 1928. ブランシュは一九二八年十月二十二日に返信している（BGN 696）。

（2）一九一五年以降の資料は欠如しているが、交流は続いていた。『画家の言葉――ダヴィッドからドガへ』*Propos de peintres: De David à Degas, 1ère série*, Paris, É. Paul, 1919（BGN 1231, 自筆献辞入り）; id., 3e série, Paris, É. Paul, 1923（BGN 1232, 自筆献辞入り）がブランシュから送られている。

一九二八年九月二十九日。YUSLNH（Zeta Hfp da88）. ジャン＝ラウル・ダリウスからベルクソンへ。ベルクソンへの言及がある *Les Symphonies*（パリ、一九二九年）などのパンフレットを送付。

一九二八年十月十四日

ミュラ伯爵夫人へ

FPM

パリ、ヴィタル通り三二番地

一九二八年十月十四日

親愛なる友

いかなる喜びを感じつつこれらの素敵な詩を読んだかを奥様に伝えねばなりません。ここには多くの想像と、また見かけによらず多くの哲学があります。奥様は夢想によって思想を作り上げています。そしてご自身を表現なさっているのは、／大変個人的で独創的な言語においてであります。

奥様の丁重なお手紙は、まさにダクスを離れる間際に届きました。私たちは今パリに再び戻っています。近々パリで再会できることを願っております。

敬具

H・ベルクソン

封筒：転送願い
ミュラ伯爵夫人
サン＝ドミニク通り四一番地
パリ七区
印：パリ中央郵便局発送、一九二八年十月十四日二十四時

H・ド・レニエへ

一九二八年十月二十四日

BIP（Ms 5698, f. 31）

パリ
一九二八年十月二十四日

親愛なる同輩
私たちの友人の一人テレーズ・カセヴィッツ夫人をご紹介してもよろしいでしょうか？　彼女は詩集[1]を出版したばかりで、あなたにそれを渡したいと望んでいます。あらかじめ感謝申し上げます。

敬具
H・ベルクソン

（1）　H・ド・レニエの返信は一九二八年十月三十一日（BGN 835）。

M・ベデルへ

SD［一九二八年十月末］

／感謝を込めて／彼のとても好奇心をそそる小説『モリノフ、アンドル＝エ＝ロアール』[1]を送ってくださったことに対して。

（1）『モリノフ、アンドル＝エ＝ロアール』*Molinoff, Indre et Loire*, Paris, Gallimard, NRF, 12 octobre 1928（BGN 9, 自筆献辞入り）の著者モーリス・ベデルから入手したヘルマン・ウンガー『切断された者たち』*Les sous-hommes* の書評依頼状の表にある鉛筆による下書き。

L・マドランへ

SD［一九二八年十月末］

ANFP（355 AP-1）

アンリ・ベルクソン
アカデミー・フランセーズ会員
道徳政治学アカデミー会員

ヴィタル通り三二番地

親愛なる同輩へ、この立派なご高著[1]を送付いただいたことに感謝いたします。この本は／多大な力業でもってフランス革命の人々たちを蘇らせ、また読者が諸々の出来事を理解することを何より手助けしてくれます。

（1）『フランス革命の人々、一九二八年の学会における講演』*Les hommes de la Révolution, conférences prononcées à la société des conférence en 1928*, Paris, Plon, 1928（一九二八年十月一日）．ここから日付を推測した。

G・マルセルへ

SD［一九二八年十一月五日］

BNFP (Fonds G. Marcel, nc)

アンリ・ベルクソン
アカデミー・フランセーズ会員
政治道徳学アカデミー会員
ヴィタル通り三二番地

非常に友情に溢れたお便りに対して感謝申し上げます。／これには深く感動させられます。——そしてどれほど注目して『新フランス評論』[1]のあなたの論考を読むことになるでしょうか！

封筒：ガブリエル・マルセル氏
エミール＝デュボワ通り二三番地
パリ一四区
印：パリ一六区、一九二八年十一月五日十五時。ここから日付を推測した。

（1）「精神性の欠如」« Carence de la spiritualité », *Nouvelle Revue Française*, mars 1929;『知的生活の記録』*Documents de la vie intellectuelle*, 2, 20 juin 1930, p. 574-578.

E・A・カールフェルトへ

一九二八年十一月十四日

SAS (Karlfeldt Saml.)

Telegram.Kungl.Telegrafverket

パリ jr48 30 114 11, 05 à 5 ヨーテボリ göteborgradio

Bornshnset

スウェーデン・アカデミー議長

スウェーデン・アカデミー、ストックホルム

強いて切望していたのではありませんが、スウェーデン・アカデミーが、ある一つの名誉を私に授与してくださるとのこと。

敬具[1]

ベルクソン

（1） パリの在仏スウェーデン公使館秘書アルベルト・エーレンスヴァルトから一九二八年十一月十四日に伝達された文書（BGN 2358)。

一九二八年十一月十四日

N・セーデルブロムへ

UBU（Saml. Uyänningar, f. 12)

Telegram.Kungl.Telegrafverket

Paris je47 34 1928 14/11 11 15 gbradio

ナタン・セーデルブロム氏

スウェーデン、ウプサラ大監督

私はすでに多くを貴殿の考えから得ていました。そして今、スウェーデン・アカデミーが授与してくださる大変な名誉の大部分は、貴殿のすぐれた取りなしのおかげです。

感謝いたします。

ベルクソン

一九二八年十一月十四日、HSNY (Hyde Papers). J・H・ハイドからベルクソンへ、「ノーベル賞お祝い申し上げます」と述べる書簡あり。

一九二八年十一月十五日

R・ドゥーミックへ

IMECP（RDM C 1.1) NBR

パリ

一九二八年十一月十五日

友よ、感謝します。正直に言いまして、私だけではなく、また特にアカデミー・フランセーズがこの文学賞によって讃えられたのです。なぜなら、アカデミー・フランセーズの、「協力ノオカゲデ κατὰ μέθεξιν」私は「文学者」だからです。会議での私の席に戻りたいと、どれほど願っているでしょうか！　しかし、新たな深刻な状況によって長期間身動きできずにおります。ですから何週間も寝室に籠もらなければなりませんでした。／

敬具——古き友情を信頼ください。

H・ベルクソン

一九二八年十一月二十二日

ルネ・ドゥーミックへ

IMECP (RDM D 2-1) NBR

一九二八年十一月二十二日

親愛なる友

アカデミー局長であるラ・フォルス公爵が非常に厚意をもって私のノーベル賞について最近の会合で語り、アカデミーが議事録への登録を採択したと新聞で読みました。さらにこの議事録の抜粋を送ってくださるようです。まだ届いていませんが、アカデミーに感謝せずに今日の会議をやり過ごすことはできません。添付の手紙をラ・フォルス公爵に手渡していただけますか？　直接送るには遅すぎるのです。というのも／彼は田舎にいると思われるからです。——また終身書記を介して連絡をするのが慣例でもありますから。

敬具

H・ベルクソン

一九二八年十一月二十五日

É・ヴュイエルモーズへ

Doucet, BGN 3128（複写）

パリ

一九二八年十一月二十五日

拝啓

ずいぶん前から病に苦しんでいるため、ノーベル賞授与の翌日に『エクセルシオール』誌で私に捧げて書いてくださった論考にどのくらい感動させられたかをまだお伝えしておりませんでした。(1) これは私の著作の全体のきわめて好意的な評価を含んでいました。あなたに／御礼を言わせてください。そしてまたこの機会を利用して、最も卓越した生徒の一人であった頃から、どんな興味をもってあなたに目を配っていたかを伝えさせてください。とりわけ芸術に関してあなたが記したものを愛でています。——敬具

H・ベルクソン

封筒：エミール・ヴュイエルモーズ氏
バリュー通り一番地
パリ九区
印：パリ一六区、ショパン広場、一九二八年十一月二十八日
二十時三十分

(1) 一九二八年十一月十四日の『エクセルシオール』誌には、一頁目全面でベルクソンとシグリ・ウンセットのノーベル賞が報じられている。一九二八年十一月十八日の号では二頁目にエミール・ヴュイエルモーズ署名の祝辞の記事が出ている。

一九二八年十一月二十五日

YUSLNH (Zeta, Kd61.928k)

九鬼周造からベルクソンへの書簡。彼はベルクソンと再会した直後で、彼の随筆『時間論』（パリ、一九二八年）をベルクソンに進呈した。

一九二八年十一月二十六日

E・A・カールフェルトへ

SAS (Karlfeldt Saml.)

パリ、ヴィタル通り三二番地
一九二八年十一月二十六日

終身書記殿

スウェーデン・アカデミーが与えてくださったばかりの名誉はひときわ重要であり、アカデミーにどれほど感謝しているかをなお一度伝えたい旨の電報をスウェーデン・アカデミー議長に送ったことを、手紙で確認させていただけ

ますか？　私の強い謝意を受け入れていただき、さらにアカデミーにお伝えいただけますか？

スウェーデン王陛下の手から賞を授かることは大変な誇りになるでしょう。しかし、健康状態が、何ヶ月／も前から部屋に籠もることを強いており、ストックホルムに出向くのを妨げています。スウェーデン・アカデミーのメンバーに挨拶に伺うことができず、与えてくださった名誉にどれほど感動させられたかを彼らに直接伝えられないのはつらいです。彼らに対して私の代弁をして、私の強い無念を申し伝えていただけないでしょうか。

敬具

H・ベルクソン

一九二八年十一月二十七日

H・シュークへ

SAS (H. Schück Saml.)

パリ、ヴィタル通り三二番地

一九二八年十一月二十七日

敬愛すべき同僚

ノーベル賞授与によって与えてくださった名誉に対して、私の強い感謝の意をスウェーデン・アカデミーに伝えるよう、終身書記のカールフェルト氏に懇願しました。この感謝をあらためてあなたに述べさせていただいてもよろしいでしょうか？　アカデミーの決定においてあなたが担った役割について知り、心から感動しました。これを面と向かって伝えたいのですが、残念ながら健康状態がストックホルムに行くことを妨げています。

敬具

H・ベルクソン

一九二八年十一月二十七日

N・セーデルブロムへ

UBU (Saml. Utlänningar, f. 13–14)

パリ、ヴィタル通り三二番地

一九二八年十一月二十七日

猊下

スウェーデン・アカデミーがノーベル賞選出を通じて与えてくださった名誉にどれほど感激し、貴殿の権限で決定が下されたことにどれほど感謝していたかを、電報でお伝えしました。そして今、手紙で再度感謝申し上げます。また、いかなる投票も貴殿のもの以上に価値はなかったことも付け加えさせてください。宗教感覚と思考についての、それら自体における分析、またはそれらの歴史のなかで考察された貴殿の分析につねに感嘆しておりました。貴殿のものを詳細に研究したので、私は／多くを貴殿に負っています。

健康状態のせいで、何ヶ月も前から部屋に籠もることを余儀なくされ、望んではいるものの、ストックホルムに出向くことを妨げられています。スウェーデン王陛下の手から賞を授与することは非常に大きな栄誉となったでしょう。そして何より、鮮明な思い出が残っている貴殿との会話を再開できる強い喜びを手にしたでしょう。残念ですが、それはまったく不可能なのです。せめてできるだけ早く貴殿がパリにいらしていただき、失われたこの機会を取り戻させてくださることを切望します。／奥様によろしくお伝えください。

敬具

H・ベルクソン

一九二八年十一月二十八日

É・トゥルーズへ

Doucet (BGN 2945)

パリ、ヴィタル通り三二番地

一九二八年十一月二十八日

親愛なる同輩

『コティディアン』紙[1]で私に捧げていただいた大変好意的で興味深い論考を、どれほどの喜びを伴いながら読んだかをお知らせしたく思います。あなたが指摘した、私の結論とあなたの結論の相違は重要です。しかし、あなたの／研究は、私の思考に入るためのある共感的努力について語っています。そのうえいくつかの点において、とくに哲学が生物学的考察に取って代わらなければならない場所について、あなたが考える以上に私はあなたの近くにいます。

——敬具

H・ベルクソン

（1）「ベルクソンと科学的思考」« Bergson et la pensée scientifique », *Le Quotidien*, 27 novembre 1928, p. 2.「トゥルーズ博

士」と署名。

SD［一九二八年十一月末？］[1]

A・ボードリヤールへ

（AICP（RBa 92））

アンリ・ベルクソン
アカデミー・フランセーズ会員
道徳政治学アカデミー会員
ボーセジュール大通り二七番地

親愛なる仲間にして同僚である、ボードリヤール猊下の思いやりのあるお祝いの言葉に、心からの感謝を送ります。

（1）おそらくノーベル賞受賞が祝われた後の書簡。ベルクソンからボードリヤールの他の書簡から仮定できる。ドゥーセ図書館は、一九二八年十一月十五日、一九三五年十一月二十三日、一九二八年三月三日の後者による書簡を保管している（BGN 629, 690, 691）。

SD［一九二八年十二月？］

J・E・ブランシュへ

BIP（Ms 7037, 5. f. 263）

アンリ・ベルクソン
アカデミー・フランセーズ会員
道徳政治学アカデミー会員
ヴィタル通り三二番地

親愛なる友よ、最近病気に苦しんでいるせいで、まだ／どれほどあなたの心からの賛辞に感動したかを伝えていませんでした。愛情を込めた新年のお祝いをあなたに送るこの機会を利用し、感謝を示させてください。

H・B

一九二八年十二月一日

G・ド・レイノルドへ

ALS

パリ、ヴィタル通り三二番地
一九二八年十二月一日

親愛なる友

あなたの親切な訪問を逸してしまい、申し訳ありません。明日日曜日の四時にお立ち寄りいただけませんか？　その場合は返信には及びません。

翌日月曜日の同時刻がよろしければ、私たちも同じく都合がいいでしょう。

いずれにせよ近いうちに。

敬具

H・ベルクソン

一九二八年十二月六日

マリー・キュリーへ

BNFP (Fr na 1844, f. 248)

パリ、一九二八年十二月六日

拝啓

あなたの心からのお祝いに、大変感激しています。感謝を述べさせてください。そしてまたこの機会を利用して、ジュネーヴでの私たちの協力に関する思い出をどれほど深くはっきりと私が抱いたままであるかを、再度言わせてください。――敬具

H・ベルクソン

一九二八年十二月七日

S・九鬼へ

BUKK（一部複写）

……［は特／］に東洋と西洋との関係について示唆的です。非常にわずかな言葉で多くのことを語る、この秀でて明晰な研究を私に捧げていただいたことに感謝いたします(1)。

現在、一日の大半を費やす、著しく疲労を伴う治療によって時間を取られているせいで、そのつもりだったのですが、昨日や一昨日にお会いするお約束を提案できませんでした。そして、あなたは帰国されるところだと聞きました。

願わくは／せめてあなたの研究について、日本に帰ってからも適時お知らせください。

敬具

H・ベルクソン

（1） 以下の書からの一部転載。澤瀉久敬『世界の名著 五三巻』中央公論社、一九六九年、二九頁。九鬼周造『時間論——一九二八年八月八日から十八日の間に行われたポンティヴィーでの二つの講演』*Propos sur le temps, deux communications faites à Pontivy pendant la décade du 8-18 août 1928*, Paris, Renouard, 1928; 九鬼周造「日本におけるベルクソン」『九鬼周造全集 一巻』岩波書店、一九八一年、八八—九二頁。*Nouvelles Littéraires*, 15 décembre 1928（いくつかの異文を含む）参照。ストラスブール第二大学DEA取得論文『ベルクソン哲学におけるイマージュの経験論』（二〇〇一年六月）の著者増田靖彦氏より情報提供。

一九二八年十二月八日

A・ボードリヤールへ

AICP（RBa 92）

パリ
一九二八年十二月八日

親愛なる猊下、同輩にして仲間へ

この頃病に苦しめられており、丁重なお祝いの言葉にいまだお返事を差し上げていませんでした。しかし、少しでもこう言う必要があります——というのもあなたは簡単に察するでしょうから——賛辞の言葉にどれほど感激させられたでしょうか。心からの感謝を送らせてください。アカデミーに行ける状態になったらすぐに、あらためて直接述べさせていただきます。[1]

敬具

H・ベルクソン

（1） 一九二八年十一月二十八日のボードリヤールからの書簡（BGN 629）への返信。

一九二八年十二月十五日「アンリ・ベルクソンへのオマージュ」«Hommage à Henri Bergson»,『新文学』誌 *Les Nouvelles Littéraires*, n° 322 (VCP, 398-4).

一九二八年十二月十六日

書簡の送り主へ

ベルクソン

受け取った諸々のお祝いの手紙に対して、お返事を返そうと望んだのですが、残念ながら健康状態のせいでまったく返信ができません。大変感激させられると同時にお詫び申し上げます。そして深い謝意を送ります。

パリ、一九二八年十二月十六日

同上。IMECP (Fonds M. Halbwachs). モーリス・アルヴァックス氏へ……親愛なる友よ、それでも親切な言葉から私が受けた特別な喜びを知っていただきたいと心から願います。——敬具。H・ベルクソン

同上。BCL (Archivio Prezzolini). G・プレッツォリーニ氏へ……とはいえあなたのお手紙がくださった特別な喜びを知っていただく必要があります。敬具。H・ベルクソン

一九二八年十二月十六日

L・レヴィ＝ブリュールへ

IMECP (L. Lévy-Bruhl)

パリ

一九二八年十二月十六日

親愛なる友

あなたが『新文学』誌に発表した、とりわけ高等師範学校時代の思い出を心のうちに喚起させるすばらしい論文に御礼を言うため、筆を執りました。(1) さらに『ル・タン』紙のなかに、アカデミーの討議における議論に関してあなたが述べた結論（すべてを出版しなければならないでしょう）を見つけました。(2) もう一度感謝します。この結論を読んでいると、／自分が確かに赤面していくのがわかり、今にも立ち上がって氷に飛び込んでしまいそうです。ああ、私は、行ったことと行いたかったこととの間にある不釣合いのみを強く自覚しています。しかし、私たちの古くからの友情が、拙著の評価においてあまりに好意的なものの原因となっています。あなたの手紙を読みながら、特にこの友情について思いを馳せていました。そして私の最上の喜びもここから来るのです。／私の誠実な情愛を再度伝えさせてください。

H・ベルクソン

封筒：L・レヴィ＝ブリュール氏
フランス学士院会員
ランコルン通り七番地

パリ八区
印：パリ一六区、ショパン広場……

（1）「高等師範学校時代のアンリ・ベルクソン」«Henri Bergson à l'École normale», n° 322, 15 décembre 1928, p. 1.

（2）『道徳政治学アカデミー討議論集』*STASMP*, 1929, p. 347, Séance du 24 novembre 1928. 一九二八年十二月十六日の『ル・タン』紙 *Le Temps*, 15 novembre 1928, n° 24560 はその二頁に「ノーベル賞」と題された記事を掲載。一九二八年十二月十九日にP・ソーデの「ベルクソン氏にノーベル賞授与」«Le Prix Nobel à M. Bergson», n° 24564, 19 novembre 1928, p. 1. を掲載。*P.S.* と署名あり。一九二八年十二月十六日には、「道徳政治学アカデミー定年公開討議」という文書で『道徳政治学アカデミー討議論集』の抜粋とレヴィ＝ブリュールの「独創的才能」に関するテクストを三頁目に発表。

一九二八年十二月十八日

G・マルセルへ

BNFP (Fonds G. Marcel, nc)

パリ、ヴィタル通り三二番地
一九二八年十二月十八日

拝啓

あなたのお便りを読むことで得られる喜びをどうお伝えすればいいでしょうか？　フレデリック・ルフェーブルに書き送ったように、人は魔法の鏡で自分を見ることを好み、そこでは人は美化された様を見ます。美化されたと書きましたが、それは形を歪めることではありません。というのも、私が行ったこととしてあなたが賞賛するのは、まさに私が行いたかったことなのですから。とはいえ、目標と私との隔たりについて充分に自覚しています。他の人たちはそれを乗り越えるのでしょう。すばらしい論考(1)で大変丁重に異議を唱えていたとはいえ、「走者タチノ如ク彼ラハ《クアシ・クルソレス・ヴィタイ・》生命ノ火ヲ灯ス《ランパダ・トラドゥント》」という言葉は哲学者たちに当てはまるにちがいないと信じます。あなたもこれらの「走者タチ」に属することは議論の余地がありません。――敬具

H・ベルクソン

（1）「開け地」«Clairières», *Nouvelle littéraires*, 322, 15 décembre 1928, p. 3 はルクレティウス『物の本質について』二巻七九行からの引用を行っている。

一九二八年十二月二十一日

É・ビュルネへ

BNFP (Fr na 17388, f. 236)

パリ、ヴィタル通り三二番地
一九二八年十二月二十一日

親愛なる友

お手紙(1)には深く感嘆いたしました。これに詳細なお返事を出したく思います。ですが、私の健康は現在著しく不完全なものです。したがってあなたに感謝し、あなたのことをより親しく知ることがどんなにうれしいかをお伝えするに留めます。そしてサン＝セルグであれパリであれ、もしくはその両方であれ、一緒に語り合うことができるでしょう。／妻が奥様とあなたによろしく伝えてほしいとのことです。私からの挨拶も添えてお伝えください。　敬具

H・ベルクソン

（1）　一九二八年十二月二十日の書簡（BGN 718）。

一九二八年十二月二十一日

J・ランドクウィストへ

KBS (Fonds Landquist)

パリ、ヴィタル通り三二番地
一九二八年十二月二十一日

敬愛すべき氏へ

しばらく前から病に苛まれており、そのつもりだったのですが、いまだあなたにお手紙も出せず、新たな研究(1)を私に費やすという お考えにどれほど心を打たれたかも、お伝えできておりませんでした。残念ながら私はスウェーデン語が分かりません。ですが苦心しながら解読するか、あるいは／むしろ意味を再構成できるいくつかの言葉のおかげで推察することになります。しかし、この不充分で表面的な読解でも充分に、大変困難な考察を多くの読者の手の届く範囲に置き、小さな空間のなかに多くを保持することに成功したことが示されたと思います。そのうえ、光栄にもあなたが拙著に専念してくださったのは初めてではありません。私は大きな関心を払いつつ、あなたの『試論』(2)のな

かで私に捧げられた章を読んだことがあります。親愛なるあなたに私の最良の感謝を送らせてください。　敬具

H・ベルクソン

封筒：ジョン・ランドクウィスト氏
アルバート・ボニエ書店宛（アルバート・ボニエ出版社）
ストックホルム（スウェーデン）
印：パリ中央郵便局発送、一九二八年十二月二十三日二十四時

（1）*Henri Bergson: En populär framställning av hans filosofi*, Stockholm, Bonniers, 1928 (BGN 1065, 自筆献辞入り).

（2）*Essayer. Ny samling*, *Stockholm*, *Bonniers*, 1913, « Henri Bergson », p. 131-199.

一九二八年十二月二十五日

ミュラ伯爵夫人へ

FPM

パリ、ヴィタル通り三二番地
一九二八年十二月二十五日

親愛なる友

お送りくださった美しい花に対して感謝をお伝えしようとしていたところ、今度はまた新しい花束を受け取りました。どうやら手違いでしょう。どうすればいいか分かりませんが、最初のものと同じように受け取りました。最初の花が萎れてしまっても、美しい次の花が、花を贈ろうというとても素敵なお考えを続けて思い出させてくれます。／実を言えばとても恐縮しており、どのように御礼を言えばよいかわかりません。近いうちに面と向かって御礼を言いたいと思います。というのも、奥様にお立ち寄りいただけるとのことですから。——田舎での滞在ですっかり奥様の疲労が癒やされるのを願います。私のほうでも同じ状況に身を起きつつ、努めて自分自身を説得して、治療が／何かに役立つと考えたいと思います。それに対して、おそらくより有効に使える時間を費やすつもりです。妻がよろしく伝えてほしいとのことです。

敬具

H・ベルクソン

一九二八年十二月二十七日

P・ヴァレリーへ

(Fr na 19165, f. 194–195)

パリ、ヴィタル通り三二番地
一九二八年十二月二十七日

親愛なる同輩

近頃病に伏せており、貴殿に送ろうと思っていた手紙を日ごとに延期しなければなりませんでした。今日はわずかな言葉で満足しなければなりません。ですが、ノーベル賞の折に書き送ってくださったものに、どれだけ心を揺さぶられたかを知っていただく必要があります。実に貴殿のご厚意は過大なものです。私が唯一充分に自覚しているのは／私が行ったことと行おうと夢見たこととの間の不釣合いです。アカデミーに属するだけではなく哲学においても私の同志であり、思索と直観との、芸術と自然との完璧な調和を作品で実現する術を知っている詩人の作品を前にすると、私たちの専門用語で言う、「非十全」であるという印象を抱くようなことはありません。

敬具

H・ベルクソン

封筒 f. 196：ポール・ヴァレリー氏
アカデミー・フランセーズ会員
ヴィルジュスト通り四〇番地
パリ一六区
印：パリ一六区、ショパン広場、一九二八年十二月二十八日
二十時三十分

一九二八年十二月二十八日

R・ドゥーミックへ

IMECP (RDM E 1.1) NBR

パリ
一九二八年十二月二十八日

親愛なる友

いまや、アカデミー・フランセーズの諸々の委員会のメンバーを再び選出するときが来たようです。私がもう参加を望まない委員会も同様です。それはブリウー賞の委員会です。この委員会は非常に興味深いものですが、委員会メ

ンバーの各人に、私の健康状態が果たすことの難しい総量の仕事を要求します。そのうえ、おそらくですが、私は／今年はパリを早く発つつもりです。
審議に出席できないのはどれだけ悔やまれるでしょうか！ しかし、パリに戻って以来、十月初旬から部屋に籠もらねばなりませんでした。
私からの新年のお祝いをあなたに送る機会とさせてください。

敬具
H・ベルクソン

封筒：ルネ・ドゥーミック氏
アカデミー・フランセーズ終身幹事
プレ＝オ＝クレール通り十番 bis
パリ七区
印：パリ一六区、ショパン広場、一九二八年十二月二十八日
二十時三十分

一九二九年

SD ［一九二八年―一九二九年］ H・ド・ロートシルトへ

BNP (Rostschild, A-XX-I-f. 23)

アンリ・ベルクソン
アカデミー・フランセーズ会員
道徳政治学アカデミー会員
ヴィタル通り三二番地

ここのところ病に苦しんでおり、いまだ／アンリ・ド・ロートシルト博士に対して、どれほど親切なお祝いの言葉(1)に感激させられたかを伝えておりませんでした。これは大変得難いものでした。

敬具

（1）　おそらくノーベル賞に際してのもの。

SD［先出の書簡に関係するもの］

H・ド・ロートシルトへ

BNP (Rotschild, A-XX-f. 22)

時おり私たちの目の前で、束の間の現れのなかで、生物を生み出す見えない息吹が実体化します。私たちは、こうした不意の霊感を、殊に際立って感動的な母性愛の前で、同じく多くの動物において、そして植物がその種子に対する配慮のなかに至るまで手にします。この愛のなかで幾人かは生の偉大なる神秘を目にして、私たちにその秘密を明かします。それは、各世代が次の世代に思いを寄せることを示しています。それは私たちに、生物はとりわけ通り抜けの場所であり、生の本質は生を伝達する動きのなかに表れていることを示しているのです。

H・ベルクソン（1）

（1）　サインの収集のために書かれた文書。サインの依頼に応えるために、文通主たちに与える助言に続けて、ベルクソンはここで『創造的進化』（『著作集』p. 604）の一節を書き写している。

一九二九年一月一日

Ch・ヴェルナーへ

BPUG (Ms. fr. 9008/1, f. 19) NBR

パリ
一九二九年一月一日

親愛なる同僚よ、親切な言葉に感謝します。同様に、ジュネーヴ大学から最近送られてきた請願の下部にあなたの名前を書き込んでいただくというお考えにも感謝いたします。このご厚意の証にどれほど感動させられたかを言い表すことができません。――妻と私から真に心からのお祝いを送らせてください。そしてそこに親愛の表現を加えさせてください。

H・ベルクソン

封筒 f. 20：シャルル・ヴェルナー教授

フロリッサン通り四番地
ジュネーヴ（スイス）
印：パリ一六区、ショパン広場、一九二九年一月二日九時三十日

D・ルスタンへ　一九二九年一月十八日

VCP (398–1, sf)

パリ、ヴィタル通り三二番地
一九二九年一月十八日

親愛なる友

病気と、とくにその治療が、一日の非常に大きな部分を使い果たしてしまいます。わずかな間に私の生活が一変してしまったせいで、何週間もそのままで、あなたに差し出そうとした手紙を何週間も前から延期せざるをえませんでした。今日ここでは、いくつかの言葉だけしかあなたに書くことができません。／ですが、ノーベル賞の際に示してくださったお気持ちにどれほど感激したかを知っていただく必要があります。イギリス人たちが言うように、少なくともあなたに「返礼《レシプロケイト》」し、私からもあなた自身の及ぼす影響について語ることにします。あなたの心理学概論(1)は、哲学についての著書でもあり、新世代の生徒たちにその刻印を残しています。未来が私たちに／残すものについては存じませんが、教育の場で大抵の場合は人がそれで満足していた、もっぱら言葉だけの哲学には回帰しないことははっきり確信しています。あなたにお目にかかれるときに、こうしたことすべてについて詳細に語り合えることを願っています。さしあたって、遅くなりましたが、変わらぬ真摯な感謝をあなたに送るに留めます。

敬具

H・ベルクソン

（1）『哲学講義I　心理学』*Leçon de Philosophie, I, Psychologie*, Paris, Delagrave, 1911.

F・シャレイへ　一九二九年一月二十七日

(Bergson, Mellottée, 1947, p. 18)

パリ、ヴィタル通り三二番地
一九二九年一月二十七日

親愛なる同僚

ゲラ刷り状態で送ってくださったものを本で受け取ったばかりですから、新しい形ですぐに再読したいという誘惑に抗することができません。二回目の読解は、最初の読解が私に残した印象をひたすら確信させてくれました。これ以上の明晰さと優雅さをもってして、私の見解を説明することは不可能でした。そしてまた、その意義にこれ以上深く入り込むことは不可能でした。おそらくまずは、こうしたことはあなたの私についての研究の結果であり、私の各著作のなかで、即座に難なく互いに説明し合うテクストを再発見するまでに至ります。しかし、これは特に、以前の手紙ですでにお伝えする必要があった知的共感に起因するものだと考えています。人は、他人の考えを自分自身の蓄えから充分に引き出すのでなければ、他人の考えのなかに入り込むことはありません。親愛なる同僚よ、今一度感謝し、格別興味深く重要な著作を私のために記してくださった喜びと名誉を伝えたいと思います。

敬具
H・ベルクソン

一九二九年一月二十八日

F1・ドラットルへ

Doucet (BGN 2859)

パリ、ヴィタル通り三二番地
一九二九年一月二十八日

親愛なるフロリス

『タイム』紙の論考[1]を送付してくださったことに感謝いたします。これは大変よくできており、特に興味深いものでした（同封してお返しします）。――ル・ブルトンの博士論文[2]はすぐに私に伝わり、全体を一目見たときにすでにその重要性が示されました。現在残念ながら病気とその治療は、ほんの少しの時間しか／仕事に対しては残さないので、この本を注意深く読むのは延期せざるをえないでしょう。――あなたが私の所見を得ることをとても急ぐのでなければですが。

今まさに「キャロント」コレクションの「ベルクソン」の巻が手元にあります。お会いしたときに、お望みならお渡しいたします。シュヴァリエの研究はその「メイン・デイッシュ[3]」であり、部分的に彼の本の抜粋から作られていますが、それでも何か新しいものを構成しています。／最良の友情をあなたに、アンリエットへ、そして子どもたちへ捧げます。

敬具

H・ベルクソン

(1)「哲学者ベルクソンの栄光」R. Recouly, «Honors come to Bergson, Philosopher», *New York Times*, 78, 25, n° 894, 16 décembre 1928, p. 5, 7, 22.

(2)『W・ジェイムズの人間性』*La personnalité de W. James* および『一八世紀ボストンのフランス人』*The French in Boston in the eighteen century*, Thèses, Bordeaux, Cadoret, 1928.

(3)『アンリ・ベルクソン、未刊行集とアカデミー・フランセーズ第七座席の歴史』*Henri Bergson, Suivi de pages inédites et de l'histoire du 7e fauteuil...*, Paris, Servant, 1928.

一九二九年二月四日

マクミラン社へ

BLL (Add 55166, f. 124)

パリ、ヴィタル通り三二番地

一九二九年二月四日

マクミラン社御中

拝啓

昨年六月三十日までの私の出版物の支払いとして、三二一八―一七ポンド（四八〇〇・五〇フラン）の小切手を受領したことを認めます（所得税一九s／六d以下）。

最大限の感謝を込めて

敬具

H・ベルクソン

一九二九年二月九日

É・ビュルネへ

(Fr na 17388, f. 237-238)

パリ、ヴィタル通り三二番地

一九二九年二月九日

親愛なる友

『エッセンス[1]』を受け取ったばかりですが、これをすぐに読んでしまうという誘惑に抵抗できませんでした――そもそも抵抗できそうにありませんでした――。なんと立派な書物でしょう。そしてなんとその名に値する本でしょう！　なぜなら、作家の中心へまっすぐ進むことで、諸作品の本質《エッサンス》そのものが抽出されているからです。批判的検証を含むこうした方法／は、広く流布する概念とまったく反対のものです。作家とその取り巻き、彼にとっての先駆者たち、そして彼と無関係のものに拘泥する代わりに、あなたは作家を作家自身へと結びつけました。しかし、あなたは信奉者を作りだしているわけではありません。というのも、このように一つの作品、そして一人の人間を研究するためには、ある種の共感を捧げることが必須ですが、これは予見のようなものなのです。この予見は排除を行うものではなく、反対に経験的／証明を招くのです。予見は、人とその作品に投げかける光そのものによって、経験的に明示されます。――言うまでもなく「プルーストとベルクソン哲学」という章がとりわけ私の関心を引きました。私が漠然としか認識していない類似性を、少なくとも類縁性を細部にわたってあなたは把握させてくれました。しかし、あなたはプルーストを、誰かの弟子にしたり／誰かの模倣者に仕立てあげたりすることを懸念なさっていますが、ここにおいてもあなたは確かな直観によって導かれていたのです。

敬具

H・ベルクソン

（1）『エッセンス――ポール・ヴァレリーと精神の統一』*Essences: Paul Valéry et l'unité de l'esprit...*, Paris, Secheur, 1929.

一九二九年二月二十六日

H・ド・レニエへ

BIP (Ms, 5698, f. 317)

一九二九年二月二十六日

親愛なる同輩

送ってくださったお手紙に深く感動させられました。感謝申し上げます。

敬具

H・ベルクソン

一九二九年三月四日

「夜警」監督へ

Doucet (BGN 3072)

パリ、ヴィタル通り三二番地
一九二九年三月四日

パリ九区、ロッシーニ通り三番地

「夜警」監督様

拝啓

アパートへと移るために、まもなく私の住むヴィタル通り三二番のホテルからの引越しを前にして／このアパートはもはや……は必要なく／……に従って「夜警」の契約更新をいたしません。／私の住居を警護するために「夜警」をお願いすることはもはや望みません。／……に従って／それゆえ条項に従えば、貴殿の一般条件の特例によって、私の定期契約は三ヶ月の解約告知期間によって年間通じて解約可能となります。この手紙でもってこの解約告知期間の申し出をさせてください。そして解約証書を送ってくださいませんか。

敬具

一九二九年三月九日

Ch・デュ・ボスへ

Doucet（BGN 3034）

パリ、ヴィタル通り三二番地
一九二九年三月九日

拝啓

昨晩『日記選集』(1)を受け取り、すぐに読み始めました。そして誘惑に抗することができずに今朝再び読み始め、最後まで読んでしまいました。なんと優れた本でしょうか！　これは独創性を目指すものではないにもかかわらず、私の知るいかなるものとも似ておりません。この意味で、まさに内省的なものでしょう（イギリス心理学から借りた言葉を／用いてみればの話です）。これはまた、まさにイギリス人が「自己洞察《インサイト》」と呼ぶようなものでしょう。なぜならあなたは、あなたの魂と同時に他者の魂の中にも探りを入れているからです。本当を言えば、これは諸感情と諸概念の間断なき分析なのです。そこからモラリストも芸術家も同じように利益を引き出せるでしょう。——敬具追伸、言うまでもありませんが、会いにいらしていただければ非常にうれしく思います。私はダクスに移るつもりです——むしろ移されるのですが——。そこで四月末まで滞在します。五月中に、もしよろしければ約束をさせてください。

H・ベルクソン

（1）『日記選集』*Extraits du Journal* (1908–1928), Paris, Schiffrin, 1929（22 mars 1929). 一九二九年三月十二日にデュ・ボスからの返信（BGN 749）。

一九二九年三月十一日

Fl・ドラットルへ

Doucet（BGN 2860）

パリ、ヴィタル通り三二番地
一九二九年三月十一日

親愛なるフロリスへ

ル・ブルトン氏の著作[1]に対する印象をお伝えするのが遅れました。それは、病気と治療と硬直症に対して戦うために日に何度も運動を必要とするせいで、時間ごと、というよりむしろ分ごとに仕事のための時間を出し惜しみせざるをえないからです。その一方で、批評、あるいは単なる考察だけを述べようとすれば、途方に暮れてしまうでしょう。つまり私の言えるのは／この著書は秀逸なものであり、ジェイムズの人間性に関して、これ以上正確で完璧な見解を示すことは不可能だったということです。まずは、そのディテールの豊富さに少し驚かされました。しかし、対象の人物のこのうえない複雑さと変容の具合から考えて、最後にはディテールすべてが必要であったことが分かりました。このディテールのなかで、著者が道に迷うことは決してありません。ジェイムズの思考の進化は、著しく明瞭なものにされています。ただし、実際はほとんど変節のなかった哲学者について進化を語ることができればですが。もし本書のなかで興味深く有益で、また示唆に富むと感じたすべてを挙げねばならないならば、／大いに苦労するでしょう。そこに唯一の欠落を指摘するのは簡単ですが、——もしくはむしろさらに強調できる唯一の点を示すほうがいっそう簡単でしょう。W・ジェイムズが「心霊研究《サイキカル・リサーチ》」に、何より霊媒現象研究に抱いていた関心が重要だと思われます。それについて多くを期待し、またこの分野でさまざまな発見がなされるだろうという確信は、彼の思考の方向性に影響を与えたでしょう。実のところ、彼は／著作内ではこの点にあまり立脚していませんでした。しかし、彼と話すと、彼の関心事のなかでこのテーマが占める位置に気づくのです。モーリス・ル・ブルトン氏の大変秀逸な研究に対する強い称賛を、氏にお伝えください。

敬具

H・ベルクソン

「ジェイムズとベルクソン」と題された章は、きわめて深く踏み込んだものです。後者に対して好意的すぎますが、とはいえすこぶる正確に（他処であなた自身が行ったように）互いの関連の状況を指摘していると映ります。付け加えねばならない点は、ジェイムズは謙虚であり、かつ寛容そのものであり、彼が他人に少しばかり負っているものをつねに誇張する傾向にあったということです。

（1）『ウィリアム・ジェイムズの人間性』*La personnalité de William James*, Bordeaux, Cadoret, 1928.

一九二九年三月二十一日

J・ヴァールへ

IMECP (Fonds J.Wahl)

パリ、ヴィタル通り三二番地

一九二九年三月二十一日

親愛なる友

『ヘーゲル哲学における不幸な意識』というご著書をお送りくださり感謝いたします。すぐにこれを拝読するという誘惑に抗うことは叶いませんでした。むろん、表面的な読解にすぎませんが、ご著書はこのうえなく興味深く、有益であります。これはヘーゲルとヘーゲル主義から、／我々が考えもしなかった生命に満ち溢れたものを作り出しています。これは著作からその平静さを奪い去り、まさにそれによりその運動を強調しています。跳躍《エラン》を蘇らせたのです。しかし、これは急いで拝読した、きわめて漠然とした全体の印象にすぎません。冷静な頭で再読しなければならないでしょう。治療を受けるため、私は今まさにダクスに移動しようとしているところです――あるいはむしろ移

動させられるところです――。／あなたのご著書を携えていきます。さしあたっては、賛辞を送るに留めます。敬具

H・ベルクソン

封筒：ジャン・ヴァール氏
文学部教授
、、、、
ナンシー
印：パリ一六区、ショパン広場、一九二九年三月二十一日二十時三十分

ミュラ伯爵夫人へ

一九二九年四月四日

FPM

絵葉書

一九二九年四月四日　ダクス

親愛なる奥様へ、あらためてダクスに到着し、五度目の治療に努めています。この方法は、いつも良い影響をもたらしてくれます。しかし、すっかり効果的な唯一の治療というのは、哲学的に病を捉えることではないかと考えます。そして、なんということでしょうか、この哲学が私には完全に不足しているのです。親愛なる奥様、奥様が引き続きお体を休め、体調が良くなることを願っています。妻がよろしく伝えてほしいとのこと。敬具

H・ベルクソン

ヴィタル通りからボーセジュール大通りへの引越し。

R・レニエへ

一九二九年五月五日

AIP

［パリ。ヴィタル通りを離れ、パリ一六区ボーセジュール大通り四七番へ。「何ヶ月も前から学士院に姿を現しておりません。何歩か歩くことはできますが、階段を降りたり、車両に乗車することはできません」］

一九二九年五月六日

E・ムーニエへ

IMECP (Fonds Revue Esprit) NBR

一九二九年五月六日

拝啓

お手紙に深く感銘を受けました。これに詳細にお答えしたく思います。

しかし、今はできません。健康状態はまったく芳しくなく、そのうえ引越しという厄介事に時間を取られています。それに手紙よりも直接会ってお答えしたほうが簡単でしょう。しばらくしたらお話に来ていただけないでしょうか。新しい住所はボーセジュール大通り四七番です。　敬具

H・ベルクソン

一九二九年五月十五日

G・ド・レイノルドへ

ALS

パリ

一九二九年五月十五日

親愛なる同僚にして友

セイエール男爵から同封の書簡（機会があるときにお返しいただかなければなりません）を受け取りました。道徳部門があなたを特派員として推薦することを決定し、セイエール自身がアカデミーへの報告を課されていることが分かるでしょう。この条件では、最終結果は疑いようがありません。部門から推薦された候補をアカデミーが特派員に選出しないというのは、例外的状況と理由が必要です。しかしながら／アカデミーの投票が終わるまで、この情報は何とぞ内密にお願いいします。

どれほど深甚な興味をもって『民主主義とスイス』(1)を拝読したのかをまだお伝えしていませんでした（お伝えできるこの機会を待っていました）。ここにはスイスの過去、

現在、そしてまさに若干の未来の総合的ヴィジョンとともに、とりわけ厳密な思考の努力があります。国家の魂そのものが、その歴史についての説明を通じて透けて見えます。さらに加えると／政治哲学的考察によって締めくくられるこの著作は、少なくとも大部分では、別の国にも応用されるでしょう。――このすばらしい本へのあらゆる賛辞を送ります。

敬具

H・ベルクソン

階段の昇降がもはやできなくなって以来、少し住みづらくなったヴィタル通りの家を離れ、今はボーセジュール大通り四七番のアパルトマンにおります（依然としてパッシーにおり、ヴィタル通りから遠くないところです）。

（1）『民主主義とスイス、われらの国史についての哲学試論』*La démocratie et la Suisse, essai d'une philosophie de notre histoire nationale*, Berne, Rochet, 1929.

一九二九年五月二十四日

A・ジッドへ

Doucet（γ 21-2）

パリ

一九二九年五月二十四日

親愛なる同輩、『女の学校』[1]を送ってくださり感謝します。強い興味をもってこれを読んだばかりです。大げさな出来事を持ち込むことなく、真のドラマを構築しながら、あなたは偉業を達成しました。その技法は、／ほとんど無から何かを、たとえば多くのものを引き出すものよりも優れたものです。この著作が書かれた言葉にも、首尾一貫して同様の感覚を与えていることも付言しておきます。あらゆる称賛の言葉を送ります。

敬具

H・ベルクソン

（1）*L'école des femmes*, Paris, NRF, 1929.

一九二九年五月二十七日

V・ジャンケレヴィッチへ

(*Pages*, fs, sp)

新住所：パリ、ボーセジュール大通り四七番地

一九二九年五月二十七日

拝啓

どれほどの関心と喜びをもって、あなたの新たな論考「ベルクソン哲学と生物学」[1]を読了したかを伝えねばなりません。私の仕事がどのように実証科学の諸結果を先取りしているかを明らかにすることで、あなたは私の仕事へ大変な敬意を示し、真に貢献してくださいました。本当のことを言えば哲学と科学は、ここにおいて邂逅しているのです。というのも、それらは相互に、既成観念から遠ざかり、諸事実に対面するよう規定されていたからです。

グザヴィエ・レオン[2]が校正刷を送ってくださいました。彼に先に書き送ったとおり、／扱われる主題のこのような多様さのなかにあっても、あなたがつねに窮屈せずにくつろいでいるさまに私は感嘆しております。あなたは、それ自体すでに凝縮した一冊の本を要約し、その本の読解がとりわけ容易になるほど見事に本質を抜き出すという、離れ業をやり遂げました。あらゆる賛辞を送ります。　敬具

(1) 「近著をめぐって、ベルクソン哲学と生物学」« Bergsonisme et biologie, à propos d'un ouvrage récent », 『形而上学・倫理学評論』誌 *RMM*, 36, 2, avril 1929, p. 233-256 (BGN 2603, 論考の校正刷).

(2) ヴィクトル・クーザン図書館所収のもの以降のX・レオンへの別の書簡があることが示唆されている。それを示す校正刷への返信とみられるものが、X・レオンに送られている。

SD［一九二九年五月末］

E・S・R・クラークへ

Doucet (BGN 2201) BSP

只今とても病に苦しんでおり、親切なお便りにほとんどお応えができません。さまざまな教養を導くあなたの努力にどれほど共感しているかをお知らせするとともに、せめてあなたの論考「調和《ユニティ》と神性《ディエティ》」[1]をどれほど興味深く読んだかをお伝えしたく思います。――そして私の教養は特に

相互の和解手段 *modus vivandi* に存します。もっともなことですが、ライプニッツは、教義の大半はそれが肯定するものにおいては真実であるが、否定するものにおいては誤りであると述べています。

敬具……

封筒：E・S・リザードン・クラーク
ゴッドストーン街道一五十番地
パリー、サリー

（1）一九二九年五月十七日付のE・S・リザードン・クラークからの書簡裏面の鉛筆による下書き。ここから日付を推測した。「調和と神性」« Unity and Deity »,『哲学者』誌 *The Philosopher*, 5, 4, octobre 1927 (BGN 1576).

SD［一九二九年六月末］

R・シュウォッブへ

Doucet (BGN 673-1/3) BSP

／親愛なる友、『静かなメロディー』(1) を送っていただき感謝いたします。これはきわめて見識に富む分析であり、……／

親愛なる友、ご高著『静かなメロディー』を送っていただき感謝いたします。これは非常に見識に富む心理描写を含んでいます。そして、この機会に、どれほどの関心を払いながら『スペインの深遠』と『私はユダヤ人』を拝読したかをお伝えします。

敬具

しばらく前から大変病に苦しめられており、あなたの近著『静かなメロディー』を送っていただいたことに、前二著同様にいまだに感謝を申し上げておりませんでした。最大限に強い関心をもってこの三著を読みました。これらは各々異なった主題を扱っています。／しかしながらこれらは似通っており……／しかしこれらは同等の心理的洞察を物語っています。／そしてそれらが……について有するものによって読者の関心を引きます／。特に経験された関心をめぐってそれらが有するものによって感動を呼びます。／個人的なものについて／英国人が言うところの「習慣《アンコン》に従わないもの《ヴェンショナル》」について、そして個人的に経験されたもの「それは感覚と観念についての直接的描写」。

あらゆる賞賛を送ります。

敬具

ポンプ通り一五〇番地

（1）『静かなメロディー』*Une mélodie silencieuse*, Paris, Grasset, 1929（一九二九年五月三十一日）。ここから日付を推測した（BGN 674, 自筆献辞入り）。『スペインの深遠』*Profondeurs de l'Espagne*, Paris, Grasset, 1927;『私はユダヤ人、遺作』*Moi juif, livre posthume*, Paris, Plon, 1928 の著書ルネ・シュウォッブから入手した書評依頼状に書かれた鉛筆による下書き。

一九二九年七月一日

G・ド・レイノルドへ

ALS

パリ、ボーセジュール大通り四七番地
一九二九年七年一日

親愛なる同僚にして友

いまだ病に伏せており、『ベルンの精髄』(1)を送付いただいたことへの御礼が遅れていました。この著作は、特別感興をそそるものです。一人の歴史家の作品こそが、ベルンの魂がその身体を通じて透視できるほどまでに推し進めます。そしてまた、一人の詩人の作品こそがこのヴィジョンを我々に伝達したのです。あらゆる賛辞を／この新たな著作に送ります。これはあなたがすでにスイスについて書いたことを、きわめて首尾よく仕上げるものです。

再度あなたの選出を祝福させてください。この選出が私を喜ばせたことをお伝えします。もし、学士院へ行ってあなたと一度握手することが可能な健康状態ならば、この喜びはなお大きなものになるでしょう。それでは近いうちにお会いしたく思います。

敬具

H・ベルクソン

（1）*Le Génie de Berne*, Berne, Payot, 1929.

SD［一九二九年七月二十一日］

M・ペギーへ

Doucet（BGN 3151）

アンリ・ベルクソン
アカデミー・フランセーズ会員
道徳政治学アカデミー会員
ヴィタル通り三二番地

親愛なる友、あなたの「シャルル・ペギーの預言」[1]という研究を送っていただき感謝します。我々は「調和ある都市」をめぐるあなたの詳説の各点を、議論することができるでしょう。しかし、そこに大変興味深く示唆的な観念の総体があることは誰も疑えないでしょう。――すべての称賛を送ります。

H・ベルクソン

封筒：マルセル・ペギー氏
『真実の新聞』事務局へ
サン＝ミッシェル大通り三七番、パリ五区
印：パリ中央郵便局発送、一九二九年七月二十一日二十四時。
ここから日付を推定した（名刺は再利用されている）。

（1）オルレアンのシャルル・ペギー・センター（ジュリー・サビアニ氏）は、マルセル・ペギーの出版物のきわめて貴重な冊子『真実の新聞、マルセル・ペギーの文書群。シャルル・ペギー友の会団体。毎週火曜発行』を入手した。一九二九年十月一日付の初年度の冊子は一頁から三三頁に「シャルル・ペギーの預言。調和ある都市に関しての最初の対話の預言的価値についての試論」を掲載している。前書きには「パリ、一九三九年七月一日」という日付があり、この初年度号は「真実の新聞の事務局」が「[…]八月一日まで、その後十月一日から」開くことが告知されている。日付はベルクソンの資料の郵便印と合致している。

W・リップマンへ

SD［一九二九年七月末］

Doucet (BGN 658) BSP

……外科病院。送っていただいたあなたの／近著／「あの本」[1]に対して／いまだに感謝を申し上げていませんでした。この本を最大限の関心を抱きつつ読みました。あなたがかくも多くのものを出世欲の悪事に包含して、そこから道徳的な異議申し立てをするほどまでに誇張していないかどうかは、私には確信がありません。

他方で私が心配するのはあなたの論証の多くが、／なかでも……国家について、……進化についての論証に関してあなたと議論したく思います）／絶対的なものの欲求に根拠をもつことです。実際にはこの欲求は私にとってはあまりに抽象的です。／…／

／こうしたことが人類の運命であるから、／…／でしかない断言に留まるべきではない。実践的秩序における諸々の矛盾や思弁的秩序における諸々の否定／…／（この点において、エラン・ヴィタルや創造的進化に関するあなたの考察について／あなたと／話し合いたいです）。しかしながら、モラリストは厳格さを強調し、人類はただ過分に寛容に向かうのが望ましいでしょう。あらゆる賛辞を送ります。

（1）『道徳への序言』*A preface to morals*, Londres, Lowe et Brydone, 1929（一九二九年七月。ここから日付を推測した）（BGN 406）の著者ウォルター・リップマンから入手した鉛筆による自筆原稿。

J・マリタンへ

SD［一九二九年七月末］

Doucet（BGN 2206）BSP

あなたの新たな研究「ベルクソン哲学と形而上学」を送り届けていただいたことに感謝します。その形式がどれほど礼儀に適ったものであれ、あなたはそこで／…／自然に／…／。／しかし、もしそれが我々を隔てる間隙を狭めれば、どのようにあなたがそれを把捉するように導かれたのかがよりよく分かります／しかし、その距離が同一のままに留まれば、どのようにそのような間隙が我々を隔てるのかがあなたの研究を読んだ後にさらによく理解できます。さらに付け加えれば、この読解を通じて……／

あなた、／…／残念に思います。というのもある一つの大きな隔たりが我々を隔てているからです。そこで実際に問題になっているのは妥協し得ない二つの概念です。／それは方法に関するものです。そして／…／おそらく真実に関するものです／

／H・ベルクソン／

「／確実性の真の条件に対してもともとの意見の不一致が影響を与えているように少しずつ思えてきました。最近我々の友人シャルル・デュ・ボスが、あなたがこれについて私と語り合いたいと望んでいると伝えてくれました。／さしあたって、どれほどの関心を抱きつつあなたの研究を読んだかをお伝えするに留めます。敬具。あなたが最大限の喜びを与えてくれたことは言うまでもないでしょう。

敬具

ＨＢ」

「／我々の友人シャルル・デュ・ボスは、近々こうしたことすべてについて私と語り合いたいと望んでいると伝えてくれました。私が手にするような／

意見の不一致は妥協することができません。というのも、それは哲学的確実性、あるいはむしろ端的に確実性についての条件そのものに関わるからです。／…／」

（1）「ベルクソン哲学と形而上学」« Bergsonisme et métaphysique »,『黄金の葦』*Le Roseau d'or*, 24, 6, 8e numéro de *Chroniques*, Paris, Plon, 1929（一九二九年七月十二日）（BGN 1831）.

SD〔一九二〇年―一九二九年五月〕

M・ペギーへ

Doucet（BGN 3152）

アンリ・ベルクソン
アカデミー・フランセーズ会員
道徳政治学アカデミー会員
ヴィタル通り三二番地
最良の祝辞を込めて

封筒：マルセル・ペギー氏
ウーダン通り一二番地
ソー（セーヌ県）[1]

（1）投函されなかった封筒。名刺に従った日付の推定は一九二〇年十月から一九二九年五月。

一九二九年八月五日

G・メールへ

Doucet（BGN 2937）

パリ、ボーセジュール大通り四七番地
一九二九年八月五日

親愛なる友

私は『西洋文明の歩みへ』[1]を読了したところですが、どれほどこの著書が興味深かったかをお伝えしたく思います。

研究対象となった作家たちは、今日提起されるいくつかのもの大きな問いについて意見を述べる機会をあなたに与えました。あなたは独自の洞察力と、道徳的なものについての／例外的に敏感な感覚によって——そして見事な言葉遣いのなかでそれを行いました。祝いの意を込めて。

　あなたが私に費やしてくださった頁は深く心を打ちました。しかし、あなたの評価は好意的すぎるでしょう。我々の長きにわたる友情のおかげで、私を分厚いガラスを通して、おそらく変形した姿で眺めているのです。

　もうすぐ私が肘掛け椅子に釘付けにされ五年になります。なんとも治りにくいリウマチ症状のせいです。お時間のあるときにお訪ねくだされば、特別うれしいのは言うまでもありません。その場合、ひと言お知らせいただかねばなりません。というのも、日中の一部の時間は、集中力を要する治療に取られているからです。私は今ボーセジュール大通り四七番に住んでいます。

敬具

H・ベルクソン

封筒：ジルベール・メール氏／ムーラン・ベール通り二七番 *bis*、ボディニエール出版社氏様方

パリ十四区／

〈トゥールーズ・カバニ博士方〉

印：パリ一六区、ショパン広場、一九二九年八月五日十六時

（1）『西洋文明の歩みへ——アンリ・ベルクソン』*Aux Marches de la civilisation occidentale: Henri Bergson...*, Paris, Baudinière, 1929, chap. I:「アンリ・ベルクソンについての証言」« Un témoignage sur Henri Bergson ».

P・ヴァレリーへ　SD［一九二九年八月六日］

BNFP (Fr na 19165, f. 197)

アカデミー・フランセーズ会員
道徳政治学アカデミー会員
ヴィタル通り三二番地

親愛なる同輩、貴殿の著名な『テスト氏』[1]を再読する機会を与えてくださったことに感謝いたします。哲学者たちは、この著書に関して考えを巡らす術をあまり知らないで

しょう。

敬愛と感嘆を込めて。

H・ベルクソン

封筒 f 198：ポール・ヴァレリー氏
アカデミー・フランセーズ会員
ヴィルジュスト通り四〇番地
パリ一六区

パリ一六区、ショパン広場、一九二九年八月六日。ここから日付を推測。

（1）ガリマール社による一九二七年以降の再版。「ヴィタル通り」と刻印された名刺が再利用されている。

一九二九年八月二十一日

H・グイエへ

Doucet（BGN 2809）

パリ
一九二九年八月二十一日

親愛なる同僚

非常に興味深いことですので、あなたがヴラン書店に出版の提案をなさっている叢書のために、「変化」についての二つの講演を提供することが、私にとって僥倖であることは言うまでもありません。しかしながら、それはできません。これらの講演はオックスフォード大学に所有権があり、「クラレンドン・プレス」から当／大学の「代理人《デレゲイト》」によって出版されています。必要とあらば、新たに印刷を行うと思います。私の権利の譲渡にあたって、一度だけ承諾しましたが、「代理人」の許可を記載するという条件で、アルカン社から出版しようと考えていた『試論』の選集にこの二講演を所収し、可能となればすぐにでも実際に出版できると聞いたことがあります。[1]／もっとも徹底的に修正することなくこの二つの講演を再版したくはありません。それが、選集の出版をこれほど遅らせている理由の一つです。――親愛なる同僚、あなたの丁重な提案を引き受けることができず大変残念です。

敬具

H・ベルクソン

封筒：アンリ・グイエ氏
ヴァグラム大通り一六五番地
パリ一七区

印：パリ一三区、ショパン広場、一九二九年八月二十二日二十時

（1）『論集』の p. 1365 以下とその考証資料 p. 1535 以下。

一九二九年九月七日
Ch・ヴェルナーへ

BPUG (Ms. fr. 90008/1, f. 21) NBR

パリ、ボーセジュール大通り四七番地
一九二九年九月七日

住所変更

親愛なる同僚

今年は残念ながらサン＝セルグに行けませんでした。私の健康状態があらゆる移動を、不可能と言って悪ければ、きわめて困難にします。お知らせいただいていた訪問を受けられたなら、どれほどうれしかったでしょうか！　また次の機会に、向こうで来年お会いしたいと願っています。／妻があらゆる感謝と挨拶をあなたへ伝えてほしいと言っています。

敬具

H・ベルクソン

封筒 f. 22：シャルル・ヴェルナー博士／フロリッサン通り四番／〈ル・グラン＝サコネ〉ジュネーヴ（スイス）

印：パリ一六区、ショパン広場、一九二九年九月七日十八時三十分

一九二九年九月十日
Ch・デュ・ボスへ

Doucet (BGN 3035)

パリ
一九二九年九月十日

親愛なる友

病気が長引き、治療の必要があり、私の時間の最良の部分を奪ってしまうので、送りたかった手紙を日に日に先延ばしせねばなりませんでした。そして、まさに今日、あなたに少しだけ手紙を書くことができました。それでも、送っていただいた二冊をどのくらい興味をもって読んだかを

お伝えする必要があります。『バイロン』／と『アンドレ・ジッドとの対話』[1]です。これらは、互いに思考と感情の極限の豊かさをもっています。この思考と感情はきわめて充実しているので、どの瞬間にあっても熟考のため要点に留意したいと思うものの、それに続くものが喚起する好奇心ゆえにただちにそれを断念してしまうのです。あなたの本を読むとき、なぜか分かりませんが時折マルセル・プルーストのことを考えます。とはいえ彼の精神とあなたのものとの間にはいかなる共通点もありません。／しかしおそらく、両者において一つの魂に分け入る進行の連続性があります。これはプルーストにおいては眺めるために、あなたにおいては心を動かして、共感に値するもののためです。ですが、比較は誤りでしょう。この二つの著書では、先立つ著作と同様に、あなたは真にあなた自身です。

少し前に、私に会いたいとの旨の手紙を親切にも送ってくださいました。それがどれほど喜ばしいことだったかはご存じでしょう。あなたが決めた日をお伝えいただくだけで結構です（三時頃がよいでしょう）。私たちは引越しをしたばかりで、現在はボーセジュール大通り四七番に住んでいます。

敬具

H・ベルクソン

（1）『バイロンと運命の欲求』*Byron et le besoin de la fatalité*, Paris, Sans Pareil, 1929;『アンドレ・ジッドとの対話』*Le Dialogue avec André Gide*, Paris, Sans Pareil, 1929.

一九二九年九月十二日

Ch・デュ・ボスへ

Doucet (BGN 3037)

電報

98 パリ、27116 15 12 1.03.3

明日は用事があります。別の日を指定してくださいませんか。

ベルクソン

封筒：シャルル・デュ・ボス

ヴェルサイユ、レゼルヴォワール通り一一番 bis.

一九二九年十月十九日

E・ディーデリヒスへ

SNM (Fonds Diederichs)

住所変更

パリ、ボーセジュール大通り四七番地
一九二九年十月十九日

イエナのオイゲン・ディーデリヒス様

敬愛すべき貴殿

私の七十歳の誕生日のために送ってくださいました心からの電報に、どのくらい感激させられたかをすぐにお伝えしたく思います。精神生活の発展のために貴書店の刊行物を介して行われたすべてのことに対して、どれほど高く評価しているかはご存じでしょう。／そして強い関心をもって、『生と生成』[1]で紹介された絵画をよく吟味することができました。

——敬具

H・ベルクソン

(1)『生と生成、宗教分野における三十年間の出版活動作業報告』*Strib und Werde, ein Arbeitsbericht über 30 Jährigen Verlags-tätigkeit auf religiösen Gebiete*, 1899–1929, Diederichs, Iéna, 1929.

一九二九年十月二十日

J・H・ハイドへ

HSNY (Hyde Papers)

パリ、ボーセジュール大通り四七番地
一九二九年十月二十日

親愛なるハイド氏

誕生日の折にいただいたお手紙に、どれほど心を動かされたかを言い尽くすことはできません。あなたからもたらされたものに私が認める価値をご存じでしょう。大変親切にもご一緒になる機会を与えてくださり、いまでも鮮明な追憶となっている対談を何度も思い浮かべています／『ベルリン日刊新聞』の論文[1]は、私に対してあまりに好意的すぎます。しかし、これを知ることができてとてもうれしく思います。もしあなたが親切にもこの論文を送ってくださらなければ、おそらく知ることはなかったでしょう。
親愛なるハイド氏、感謝申し上げます。

敬具
H・ベルクソン

(1) おそらくA・リーベルトの論文「十月十八日生誕七十年のアンリ・ベルクソン」«Henri Bergson zu seinem 70. Geburtstag am 18. Oktober»,『ベルリナー・ターゲブラット』紙 *Berliner Tageblatt*, n° 488, 16 octobre 1929.

一九二九年十月二十一日

Ch・デュ・ボスへ

Doucet (BGN 3036)

パリ、ボーセジュール大通り四七番地
一九二九年十月二十一日

親愛なる友
あなたが記してくださったことにどんなに感動したか言い尽くせません。しかし、あなたのような古い友人について私の考えをご存じならば、それは苦もなく推測できるでしょう。感謝します。（どれであったか正確にはもはや思い出せませんが）以前に読んだ論文に、私自身も行った類比を見つけました。／それはあなたの芸術とプルーストの芸術との間のものです。逆説的なものとして、まずは遠ざけていたこうした考えのなかに、根拠になるものがあるはずです。なぜなら、この考えは異なった二つの精神に同時に生じたからです。

敬具
H・ベルクソン

一九二九年十一月二十五日

H・ド・レニエへ

BIP (Ms 5698, f. 318)

パリ
一九二九年十一月二十五日

同輩にして友、大変鋭く確信に富む心理描写を伴う最新のご高著を、どんな喜びをもちつつ読んだかをお知らせしたく思います。あなたの「半真実[1]」の格律をいかに形容しようとも、それらは、なんと、あまりに真実でありすぎます。／しかし、それらは現実をこのうえなく精神的な言葉に翻訳するので、精神をほとんど有しない現実そのものに、もはや精神を付与したくなるでしょう。――称賛の言葉を送ります。

敬具

H・ベルクソン

（1）おそらく『彼、あるいは女性たちと愛』*Lui, ou les femmes et l'amour*, Paris, Mercure, 1929（BGN 145, 自筆献辞入り）.

SD［一九二九年五月……］

J・E・ブランシュへ

先頃あなたと御婦人が送ってくださった丁重な言葉にどんなに私が感激したでしょうか。

BIP（Ms 7073, 5, f. 254）

アンリ・ベルクソン夫妻
ボーセジュール大通り四七番（一六区）

痛切に心を苦しめています。あらゆる哀悼の意と深い共感の言葉をお受け取りください[1]。

（1）ボーセジュール大通りで過ごした時期と推測できる。

ルイーズ・ベルクソン夫人

一九三〇年

一九三〇年一月一日

J・H・ハイドへ

HSNY (Hyde Papers)

パリ、ボーセジュール大通り四七番地
一九三〇年一月一日

親愛なるハイド氏

素敵な鉢植えをくださるという親切なお考えにどんなに感激しましたかを言い尽くせません。感謝申し上げます。そして私の心からの／新年のお祝いをお伝えいたします。

H・ベルクソン

一九三〇年一月十二日

J・E・ブランシュへ

BIP (Ms 7037, 5, f. 265)

パリ、ボーセジュール大通り四七番地
一九三〇年一月十二日

親愛なる友

何週間かを外科病院で過ごしたばかりです（そもそも少々大きな手術のためでした）。これが、『エミリエンヌ』[1]を送ってくださったことに、なぜまだ感謝を述べていなかったかの説明になるでしょう。――この著書が備える心理描写は、鋭敏で明察に富むと同時に、非常に生気が通っていて心を動かされます。これは、とりわけ心地よい色彩のもとに生命を提示するものではなく、画家としてのあなたが真の色彩によって現実を眺めるのはまったく当然です。称賛を込めて。

敬具
H・ベルクソン

封筒 f. 267：ジャック＝エミール・ブランシュ
ドクトゥール・ブランシュ通り一九番地

パリ一六区
印：パリ一六区、ショパン広場、一九三〇年一月十二日二十時三十分

（1）『エミリエンヌと母性』*Émilienne et la maternité*, Saint-Amand, Bussière, 1929. ブランシュからの次の書簡は一九三〇年四月九日である（BGN 697）。

一九三〇年一月十四日

オシップ＝ルーリエへ

BNFP (Fr na 15681, f. 98–99)

パリ、ボーセジュール大通り四七番地
一九三〇年一月十四日

拝啓
近頃とても病に苦しめられており、外科病院で何週間も過ごす必要がありましたので、『出世欲』[1]のご送付に感謝を申し上げるのがまだでした。非常に強い興味をもって、ご高著を拝読しました。病的本質に仕立てあげるほどまでには出世欲の悪事が強調されていないかどうかは、私には定かではありません。他方あなたの判断のいくつかは、／絶対的なものの必要性に固執しているように思えます。私にとって、これは実践的秩序のなかでの意見放棄だけに辿り着き、思弁的分野での否定に至る恐れがあります（これに関して、「エラン・ヴィタル」と「創造的進化」についてのあなたの考察について議論できれば幸いです）。しかし結局は、モラリストは厳格さを強調し、人類はただ充分に寛容に向かうのが望ましいでしょう。いずれにせよ、省察すべき豊富な題材を見出すことなくあなたのご著書を読む人はいないでしょう。称賛の言葉を送ります。／敬具

H・ベルクソン

（1）『出世欲——具体的心理学試論』*L'arrivisme. Essai de psychologie concrète*, Paris, Alcan, seconde édition, 1934.

［一九三〇年一月十九日］

H・グイエへ

Doucet (BGN 2810)

アンリ・ベルクソン

アカデミー・フランセーズ会員
道徳政治学アカデミー会員
ヴィタル通り三二番地

近頃病に悩まされており、いまだに／アンリ・グイエ氏に、マルブランシュの抜粋とこれについての注釈(1)を送っていただいたことに感謝できておりませんでした。これらは、この哲学者についての非常に緊密に結ばれた認識を物語り、彼の道徳学説の核心そのものにまで入り込むよう促してくれます。

封筒：アンリ・グイエ
文学部教授
リール（北部）
印：パリ中央郵便局発送、一九三〇年一月十九日二十四時。リール到着時の印による証明。ここから日付を推定した。

（1）『キリスト教モラリストたち、マルブランシュ』*Les moralistes chrétiens, Malebranche*, Paris, Gabalda, 1929. ヴィタル通りの名刺の再使用。

一九三〇年一月二十日。YUSLNH (Zeta, Br.63.447c). ライン地方のフランス共和国高等弁務官ポール・ティラールからベルクソンへ、『一九二九年十二月三十一日刊行のライン領域連合国高等弁務官の命令、通達および決議選集』*Recueil des Ordonnances, Instructions et Décisions de la Haute-Commission Interalliée des Territoires rhénans mis à jour à la date du 31 décembre 1929*, Paris, 1929 の送付。

一九三〇年一月二十四日

E・A・カールフェルトへ

(Karlfeldt Saml)

パリ、ボーセジュール大通り四七番地
一九三〇年一月二十四日

ストックホルム・スウェーデン・アカデミー会員の皆様へ

拝啓
スウェーデン・アカデミーが送ってくださった一九二八年のノーベル賞についての書籍を受け取ったばかりです。どれほどの関心をもってこの立派な書籍を拝読したか、そして何より非常に炯眼で本質に迫り、私にとって好意的な、ノーベル委員会議長ペル・ハルストリョーム博士が私に捧げてくださった研究を拝読したかを語らせてください。またこの機会を利用して、お与えいただいた大きな名誉に対する謝意をあらためて述べさせてください。

敬具

H・ベルクソン(1)

(1) 唯一下線が引かれている署名。

一九三〇年一月二十八日

J・H・ハイドへ

HSNY (Hyde Papers)

パリ、ボーセジュール大通り四七番地
一九三〇年一月二十八日

親愛なるハイド氏

ご丁寧にも送っていただきました『月刊アトランティック』誌の、「ウィリアム・ジェイムズとその妻」についてのエリザベス・エヴァンスの論考を、どんな感興を伴いつつ読んだかは言い尽くせません。これは多数の特徴的な細部を含んでおり、これらの細部は彼をよく知り愛していた者たちの目に彼を蘇らせてくれます。そして、キャノン博士／の会話(1)がどれほど興味を引き、教えに富むものだと感じたかを伝えさせてください。キャノン博士は著作を何冊も送ってくださり、強い関心をもってこれを読んでいる最中です。――称賛の言葉を送ります。

敬具

H・ベルクソン

蔵書の一部を成しているやもしれませんので、『月刊アトランティック』のこの号を返却いたします。

(1) この訪問を知らせる一九三〇年一月十三日のハイドからの手紙への返信。

一九三〇年一月三十日

マクミラン社へ

BLL (Add 55166, f. 125) SSG

パリ、ボーセジュール大通り四七番地
一九三〇年一月三十日

住所変更

マクミラン社御中

拝啓

昨年六月三十日までの私の出版物の支払いとして、二〇—八—七ポンド（二五一九・五〇フラン）の小切手を受領したことを認めます（所得税一—〇—〇以下）。——最大限の感謝を込めて。

敬具

H・ベルクソン

追伸、恐れ入りますが新しい住所を記しておきます——パリ、ボーセジュール大通り四七番。

H・ラヴダンへ

SD［一九三〇年二月末］

Doucet (BGN 655) BSP

親愛なる同輩、ご高著[1]に対して感謝します。……物事は非常に洞察に富み、／あなたの声によって／それは／…／、それはあなたの声によって歌われています。あなたはまたそれが歌っているように眺める術を教えてくださいました。称賛を送ります。

（1）『打ち明け話』*En confidence*, Paris, Spes, 1929（一九三〇年一月三十一日。ここから日付を推測した）（BGN 115, 自筆献辞入り）の著者アンリ・ラヴダンから入手した本の見返しの表に鉛筆で書かれた下書き。

P・ヴァレリーへ

一九三〇年二月二十三日

BNFP (Fr na 19165, f. 199–200)

パリ

一九三〇年二月二十三日

親愛なる同輩

リウマチ症状の再発のせいで筆を執るのにも苦労しており、『ヴァリエテII』[1]をご丁寧にも送ってくださったことにまだ感謝をお伝えできずにおりました。ですが、その深遠さにおいて唯一無二なご著書への賛辞を語らねばなりません。「あなたの人生の夢」は何か、と訊ねたアンケート調査員に対して、あなたは／「目覚めること」と答えられました。本当のところ貴殿は他の者たちを目覚めさせ、多くの者は、最大限考え尽くしたと信じていたものについて貴殿が書いたものを読んだ後に、今まで眠っていたことを告白するでしょう。称賛を込めて。

敬具

H・ベルクソン

封筒 f. 201：ポール・ヴァレリー氏
アカデミー・フランセーズ会員
ヴィルジュスト通り四〇番地
パリ一六区
印：パリ一六区、ショパン広場、一九三〇年二月二十五日十九時〇〇分

（1） Paris, Gallimard, 一九二九年十二月出版。

一九三〇年三月十二日。YUSLNH (Zeta, Krp. 929g). フランク・グランジャンからベルクソンへ、著作『「自己」と「私」、記憶の内省的研究』*Le « Moi » et la « Je », Étude introspective de la mémoire*, Etampes, Terrier, 1930 をベルクソンに送付。一九二九年四月から五月に『形而上学・倫理学評論』誌に掲載されたもの。

一九三〇年三月二十一日
G・ド・レイモンドへ

ALS

パリ、ボーセジュール大通り四七番地
一九三〇年三月二十一日

親愛なる友

ご親切なお便りと私に向けてのご提案にはとても感激させられました。しかし、どうしてもご用件に参加することができません、国際委員会を退かねばならなかったときから、つまりまさに機関の設立時以来、私はこれを把握しておりません。そのうえ、／新しい機構の創設が問題になっていた際に私がもっていた考えは、機構の存在を目の前にしている今、もはや妥当しません。先日語ってくださった状況は、より厄介なものに思われます。

あなたとお話できる機会が一体どれほど喜ばしいものでしょうか！　またパリにいらっしゃるときには、忘れずにお知らせください。親愛なる同僚、／敬具

H・ベルクソン

一九三〇年三月二十五日

オシップ＝ルーリエへ

BNFP（Fr na 15681, f. 100–101）

パリ

一九三〇年三月二十五日

拝啓

詩集が出版されると伺い、喜ばしく思っています。どれほどの興味を伴って哲学者の詩を読むことになるのかが前もって分かります。光栄にもご依頼いただいた、これらのために前文を、一体どれほど書きたいと望んでいるでしょうか！　しかし、残念ながらその術がありません。何年も前から、いかなる前文も執筆しないと定めねばなりませんでした。したがって、何人もの友を不満にさせてしまったと思いますが、少なくとも傷つけてはおりません。というのも、単なる言い訳をすることもなく、私にとって絶対的規則がそこにはあり、変わることなく私がそれに従い行動していることを後に認めてくださるからです。もし今になって例外を設けるならば、事情が変わってしまいます。喜んで引き受けて／行った場合でも、そうなってしまうでしょう。とはいえ、引き受けられないことは大変つらいのです。非常に残念です。

敬具

H・ベルクソン

一九三〇年三月。レジオン・ドヌール大十字章受賞。

SD［一九三〇年四月末］(1)

A・ボードリヤールへ

AICP（RBa 92）

アカデミー・フランセーズ会員
道徳政治学アカデミー会員
アンリ・ベルクソン
ボーセジュール大通り四七番地

親愛なる仲間にして同輩であるボードリヤール猊下の親切な賛辞に対して、心からの感謝を込めて。

（1）　おそらくレジオン・ドヌール勲章への賛辞に続くもの。ベルクソンからボードリヤールへの他の書簡によって推定できる。ドゥーセ図書館は、ボードリヤールの一九三五年十二月二十三日、一九三八年三月三日の書簡を保存している（BGN 629, 690, 691）。

SD［一九三〇年四月末］

R・ドゥーミックへ

Doucet (BGN 744) BSP

送ってくださった言葉に深く感動させられました。そして、そのことをすぐにお伝えしたいと思いました。／どれほど……から逃れたいと欲したでしょう。そこで私は何ヶ月も前から生きてきました。しかし私が望むのは……／何ヶ月も前から／私は時折目にすることができるこの研究のなかにいました。／

アカデミーの会議へ出席できないことがどれほど残念でしょうか。しかし、頭の中ではその場に赴きましょう、特に木曜日には。氏とテレパシーの交信をするつもりです。我らが親愛なるレオンの向かいに座っているのが目に浮かびます。おそらくあなたも……を見つけたでしょう。

心を込めて。(1)

（1）一九三〇年四月九日付のルネ・ドゥーミックからの書簡の表に鉛筆で書かれた、日付と場所を欠いた下書き。送付された書簡は次に掲載のもの。

一九三〇年四月九日

R・ドゥーミックへ

IMECP (RDM F 1.1) NBR

一九三〇年四月九日

親愛なる友

送ってくださった言葉には深く感動させられました。そしてそれをすぐにお伝えしたいと思いました。アカデミーの会議に出席できないことが残念でなりません。しかし頭の中ではその場に赴きましょう。特に木曜日にアカデミーとテレパシーで交信をするつもりです。我らが親愛なる終身書記官の向かいの私の席にいるのが目に浮かびます。そのうえ私が希望を抱いているのは／いつの日か実際にそこに赴くことです。
——心から。

H・ベルクソン

封筒：ルネ・ドゥーミック氏
アカデミー・フランセーズ終身幹事官
プレ＝オ＝クレール通り十番 bis
パリ七区
印：パリ一六区、ショパン広場、一九三〇年四月十日十六時

一九三〇年四月十日

P・ヴァレリーへ

BNFP (Fr na 19165, f. 202–203)

一九三〇年四月十日

親愛なる同輩

現在筆を執るのも多くの痛みを伴うので、わずかしか貴殿に書き送ることができません。せめて貴殿のお手紙(1)がどれほど私たちを感激させたかを知っていただきたく存じます。感謝いたします。心を込めて。

H・ベルクソン

封筒 f. 204：ポール・ヴァレリー氏
アカデミー・フランセーズ会員
ヴィルジュスト通り四〇番地
パリ一六区
印：パリ一六区、ショパン広場、一九三〇年四月十日二十時〇〇分

(1) 「一九三〇年」のP・ヴァレリーからの書簡への返信。この言及は、より正確に一九三〇年四月という日付を推定することを可能にする。『論集』p. 1496.

一九三〇年四月十八日

アンリ・ベルクソン
アカデミー・フランセーズ会員
道徳政治学アカデミー会員
健康状態により、お祝いのお言葉に応えて、誠意を込めた感謝を捧げることができないのが残念でなりません。
ヴィタル通り三二番。

同上。一九三〇年四月十八日。HSNY (Hyde Papers). ベルクソンからJ・H・ハイドへ。親愛なるハイド氏、しかしながら、知っていただきたいのは／あなたのお祝いのお言葉がどれほど特別な喜びをくださり、どれほどそれに心を打たれたかということです。感謝いたします。心を込めて。(1) 一九三〇年四月十八日H・ベルクソン

(1) レジオン・ドヌール高位勲等への叙勲に対する一九三〇年四月九日付のハイドからの祝辞の書簡への返信。一九三〇年三月一日付のハイドからの別の書簡は、アメリカ大使館付参事官ノーマン・アムールとの会談の約束を要請している。

同上。一九三〇年四月十八日。CULNY (Ms Coll. Schang). ベルクソンからXへ。親愛なる同輩。とはいえ、知っていただきたいのは、お祝いに書いてくださった美しいラテン語詩をどんな喜びをもって読んだかということです。これを大切に保管していくつもりです。その韻律は、ホラティウスのいくつかのオードのそれであり、私にとって非常に大切な古典作品についての思い出を喚起してくれます。感謝いたします。心をこめて。H・ベルクソン、一九三〇年四月十八日。

SD［一九三〇年四月末］

Cl・ファレールへ

Doucet (BGN 759) BSP

書き送ってくださったことにどんなに感動したかを言い尽くせません。しかし、あなたの作品に対する私の称賛をご存じでしょうから、それは苦もなくお分かりいただけるでしょう。感謝いたします。心を込めて……。／どれほどあなたの作品を愛し、感嘆しているでしょうか／。

封筒：ルレー
ルルトゥブレ
ドゥ・ヴァレ、マダム通り一番(1)

(1) 一九三〇年四月九日付のクロード・ファレールからの書簡裏の下書き。ここから日付を推測した。パリ、ブリュネル通り四四番。

D・ルスタンへ

一九三〇年五月十三日

VCP (398-1, sf)

パリ、ボーセジュール大通り四七番地
一九三〇年五月十三日

親愛なる友

最近病に悩まされており、わずかしかあなたに書き送ることができません。ですが、どれほど『生の途上の文化』(1)が私の関心を引いたかを知っていただきたく思います。この主題は新しいものです。実際、人は自分自身についての教育の問いを、なおもこうした形式のもとで自らに課しているとは思いません。他方であなたが扱うこの主題は、／大変有益な方法についてのもので、多くの鋭い考察と有用な助言をあなたが示した枠組みの各々に入れ込むものです。この著書に対してあらゆる称賛を送ります。あらゆる感謝を込めて。

敬具

H・ベルクソン

封筒：デジレ・ロスタン氏
全国教育名誉視学総監
パリ五区、カルディナル＝ルモワーヌ通り七三番地
印：パリ一六区、ショパン広場、一九三〇年五月十四日七時三十分

(1) *La culture au cours de la vie*, Paris, Pelman, 1930.

H・ド・レニエへ

一九三〇年六月四日

BIP (Ms 5698, f. 319)

パリ、ボーセジュール大通り四七番地
一九三〇年六月四日

親愛なる同輩

かつての教え子の（時に哲学者であり卓越した作家でもある）デゼマールから、ブリュマンタル〔ブルーメンソール〕財団賞への、アレクサンドル・ヴィアラット氏の立候補に関する同封の書簡を受け取りました。私はヴィアラット氏を存じませんが、デゼマール氏の判断は私に揺るがぬ信頼を抱かせますので、もしきわめて称賛に値する候補者でな

ければ、彼がこのような言葉で候補者について説明することはないでしょう。というわけで、彼の状況を吟味し、必要とあらば／審査員の関心を彼へと促したいとお考えですか？　そうしていただけるのであれば、あらかじめ感謝申し上げます。親愛なる同輩へ。

敬具

H・ベルクソン

A・ジッドへ　SD［一九三〇年六月末］

Doucet（γ 21.6）

アンリ・ベルクソン
アカデミー・フランセーズ会員
道徳政治学アカデミー会員
ボーセジュール大通り四七番地

『ポワチエ不法監禁事件』と『ルデュロー事件』(1)を親切にも送っていただき、アンドレ・ジッド氏に感謝申し上げます。この二つの連作はことさら好奇心をそそる物語であり、心理的現実のなかの非理性的なものをまさしく際立たせます。

（1）『ルデュロー事件、付三面記事』*L'Affaire Redureau, suivie de Faits divers*, Paris, Gallimard, 1930（26 juin 1930）. ここから日付を推測した。

M・アルヴァックスへ　一九三〇年七月五日

IMECP（Fonds M. Halbwachs）

パリ、ボーセジュール大通り四七番地
一九三〇年七月五日

親愛なる友

相変わらずひどく病に苦しめられていて、感謝を申し上げることが、またどんなに興味深く『自殺の諸原因』(1)を読んだかをお伝えすることがとても遅れざるをえませんでした。あなたはこれをデュルケムの著作の延長や補完物として紹介していますが、私はそこに充分異なるものを見ます。いっそう社会学的かつ、いっそう心理学的な方法です。つまり、いっそう社会学的であるのは、自殺の諸原因が社会的であるという命題がさらに強調されるからであり、しかし、／いっそう心理学的であるのは、読者が望んだ場合は最後に心理学的説明を選択できるようにするために、充分遠くへとこの原因を推し進めることによってです。——私がとりわけ注目したのは——あなたについていくのは少々尻込みしましたが——自殺と犠牲的行為の間に打ち立てた接近関係についてです。この著書に対して称賛を送ります。

敬具

H・ベルクソン

（1）『自殺の諸原因』*Les causes du suicide*, Avant-propos de M. Mauss, Paris, Alcan, 1930（22 mai 1930).

一九三〇年七月十四日

オシップ＝ルーリエへ

BNFP (Fr na 15681, f. 102)

パリ、ボーセジュール大通り四七番地
一九三〇年七月十四日

拝啓

今ちょうど田舎に移動する最中ですが（むしろ、リウマチ症状のせいでほぼ完全に身動きができず、移動させられているのですが）、／ある肖像写真についてのあなたのとても親切な依頼にまだ応えておりませんでした。というのも、私の写真を一枚も見つけられなかったのです。お望みなら、帰った折に一枚お送りいたします。称賛を込めて。

敬具

H・ベルクソン

一九三〇年八月六日

V・ジャンケレヴィッチへ

(cf.『論集』p. 1495)[1]

パリ、一九三〇年八月六日

拝啓

ひとつの著作を私の仕事全体へと割いてくださいまして、光栄に存じます。注意深く拝読し、これにより得た有益な点やご高著が与えてくださった大変な喜びをお伝えしたく存じます。あなたの論述は単に正しく正確なだけではありません。それは私のテクストについての大変申し分のなく隅々にまで至る研究によって展開されているのみならず、あなたが行った引用は、観念の呼びかけに自ら応答しにきているように思えます。あなたの論述はとりわけ、理論の優れた掘り下げや知的共感を物語っています。この知的共感によってあなたは、私が通過した途中の過程や、私がたどった道や、あるいは暗にほのめかしたものを仮に述べた場合に用いるはずだった言葉を、再発見しました。あなたの分析の作業は、総合するためのとりわけ興味深い努力を伴っている点も言い添えておきます。多くの場合で、私の到達点はあなたにとってはご自身の独創的な思索の出発点となっています。

このような洞察力に富んだ研究への祝辞と感謝を申し上げます。

敬具

H・ベルクソン

(1) この日付の書簡が対象としているのは、「一九三一年」のコピーライト表示で出版された著作のゲラ刷りにほかならない。別言すれば、論集の編者がこの日付の書簡を同書の導入部に挿入したのだが、どうしてその掲載が可能となったのだろうか?

一九三一年一月二十八日の後出の第二の書簡がこれを裏付ける。この書簡は、実際に出版された本を拝受したことを告げている(BGN 1054 et 1055, édition de 1930 et de 1931, 自筆献辞入り)。

一九三〇年八月十八日

A・シュヴリヨンへ

Doucet (Ms 23244)

スイス、サン=セルグ(ヴォー州)

一九三〇年八月十八日

親愛なる同輩

返信が遅れたことをお許しください。私はとても不調でした。いまだそれを引きずったままです。ですが、どれほどお便りが関心を引き、どれほど好奇心をもってテーヌについてあなたが準備中の著書の出版(1)を待ち望んでいるかをお伝えしたいと思いました。メロディーの一体性(あるいはむしろ連続性)について私自身が語ったのはまさに事実です。正確に出典をお知らせするのは、パリに帰ってからでないといけません。ここに私の本を持ち合わせていないからです。それらの節のうちの一つは『意識に直接与えられたものについての試論』に見つかるでしょう（おそらく第二章）。／そして別のものは『持続と同時性』です（おそらく第三章）。ただし、これらの節のなかでメロディーは、テーヌと同じ視点では考察されていないように私には思われます。そして特にこの比喩は同じ対象には適用されないと思われます。テーヌは、この比喩を有機的身体の一体性――一体性は同時に多様性となっています――を説明するために用いているように思えます。彼はあなたが引用した文ではっきりと「魂は身体の原因である」と書いており、彼の比喩はそれを理解させるためにあります。私としては、一有機体、あるいは一器官における部分と全体との関係を、まったく別様に示すでしょう（『創造的進化』第一章の最後を見てください）。／他方、私がメロディーについて語ったとき、有機的身体は問題になっておりませんでした。無媒介に把握される「現実の持続」の連続性を理解させようと欲したのです。持続を記号化する空間に基づいた思考によって持続を観察する場合、そこには（譜面上のメロディーのように）併置された諸部分が看取されると信じられています。だがメロディーの流れのように不可分で分割できないという点において、「現実の持続」はその記号である「空間化された時間」とは異なるものです。テーヌの著書はそれでも驚くべきものですので、もし仮に健康状態のせいでしばらく前からほとんど動けない状態を強いられているのでなければ、アカデミーの会合でそれについてお話しできる幸運ももてましょう。せめて、この機会にいかなる深い関心をもって／あなたの研究を見守っているかをお伝えします。親愛なる同輩、敬具

H・ベルクソン

（1）準備中の書籍。『テーヌ、思考の形成』*Taine, formation de sa pensée*, Paris, Plon, 1932 (25 avril 1932).

一九三〇年八月二十八日

J・H・ハイドへ

HSNY (Hyde Papers)

スイス、サン＝セルグ（ヴォー州）

一九三〇年八月二十八日

親愛なるハイド氏

親切なお便りが、手違いのためやっと今日到着しました。

あなたにお会いする機会を逃してしまい、また返信が大変に遅れたことがどれほど残念なことでしょうか！　七月中旬からサン゠セルグに滞在していますが、まったく新しい治療のために今エクス゠レ゠バンへ移る――むしろ移らされる――ところです。しかし私は／遅くとも九月末にはパリに戻ります。そして逃したことを悔やんでいる、あなたの訪問を喜んで迎えたいと思います。――敬具

H・ベルクソン

G・マルセルへ

一九三〇年十一月二日

BNFP (Fonds G. Marcel)

パリ

一九三〇年十一月二日

拝啓

お訪ねくだされば、このうえなくうれしいのは言うまでもありません。もしご異存がなければ、来週水曜日の四時にお待ちしております。別の日の同時刻がお望みなら、お電話いただくだけで結構です（オートゥイユ八九―三二）。現在住んでいるのは、ボーセジュール大通り四七番です。――敬具

H・ベルクソン

G・ド・レイノルドへ

一九三〇年十一月十一日

ALS

パリ、ボーセジュール大通り四七番地

一九三〇年十一月十一日

親愛なる友

お会いできる機会を逸してしまい申し訳ありません。あなたがパリに滞在する時期を教えてくださったお手紙を置き忘れてしまいました。先週木曜日にホテル・デュ・ルーヴルへ妻が電話をかけたとき、前日にあなたが発ってしまったと告げられたそうです。協力機関の再編成が、遅からずあなたをパリに呼び戻すでしょう。その際にはその旨お教えいただけますか？　今度は心ゆくまでお話しするため

に折り合いをつける必要があるでしょう。奥様にお詫びと私からの挨拶をお伝えください。
敬具
H・ベルクソン

一九三〇年十一月二十八日
セーデルブロムへ

UBU (Saml. Utlänningar, f. 15–16)

パリ、ボーセジュール大通り四七番地
一九三〇年十一月二十八日

猊下
ノーベル平和賞を授与されたとお聞きしました。あなたの担う気高いお仕事に与えられたこの称賛の印は、全員一致の賛同で称えられることでしょう。心からお祝いを送らせてください。／敬具
H・ベルクソン

追伸、『北方時報』誌が送ってくださった私のエセー(1)の複写を別に受け取りました。残念ながら翻訳の価値を私自身では判断できませんが、あなたが書き送ってくださったことを信じれば、ボーリン教授夫妻がこの困難な務めを見事に果たしてくださったと確信しています。／彼らに感謝したく思います。この出版のためにあなたが費やしてくださった労力についても感謝させてください。

（1）「可能と現実」のスウェーデン語訳はアルゴ・ルーエの著作目録に記載されているが、無記名で出版されている。«Skapandet och det nya», *Nordisk tidskrift for vetenskap, utg av Letterstedtska fören*, 6, 1930, p. 441–456.

SD ［一九三〇年十一月末］
A・ポワザへ

Doucet (BGN 668) BSP

この頃病に苦しんでおり、格段立派なご高著『イエスの生涯と活動』(1)を送ってくださったことについて、アルフレッド・ポワザ氏にいまだ感謝を申し上げておりませんでした。

（1）『イエスの生涯と活動』*La vie et l'œuvre de Jésus*, Paris,

Albin Michel, 1930 の著者アルフレッド・ポワザから入手した書評依頼状に書かれた鉛筆による下書き（一九三〇年十一月十五日）。ここから日付を推測した（BGN 1195, 自筆献辞入り）。

一九三〇年十二月四日

H・ド・レニエへ

BIP（Ms 5698, f. 320）

パリ

一九三〇年十二月四日

親愛なる同輩、どれほどの関心をもちつつ、『愛の旅』(1)とそれに伴う三つの物語を読んだばかりかをお伝えしたく思います。この本は恩寵と精神に満たされており、あなたの秘密の言葉によって書かれています。大変／それぞれ異なりながら、四つの物語はいわば音楽的な面で似通っています。これらは一つの根源的な音を響かせます。そして、それこそがあなたのものなのです。あらゆる称賛と感謝を込めて。

敬具

H・ベルクソン

（1）『愛の旅、あるいはヴェネツィアの洗礼』*Le voyage d'amour ou initiation vénitienne*, Paris, Mercure, 1930, 13e édition.

一九三〇年十二月五日

J・E・ブランシュへ

BIP（Ms 7037, 5, f. 266）

パリ

一九三〇年十二月五日

親愛なる友

『エメリス』(1)をお送りいただいたことに感謝を述べていませんでした。――この著作には前世紀の実社会について多くの繊細な考察、鋭い心理学的分析、そしてまた興味を引く細部が存在します。小説としてこの著作が与える意義の他に、／『エメリス』は資料として貴重となるでしょう。このとりわけ魅力ある本に対し称賛の言葉を送ります。

敬具

H・ベルクソン

(1)『エメリス』*Aymeris*, Paris, Plon, 1930.

SD［一九三〇年頃］

Xへ

Doucet（BGN 3080）

何よりもご訪問を提案いただいたのですから、私自身でお返事をしたいと思いました。まずアメリカでの私の詳細についての出版を申し出てくださったことに御礼を申し上げます。アメリカとその国民への私の大きな共感の気持ちをおそらくご存じでしょう。その点について私は少し知られています。なぜなら戦争の前に、講演者としてのアメリカ滞在／旅行／の帰りに、アメリカは理想主義の、そして献身の国であると、私は初めて語ったからです。その後一九一七年に、フランスはこの意見に辿り着きました。私自身はこの意見を持ち続けていました。ジャーナリストによって私が論じられ、大衆に紹介されてうれしく思うとすれば、それはアメリカのジャーナリストによってだとお伝えします。

しかし残念ですが、二五年以来あらゆるインタヴューを制限するという絶対的規則を立てねばならなかったので、お応えする手段が見つかりません。――私同様家族も当然遵守する規則です。私の拒否は多くの友人に不満を抱かせましたが、心証を害しはしませんでした。というのも、そこには私にとっての絶対的規則があると後に気づいてくれたからです。今例外を作ってしまえば、事情が変わってしまいます。

この規則を定めた理由は非常に単純です。私は、あるφの個人生活は／大衆の関心を引くべきではないとつねに主張しています。これは、例えば大衆が知る権利をもつ政治家の個人生活、あるいは、作品の理解を助ける小説家や劇作家のそれとはまったく違います。――これが元来の理由でした。今は別の理由が一つあります。それは例外を作ることができなくなったということです[1]。

(1) 原本は宛先に関する情報を含んでいない。概ねの日付は「二五年以来」という言及による。

一九三一年

一九三一年一月二十五日

オシップ=ルーリエへ

BNFP (FR na 15681, f. 103)

パリ、ボーセジュール大通り四七番地
一九三一年一月二十五日

丁寧なお便りに感謝申し上げます。私の健康状態はほとんど変わりません。ですが、最近わずかに快復の兆しが見られます。とにかく、今まで定期的にひどくなっていたようには悪化はしていません。リウマチの症状が問題なのですが、／これは比べものにならない激しさを持ち、あらゆる関節を襲うのです。

寄る年波（もっともあなたには些細な事柄でしょう）に対して、私よりも上手くあなたは立ち振舞っていることでしょう。娘があなたの優しい言葉に感じ入り、感謝をしたいと言っております。

敬具
H・ベルクソン

一九三一年一月二十八日

V・ジャンケレヴィッチへ

(Magazine litt. 333, juin 1995, p. 37)

パリ、ボーセジュール大通り四七番地
一九三一年一月二十八日

ご高著『ベルクソン』(1)の初刷を送ってくださったことにもっと早く御礼を申し上げるべきでした。ご存じのようにいっそうの注目とともにすでにこの著作を拝読しており、(2)これから再読するところです。そして最初の印象が当然強まるものと確信しています。私が誤っていなければ、哲学に関わる同輩たちはこの著作に同様の判断を下すでしょう。もし彼らが満場一致でとりわけ徹底的で独自な研究をそこに見出さないならば、大変驚くべきことです。もう一度称賛の気持ちを送ります。

敬具

H・ベルクソン

(1) 一九三一年の初版。

(2) 前出の一九三〇年八月六日の書簡を参照。

一九三一年二月二十一日

P・ヴァレリーへ

Doucet (BGN 2791, 原本); BNFP (Fr na 19165, f. 205)

パリ

一九三一年二月二十一日

親愛なる同輩、一度ならず、(そしてこれが最後とはならないでしょう) 貴殿の非常に立派な談話[1]を読む機会を授けてくださり感謝いたします。きわめて独創的で強固なこの紙面において、すべてが言い尽くされています。私はただ、この紙面が伝える哲学用語のなかにこのうえなく完璧な/形式と内容との、言葉と概念との一致があると付け加えておきます。賛辞を込めて。

敬具

H・ベルクソン

(1) 『アカデミー・フランセーズにおけるペタン元帥の謝意への返答』*Réponse au remerciement du Maréchal Pétain à l'Académie Française*, この談話は一九三一年一月二十二日に表明された。cf. *Le Temps* du 23, puis Paris, Firmin-Didot, mars 1931.

一九三一年三月十一日

H・グイエへ

Doucet (BGN 2811)

アンリ・ベルクソン
アカデミー・フランセーズ会員
道徳政治学アカデミー会員
ボーセジュール大通り四七番地

オーギュスト・コントに関するご高著を送ってくださったことに対してアンリ・グイエ氏に御礼申し上げます。/どれほどの関心を伴って、この非常に生命力に溢れ、興味深い細部に満ちた話を読んだかをお伝えしたく存じます。

本書は、我々が考える以上に卓越した人物をオーギュスト・コントのうちに見せてくれます(1)。

封筒：アンリ・グイエ氏
文学部教授
ウジェーヌ＝ジャケ通り七九番地
リール（北部）
印：パリ一六区、ショパン広場、一九三一年三月十一日。ここから日付を推測した。

（1）『オージュスト・コントの生涯』*La vie d'Auguste Comte*, Paris, NRF, «Vie des hommes illustres», 1931.

一九三一年三月二十一日

J・カンボンへ

Doucet（BGN 3127, 複写）

パリ
一九三一年三月二十一日

親愛なる同輩

『フィガロ』紙掲載の「知的同盟(1)」でのあなたの演説文を、どれほどの喜びをもって拝読したところかはとても言い尽くせません。あまりに称賛を含んだ言葉で、著作と私について語ってくださいました。友情のプリズムを介して私のことを見てくださいましたが、ご存じのようにそれは相互的なものです。少なくとも洗練された正確さをもって、／あなたが秘密を握る言葉のうちで、私がそうありたかったもの、したかったことを示してくれました。親愛なる同輩、最大限の感謝を送らせてください。

敬具

H・ベルクソン

（1）新聞の切り抜きが同封されている（BGN 3127-3）。『フィガロ』紙、一九三一年三月二十日付、芸術欄。「ジュール・カンボン氏の演説」は「アカデミー・フランセーズ会員」と記されている。これはアンテラリエ賞サークルでの「アンリ・ベルクソンと現代思想の再生」と題されたエドゥアール・クラカウスキーの講演に関するもの。これを、我々が編むこのたびのベルクソン『書簡集』の刊行に正確に組み入れるために、J・カンボンの以下の文を引用しておこう。「アカデミー・フランセーズでベルクソン氏の同僚であるという名誉を授かっているゆえに、本人に触れ、どれほど多くの交友相手が彼の著作にまつわる証言を堅固にしているかを語るのはとりわけ喜ばしいことです。さらに、どれほど稀な幸運によって聴衆のうちに、そして個人のうちに、古代の語源からして哲学者という言葉に結びつけられていた伝統に応じた、完璧な哲学者像をアンリ・ベルクソンが作り上げることができたかをお伝えするのをうれしく思います。そして外交官としての思い出について話すことをお許しください。ベルクソンの外交活動の紹介もできました。なぜならこの哲学者はアメリカへのフランス使節団へ参加していたからです……」。E. Krakowski, *Henri Bergson et le renouveau de la pensée contemporaine*, Doiseaux, Brière, 1931（BGN 1060, 自筆献辞入り）.

一九三一年四月二十七日

ミュラ伯爵夫人へ

PFM

パリ、ボーセジュール大通り四七番地
一九三一年四月二十七日

親愛なる友人である奥様が日曜日にお会いに来てくださるのがどれほど喜ばしいことでしょうか！――そしてショーメのアカデミー・フランセーズ入会式の座席が一つあります。彼はすばらしい演説をすると言われています。ファゲとクレマンソーについて一度にしゃべるそうです。後者は前者のアカデミーでの後任ですが、前者を評価しておらず、アカデミーにも出席しませんでした。――敬具

H・ベルクソン

封筒：ミュラ伯爵夫人
サン＝ドミニク通り四一番地
パリ七区
印：パリ一六区、ショパン広場、一九三一年四月二十七日十八時

一九三一年五月三日

Fl・ドラットルへ

Doucet（BGN 2861）

パリ
一九三一年五月三日

親愛なるフロリス
深い悲痛とともに、あなたに降りかかった耐え難い不幸について知りました。それは母を失くすことでもあります

し、ドラットル夫人がどんな母であり、どんな妻であったかも知っています。彼女と話すだけで、彼女の知性がどんなものであり、彼女の精神がいかなるものであるかを判別するのに充分でした。彼女は思いやりをもち、それが我々に善き人生を見つけさせてくれました。「可憐な魂」というかつての表現が／彼女の話を聞いている間に私の心に浮かんでいました。親愛なるフロリス、あなたの、そしてアンリエットとエレーヌの痛みに対しお悔やみ申し上げます。

敬具

H・ベルクソン

一九三一年五月九日

G・ド・レイノルドへ

ALS

パリ、ボーセジュール大通り四七番地

一九三一年五月九日

親愛なる同僚にして友、あなたのすばらしいご高著『北方の征服』(1)に対して感謝申し上げます。あなたの詩句は真の詩人の、そしてモラリストのそれであり、戯曲の終わりまでほぼずっと姿を表しています。これらは脚韻の観点からも特に興味深いことを付け加えておきます。それらはここで思考の一部になっているように思われます。

敬具

H・ベルクソン

(1) 『北方の征服』 *Conquête du Nord*, Paris, Gallimard, 1931.

一九三一年五月十三日

J・H・ハイドへ

HSNY (Hyde Papers)

パリ、ボーセジュール大通り四七番地

一九三一年五月十三日

親愛なるハイド

あなたが病に苦しんでいたと聞き残念に思いましたが、現在は快復していることを願っております。おそらくグラッセの気候を良いものと感じていらっしゃるでしょう。コート・ダジュールで最も快適で乾燥した気候の一つですね。

お話に来ていただければ切に喜ばしいことであるのは言うまでもないですが、／しかしあなたはヴェルサイユにいらっしゃり、そのためにわざわざ煩わせるわけにはいけません。ご都合のいい午後を選んでいただき、私が予定を空けられるよう一、二日前に電話でお知らせください（電話番号。オートゥイユ八九—三二）。

妻と私からの称賛の気持ちを奥様と一緒にご共有ください。

敬具

H・ベルクソン

一九三一年五月二十八日

A・ロワジーへ

BNFP (Fr na 15649, f. 197–198)

パリ、ボーセジュール大通り四七番地

一九三一年五月二十八日

親愛なる同僚

病気とそれに必要な看護と治療、そして硬直症防止のための引き続きの運動によって、私の一日に残された時間は非常に微々たるものなので、『現代宗教史への貢献に関する回想録』(1)を読むために三、四週間もかかってしまいました。やっと読了したところですが、どれだけ心を引くものであったかをただちにお伝えしたく思っていました。こうした規模の自伝がこれまで書かれてこなかったどうかは分かりませんが、少しの間も興味が弱まることはなく、惜しみながら／終わりに辿り着きました。それはさまざまな理由によります。まず論述はとりわけ生き生きとした歩みを帯び、作家の才能は完璧に——真に並外れたものです——大変濃密な一八〇〇頁のテクストの初めから終わりまで維持されています。それから、ここにおいてあなたの精神の完全な来歴を知ることができます。これはあなたによってでなければ不可能なほどに深甚で、それでいてあのような超然とした態度、客観性の配慮を伴っているので、あなたの介在を経ることなくそれ自身で顕示されているように思われます。最後に、そして何より、この本はさまざまな記録と資料を提供しています。これは／カトリシズムの進化の決定的転回でありえたものについて、いずれにせよその歴史のなかに深い痕跡を残すであろうものに関わります。これはあなたの作品と姿勢をさらによく理解させてくれます。あなたにとって、歴史や釈義のあれこれの点――これもひときわ重大なものですが――についての見解を優先させるよりも、批評の自由や、より一般的に言って学の諸権利を主張するほうが重要であると思われます。あなたは一つの精神を、少なくとも一つの教義となるものを生み出したのです。こうしたすべてを、さらに別の多くのものもご高著のうちには目にすることができます。それは興味深い詳細や、／人間や事物をめぐる教えに富む判断（時に少しばかりのユーモアを伴っています）――そのうえあなたの道徳と宗教についての二冊のご著書(2)のなかで示された哲学への示唆のことです。――親愛なる同僚、このような作品が首尾よく成就したことに賛辞を送らせてください。

敬具

H・ベルクソン

（1）三巻本、Paris, Nourry, 1930–1931（BGN 1166, 自筆献辞入り）.

（2）『人間の道徳』*La morale humaine*, Paris, Nourry, 1923, 2e éd. 1928（BGN 410, 自筆献辞入り）；『宗教と人間』*Religion et humanité*, Paris, Nourry, 1926.

一九三一年六月一日

J・H・ハイドへ

HSNY（Hyde Papers）

パリ、ボーセジュール大通り四七番地

一九三一年六月一日

親愛なるハイド氏

あなたとのお話を楽しみにしております。木曜日がご都合よろしいようでしたら、その日の三時から五時の間にお待ちしております。奥様にも、そしてあなたにも挨拶の言葉を送らせてください。

敬具

H・ベルクソン

一九三一年六月十六日

H・ド・レニエへ

BIP（Ms 5698, f. 321）

パリ

一九三一年六月十六日

親愛なる同輩、『邂逅』[1]を送ってくださり感謝いたします。これらのポートレートのいくつかはすでに知っていましたが、他のものと一緒になったかたちで再発見するのはなんと喜ばしいことでしょうか！　二、三度の鉛筆のタッチで「類似点を捉える」デッサン画家は数人いますが、あなたは統合力によって同じ才能を有しています。つまりあなたにとってはいくつかの特徴だけで充分であり、人物が大変生き生きと浮かび上がります。取り沙汰される意見とは反対に、厚情が／見識を備えさせているという印象なくして、あなたの作品を読めないことも付言しておきます。語られた作家たちは実のところ（おそらくモンテスキューを除いて）あなたが共感をもった人物たちです。もしくはこの共感《サンパティ》は実際に、あなたのうちでその語源が求めるものへと変わったのです。つまり他者との部分的一致であり、浸透です。親愛なる同輩、このすばらしい研究に対して称賛の言葉を送らせてください。

敬具

H・ベルクソン

（1）『我らの邂逅』*Nos rencontres...*, Paris, Mercure, 1931（BGN 146, 自筆献辞入り）.

一九三一年六月十八日

J・E・ブランシュへ

BIP（Ms 7037, 5, f. 268–269）

パリ

一九三一年六月十八日

親愛なる友

相変わらず病に苦しめられていて、立派なご著書『造形芸術』[1]を送ってくださったことに感謝できずにおりました。このうえない喜びと関心をもってこれを拝読しました。現代芸術をこれ以上完璧で鋭い研究に委ねるのは、本当に不可能だったでしょう。またこれ以上動きと生命をそこに込めることも不可能だったでしょう。／多くのものが本書をきわめて魅力的にすることに貢献します。まずは、対象に対する卓越した知識、それから批評の明晰さ、そして最後に、決して既成概念を通じて眺めるのでなく、物事を直接見るという決心です。しかし、それらすべての上にここでは、美術批評家はひとりの大芸術家だという点から生まれる魅力があります。／

著作はその全体において、フランス芸術についての高度な概念を与えてくれます。おそらくそれでもってあなたがあらゆる作品を称賛しているわけではまったくありません。しかし、この概念はあなたの論述を介して、膨大な努力を尽くし、革新し続けるよう専念しているものとして現れているのです。
称賛の意を込めて。

H・ベルクソン

(1) Paris, Éditions de France, 1931.

一九三一年七月九日
ジーナ・ロンブローゾ＝フェレーロへ

CULNY (Spec Ms Coll. Ferrero)

パリ、ボーセジュール大通り四七番地
一九三一年七月九日

拝啓
かつて機械主義をめぐり語らった思い出を、鮮明に覚えていることはお伝えするまでもないでしょう。大変親切な手紙を添えつつ送ってくださった、この主題についてのこのすばらしいご著書(1)をいっそうの関心をもって拝読しました。とても深められた研究に問いを課すこと、さらに関連事項を考究すること、あるいは示唆に富む細部と充実した考察をこれ以上積み重ねることは不可能だったでしょう。憶えておられるでしょうが、私自身も／この問題について熟考し、これを最重要とみなしています。あなたの命題はきわめて独創的で、たぶん議論を呼ぶでしょう。私としては、あなたの結論と矛盾しないと思われるものに到達しました。しかし、あなたと同じように先に進むことはできないでしょう。そして、機械主義の結果がさらに凝視され、違った様相で方向づけられれば、機械主義はあなたが示した徹底した形式のもとで継続されると信じさせられます。とりわけ今まで機械主義のうちで害をなしていたのは、機械主義に伴う楽観論への盲信です。しかし、／人々が立ち止まる要点に、多くの事例と概念に溢れた立派なご高著が議論に関する諸々の要素を提供することでしょう。——親愛なるあなた、グリエルモ・フェレーロとの良き思い出に立ち返らせてください。

敬具
H・ベルクソン

（1）『機械化の代償』*Rançon du machinisme*, F・グリエルモの序文、Paris, Payot, 1931.

P・ヴァレリーへ　一九三一年七月九日

BNFP (Fr na 19165, f. 206)

パリ
一九三一年七月九日

親愛なる同僚にして友、とてもすばらしいご著書をおくっていただき感謝いたします。実際この『考察』は、このうえなく厳密で鋭い思考を有しており、その各々は読者を瞑想へと誘います(1)。今日問われる諸問題は、そこで／それらの本質そのもののなかで提示され、既成概念や単純すぎる解決からは遠ざけられます。そして多くの場合で精神と現実の間に介入するものが崩れ去っていくのを見るのは、非常な喜びです。——敬具

H・ベルクソン

封筒 f. 207：ポール・ヴァレリー氏
アカデミー・フランセーズ会員
ヴィルジュスト通り四〇番地
パリ一六区
印：パリ、ショパン広場、……一九三一年

（1）『現代の考察』*Regards sur le monde actuel*, Paris, Stock, 1931.

Ch・ヴェルナーへ　SD［一九三一年七月十日］

BPUG (Ms fr. 9008/1, f. 23) NBR

アンリ・ベルクソン
アカデミー・フランセーズ会員
道徳政治学アカデミー会員
ボーセジュール大通り四七番地

親愛なる同僚、この秀逸な『合目的性の諸研究』に対して御礼申し上げます。この各々は固有の表情をもっており、

互いにうまく補い合っています。このうえない関心とともに、アリストテレスの合目的性の概念についての非常に深い分析を拝読しました。これはかつてないほど、あなたのギリシア哲学史の速やかな完成を待望させるものです。

H・ベルクソン

封筒 f. 24：シャルル・ヴェルナー教授
大学教授
／フロリッサン通り／〈クレ＝ド＝プレニー。ル＝グラン＝サコネ〉
ジュネーヴ（スイス）
印：パリ一六区、ショパン広場、一九三一年七月十日十八時。
ここから日付を推測した。

É・ル・ロワへ

一九三一年七月二十九日

Doucet（BGN 2818）[1]

（1）一九三一年七月二十九日に、ベルクソン夫人の手からシカゴ万博の折に『フランス哲学』を再編するための大臣通達の写しを渡される。ル・ロワは九月十一日に返信し、会えるように約束を頼んでいる（*ibid.*）。

G・マルセルへ

SD［一九三一年七月末］

BNFP (Fonds G. Marcel, nc)

アンリ・ベルクソン
アカデミー・フランセーズ会員
道徳政治学アカデミー会員
ボーセジュール大通り四七番地

『三つの戯曲』[1]を送っていただき感謝いたします。これを受け取ったのは、／ちょっとした手術を受けるため外科病院に連れて行ってもらうちょうどそのときでした。快復し次第、注意深く読みたいと思います。しかし、その重要さはよく分かります。これらの戯曲がどれほど私の関心を引くことになるか、あらかじめ分かります。

敬具

H・ベルクソン

(1)『三つの戯曲。曇りのない目、明日の死者、遺体安置所』*Trois pièces. Le regard neuf. Le mort de demain. La chapelle ardente*, Paris, Plon, 1931（一九三一年七月二十七日）。ここから日付を推測した。

H・ド・レニエへ

SD［一九三一年七月末］

BIP (Ms 5698, f. 326)

アンリ・ベルクソン
アカデミー・フランセーズ会員
道徳政治学アカデミー会員
ボーセジュール大通り四七番地

親愛なる同輩、このすばらしいご高著に感謝申し上げます。『地中海／の寄港地』[1]を読んだすべての者たちは、魔術師の訪問を受けたと信じてしまうでしょう。しかし、そうした者のうち、きわめて生彩に富む旅をし、長期間留まることを余儀なくされた寝室そのもののなかでこのような魔術を目撃したばかりの者以上に感謝している者はいないでしょう。——敬具

H・ベルクソン

(1) 別の筆跡で「一九三一年」と記されている。Paris, Flammarion, 1931 (6 juillet 1931)。ここから日付を推測した。

M・ギュイヨーへ

一九三一年八月二十四日

BSP (2079, f 8–10)

スイス、ジャンジャン（ヴォー州）
モーリス・ギュイヨー氏
パリ大学事務局総書記様
親愛なる同僚

七月二十九日のお手紙への返答として、かつてサンフランシスコ万博のために作成した紹介文をシカゴ万博のために修正し補完して出版するという申し出を、快くお引き受けすることを喜んでお知らせいたします[1]。しかし、残念ながら、久しく病に伏せており（そのうえ手術を受けたばか

りです)、私自身が手直しをするのはおそらく至難です。それゆえお手紙を受け取ってすぐに、コレージュ・ド・フランスの/私の後任であり学士院の同僚でもあるエドゥアール・ル・ロア氏に協力を依頼すべく手紙を出しました。返事をまだ受け取っていませんので、お返事がこれほど遅れてしまいました。もし彼がこの依頼を受けられなければ、別の同僚に問い合わせてみます。決定次第、すぐに再度お手紙を送らせていただきます。

敬具

H・ベルクソン

封筒 f. 10:モーリス・ギュイヨー氏
ソルボンヌ・パリ大学事務局総書記
パリ五区、ソルボンヌ通り五番地
印:ジャンジャン、一九三一年八月二十六日、パリ中央郵便局五　郵便配達七、一九三一年八月二十七日

(1)『フランス哲学』*La Philosophie française*,『論集』一一五七頁の説明文を参照。

一九三一年十月九日

R・ドゥーミックへ

IMECP(RDM B 2.1) NBR

パリ

一九三一年十月九日

親愛なる友

この書簡でもって、高等審議会への選出を受諾できない旨を正式にお伝えいたします。もうまもなく七年にもなる間、私はリウマチ症状に苦しめられており、これは悪化する一方で、まったく動かずにいることを強いられています。/毎週木曜日に時間が来ると、せめて想像のなかで同僚たちの間に身を置く努力をしております。そして、彼らに考えを巡らせているのは木曜日だけではないことを誓います。

H・ベルクソン

一九三一年十月十二日

R・ドゥーミックへ

IMECP（RDM D 3.1）

ボーセジュール大通り四七番地
一九三一年十月十二日

親愛なる友、感謝いたします。私と語らいに来てくださればば、このうえない喜びを与えてくださることでしょう。明日火曜日は午後に約束があります。でも、明後日水曜日の四時から五時の間にどうぞお越しください。もしご都合がよろしければ、お返事／いただくには及びません。別の時間がよろしければ、私の家に電話していただくだけで結構です（オートゥイユ、八九―三二）。

H・ベルクソン

封筒：ルネ・ドゥーミック氏
アカデミー・フランセーズ終身幹事官
プレ＝オ＝クレール通り十番 bis
パリ七区

印：パリ一六区、ショパン広場、一九三一年十月十二日二十時三十分

一九三一年十月二十八日

ペギー夫人へ

ボディエ競売会、一九八四年十一月二十三日

『散文著作集』を再読しました。「この作品のなかの何ものも古びていません。その思考の力とその表現の独創性をかつてないほどに敬愛しております」。

一九三一年十一月二十三日

ミュラ伯爵夫人へ

FPM

パリ、ボーセジュール大通り四七番地
一九三一年十一月二十三日

親愛なる友

あなたの魅力的なお便りが与えてくださった喜びを、どうお伝えすればよいでしょう。お便りが届いたときには、筆を執るのもままならない状態でした。返信するには、文字が見苦しくならないようになるまで待たねばなりませんでしたが、少しずつ正常になってきました。実のところ私のリウマチは大変気まぐれで、時おり希望はもてますが／すぐに失望させられるといったありさまです。——ジャンジャンでの我々の会話がどれほど鮮明な記憶となっていることでしょうか！　この悲惨な日々の連続のなかでも、それは陽光に満ちた明け地となっています。親愛なる友、またすぐに会えることを願っています。妻と娘がよろしく伝えてほしいとのこと。

敬具

H・ベルクソン

封筒：転送願い
ミュラ伯爵夫人
／サン＝ドミニク通り四一番地
パリ七区／
〈シャトー・ド・ロンニー、ロンニー＝オ・ペルシュ（オルヌ県）〉
印：パリ四四、グルネル通り、一九三一年十一月二十四日十七時三十分

一九三一年十一月二十四日
L・マドランへ

ANFP (355 AP-1)

パリ
一九三一年十一月二十四日

親愛なる同輩、ご高著『フロンドの乱』[1]を送ってくださり御礼申し上げます。強い興味をもって読みました。あなたは人物たちを蘇らせ、さまざまな事件の意味を告げ知らせます。一人の歴史家が、私たちの魂のもつこの二つの要求を同時に満足させることは稀です。しかしながら、あなたは努力せずともそれに到達しています。——敬具

H・ベルクソン

（1）『失敗した革命、フロンドの乱。一九三一年の学会にて発表された講演』*Une révolution manquée, La Fronde. Conférences prononcées à la Société des conférences en 1931*, Paris, Plon, 1931.

一九三一年十一月二十五日。スウェーデン王立科学アカデミーの国外会員として任命される。スウェーデン王立科学アカデミー書記官セーデルバウム氏より書簡（BGN 2363）。

J・H・ハイドへ

一九三一年十二月十九日

HSNY（Hyde Papers）

パリ、ボーセジュール大通り四七番地
一九三一年十二月十九日

親愛なるハイド氏

誕生日に送ってくださった電報に、どれほど心を動かされたかを言い尽くすことはできません。強く感謝を送らせてください。／敬具

H・ベルクソン

一九三一年十二月三十日。『論集』一四三三頁の修正。不運な誤植によって「コレージュ・ド・フランスでのクロード・ベルナール生誕百周年記念式典における演説」の題目に一九三一年の代わりに一九一三年と記されている。このテクストは『思考と動くもの』に再録される以前に『……四〇〇周年記念著作』*Le Quatrième centenaire...*, Paris, P.U.F., 1932, p. 235–242（BGN 1365）に収録されている。

A・カレルへ

SD［一九三一年十二月］

Doucet（BGN 664）BSP

あなたの論考「生理学的時間[1]」を送ってくださり感謝いたします。この論考では、生理学が非常に興味深い方法で心理学の奪還に向かっています。

敬具

（1）アレクシス・カレルの論考「生理学的時間」« Physiological time », *Science*, 74, n° 1929, p. 618–621, décembre 1931 の表面に鉛筆で書かれた下書き。ここから日付を推測した。『インドの風』*Air indien*, Paris, Grasset, 1932（一九三二年七月三日）の著者ポール・モランより寄贈（BGN 130）。

C・ジュリアンへ

SD［一九三一年］

Doucet（BGN 649）BSP

親愛なる友

長い間病に悩まされており、私は／あなたに言葉を書き送ろうと思っていたことを日ごとに諦めねばなりませんでした／あなたに感謝するのが殊に遅くなりました／どれほどの関心とともに第二巻を読んだかをお伝えします／『歴史の入り口(1)』の第二巻を送っていただきました。なんと立派な本でしょうか！　これを構成する各章は、まずはそれぞれ十年ごとに間隔を開けたものになっていますが、互いに抑制することなく、／…／統一された……フランスへのすばらしい賛美を構築しています。各部分の賛美は、諸事実の単なる検証からそのあらゆる力を引き出しています。実際これらの諸事実はここでは一人の歴史家によって検証されており、／この歴史家はこれ以上高まることがないもののなかで、類まれなる分析とともに総合の精神を享受しています……。そしてこの歴史家はモラリストであると同時に……を主張することができます／この歴史家は総合的に見聞きする素質をもち、そしてこれは精神的物事に関する最も洞察に富む感覚をもつモラリストによるものです。／このモラリストは……とともに……を白日の下に曝し、明らかにします／

親愛なる友、この著書に対する称賛の言葉を送らせてください。そしてあなたの健康の速やかで完全な快復を祈願させてください。

敬具

H

（1）『歴史の入り口　第二巻』*Au seuil de notre histoire*, tome II, 1914-1923, Paris, Boivin, 1931 の著者カミーユ・ジュリアンから入手した鉛筆書きの下書き。他の詳細な日付はない。第一巻『一九〇五年―一九一四年』は一九三〇年に出版（一九三〇年五月二十三日）。第三巻『一九二三年―一九三〇年』は同様に一九三一年の日付を伴っている。これらの題名はコレージュ・ド・フランスで行われた講義と講演の日付に関わっている。対象となっていたフランス史は原史時代のもの。

一九三二年

一九三二年一月十五日

Ch・ブロンデルへ

ACFP (C-XII-Bergson-41J)

パリ

一九三二年一月十五日

親愛なる同輩

どれほどの関心をもち『マルセル・プルーストの精神図』(1)を拝読したか、お伝えせねばなりません。これは心を奪う本であり、ここでプルーストは、彼のために作られ特別に適用される方法によって、まるで彼がそう望んでいるかのように研究されています。プルーストが／登場人物たちに与える分析は、彼自身を分析することに役立ち、あなたはこの二重の分析を心理学全般が利用できるように促しています。これほど難しい試みへと導くためには、芸術家であると同時に科学者でなければなりません。称賛を込めて。

敬具

H・ベルクソン

「プルースト主義」と「ベルクソン哲学」の間のありうる関係について、あなたは正確な評を与えています。

(1) *La psychographie de Marcel Proust*, Paris, Vrin, 1932.

一九三二年一月十五日

E・M・ハウスへ

YUSLNH (Misc. 12.395) SSG

パリ、ボーセジュール大通り四七番地

一九三二年一月十五日

親愛なるカーネル・ハウス

丁重なクリスマスの挨拶状に対してあなたと奥様へ感謝を捧げ、それらに真摯に返礼する葉書を私たちは用意しました。手違いが生じ、その葉書が未配送のままであることが分かりました。これに関しては大変申し訳なく思います。しかし、喜ばしいことにこの機会を利用して筆を執り、／健康状態が悪化しているものの、いつの日か対話を再開したいという願いを表明したく存じます。この対話から私はつねに深い印象を受け、その後も長い間考えることを促されています。――カーネル・ハウス、強い敬意の念を込めて。

敬具

一九三二年一月二十一日

J・ポーランへ

IMECP (Fonds N.R.F) NBR

パリ

一九三二年一月二十一日

拝啓

『新フランス評論』への私の共感は大きなものです。創設以来定期的に、注意深く読んでいます。おかげでつねに高度な水準に接し続け、安易な成功を軽蔑してこられたことに感謝する者の一人です。親切なご提案を是非承諾したかったです。[1] 残念ながら、／私の論考を分割して続けて出版することも、その一部を切り離すことも不可能でしょう。私の論考の唯一の長所があるとすれば、諸事実を相互に照らし合わせることで、それらの意義を抽出することでしょう。一部分だけを読むのは、残りの読解がすぐに付随しなければ、あとでは消し去り難い深刻な誤解を引き起こすでしょう。この機会に『評論』でのご論考を読む際に得た喜びをお伝えさせてください。

敬具

H・ベルクソン

(1) 『二源泉』に関するもの。

一九三二年一月二十五日

G・ド・レイノルドへ

ALS

パリ、ボーセジュール大通り四七番地

一九三二年一月二十五日

親愛なる友

来週の金曜日が好都合でしょうから、もしお望みであり、反対意見がなければ、この日の五時にお待ちしています。／もうすぐお話できるのを楽しみにしております。あなた自身と、ご家族にもよろしくお伝えください。

敬具

H・ベルクソン

一九三二年一月三十日

J・ポーランへ

IMECP (Fonds N.F.R) NBR

パリ

一九三二年一月三十日

拝啓

私の論考は『新フランス評論』の一つの号には長すぎるでしょう。そのうえ早期の出版は、フェリックス・アルカン書店との契約に反するものになるでしょう。一冊の本として出版しなければなりません。私のテクストを「ベルクソン讃」に加えるという親切なお考えと同じく、あなたの提案には心を動かされました。なんということでしょうか！　私のキャリアの終盤にさしかかり、私は／したことと したかったこととの隔たりをまさに測っています。この隔たりは大きなものです。そして、かつては非常に貴重な声援であった好意的な評価によって、徐々に窮屈な思いをさせられます。再度御礼申し上げます。

敬具

H・ベルクソン

封筒：ジャン・ポーラン氏
『新フランス評論』編集長
ボーヌ通り四三番地
パリ七区
印：パリ一六区、サンジェ通り、一九三二年二月一日十八時四十五分

SD ［一九三二年一月末］

J・ギットンへ

Doucet (BGN 880) BSP

親愛なる同僚、感謝します。あなたの生徒のお手紙には、言葉にできないほど感動させられました。これに直接返事を書いたところです。／…／プロティノスと聖アウグステ

ィヌスについての博士論文を書き終えたと聞き、どれほどうれしいかお分かりでしょう(1)。何年も自宅で動けずにいるので、申し訳ありませんが、口頭審査には参加できません。審査については、ご報告いただきたく存じます。　敬具

(1)　一九三二年二月二十三日付の、ムーラン市のジャン・ギットンからベルクソンへの手紙の裏に書かれた下書き。ここから日付を推測した。出版予定の博士論文『プロティノスとアウグスティヌスにおける時間と永遠』*Le temps et l'éternité chez Plotin et Augustin*, Paris, Boivin, 1933 の日付から確定された。

一九三二年二月二十五日

J・シュヴァリエへ

Doucet (BGN 2825, f. 33–35)

パリ、ボーセジュール大通り四七番地
一九三二年二月二十五日

親愛なる友

これが私の本のゲラ刷りです(1)。現在の重大局面において、印刷の混乱状況を脱し、大急ぎで印刷できたので、私のほうでできるかぎり早く校正をしました。印刷したものを再読すると、原稿と比べて、なおまだ不満を覚えます。

前進しているとは確かに実感しておりますが、説得力をもつやり方で論述しなかったことを後悔しております。出版を断念するには、ほんのわずかなことや、ほんのわずかに批判的な考察でも充分でした。これが理由の一つで、誰にもゲラ刷りも／原稿も見せませんでした。しかしながら、あなたにご意見を訊ねなかったことで何度も自分を咎めました。結局は、なすべきことをなせ、ということです。この不条理な病は、私が望んだようにものごとを語るのを妨げるでしょうが、少なくとも言うことはできるでしょう。そして、多くの安堵の気持ちとともにこの世界からは離れると思います。

いまや印刷はほとんど終了し、書籍は遅からず出版されるでしょう。

親愛なる友、しばらくの間あなたの近況を伺っていませんでした。あなたと奥様がお元気であるかお知らせください。

敬具
H・ベルクソン

あなたの鉛筆書きの訂正は、／私の誤りのあったゲラ刷

りに迅速に反映させました。とはいえ誤りはそれほど重要ではありません。
　本が出版されるまで、書面のやりとりについてはくれぐれも内密にお願いします。内容についても話さないでください。そう望む大変深刻な理由があるのです。

封筒：差出人H・B　パリ、ボーセジュール大通り四七番地
ジャック・シュヴァリエ氏
ヴィラ・プリムローズ・モンフルリー
ラ・トロンシュ（イゼール県）
印：パリ一六区、ショパン広場、一九三二年二月二十七日十三時三十分

（1）『二源泉』のゲラ刷りの送付。

SD［一九三二年二月末］

B・ロメイエへ

Doucet（BGN 2205）BSP

親愛なる司祭様
　深い喜びをもって、『哲学アーカイブ』誌で私に捧げてくださったもっぱらすばらしい研究を読んだことをお伝えせねばなりません。(1)

（1）「ベルクソンにおける道徳と宗教」«Morale et religion chez Bergson», *Archives de Philosophie*, IX, III, 1932, p. 283–317 の著者ブーレーズ・ロメイエから入手した鉛筆書きの下書き。本誌は一九三二年二月十日に刊行されており、ここから日付を推定した（BGN 1856）。

一九三二年三月二日

J・シュヴァリエへ

Doucet（BGN 2825, f. 50–54）

パリ、ボーセジュール大通り四七番地
一九三二年三月二日

親愛なる友
お便りに深く感動させられました。手短でもすぐに返信したいと思いました。近々これについて一緒にお話できないでしょうか（来週の火曜日三月八日はいかがでしょう

か?)。お手紙を読んだ最初の感情は、/私のものを見せなかった/私の原稿とゲラ刷りを誰にも見せなかったことへの後悔です。しかし、そうすることで、いくらか多義的になる印象を避けたかったのです(もし仮に、一度手を止めた原稿について自分自身と議論し始めれば、出版をあまり望まず、おそらく刊行もしなかったというのも事実です)。しかしながら、あなたが示唆した二五六頁の/段落を削除することで、私が行いたい論証への効果と影響力の最大部分を取り去ってしまうのではないかと自問していますというのも私の本は哲学の本だからです。執筆の間、経験と論理以外の他の典拠を認めなかったのは当然です。こうした条件で、哲学者たちにある種の経験が、神秘的と言われる経験が存在することを示すことになりました。彼らは、哲学者として、この経験に力を借りねばならず、あるいは多少なりとも考慮しなければならない。もしこれらの頁に私が何か新しいものを持ち込んだとすれば、それです。つまり、私は哲学研究の手段として哲学に神秘主義を導入しようと試みました。それゆえ、この研究/方法の受容と、どんなものであれ一つの教義への信仰との間に関連がないことの証明が義務づけられました。そしてそれを明らかにする唯一のやり方は、いっとき教義が遺棄されたと仮定しつつ、この方法があらゆる価値と影響力を維持していると証明することです。それが私の語ったことのすべてです。またそれを言わずにいることは不可能だったとまさに思います。

反対に、本の最後の文については、「神々をつくりだす機械」という表現を避けることはおそらくできたでしょう。しかし、この観念は曖昧なまま私の精神に到来したのではありません。というのも、創造と人間と神との関係をどのように理解しているのかを前章で説明していたからです。本当のところ、この文章で私の強調した言葉は、むしろ「不向きな私たちの地球でも」でした。私が喚起したかったのは、宇宙のメカニズムはどこであれ同じであり、同じ結果がどこでも得られるためにこのメカニズムが構築されたにもかかわらず、私たちの地球上の生命へ向けて作られたまったく特殊な条件を考慮すると、人間は自分の使命を果たし、神を再び見出すためにまったく特殊な努力を行ったということです。

この本の印刷は、考えていた以上に迅速に進みました。そしていまや印刷は終了し、すでに何冊か見本が用意できたと昨日編集者に知らされました。当然あなたはすぐに手にできるでしょう。

／私は／さらにどれほどの関心を抱きつつあなたの「道徳についての覚書」(1)を読んだかをお伝えせねばなりません。これは思考することを促す思考です。そしてM・R・ジョリヴェの著作(2)についての、非常に的確で炯眼に満ちた批判であるあなたの論考にも、また感謝いたします。

あなたと奥様に称賛の言葉を送ります。またお母様の健康状態に発する心配から解放されたことを知り、喜ばしく思います。

敬具

H・ベルクソン

封筒：ジャック・シュヴァリエ氏

ヴィラ・プリムローズ・モンフルリー

ラ・トロンシュ（イゼール県）

印：パリ一六区、サンジェ通り、一九三二年三月二日二十時三十分

（1）「ベルクソンの道徳」«La morale de Bergson», *Le Van*, n° 137, mai 1932, p. 143–154.

（2）«R. Jolivet, Essai sur le bergsonsime», *Le Van*, n° 135, p. 104–106, Paris, Vitté, 「M.M」と署名されている。1931 : Lyon. R・ジョリヴェは一九三二年七月八日付の手紙でベルクソンに書評「ベルクソン氏の新著：二源泉……」«Le nouveau livre de M. Bergson : les Deux Sources...», *Revue Apologétique*, 54, 561, juin1932, p. 641–662（BGN 2208-40, 自筆献辞入り）を送ることになる。

一九三二年三月八日

P・ヴァレリーからベルクソンへ

Doucet（BGN 2791-2）:『論集』p. 1499–1500.

一九三二年三月八日火曜日

わが親愛なる著名な師

明日こそはお訪ねしようという考えを何度思い留まることになったでしょうか。ですが、頓挫した計画や未完成の作品を集めた美術館ほど豊かなものがあるでしょうか。

実のところ、時間がそうであるように私自身も使い果たされ、疲労やさまざまな頼まれごとや私の仕事のあれこれに屈服しています。長引いた流行性感冒からやっと持ち直し、あちこちで講演をするために、パリ－リヨン－地中海鉄道に乗って木曜には発たなければなりません。そして出

発前に「あなたに」お会いすることはできないように思われます。

　ですが、あなたの大著の送付とそこに添えていただいた献辞によってどれほど私が感動したかをお伝えせずに発つことはできません。私の生涯で受け取ったなかでこの献辞は最も光栄なものです……。

　深く心を動かされた著作の冒頭に置かれたこれらの言葉は、だれにとっても至福で見事な驚きを与えてくれます。これは、害悪や苦痛のあらゆる力に対してあなたの精神が手にした並外れた勝利です。最近の哲学者は、歩むことが充分に運動を証明することを認めません。あなたは思考によって精神を証明することを恐れません。身体の苦痛やそれに施される厳しい治療にもかかわらず、あなたの完成された著作の実物そのもののうえに精神が目的かつ手段であるあなたの原理を打ち立てることも恐れません。この独立性はなんたる課題でしょうか。それにより思考する者に不可避の省察力を抱かせる偉大さはどれほどのものでしょうか。

　まだ御本を読み終えておりませんし、公衆へと語りかけるために中断された〔御本を読むという〕私の旅に何週間も取りかかることができないでしょう。好きなことを行うということがどんなことか分からなくなってしまいます。私は四〇歳を過ぎて外洋に泳ぎだしました。そしてついに、「道徳」と「宗教」についてのあなたの思考を知るときが来るでしょう。これ以上現代的で差し迫ってさえいるテーマはないでしょう。現在社会は奇形学的な意味で怪物なのです。

　わが親愛なる著名な師、敬具

ポール・ヴァレリー

一九三二年三月十五日

事務総長へ

Doucet (BGN 3129, 複写)

パリ、ボーセジュール大通り四七番地

一九三二年三月十五日

事務総長様

　お手紙をいただいた後に、エドゥアール・ル・ロア氏に私の「フランス哲学」の概要に関して着手した手直しが準備できたかどうか、訊ねました。[1] 担っている数多くの重大な仕事からみて、この作業のためになおいくばくかの時間を与えてくださるよう望むと伝えられました。私はこの作業を近々確認しなければなりません。／そして可能な限り彼が急ぐことができるように頼むつもりです。　敬具

H・ベルクソン

（1）『論集』、一一五七頁、「フランス哲学」の一九三三年の再版の準備。宛名の事務総長は、この出版に関する人物か、あるいはラルース社の事務局長である。

SD［一九三二年三月十六日］

Ch・ヴェルナーへ

BPUG (Ms. Fr. 9008/1, f. 25) NBR

パリ、ボーセジュール大通り四七番地

親愛なる同僚

あなたのお手紙と、私の新著について示してくださった切に好意的な評価は、とても鮮明な喜びを与えてくれました。『ジュネーヴ』[1]紙の投稿欄での『二源泉』の紹介を／あなたが許諾したと聞き、どんなに喜ばしく感じたかを伝えさせてください。感謝いたします。　敬具

H・ベルクソン

封筒 f. 26：シャルル・ヴェルナー教授

フロリッサン通り四番地

、、、ジュネーヴ（スイス）

印：パリ一六区、ショパン広場、一九三二年三月十六日十八時四十五分。ここから日付を推定した。

（1）「哲学欄「ベルクソンによる道徳と宗教」」«Chronique philosophique. La morale et la religion d'après M. Bergson», *Journal de Genève*, 学芸欄全体、一九三二年三月三十一日（BGN 245）。

一九三二年三月二十七日

オシップ＝ルーリエへ

BNFP (Fr na 15681, f. 104)

パリ、ボーセジュール大通り四七番地

一九三二年三月二十七日

拝啓

これがずいぶん前からご用意していた写真です。別の写真とともにこれを送らせてください。遅れたことをお詫びいたします。——敬具

H・ベルクソン

一九三二年三月二十九日

A・シュアレスへ

Doucet（α 1084）

パリ、ボーセジュール大通り四七番地

一九三二年三月二十九日

感謝いたします。あなたの判断(1)に私が与える評価をご存じでしょうし、諸観念の真の創造者、真の作家はまた、思考と文体についての最良の批評家であることを私同様認めてくださるでしょう。

敬具

H・ベルクソン

封筒：アンドレ・シュアレス氏

スリゼ通り一一番地

パリ四区

印：パリ一六区、サンジェ通り、一九三二年三月二十九日一七時三十分

（1）おそらく『ヌーヴェル・リテレール』誌を指す。*Nouvelles littéraires*, 1932, 後述の一九三二年五月二十五日の書簡参照。

一九三二年四月一日

L・ブランシュヴィックへ

IMECP（Fonds L. Brunschvicg）: Doucet, 複写（BGN 2828）

パリ、ボーセジュール大通り四七番地

一九三二年四月一日

親愛なる友

これほど重要で興味を引き、またご厚意に満ちたご論考(1)を私に捧げていただいたことに、どれほど感謝をしているかをお伝えする必要があります。あなたは本を要約しようと欲することなく、一つの総体のなかにいくつかの本質的概念を集め、その意義を強調し、よく知られた理論に結

合し、また対立させました。それが真の／の本を理解させる方法であり、またその射程を測る方法でした。これらの観念のいくつかは、おそらくあなたにとっては、英国人のいうところの「性に合う《コンジェニアル》」ものではなかったでしょう。そしてあなたはこれらが他の概念への生成となるように提示し、その結果、「錯綜を超えた」ところに精神の高揚そのものを通じて位置づけられる精神の公平さを伴うことになりました。称賛の言葉を送らせてください。／あらゆる感謝を。

敬具

H・ベルクソン

(1) 「ベルクソンの近著——道徳と宗教の二源泉」«Le dernier livre de Bergson: les deux Sources de la Morale et de la Religion», *Les Nouvelles Littéraires*, 2 avril 1932 (BGN 2615).

一九三二年四月一日

Ch・ヴェルナーへ

BPUG (Ms. fr. 9008/1, f. 27) NBR

パリ、ボーセジュール大通り四七番地

一九三二年四月一日

親愛なる同僚

どれほどの喜びとともに、大変すばらしいご論考(1)を拝読したかは言い尽くせません。私の著書をこれ以上明確に要約し、そこからこれ以上うまく本質を抜き出し、諸概念間の関係を鮮明にすることは不可能だったでしょう。あなたが行ったような分析と総合の二重の仕事を成就するためには、私の視線の完璧な深／化と、また一つの思考が他の思考と共振することを可能にする貴重な知的共感が必須でした。そしてきわめて友好的な言葉で作品と著者について話してくださったことを付け加えておきます。そこに私は何よりも友情のしるしを目にします。ご存じなように、これは私も同様です。称賛と感謝の意を込めて。

敬具

H・ベルクソン

封筒 f. 28：Ch・ヴェルナー教授
フロリッサン通り
、、、、
ジュネーヴ（スイス）
印：パリ一六区、サンジェ通り、一九三二年四月一日二十時三十分

（1）前述の一九三二年三月十六日の書簡参照。

一九三二年四月二日

A・シュヴェリオンへ

Doucet (Ms 23246)

パリ、ボーセジュール大通り四七番地
一九三二年四月二日

親愛なる同輩

親切なお便りがどんなに私の興味を引いたかを、すぐにお知らせしようと思いました。特にあなたが語った「道徳《モラル》」という我々の言葉と、英語の「倫理《エシックス》」とのそれぞれの響きの間の対照性は――この対照性については考えたことがありませんでした――あなたが注意を促して以来、私にとって大変印象深く、教えを含んだものになりました。ご考察が示唆に富むのは、／東洋の神秘主義においても同様です。――感謝します。

敬具
H・ベルクソン

一九三二年四月十八日

J・シュヴァリエへ

Doucet (BGN 2825, f. 55–59)

パリ、ボーセジュール大通り四七番地
一九三二年四月十八日

親愛なる友

電話をかけてドゥーミックとジローを探しましたが無駄でした。雑誌の事務局長とだけしか話せませんでした。彼曰く、来号は少し前からすでに制作が始められており、掲載必須の頁がすでに一二頁以上[1]あり、あなたの論文を差し込むことは不可能だが、次号に掲載されるのでゲラ刷りをちょうどあなたに送付するところだったとのことです。これは残念なことです。しかし、私の著作は「時流」に乗ったものではないので、もしあなたの／第二の論文が待ち構えているのでなければ、この遅れはそれほど不運とはならないでしょう。

私の新著についてイタリアで講師［ママ］をするというお考えをもってくださったことに感謝いたします。お会いできたら、よければ時勢の問題について議論したく思います。個人的には存じ上げないカトリック信者から手紙を受け取りました。また、カトリックの、あるいは少なくともカトリック界に知られた出版物のいくつかの論文や概要を読みました。私の宗教的見解に関しては惜しみない賛同でしたが、厳格な正統教義にとっては、／異議があるであろう私の本の文章を（英語の意味で）無視《イニョレ》するという偏った見方を伴ったものでした。本書にある徹底的に宗教的なものを感じながら、その表面にしか関わらず、論争をかき立て、本書に反して最終的には切り離されるような問いが提起されることを私は望みません（というのも、それを切り離すと、必然的に文字が精神に勝ってしまうからです）。こうした状況で、イタリア語で『二源泉』について語り、イタリアの記者たちに発言の機会を与えることが時宜を得たものかどうかは疑問です。親愛なる友、これについては考えさせてください。私の印象では、著者による弁明のあらゆる試みは、著書を害するものであり、キリスト教への賛辞である著者の宗教的教義の意向と総体のみが考察されるべきであるのに、著者は弁明される必要があるということは、これこれの／点で難癖をつける権利があると人に信じさせてしまうでしょう。

とはいえ、近々これらについてお話できるでしょう。二十六日水曜日にお昼にいらしていただけますか。この間よりも少し時間が取れるでしょう。

敬具

H・ベルクソン

封筒：ジャック・シュヴァリエ氏
ヴィラ・プリムローズ・モンフルリー
ラ・トロンシュ（イゼール県）
印：パリ一六区、サンジェ通り、一九三二年四月十八日二十時三十分

（1）『両世界評論』*Revue des Deux Mondes*, «M. Bergson et les sources de la morale», 8e série, CII, IX 15 mai 1932, p. 384–395. ベルクソンは以下のものを受け取っている。『観念と現実』*L'idée et le réel*, Grenoble, Artaud, 1932（BGN 912, 自筆献辞入り）；「ベルクソンの道徳」«La morale de Bergson», *Le Van*, II, nº 137, mai 1932, p. 145–154（BGN 1837）；「道徳的生を動かすものについての覚書」«Notes sur le monteur de la vie morale», *Le Van*, III, 4, 1933（BGN 1649）；「精神の生命」*La vie de l'esprit*, Grenoble, Artaud, 1932, 2e édition（BGN 913, 自筆献辞入り）.

SD ［一九三二年四月末］

J・コクトーへ

Doucet（BGN 2725）BSP

ジャン・コクトー氏の／『間接批評の試み』／興味深い、かつ独創的な『間接批評の試み』(1)に対して謝辞を述べさせていただきます。ここでは詩と哲学が／結合しています／人が精神と呼ぶ結合を形成しています。

（1）『間接批評の試み』*Essai de critique indirecte*, Paris, Grasset, 1932（一九三二年四月十三日）の著者ジャン・コクトーから入手した書評依頼状に鉛筆書きの下書き。ここから日付を推測した（BGN 40. 自筆献辞入り）。

一九三二年五月二日 YUSLNH（Zeta KB. P70. z.920 I.）。マリー・サロモンからベルクソンへの書簡。この婦人民生委員から著書『信じよ、そして従え』*Crois et suis-moi*, éd. «Je sers» Issy-les-Moulineaux, 1932 を送付される。

一九三二年五月六日

ミュラ伯爵夫人へ

FPM

パリ、ボーセジュール大通り四七番地
一九三二年五月六日

親愛なる友

ジュール・カンボンによるウェイガン将軍（ジョフルの後任）のアカデミー・フランセーズ入会式への参加をお望みでしょうか？　念のために招待状をお送りします。ご自身で使わなくとも、お返しいただくに及びません。ちょうど招待状を探しているどなたかに差し上げていただければ結構です。

最後に会いにいらしてくださったときに、奥様が体の調子が良いとお見受けしたことが／どれほどうれしかったでしょう。近々お会いできることを願っております。敬具

H・ベルクソン

封筒：ミュラ伯爵夫人
サン＝ドミニク通り四一番地

パリ七区
印：パリ一六区、サンジェ通り、一九三二年五月七日十八時四十五分

一九三二年五月二十四日

P・ヴァレリーへ

BNFP (Fr na 19165, f. 208)

パリ
一九三二年五月二十四日

親愛なる同輩にして友、感謝いたします。どれほどの喜びをもって『言わざりしこと』と『モラリテ[1]』を読んだかを伝えきることができません。――この二つの書物には、多くの深い眼識、洞察、精神があります。これらの思考のなかで考えることを促すのは一つだけではありません。また人間性と叡智の間の、おそらく乗り越えがたい距離を測ることを我々に促すものもまた、ひとつにとどまるものでは断じてありません。――敬具

H・ベルクソン

封筒 f. 209：ポール・ヴァレリー氏
アカデミー・フランセーズ会員
ヴィルジュスト通り四〇番地
パリ一六区
印：パリ一六区、サンジェ通り、一九三二年五月二十六日二十時三十分

（1）『言わざりしこと』*Choses tues, cahiers d'impression et d'idées*, Paris, Lepina, juin 1930.『モラリテ』*Moralités*, Paris, Gallimard, mars 1932.

一九三二年六月三日

マクミラン社へ

BLL（Add 55166, f. 126–127）

パリ、ボーセジュール大通り四七番地
一九三二年六月三日

マクミラン社御中

私の近著（『道徳と宗教の二源泉』）の翻訳の出版申し出への返事が遅れたのは、最適の訳者を私が探していたとい

う事実によるもので、その仕事はきわめて困難になりました。訳の草稿を準備している女性訳者が補佐するという条件で、「笑い」についての私の小品（一九一一年に御社から出版された『笑い』）の訳者の一人であるクラウズリー・ブレルトン氏がこの任務に取り組みたがっていることが分かりました[1]。ブレルトン氏は名文家としての真の才能をお持ちです。そして彼は／フランス語を熟知しています。そのうえ私の本で説明される見解は、彼に馴染みのものです。こうした条件で行われる翻訳は、イギリスとアメリカにおいてフランスでの成功にも比肩するものを獲得するでしょう。この本は三月の始めに出版され、三ヶ月のうちに、各千部ずつ続けて九版を重ねました（ありがたいことに印刷所が組版を取って置いていました）。凸版がちょうど組まれたところで、新たに三版を刷ります——これは一万二千部に達することになります。八つ折りの三五〇頁の哲学作品がこのような売り上げの成功をかつて収めたことはないと思います。

　イギリス版とアメリカ版によって同様の成功を得るためには、二人／の訳者が売り上げにも関心をもたなければいけないと思います。そうすれば彼らは最大限の努力をするでしょう。それゆえ私が提案するのは以下の条件です。売上金の一〇パーセントを合わせて著者とフランスの出版社へ。そして同じく売上金の一〇パーセントを合わせて英語版の二人の訳者へ。彼らが原稿をあなたに手渡す際に——おそらく彼らは売り上げの内金を、つまり結果的には彼らの取り分から差し引かれる分の——多少の金額が支払われることを要求するでしょう。

　貴社から私の本が出版されることを目にするのが、至極うれしいということは言うまでもないでしょう。我々の間の条件を訊ねるために私の出版社や私自身に手紙を寄越したロンドンの他の出版社に対しては、今までまったく返信していません。同じく提案はアメリカからも来たと教えられました。／アメリカでは『創造的進化』が最初の何年かによく売れました。ヘンリー・ホルト氏が向こうでこの翻訳の特別な版を印刷するために、あなたと意見を交わしていたのを覚えていらっしゃるでしょう。

敬具

H・ベルクソン

（1）『道徳と宗教の二源泉』*The two Source of Morality and Religion*, traduction R. Ashely Audra and Cloudesly Brereton, with W. Horsfall Carter, Londres, Macmillan, New York, Holy and C°. 1935.

H・グイエへ

一九三二年六月九日

Doucet（BGN 2812）

パリ、ボーセジュール大通り四七番地
一九三二年六月九日

親愛なる同僚

ご親切なお便りには大変喜ばされました。『二源泉』についてあなたにお話しするのではなく、あなたのものを読むことはうれしく思いますし、あなたの講義が出版されることを期待します。(1) さっそく、非常に申し分なく見識に富んだ研究を私に割いてくださったことに感謝申し上げます。

ご指摘いただいた難点は事実ですが、乗り越えられないわけではありません。形而上学へと経験を持ち込むことが、常々私の目的だったということを見失われませんよう。私が「エラン・ヴィタル」について語るとき、可能な限り近くから生物学の経験論的与件を把捉するように努めているのです。そして神についての研究に取りかかる／とき、神秘経験を根拠としています。我々はこうして「鎖の両端」を固く握りしめています。そしてそれを手放すことなくこの二つの点について思索するときだけ、我々はすっかり確信をもつのです。そして今、媒介となる結び目として、神とエラン・ヴィタルとの関係について話したく思います。一つのイマージュや一つの概念の提示が禁じられているのではありません。しかし、概念やイマージュは必然的に不適格になるでしょう。というのも、各々がその種において唯一である二つの項の間の原因関係は、人的経験のなかで因果関係と呼ばれるものとは漠然としか類似しないのです。確かに思えるただ一つのものは、神は世界に対して超越的だと言われねばならないということです。なぜなら、神秘家が／把握したように、神は世界なしで済ませることはできる一方で、もし神秘家が／正しければ、世界は神なしでも済ますことは不可能だろうからです。したがってエラン・ヴィタルは神から派生します。つまりエラン・ヴィタルが認められるやいなや物質も認められ、エラン・ヴィタルはその物質によって宇宙そのものである「神々をつくりだすこの機械」を構成します（そして、創造者たちを作るために、神によってこの機械が創造されたことを論述した第三章を理解せずに私の本の最終行を読んだ場合、人はこの「神々をつくりだすこの機械」を反対の意味に理解するでしょう）。これ以上のことは言わないのは、「知る」という言葉が私が与える形而上学的意味において理解されるうえで、それ以上のことを知らないからです。しかしもう一度言えば、一つの構築物によって、いわば完全な意味を／もたず、直観が概念に置き換わることでしか成立しない表現を含む説明によって欠けた部分を埋めざるをえません。こうした考えのもと、私自身が立ち止まったのとほとんど同じである（ただ超越性をなおも私が強調することを除けば）ところのあなたの提示する解釈を、私はすっかり受け入れる状態にあります。近々これについてお話できることを願っています。さしあたって、あらためて感謝を申し上げるに留めておきます。

敬具

H・ベルクソン

封筒：アンリ・グイエ氏
リール大学文学部教授
ヴァグラム大通り一六五番地
パリ一七区

印：パリ、モンパルナス駅、一九三二年六月九日十七時

（1）この時期には出版されていない。

一九三二年六月十一日

マクミラン社へ

BLL（Add 55166, f. 128）

パリ、ボーセジュール大通り四七番地
一九三二年六月十一日

マクミラン社御中

署名するために送ってくださった契約草案を受け取りました。主要な条項を転記し、イギリスに住むクラウズリー・ブレルトン氏（バーミンガム・ハウス、メルトン・コンスタブル、ノーフォーク）へ送ったところです。返信を受け取り次第（返信が好意的でなかったとしたら驚きですが）、私の署名とともにお送りします。

敬具

H・ベルクソン

マクミラン社へ

一九三二年六月十六日

BLL（Add 55166, f. 129）

パリ、ボーセジュール大通り四七番地

一九三二年六月十六日

マクミラン社御中

クラウズリー・ブレルトン氏から、我々の契約の諸条件をしかと承諾する旨の書簡を受け取りました。したがって、署名後にこれを貴殿にお送りします。

翻訳家たちにはすぐに仕事に取りかかり、早急に進めるよう要請します。しかし仕事の質はきわめて重要であり、急ぐことで質が損なわれることがないように依頼しようと思います。

敬具

H・ベルクソン

M・ラクロワへ

一九三二年六月十八日

Doucet（BNG 2817）

パリ

一九三二年六月十八日

拝啓

孤独な状態にありますので、三週間もの間『ル・コレスポンダン』[1]誌の記事を私に割いてくださったことを知らずにおりました。どれほどの喜びをもってこれを読んだかを伝えさせてください。この記事は、とりわけ関心を引く形式のもとに、私の近著の本質的概念を紹介しています。また一つの知的共感も物語っており、これに感動させられました。最終部であなたが抱いた異議に詳細にお答えしたく／思います。人類をいっそう単純な生へと導く神秘家の天性や英雄を私の意向によって呼び入れるとき、我々を苛む現実的問題の解決がキリスト教の外部に見出されるとほのめかしているわけではまったくない、と言うだけで充分です。むしろ反対に、第一章で私が提示したのは、福音書の

／道徳は開かれた魂の、開かれた社会の道徳であり――、もしこのように言い表せるなら、「開かれたもの」の方向への人類の全進歩は、まさに定義上キリスト教であることを意味します。他方で「日付をもつ啓示」を少しも排除していません。哲学はそうしたことを援用する権利がなく、哲学に対して啓示の方法とは経験であり、経験に基礎づけられた論理であると言うに留めましょう。ですが、再／度細部に入ることはできかねます。非常に重要で厚意に満ちた研究を私に割いてくださったことを率直に感謝いたします。

敬具

H・ベルクソン

（1）マルセル・ラクロワ「ベルクソン氏と道徳と宗教の起源」『ル・コレスポンダン』誌、« M. Bergson et les origines de la morale et de la religion », *Le Correspondant*, 104e année, nº 1672, 25 mai 1932, p. 481–491.

一九三二年六月二十四日

É・ビュルネへ

BNFP (Fr na 17388. f. 239–240)

パリ、ボーセジュール大通り四七番地

一九三二年六月二十四日

親愛なる友

研究や手紙を執筆に対して、私の健康状態は一日のうちでわずかな時間しか許してくれませんので、ご著書[1]を送付くださったことにいまだ謝意を示せずにおりました。最大限の関心とともにこれを読みました。衛生学者や医師と同じく、モラリストに対しても示唆的なものです。

すこぶる立派な二冊の本の著者にも手紙を書けずに／いました。それは『マゼランの十字架』と『人々は渇く[2]』です。前者は、眺める術を知り、熟考し、思考を促す一人の女性探検家についての格別生彩に富んだ作品です。もう一方は、抑制されつつも人に伝わる感動と同時に、重要な心理学的洞察を備えています。ビュルネ夫人に私の尊敬を込めた最大の賞賛を伝えてくださいますか？　奥様と一緒にお越しいただくという期待をさせていただきましたが、我々はもうすぐ出発するところです。十月に戻ってきますので、約束を取り決める場合には電話をするだけで結構です（電話番号、オートゥイユ八八九―三二）。

敬具

H・ベルクソン

（1）『レプラ、伝説、物語、現代性』*La lèpre, légende, histoire, actualité*, Paris, Flammarion, 1932（BGN 25, 自筆献辞入り）. 一九三二年三月十一日付のビュルネの書簡（BGN 714）参照。一九三四年七月三日付のこの文通におけるビュルネによる最後の文書（BGN 720）.

（2）リディア・ビュルネ（アンナ・スウォンジー）『マゼランの十字架、フィリピン諸島への旅』*La croix de Magellan, voyage aux Îles Philippines*, Paris, Denoël, 1931（BGN 27, 自筆献辞入り）.『人々は渇く』*Les hommes ont soif*, Paris, Renaissance du livre, 1929, 2e édition.

一九三二年六月二十五日

A・シュアレスへ

Doucet（α 1085）

パリ

一九三二年六月二十五日

拝啓

あなたは私のことを過大評価しておられます。それを除けば、あなたが『ヌーヴェル・リテレール』誌[1]に発表したばかりの研究をどれほど愛し、評価しているかは容易に語ることができます。神秘主義や理性や科学の真の本性にこれ以上入り込むこと、したがって哲学の本質的機能をこれ以上巧みに定義するのは不可能でした。理解いただけますでしょうか！　そのような高度な思考へと一つの形式を与えていらっしゃるので、お分かりいただけるでしょう。感謝いたします。

敬具

H・ベルクソン

封筒：アンドレ・シュアレス氏

パリ四区、スリゼ通り一一番地

〔印：〕パリ一六区、サンジェ通り、一九三二年六月二十五日二十時三十分

（1）「神秘的ベルクソンについて」『ヌーヴェル・リテレール』誌 «À propos de Bergson mystique», *Les Nouvelles Littéraires*, 25 juin 1932（BGN 2615）. またベルクソンはA・シュアレスから『シエナ 最愛の人（傭兵隊長の旅第三部）』*Sienne la bien-aimée (voyage du condottiere. 3.)*, Paris, É. Paul, 1932（BGN 156, 自筆献辞入り）を受け取っている。

SD［一九三二年六月末］

M・ド・フェルス伯爵夫人へ

Doucet（BGN 2199）BSP

少し前から病に苦しんでおり、ヴォーバンについての御夫人の著書を親切にも送ってくださったことに対して、マルト・ド・フェルス伯爵夫人殿へいまだ感謝を述べられずにおりました。これは特に関心を引く、見識に富む一つの心理描写に関する著作であり、／そこにヴォーバンの作品と人格とが存在しており／感動的であると同時に教えに富むものであります(1)。

（1） マルト・ド・フェルス伯爵夫人の『ヴォーバン』*Vauban*, Paris, Gallimard, 1932 の書評掲載依頼状に鉛筆書きで書かれた下書き。「ベルクソン哲学の独創性」«L'originalité du bergsonisme», *La Nouvelle Revue*, n° 476, 1er juin 1932（BGN 1843）の著者ジョルジュ・パルマンティエから入手。

SD［一九三二年六月末］

P・ラシエーズ＝レイへ

BNFP（Fonds Lachièze-Rey, nc）

アンリ・ベルクソン
アカデミー・フランセーズ会員
道徳政治学アカデミー会員
ボーセジュール大通り四七番地

ピエール・ラシエーズ＝レイ氏が二冊の卓越した研究書(1)を親切にも送ってくださったことに感謝申し上げます。これらは大変異なった主題について、同様に示唆に富む視点を提供しています。

（1） おそらく『スピノザの神のデカルト的起源』*Les origines cartésiennes du Dieu de Spinoza*, Paris, Alcan, 1932（16 juin 1932）と『カント的観念論』*L'idéalisme kantien*, Paris, Alcan, 1931（16 juin 1932）。ここから日付を推定し、また後記の一九三四年九月九日付の手紙によっても裏付けされる。

封筒：P・ラシエーズ＝レイ氏

教授／文学部／
トゥールーズ
〈フレデリック・ミストラル小路一四番〉

SD［一九三二年六月末］

G・トリュックへ

Doucet（BGN 627）BSP

少し前から病に伏せており、『聖母マリアの奇跡』を親切にも送ってくださったことに対して、G・T氏にいまだ感謝をしていませんでした。この奇跡から、彼は心を打つ本を創作していたのです[1]。

（1） ゴーティエ・コワンシーから入手した、ゴンザーグ・トリュック著『聖母マリアの最上美の奇跡、現代語選集』*Les plus beaux miracles de la Vierge, recueillis et mis en français moderne*, Paris, F. Lanore, 1932（3 juin 1932）の書評依頼状に書かれた鉛筆による下書き。ここから日付を推定した。

一九三二年七月十五日

H・フォン・カイザーリンクへ

KAD（Bergson Briefe）NBR

一九三二年七月十五日

ジャンジャン（ヴォー州）スイス

拝啓

『南米的省察』[1]を送ってくださったことにどんなに感激したかをお伝えしたく思います。まだ一読のみですが、その重要性と独自性を示すのに一目見ただけで充分でした。いまやこれを詳細に検討し、私の思考内の適合する諸点への関係において位置づけねばなりません。このようにして、私はあなたを／すっかり理解するでしょう。そしていまやあなたに感謝を捧げ、もうすぐ二十年になりますが、さまざまな出来事のせいで不幸にも断たれていた関係を結び直すこの機会がどれほどうれしいかをお伝えしたく思います。とはいえ、この長き隔たりの間に、私はその名声が相当なものであったあなたの哲学的活動を遠くから追っていました。――敬具

H・ベルクソン

（1） *Méditations Sud-américaines*, Paris, Stock, 1932（11 juillet 1932）, A・ベガンによる翻訳。

E・アケソンへ　一九三二年七月二十一日

GUBCB（Elof Åkesson archive）

アンリ・ベルクソン
アカデミー・フランセーズ会員
道徳政治学アカデミー会員
ボーセジュール大通り四七番地

『宗教と思考』[1] をご送付くださったことに対してエロフ・アケソン博士に感謝いたします。ヴィタリス・ノルストレームの思考がもつあらゆる厳密さのなかで明らかになる、大変高尚な着想に基づく作品です。エロフ・アケソン氏の序文は、読解を助けてくれます。

――敬具

H・ベルクソン

（1） ヴィタリス・ノルストレーム『宗教と思考』*Religion und Gedanke*, Olaus, Upsala. エロフ・アケソンによる序文付きのドイツ語訳。Aktiebolaget Shänska Central-tryckeriet, 1932.

G・カトーイへ　一九三二年九月一日

Doucet（a 8524-40）

ジャンジャン（スイス）　一九三二年九月一日

拝啓

病気と、とくにその治療により、一日のうちで自由な時間は少しだけけしか残されておらず、（あなたが提起する重要な問いに返答するためには必須のことですが）望んだ通りにわずかでも長くお便りを書くということができません。したがって、どんな楽しみを伴って優れた研究「ベルクソンと神秘主義」[1] を拝読したかをお伝えするだけに留めます。神秘主義の重要性について私が述べたことの本質を

「簡潔に《イン・ア・ナッツシェル》」つかまえるという、本当の離れ業を成し遂げていらっしゃいます。こうした記事を私に宛てて書いていただき感謝します。また、あなたが綴ってくださった感動的なお手紙が、どんなに私を感激させたかを知っていただきたく思います。私たちが行った会話の鮮明な追憶をなおも私は心に留めております。そして近いうちにこれを再開できることを願っております。

H・ベルクソン

封筒：ジョルジュ・カトーイ氏
ビュート・ハウス
サウス・オードリー通り七五番地
英国、W1、ロンドン
印：ジャンジャン、＋、九月二日三七年

(1)『スペクテーター』紙 *Spectator*, 149, n° 5435, 1932〔三二年の誤りか？〕

一九三二年九月四日

Ch・A・ストロングへ

RACNY (Strong Papers) NBR

ジャンジャン（ヴォー州）スイス
一九三二年九月四日

親愛なるストロング氏

親切なお手紙に感謝申し上げます。哲学において飛び抜けて難解である、道徳的で宗教的なこれらの問いに関して、我々がほとんど同意していると考えるのは実に喜ばしいことです。願わくは、近日中にお話できればうれしく思います。妻もよろしく伝えてほしいとのことです。

敬具
H・ベルクソン

一九三二年九月八日

［P・マッソン＝ウルセル］へ

IMECP (Fonds L. Lévy-Bruhl)

ジャンジャン（ヴォー州）スイス
一九三二年九月八日

拝啓

お送りくださった記事(1)を読了したばかりですが、この興味深い研究を私に費やしてくださったことに感謝します。

あなたはそこで、私の執筆時の精神を取り戻すよう努めることで、難解な部分を目指されています。私が賛成しかねる重要な点さえなければ、あなたはそれに成功したとお伝えしたことでしょう。

というのも、私のはじめの二章は、「各々『道徳社会学』の著者レヴィ＝ブリュールと、原始心性の分析家レヴィ＝ブリュールに関わるものだ」と、あなたはおっしゃっています。――第一章について言えば、私は一瞬もレヴィ＝ブリュールのことを考えずに、これを書きました。道徳と風習の研究をめぐる彼の著書はよく存じています。刊行時に詳細に読み、これを最重要なものと認めました。しかし、それ以降読み返してはいませんし、第一章で問題になっているのはまったく／別のことです。一般的には人がそのなかで生活し、その目的としている閉じた社会とは異なり、開かれた社会に関わる中身をもった諸々の格率へと、どのように社会学的本質である責務の形式が拡大するのかを示そうとしたのです。それゆえこの章を「道徳的責務」と名付けました。いかなる論争的意図もそこにはありません。もし、そこに密かに対象とされた哲学者たちを是非とも見つけようとすれば、責務が一つの観念から派生すると信じる主知主義者たちをひとまとめに捕まえねばならないでしょう。ところが、この哲学者たちは「社会学派」と呼ばれるものに一般的には属しません。そもそも社会学とは一つの学問であり、学派ではないと私は考えています。他の道徳学と同様に、多様な学派がそこには存在するでしょう。私は、私の近著を社会学の本であるとみなしています。

それが第一章です。では、第二章に取りかかります。そこでは最古の諸宗教に関する問いが扱われています。それらが、あらゆる文明の手前で把握された人間的本性のなかでどのような根をもっているかが探究されました。必然的に、「原始心性」を掘り下げた哲学者を利用し、また必要とあらば批判しなければなりませんでした。／それゆえ、レヴィ＝ブリュールの諸観念と、証拠として彼が引用した諸事実を検証することに第二章の一部を費やさざるをえませんでした。とはいえ、私はレヴィ＝ブリュールも「社会学派」も非難していません。ただ彼らが追求しなかった方向へと分析を進めました。また彼らの結論は私の結論と両立しますので、それゆえ私の結論はそこに付加されるものなのです。

これらの説明を提供しようと望んだのは、私の近著が論争を呼ぶ本だと信じ込んでいらっしゃるようだからです。ですが、いかなる段階でもそのようなことはなく、私はつねに哲学の分野における「反論」の敵であり、論争は哲学を矮小化するとつねに判断してきました。またレヴィ＝ブリュールは私の古い友人であり、仮に彼に反対する本を書こうと望んだならば、私の意図を彼に伝えることから始めると言い足しておきます。

敬具

H・ベルクソン

（1） ベルクソンの筆跡によるもので、レヴィ＝ブリュール蔵書に関係する人物へのものであるが、宛名はない。引用された文章が記事の著者を辿ることを可能にする。P・マッソン＝ウルセル「哲学。ベルクソン。『二源泉』……」«Philosophie. Henri Bergson. *Les deux sources...*»,『メルキュール・ド・フランス』誌 *Mercure de France*, 238, n° 820, p. 394-397:「ベルクソンが遂一特定の人物に抵抗を示しているはじめの二章は、各々『道徳社会学』の著者レヴィ＝ブリュールと、原始心性の分析家レヴィ＝ブリュールに関わるものだ」(p. 315)。

一九三二年九月二十一日

A・ルメートルへ

BPUG (Ms. fr. 6601, f. 102-103)

ジャンジャン

一九三二年九月二十一日

最愛なる同僚

ようやく『二源泉』についてお書きいただいた記事を読んだところです[1]。そして私の強い謝意をすぐさま送ろうと考えました。この本の著者について、とても好意的な言葉で表現してくださいました。これを抜きにしても、／どれほどあなたの考究が興味深く、生命力を保ったものであると考えているかをお伝えするのは容易です。これ以上うまく本質的概念を解きほぐし、その脈略を明瞭にすることは不可能だったでしょう。そのうえ、本書にはいくつかの欠落があると暗示されているのはもっともなことです。それらの欠落は、もはや鮮明に理解できない場合や、私の考えた結論と単に個人的で憶測に基づく見解とを混同したくない時に、私が沈黙を守ったことに起因します。

敬具

H・ベルクソン

（1） 未発見。『神学宗教研究』*Études théologiques et religieuses (Monpellier)*, 7, 4, juillet 1932, p. 325–326 に発表された、J・B（ジャン・ブルトン）という署名のある『二源泉』の書評を指すものではないと思われる。

G・ベネゼへ

［一九三二年十月初め］

YUSLNH（リプリントファイル）

一九三二年十月二十四日ヴェルサイユから送られたG・ベネゼの書簡によれば、『方法論』誌で『道徳と宗教の二源泉』について発表された見解の著者に、ベルクソンは感謝している。「直接与件〔試論〕」以来のベルクソンに対する彼の恩義。「相対性に関する論争の折、最終的に議論に参加できなかったことはきわめて残念でした。あなたのおっしゃることはすべてごもっともです」と記され、面会の要請が述べられている。[1]

（1） 『方法論、哲学教育誌』*Méthode, Revue de l'enseignement philosophique*, n° 3, novembre 1932, p. II–V, hors texte に所収の「ベルクソン、道徳と宗教の二源泉」。この論考は一九三二年四月二十八日付でG・ベネゼと署名されている。

J・H・ハイドへ

一九三二年十月十八日

HSNY（Hyde Papers）

パリ、ボーセジュール大通り四七番地
一九三二年十月十八日

親愛なるハイド氏

ご親切な賛辞に感謝を述べさせてください。また、英語でしばしば言われるように「返礼《リシプロケイト》」させてください。言うまでもなくあなたの幸運を、／妻と私がどんなにお祈りしているでしょうか。

敬具

H・ベルクソン

一九三二年十月二十四日 YUSLNH（リプリントファイル）。ベルクソンについて語られたG・ベネゼの著作『基準系とは何か』の献本に対する礼状を受け取った旨を、ベルクソンに伝えるベネぜからの書簡。

一九三二年十一月五日

M・プラディーヌへ

BSP (2175, f. 65–66)

パリ

一九三二年十一月五日

親愛なる同僚にして友(1)

私の健康状態では、一日のうちでほんのわずかな時間しか（時には数分しか！）読書や執筆の時間に残されておらず、「基本感性」(2)についてのご著書を仔細に読解する前に時間が過ぎてしまうかもしれないことを懸念しています。しかし、一瞥しただけですでに、その重要性と独創性が明らかになるには充分でした。そこに見出されると思われる方法は、感覚作用の生物学的意味をまず考究するもので、／これはことさら実りあるものだと私は考えます。他方で、あなたのやり方で——繊細かつ斬新なやり方で——感覚作用と表象の間の、総じて曖昧に定義されてきた関係を解釈しているように思われます。しかし、そうしたことすべてに関して、今のところ表面的な考えしか持ち合わせていません。可能になり次第、注意深くあなたの研究を学ぶつもりです。さしあたって、このように難解な研究をあなたが成功裏に継続していることを賛美したく思います。敬具

H・ベルクソン

（1）『二源泉』をめぐる一九三二年三月二十三日付のプラディーヌの書簡への返信。

（2）M・プラディーヌ『欲求感覚』*Les sens du besoin*, Paris, Belles-Lettres, 1932.

一九三二年十一月二十三日

ミュラ伯爵夫人へ

FPM

パリ、ボーセジュール大通り四七番地

一九三二年十一月二十三日

親愛なる友

本日何度かあなたと電話で連絡を取ろうとしたのですが、駄目でした。私たちは、アンリ・ド・レニエによるピエー

ル・ブノワのアカデミー・フランセーズ入会式に、明日ご出席をお望みかどうか知りたかったのです。念のため紹介状を送ります。ポルト＝リッシュの席をピエール・ブノワが継承します。

近頃お便りを書けずに残念です。近況をお訊ねしましたときは、いらっしゃいませんでした。――ジャンジャンでの／会話に関して私が心に留めている記憶が、なんと心地よく生き生きしたものであるでしょうか！　敬具

H・ベルクソン

封筒：気送速達電報
ミュラ伯爵夫人
サン＝ドミニク通り四一番地
パリ七区
印：パリ一六区、R…

F・デュオルコへ

SD［一九三二年十一月末］

Doucet (BGN 622) BSP

その性格を少しも歪曲することなく、すばらしく／説明、／注釈を加えられ、説明され、現代化された「ロンスヴォー物語」を送ってくださったことに感謝します。

この著作を大変な興味をもって拝読しました(1)。

(1)『隣人愛』*L'amour du prochain*, Paris, Grasset (7 novembre 1932) の著者ジャック・シャルドンヌより入手したフランソワ・デュオルコ著『ロンスヴォー物語』*Roman de Roncevaux* の書評依頼状に鉛筆で書かれた下書き。

V・ジローへ

一九三二年十一月十二日

Doucet (Ms 15114)

パリ
一九三二年十一月十二日

親愛なる同僚

きわめて正確であると同時に血の通ったものである、見事な小品『第一次世界大戦史』(1)に対して、これ以上感謝を遅らせることはできませんでした。これほど簡略な形式で

すべての本質を提示するためには、主題の完璧な掘り下げや、真の再現する力が不可欠だったでしょう。

同様に――ひときわ的確に選出された――サント＝ブーヴによるポール＝ロワイヤルの『選集』(2)にも感謝を捧げます。あなたの序文が、実際に「最重要」であるこの作品の意味を理解させてくれます。

敬具

H・ベルクソン

（1）『第一次世界大戦史』*Histoire du la Grande Guerre*, Paris, Flammarion, 1932（15 décembre 1932）.

（2）『サント＝ブーヴによるポール＝ロワイヤル、研究と分析』*Port-Royal de Sainte-Beuve, Étude et analyse*, Paris, Mellottée, 1930（26 juillet 1930）.

一九三二年十一月十二日

G・ド・レイノルドへ

ALS

パリ、ボーセジュール大通り四七番地

一九三二年十一月十二日

親愛なる友

お会いできることが一体どれほどうれしいことでしょうか！　来週日曜日四時半にお茶を飲みにいらっしゃいませんか？　現在お体の具合がよろしければ幸いです。あなたは大変疲れていらっしゃいましたから。――敬具

H・ベルクソン

一九三二年十一月二十七日

E・H・ハウスへ

YUSLNH (Misc. 12.395) SSG

ボーセジュール大通り四七番地

一九三二年十一月二十七日

親愛なるカーネル・ハウス

この数ヶ月体調があまり芳しくなく、お便りを書くのがとても困難でした。ですが、大西洋を超えて貴殿と奥様にご挨拶を申し上げることなく本年を終えてはならないと思いました。

私はしばしば、一九一七年の初めから終戦にかけて、そしてその後にもアメリカで共にした会談について思い出し

ます。また同じく、ヨーロッパとアメリカの将来について貴殿が表明したきわめて高尚なお考えのことも思い出します。それ以来厄介な問題、／耐え難い紛糾、人類全体に対する脅威がいくつも生じたので、恐怖を感じずにそれらと向き合うことは不可能でした。しかしいまや、かつてそうだったように、政治や経済よりもさらに主要な問題は道徳であり、人間性の道徳上の革新がなければ、恒久的な成果は得られないと私は信じています。

カーネル・ハウスへ敬意を込めて。

敬具[1]

H・ベルクソン

（1）一九三三年一月十三日にハウスから「親愛なる友、十一月二十九日の手紙に感謝いたします」と返信あり（文中の日付はおそらく郵便印の日付である）（Misc. 12.395, 下書き。BNG675-3, 原本）。

ルスタンへ

SD［一九三二年？］

VCP（398-1, sf）

アンリ・ベルクソン
アカデミー・フランセーズ会員
道徳政治学アカデミー会員
ボーセジュール大通り四七番地

親愛なる友、ピエール・ラセール[1]の大変立派な本を送ってくださり、感謝します。これを編集し、この本の性質をはっきりと指摘する序文をあなたが加えたことを賞賛いたします。

敬具

H・ベルクソン

（1）『エルンスト・ルナンの青年期』*La jeunesse d'Ernest Renan* 二巻がガルニエ書店より一九二五年に出版。三巻目は一九三二年にカルマン＝レヴィより、無記名の序文とともに出版。この書簡によってルスタンがその筆者であり、出版の責任者であることが分かった。また、ここから日付を推定した。

一九三三年

一九三三年一月一日

ミュラ伯爵夫人へ

FPM

パリ、ボーセジュール大通り四七番地
一九三三年一月一日

親愛なる友

奥様がなさったことに一体どれほど驚かされたでしょうか！　私が日々を過ごしている仄暗い隠遁生活に、この美しい花は、希望と自然さと自由に基づいたひとつの哲学を届けてくれます。感謝いたします。

親愛なる友、奥様に対する願いの念は伝えるまでもないでしょう。それはすでに部分的に叶えられました。／なぜなら、しばらく前からお体がよくなかったのに、今夏に奥様はとても健康な状態で我々の前にいらしてくださったのですから。今では完全に健康を快復しているに違いありません。周知のように疲労への唯一の薬は、休息なのです。親愛なる友、近々にお会いできることを願っています。

敬具

H・ベルクソン

封筒：転送願い
ミュラ伯爵夫人
／パリ七区、サン＝ドミニク通り四一番／
〈パヴィリオン・ポンパドゥール・フォンテーヌブロー〈セーヌ＝エ＝マルヌ〉〉
印：パリ一六区、サンジェ通り、一九三三年一月二日二十二時三十分

SD［一九三三年一月七日］

Ch・ヴェルナーへ

BPUG (Ms. fr. 9008/1, f. 30) NBR

アンリ・ベルクソン

ボーセジュール大通り四七番地
道徳政治学アカデミー会員
アカデミー・フランセーズ会員

親愛なる同僚、あらゆる謝辞と祝辞、そして新年の心からのご挨拶をさせていただきます。この機に、私の本に捧げてくださった大変すばらしい研究[1]をどれほど評価しているか、今一度伝えさせてください。この論考は大きな成功を収めています。（著者名は記されていませんが）何度も引用され、模倣されています。——敬具

H・ベルクソン

封筒 f. 30：シャルル・ヴェルナー教授
フロリッサン通り四番地
ジュネーヴ（スイス）
印：パリ一六区、サンジェ通り、一九三三年一月七日二十二時三十分。ここから日付を推定した。

（1）　前掲の一九三二年三月十六日の書簡参照。

1292

一九三三年一月二十三日

ミュラ伯爵夫人へ

FPM

パリ、ボーセジュール大通り四七番地
一九三三年一月二十三日

親愛なる友

美しいお花への返礼を申し上げるのが大変遅れました。この花は二重の喜びを与えてくれます。それは、その花を眺めることと、素適な友人が私のことを考えてくださったことを知ることです。——充分に病に苦しめられた後ですが、よくなり始めています。痙攣性のこわばりが問題でした。／これは長い間そこにいながら、好機をうかがっていた中毒症に起因するものです。

H・ベルクソン

封筒：ミュラ伯爵夫人
サン＝ドミニク通り四一番地
パリ七区
印：パリ一六区、サンジェ通り、一九三三年一月二十三日

一九三三年二月一日

Ch・ペギー夫人へ

CPO (Cor-IV, Inv 247)

一九三三年二月一日

親愛なる奥様

ペギーのお母様の逝去に非常に心を痛めております。この人は、その息子を充分に理解するためには知っておかねばならない、真に優れた女性です。かつては、少しの間お話するためにいらしてくださり、言葉では言い表せない印象を私に残しました。

敬具

H・ベルクソン

封筒：シャルル・ペギー夫人
ウーダン通り一二番地
ソー（セーヌ県）
印：パリ一六区、サンジェ通り、一九三三年二月一日二十時三十分

SD［一九三三年二月末］

P・ジェラルディへ

Doucet (BGN 631) BSP

すでにその抜粋は存じておりましたが、『クリスティーヌ』を送っていただいたことに御礼申し上げます。／…／強い関心を伴ってこの感動を引き起こす戯曲を、その率直さのなかで読了したばかりです。その率直さにおいて明らかになるのが、／かかる芸術／きわめて繊細な台詞の芸術／一つの芸術／と、そしてまた（とはいえ、それはおそらく実際には同じものですが）殊に明晰な／分析／[1]。

（1）『クリスティーヌ』*Christine*, Paris, Stock, 1933（一九三三年二月八日出版）の著者ポール・ジェラルディから入手した鉛筆による下書き。ここから日付を推定した（BGN 70, 自筆献辞入り）。

一九三三年三月三日

A・モンジーへ

BNFP (Fr na 25553, f. 75)

パリ

一九三三年三月三日

親愛なる大臣殿

貴殿は偉大な活動に着手しているのです。貴殿が記した序文は、今後その科学的および哲学的射程を知らしめるでしょう。これを賞賛させてください。名誉委員会への参与が大変名誉であること、また最後の文章に加えてくださった引用によって、貴殿の思考と私の少しばかりの結びつきを発見し、すでに名誉を感じていることを同様に伝えさせてください[1]。

敬具

H・ベルクソン

(1)　この『フランス百科全書のための呼びかけ』は、文部大臣A・モンジーによって多くの知識人へと通知され、この記録書類は知識人らの返答を保管している。

一九三三年三月十四日

ミュラ伯爵夫人へ

FPM

一九三三年三月十四日

親愛なる友

ここにある招待状は土曜日のために奥様へと用意されたものです。奥様にお送りすることを忘れるなどできるでしょうか？　我々は哲学の話ができるでしょう。そしてこれがそっくり不注意の釈明、そしておそらく弁解となるでしょう。――敬具

H・ベルクソン

封筒：ミュラ伯爵夫人

サン＝ドミニク通り四一番地

パリ

SD［一九三三年三月十六日］

E・M・ヴォギュエへ

Doucet（BGN 681）BSP

近頃病にひときわ苦しめられており、／一日のうちわずかな時間しか自由にできず……／何より示唆に富む注釈とともに出版された『日記』をご送付いただいたことに対して、ヴォギュエ氏にいまだ謝辞を述べておりませんでした。／この日記はとりわけ関心を引き／生き生きしており／省察で満たされ／教えに富むと同時に洞察に富み／洞察に富み、そして彼が理解し、ウジェーヌ・メルキオール・ド・ヴォギュエ子爵の立派な人物像を実際に蘇らせる時代の区分について／

この日記は興味深い描写と洞察豊かな思索に満たされ、何より関心を引き、ヴォギュエ子爵の立派な人物像を実際に蘇らせてくれます[1]。

（1）『日記』*Journal*, Paris, Grasset, Les Cahiers Verts, 1932（一九三二年十二月十日出版）の著者ウジェーヌ・メルキオール・ド・ヴォギュエから入手した書評依頼状に鉛筆で書かれた下書き。ベルクソンの手による「三月十六日返信」という記載が表紙に残されている。

一九三三年三月二十三日

P・ヴァレリーへ

BNFP（Fr na 19165, f. 210-211）

パリ

一九三三年三月二十三日

親愛なる同輩

貴殿がゲーテについて述べた、まさに主題にふさわしい講演はなんと美しいものでしょうか！ 私はこれを読んだばかりで（印刷されたもので、なおかつ類まれな格調高さとともに発表されたものです[1]）、読者の感嘆に気の緩む瞬間を与えることのない思考が放つ魅力の治下におります。それはゲーテ作品の説明でも分析でも総合でもなく、この才能との一連の接触であり、結果として、これほどまでの予想だにしない独自の湧出となるのです。

敬具

H・ベルクソン

封筒 f. 212：ポール・ヴァレリー氏
アカデミー・フランセーズ会員
ヴィルジュスト通り四〇番地
パリ一六区
印：パリ一六区、サンジェ通り、一九三三年三月二十三日十九時三十分

（1）『ゲーテの栄光についての講演』*Discours en l'honneur de Goethe*, Paris, Gallimard, 1932 は一九三二年四月三十日にソルボンヌで行われた。

SD［一九三三年三月二十四日］

B・ロメイエへ

Doucet (BGN 2205) BSP

敬愛する司祭様
『哲学アーカイヴ』誌で私に費やしてくださったとりわけ立派な研究を、深い満足感をもって、たった今読んだということをお伝えせねばなりません(1)。

（1）「ベルクソンにおける道徳と宗教」« Morale et religion chez Bergson », *Archives de Philosophie*, IX, III, 1932, p. 283–317 の筆者ブレーズ・ロメイエから入手した鉛筆書きの下書き（BGN 1856）。この文書はロメイエに送達され、彼の配慮により出版された書簡の冒頭であると推測される。『論集』一五〇六頁と一六二五頁を参照。

SD［一九三三年三月末］

B・バーグソン＝スピロ夫人へ

CULNY (Spec Ms Coll. Ferrero)

パリ、ボーセジュール大通り四八番地
一九三三年四月四月
親愛なる「また従兄弟」
私の健康状態が、ほんの少しの／時間しか仕事のために／時間しか一日の間で、仕事と読書に充てることができません。来週まで『日々の暮らし』をとっておこうとしました。日曜日か、それとも土曜日に読もうと考えましたが、結局すぐさま、ほとんど一息に読んでしまいました。御本は大変価値があり、時に面白がらせて／…／誠実であると

同時にユーモラスであり、「道徳化する」ことなく省察を促してくれます。あなたの方法論は、本質的に印象主義で、多数の小さな事実と小さな心理状態の記述からなっています。その各々は無意味に映るかもしれませんが、その総体は／…／一人の人物の特徴的な／…／

四度の食事を取りながら、たった一日のうちに、あなたは一体どれほどの物事をこのように集約させるに至ったのでしょうか！　ほとんど沈鬱な感情を／…／我々のために「日々の暮らし」と一体化させています。というのも、おそらくあなたが扱う人物たちは／ひとつの目的、いわゆるひとつの理想とともに未来のなかに充分に生きるのではなく／未来への計画や目的なしに、いわゆる道徳化することもなしに、もっぱら現在の感情のなかに生きているからです。

敬具[1]

(1)　一九三三年三月六日付のベティー・バーグソン＝スピロからベルクソンへの書簡に書かれた鉛筆による下書き。ここから日付を推定した。ロンドン、スタンレー・クレセント一〇番W.11.『日々の暮らし』*The Mere Living*, Londres, The Camelot Press, 1933（BGN 16. 自筆献辞入り）の著者ベティー・バーグソン＝スピロより入手。

SD〔一九三三年三月末？　三三年五月二十四日の書簡参照〕

H・ド・レニエへ

Doucet (BGN 670) BSP

親愛なる同輩

／私はできませんでした／私は『興味深き書簡集』をすぐに読んでしまうという誘惑に抵抗できませんでした。これらがどのくらい私の興味をそそったかをお伝えしたく思います。書簡のいくつかは／このうえなく細微な／このうえなく深くまで入り込む心理学的分析となっています。つまりある種の癖をもち、ある方向／方法／へと特化したひとつの魂についての分析です。

総体としては、生命一般、長所あるいは短所に関して省察を促します。／これは／これは／集中させ／かように内的に一体となり、唯一の方向で全体となるようなものです。／…／

モラリストと心理学者はこのように互いに、省察すべき豊富な素材とこの独創的な本のなかで出会うのです。

敬具[1]

H・B

（1）『幾人かの手でそのうちの一人へと送られた興味深き書簡集』*Lettres divers et curieuses écrites par plusieurs à l'un d'entre eux*, Paris, Mercure de France, 1933（一九三三年三月二十五日）の著者アンリ・ド・レニエから入手した鉛筆による下書き。ベルクソンの手による「一九三三年……返信」と記述がある（BGN 144, 自筆献辞入り）。一三〇五頁の手紙を参照。

一九三三年四月四日
ジーナ・ロンブローゾ＝フェレーロ夫人へ

CULNY（Spec Ms Coll. Ferrero）

パリ、ボーセジュール大通り四七番地
一九三三年四月四日

親愛なる奥様

すばらしいご著書[1]の続刊を出版されると聞き、うれしく思います。ご送付いただいた目次から、ご高著がもつ重要性と寄与が分かりました。もし新著の冒頭に私の書簡が掲載されるのを見るのが可能であれば、それは僥倖であり、光栄に思うのはお伝えするまでもないでしょう。しかし、残念ながらその術がありません。三〇年以上前から、本に序文を寄せることはしないと原則として自らに課さねばなりませんでした。たとえ、出版の折や前著に関して著者に送った書簡という（しばしば人にもちかけられる）間接的形式でさえもです。この規則を言い訳にすることで、あなたや同僚、同輩や友人に頼まれた依頼を退けねばなりませんでした。おそらく彼らを何度か不満にさせたかもしれません。とはいえ、少なくとも彼らを傷つけてはいません。というのも、後に私に絶対的規則があるということを認めていただいたからです。／もし仮に今例外を作れば、同じ状況ではなくなってしまいます。もっともどんなに例外が正当でも、どんなにそれを望んでもそうです。私の言い分をご理解くださることを確信しています。もしご著書のなんらかの文章が機会となって、ご著書の本文に私の書簡の抜粋が載せられることは、まったく支障はないことは言うまでもありません。それはうれしくさえあります。

敬具

H・ベルクソン

（1）『栄光への回帰——過去の過ちと未来の使命』*Le retour à la prospérité. Les erreurs du passé et les tâches de l'avenir*, Paris, Payot, 1933.

一九三三年四月四日

E・ムーニエへ

ECP (Fonds Revue Esprit) NBR

パリ
一九三三年四月四日

拝啓

あなたの呼びかけに応じ、準備中の重要な号[1]に協力することで、強い興味をもって定期的に拝読している『エスプリ』誌に対して、共感の具体的な証を示せればとは思います。しかし残念ながら、その術が見つかりません。ユダヤ教に関する些細な発表でも、私には著しい努力が強いられるでしょう。その理由は、問われていることの複雑さに拠ります。またもし人が真実から反れていくことを望まない場合、多数の点で意見を徐々に変化させ、調整する必要があるためです。ところが、そのような仕事を考えることはできません。数年前から患っている病に、近頃深刻な中毒症がさらに加わってしまいました。なんとか快復しましたがしつこい不眠症が残り、仕事の許容量は制限され、また前からの契約を果たすための急を要する仕事に限定する必要があります。私の心残りをお察しください。そしてあなたが企てた仕事への賞賛とともに、私の確たる忠実な感情を伝えさせてください。

H・ベルクソン

（1）「ユダヤ人問題」«Le problème juif», I, 8, 1er mai 1933, trois article, p. 150-172.

一九三三年四月六日

R・T・フルーウェリングへ

HLUSCLA (Flewelling Papers)

パリ、ボーセジュール大通り四八番〔四七番の誤りか?〕
一九三三年四月六月

親愛なるフルーウェリング博士

『ザ・パーソナリスト』[1]誌の特集を私に捧げてくださるというお考えを、どれほど光栄に感じているかを言い表せません。我々の友人ウィルドン・カーの思い出を喚起しながら、パリでのあなたと私との関係を思い出させることで、最も繊細で最も琴線に触れる方法によって、かようなお考えをあなたは実現しました。「ベルクソンと人格主義」についての論文は、過大な厚意をもって私を論じていること以外に欠点はありません。つまりこの点を除けば、この論文はすばらしいものであるとお伝えします。――今回はあなたが「まったくなんの挑戦にも立ち向かわない《メット・ウィズ・ノー・チャレンジ・アット・オール》」ことをお嘆きになるかもしれません。真実を言えば、あなたは私が表明している学説の根源そのものまで掘り下げているのです。――その学説とは、科学のように限界のない進歩を哲学に可能にすることを目指す方法です。そのうえマージョリー・S・ハリスとハーマン・ハウシャー氏の論文を読めるのは、大変うれしいことでした。しかし後者については留保します。私とシェリングの視点のいくつかに関する類似は、実際よりもいっそう表面的です。残念ですが、詳細に踏み込んでこのお手紙を引き延ばすことはできません。なぜなら、私の健康状態がそれを書き出すための時間を与えてくれないからです。したがって、親愛なるフルーウェリング博士、きわめて注意深く私を研究してくださったことに対して、あなたと共同執筆者たちに感謝を述べるに留めます。

敬具

H・ベルクソン

シラーへよろしくお伝えください。彼の「地球における人類の未来」[2]を興味深く読みました。――もしウィルドン・カー夫人がまだロサンジェルスにいれば、同じくよろしくお伝えください。

（1）十年前から途絶えていた文通は『二源泉』が献辞付きで贈呈されたことで再開された。フルーウェリングは一九三二年四月十六日の書簡で返礼し、続いて『二源泉』の書評（BGN 1854. 自筆献辞入り）を含む『ザ・パーソナリスト』誌を二冊送った。これには一九三三年三月二十八日付の書簡が添えられており、それに対してこの書簡が返答している。そしてフルーウェリングは一九三三年六月六日に返信している。一九三三年十月十八日と一九四三年七月十日にフルーウェリングから続いて書簡が送られる。

この特別号ではフルーウェリングの論文「ベルクソンと人格主義」«Bergson and Personalisme», *Personalist*, 14, 2, avril 1933, p. 81-92と「創造的進化の到達点」«The culmination of l'Évolution créatrice», p. 134-136、そしてマージョリー・S・ハリスの「ベルクソンと生の芸術」«Bergson and the Art of Life», *Personalist*, 14, n°2, 1933, p. 107-118; ハーマン・ハウシャーの「ベルクソンとシェリングの思考的類似性」«Thought Affinities of Bergson and Schelling», *Personalist*, 14, n°2, avril 1933, p. 93-106が掲載されている。

同一ファイル内に所蔵される日付のないフルーウェリングの手書きの書簡にも言及しておこう。これはベルクソンに雑誌の創刊を伝えている。「失礼かもしれませんが『ザ・パーソナリスト』という題名の新しい哲学専門誌の初号を一部郵送いたします」。したがって、この書簡は一九一九年の日付をもつだろう。

（2）『タンタロスあるいは人類の未来』*Tantalus or the future of man*, Londres, Kagan, 1931, 3e éd.

一九三三年四月十日

E・ムーニエへ

IMEC (Fonds Revue Esprit) NBR

パリ
一九三三年四月十日

拝啓

心からの勧奨にはとても感動させられました。ですが、そのような主題をめぐってわずかな行のお手紙を送ることは実際にはできかねます。読者がいみじくも私を信頼したいと思ってくださるのは、それはまさに私が充分に準備していないことは何も語らないのを読者は知っているからです。まさにこの理由で、決してインタヴューを行いませんでした。他方でドイツの反ユダヤ主義への非難を単に私が表明するために、一筆書いてほしいとご依頼いただくのであれば、これはまったく不要です。こうした非難は自明だからです。かかる表明は、非ユダヤ人が行わなければ意味がありません。

敬具
H・ベルクソン

追伸、四月二十一日。なぜか分かりませんが、四月十日付であなたへの返信としてすぐに書いた上記の書簡を送っていませんでした。あなたが重ね重ね親切に勧奨してくださったとはいえ、次号に私の名が記載されることは不要であると思います。私の名は無視していただければ幸いです。

SD［一九三三年四月二十七日］

Ch・デュ・ボスへ

Doucet (BGN 3043)

アンリ・ベルクソン

アカデミー・フランセーズ会員
道徳政治学アカデミー会員
ボーセジュール大通り四七番地

親愛なる友、フランソワ・モーリヤックについてのすばらしい研究(1)に感謝申し上げます。これは／非凡な心理学的洞察を備えており、著しく感動的です。――敬具

H・ベルクソン

(1)『フランソワ・モーリヤックとカトリック小説家の問題』*François Mauriac et le problème du romancier catholique*, Paris, Corrêa, 1933. 日付は名刺に書かれていたもの。一九三三年二月八日にデュ・ボスから書簡（BGN 750）。

一九三三年五月十日

ミュラ伯爵夫人へ

FPM

一九三三年五月十日

親愛なる友、どのように奥様に感謝をすればよいでしょうか？　花束は美しいものでした。明るい緑の上に暗い赤があり、この二つの補色の間のコントラストは眼福で、ナデシコの香りはとくにうっとりさせるものです。――私の前にあるこの花は、我々の会話やド・ノアイユ夫人について語っていただいたことを絶えず思い出させます。／妻は明日帰宅しますが、不在のためあなたのお話を伺えなかったことをどれほど残念がるでしょうか！

H・ベルクソン

封筒：ミュラ伯爵夫人
サン＝ドミニク通り四一番地
パリ七区
印：パリ一六区、サンジェ通り、一九三三年五月十二日七時三十分

一九三三年五月十二日

A・シェヴリオンへ

Doucet（Ms 23245）

パリ

一九三三年五月十二日

親愛なる同輩

私の甥フロリス・ドラットル（現在ソルボンヌ教授）が、ヴァージニア・ウルフの小説について最近出版した著作[1]をモンティヨン賞のために応募しました。この著作は好評です。エドモン・ジャルーは『ヌーヴェル・リテレール』誌[2]の最近号のうちの一つで、この著作に文芸欄すべてを費やしました。賞の委員会にひとこと言っていただくことをお願いできますか！　あなたがなさってくださることに先に感謝申し上げておきます。親愛なる同輩、敬具

H・ベルクソン

（1）『ヴァージニア・ウルフの小説』*Le roman de Virginia Woolf*, Paris, Vrin, 1932（一九三三年五月二十五日）。賞は一九三三年十二月二十一日に授与された。

（2）一九三三年四月二十二日号、三頁。Fl・ドラットルの本ともう一つ別の本に関するE・ジャルーの文芸欄。

一九三三年五月十二日

H・グイエへ

Doucet（BGN 2813）

パリ

一九三三年五月十二日

親愛なる同僚

『オーギュスト・コントの青年期』[1]をすぐに読んでしまうという誘惑に抵抗――そもそも抵抗しようとは思いませんでしたが――できませんでした。ご高著はきわめて関心を引くものでした。あなたが提示した、多くの場合で未発表で、変わらず有益な伝記的詳細の多様性のおかげで、オーギュスト・コントの青年時代が過ぎていく只中に身を置いた気にさせられます。我々はそれを／一歩ずつ追っていくのです。もはやまったくデウス・エクス・マキナには思われないコント主義が現れてくるのが見えます。サン＝シモンからの影響にあなたが付した重要性を目の当たりにします。続編が待ち望まれるでしょう。ともあれ、今後この著書は哲学的自伝や学説の導入のモデルとして引き合いに

出されるでしょう。

敬具

H・ベルクソン

封筒：アンリ・グイエ氏
リール大学教授
ヴァグラム一六五番地
パリ一七区
印：パリ、モンパルナス駅、一九三三年五月十四日一七時

（1）『オーギュスト・コントの青春期と実証主義の形成　第一巻　自由のしるしのもとに』*La jeunesse d'Auguste Comte et la formation du positivisme, t. 1, sous le signe de la liberté*, Paris, Vrin, 1933.

一九三三年五月二十二日

V・モノへ

VCP（349-2, sf. タイプ打ち複写）

パリ
一九三三年五月二十二日

親愛なる同僚

ご著書『神と宇宙』（1）を親切にもご送達くださり、感謝します。これを拝読し、読み返して、いまや御本がどれほど私の関心を引いたかを述べたいと思います。「空間のなかで探求された神」と「時間のなかで探求された神」との間の対立というお考えは、独創的であるのと同じだけ有益です。このお考えは、神の問題の歴史を強い光で照らし、この問題のあらゆる複雑さを通じてあなた自身を導き、なぜスピリチュアリスムは実証科学に対して何も恐れることはないのかを示すことを可能にしてくれます。私が多くを見誤っているのでなければ、御本はたくさんの誤解を一掃するでしょう。科学と宗教との間にこの本が投げかける橋の上を、人は自然に渡っていくでしょう。この本質的な点に関して、私が同意見であるのは言うまでもないでしょう。そのうえ多くの箇所で、あなたは私の研究を光栄にも引用してくださいました。

ご高著への賛辞とともに、敬具

H・ベルクソン

（1）Paris, Fischbacher, 1933,『神と宇宙』*Dieu dans l'univers...*

H・ド・レニエへ

一九三三年五月二十四日

Doucet（BGN 670, 原稿）
BIP（Ms 5698, f. 322, 本書の参照元）

パリ
一九三三年五月二十四日

親愛なる同輩

『興味深き書簡集』(1)をすぐさま読んでしまうという誘惑に抗することができませんでした。どれほど私がこれに感興をそそられたかをお話ししたく思います。各書簡はきわめて明晰な心理学的分析であり、――一つの内奥を集約させた、一つの方向へ特化されたような魂の分析です。総体としてこれらが／省察を促すのは、生命一般について、長所あるいは、かように内的に一つとなり、全体として唯一の方向に向かう短所についてです。心理学者とモラリストはこのように互いに、この独創的な本のなかで省察すべき豊富な素材に出会うのです。――敬具

H・ベルクソン

（1）『幾人かの手でそのうちの一人へと送られた興味深き書簡集』*Lettres divers et curieuses écrites par plusieurs à l'un d'entre eux*, Paris, Mercure de France, 1933, 5e édition（BGN 144, 自筆献辞入り）.

P・メナールへ

SD［一九三三年五月末］

Doucet（BGN 883）BSP

親愛なる同僚

送っていただいた論文「カトリック信仰とベルクソン哲学」を多大な興味をもち読みました。この非常に堅固で深部に入り込んだ研究を私に費やしてくださったことに感謝申し上げます。私の近著のあれこれの細部に留まらず（どんな精神をも感動させるあらゆる細部を含んだ学説といったものがありえるでしょうか？）、あなたはまっすぐに本質に向かいました。そして私自身も強調したかもしれない要点が強調されました。そのため、一種の知的あるいはむしろ精神的共感によって、著者の思考に深く侵入し、その

動きをわがものにしなければなりませんでした。

私の誤りでなければ、この本は反論を退け、誤解を一掃するために多くのことをなしてくれるでしょう。／ある人たちは、たとえ哲学は神学と一致しなければならないとしても、哲学は宗教に専念してはいけないと信じているようです。哲学は宗教への方法論をもっています。したがって神学とは一致しないのです。／

この大変立派な論文のなかに挿絵として、ジャン・ギットンが送ってくれた魅力的な写真を追加してみました。四人の子供がなんと快い前景を形作っていることでしょうか。

敬具(1)

封筒：哲学者ピエール・メナール

ラ・マルヌ通り三五番地

ポワチエ

(1) 一九三三年五月十七日ムーラン市のジャン・ギットンからベルクソンへの書簡の裏面に書かれたピエール・メナールに宛てられた鉛筆書きの下書き。引用された論文が掲載されたのは『護教論』誌 *Revue Apologétique*, 55, 4-5, avril 1933, p. 546-557. ここから日付を推測。

J・ギットンへ

SD［一九三三年五月末］

Doucet (BGN 883) BSP

ギットンへ

親愛なる同僚、誤解をまさに消し去ってくれる切にすばらしい論考にあらゆる謝辞を捧げます。／ピエール・メナールに／著者に手紙を書いたところです。たとえ、彼の可愛らしい家族が彼の代わりに写っている魅力的な写真をあなたが送ってくださらなかったとしても、彼を身近に感じたでしょう。

敬具(1)

(1) 一九三三年五月十七日にムーラン市のジャン・ギットンからベルクソンに宛てられた書簡の裏面に書かれた鉛筆書きの原稿。

E・アケソンへ

一九三三年六月十八日

GUBCB (Elof Åkesson archive)

アンリ・ベルクソン
アカデミー・フランセーズ会員
道徳政治学アカデミー会員
ボーセジュール大通り四七番地

『テアイテトス』をめぐるご高著を親切にも送付いただきましたこと、エロフ・アケソン博士に感謝申し上げます。私は／いくつかの文章を翻訳させようと努めつつ（残念ながらスウェーデン語は分かりませんので）、本書の価値を認めます[1]。

パリ、一九三三年六月十八日

（1）『テアイテトスの逸話』*Episoden i Theaitetos*, Göteborg, Elander, 1933.

SD［一九三三年六月末］

G・ベネゼへ

YUSLNH（リプリントファイル）

深く入り込み、かつ独自のものである論考「基準系とは何か」[1]を最大限の関心をもちつつ読了しました。この論考は私に向けてくださった講義の要約の／いくつかの点／いくつかの部分の理解を助けてくれます。／しかし、その意味を完全に把握できるのは、あなたがその詳説を出版するときでしょう。あなたの講義について明晰ないくつかの概念を手にすることができるでしょう。／しかしながら、あなたの講義そのものについての「適切な」概念を手にするのは、あなたが講義を出版したときです。とにかく、言うまでもありませんが／お話に来てくだされればこのうえない喜びです。というのもあなたが／ひときわ厚意をもって提案してくださるのですから。近々田舎へ移るところです。（むしろ田舎に移されます。というのも病気のせいで長い間動けずにおりますから。近々田舎へ移るところです。むしろ田舎に移されます。／私の健康状態が許すのは／私が自由にできる／一日のうちで自由になるほんの少しの時間だけです。ですが、私の家にお電話くだされば、おそらく田舎への出発前に約束を決めることができるでしょう。私の電話番号（電話帳には未掲載です）はオートゥイユ八九―三二です。

休み明けには厄介事は少なくなっているでしょう。ですが、たぶん私は十月に戻ります。

敬具

(1) 『形而上学・倫理学評論』誌 *RMM*, 1925, p. 321–358. 鉛筆書きの修復困難な原稿。我々がそこから日付を推定した、一九三三年五月三十一日付の書簡のなかでG・ベネゼはベルクソンに対して以下のように感謝を示している。「先週最終的なお知らせを受け取ったと思いますが、空間と時間をめぐるこの講義を行い、完結させる喜びのなかで、厚情に満ちた励ましは甚大なものでした……。この郵便で一九二五年の『形而上学・倫理学評論』誌の抜粋を送ります。そのなかで私は基準の概念内で絶対的なものの概念が何において介在するのかを示そうと努めました」。また会談の要望が述べられている。ベルクソンはG・ベネゼから「現代物理学者たちのエーテル空間」«L'espace-éther des physiciens modernes», *Revue de Synthèse*, VIII, 1, avril 1934, p. 17–44 (BGN 1866, 自筆献辞入り) を受け取っている。

一九三三年七月九日

A・グラップへ

Doucet (BGN 2816)

パリ

一九三三年七月九日

親愛なる同僚

どれほどの喜びを抱きつつ、「二つの神秘主義」[1] についての講演を読んだかをお伝えせねばなりません。あなたは、あまりに好意的すぎる言葉で私の研究について話されています。この点を除けば、その背景と、確固たるものであると同時に輝かしい講義のその形式を快く賞賛できます。私の近著のなかから大変見事に選ばれた文章は、真の神秘主義を定義するのに役立ち、／また、実際には異教的である、神秘主義のある種の偽造を定義するものです。単に並置させたのではなく、これらに着想を与えた思考を手にすることで、あなたはこれらの文章を一つに編成しました。——こうしてあなたは印象的な対比に到達したのです。——敬具

H・ベルクソン

(1) 「ヒトラーとベルクソン、あるいは鉤十字の神秘主義とラテン十字の神秘主義。一九三三年三月二十七日サルグミーヌでのアンドレ・グラップの講演。サルグミーヌ高校同窓会による出版」«Hitler et Bergson ou le mysticisme de la croix gammée et le mysticisme de la croix latine. Conférence faite à Sarreguemines, le 27 mars 1933 par M. André Grappe... et publiée par l'Association des anciens élèves du Lycée de Sarregue-

mines», 30p. (*ibid*). 修正を加えられたものが「ヒトラーの神秘主義とベルクソンの神秘主義」となった。A・グラップの他の書簡は、一九一〇年三月三日付、一九二八年十二月十六日付、一九三〇年四月九日付（BGN 764-766）。

一九三三年七月十六日

A・シュアレスへ

Doucet（α 1086）

ジュネーヴ

一九三三年七月十六日

親愛なる同輩

『マルシオ』(1)を読了したところです。炯眼な観察者の冷徹なリアリスムと真の詩人のイデアリスムが交じり合うこの本への賛美を、お伝えしたく思います。それらは交じり合うのか、それともむしろ一致して一緒になるのではないでしょうか？　芸術が、何よりもまず事物の／より強烈でより内的なヴィジョンであることを、これ以上に巧みに示す作品はないでしょう。

敬具

H・ベルクソン

封筒：アンドレ・シュアレス氏

スリゼ通り一一番地

パリ四区

印：ジュネーヴ、速達、一九三三年七月十八日十九時—二十時

（1）*Marsiho*, Paris, Grasset, 1933.

SD［一九三三年七月末］

M・アルヴァックスへ

Doucet（BGN 2727）BSP

親愛なる友

「労働階級の欲求の進化(1)」と題されたご著書を読み終えたところです。そしてご著書がどんなに示唆に富み、興味を引き立てるものだったかをお話ししたく思います。あなたの選ばれたきわめて重要な問いに適用されている眼識／優れた技巧／、統計調査法には感嘆します。労働世帯の家計の研究をめぐるこの問いそのものについて、すでに長期間従事なさっていたことを存じております。何年も前に

――あなたの／学術的で……な／経歴の初めの頃だったと思いますが、お話しくださいました。また、読みながら、安心感を得られます。／それは残念なことに多くの場合、欠落しているものです／それは今日大量に出版される経済学研究書が提供してはくれないものです。

私が多くを見誤っていなければ、あなたの教育と著作によって、生徒もしくはより正確に言えば弟子がますます増えることでしょう。

随分前から私が衝撃を受けているのは、／……のなかだけでなく諸家族・諸国家内で演じられるだろう重要性や役割／そしてその場所で人が作りだすだろう／子供の数や年齢が一家族に与えるさまざまな諸条件、時に耐え難い深刻な諸結果もまた同様です。これらは、すでに人口過多になっている国での人口増加が招くものでしょう。

あなたが用いた諸統計は、おそらくこの要素を考慮したものです。しかし、それらの統計は、この要素を背後に置き去りにしてしまっているように思えます。現代的で全世界的な危機の研究における一般的な方法では、人口統計学的考察に／それらがもつ主要な重要性を／それらが占める権利を有する場所を与えていないと考えます。

しかし、政治経済においては他と同様に、たぶんこの問題を分類しなければならないでしょう。

本書に賛辞を示しつつ、敬具

（1）『労働階級と生活水準』*La classe ouvrière et les niveaux de vie*, Paris, Alcan, 1913（BGN 281, 自筆献辞入り）、そして『労働階級の欲求の進化』*L'évolution des besoins de la classe ouvrière*, Paris, Alcan, 1933（一九三三年七月二十五日、ここから日付を推定）の著者モーリス・アルヴァックスから入手した鉛筆書きの原稿。

SD［一九三三年七月末］

Fr・デュオルコへ

Doucet (BGN 2727) BSP

／あらゆる感謝を／

『ルルドの聖ベルナデット』をご送付いただき、デュオルコ氏へ御礼申し上げます。そしてその飾り気のなさにおいてきわめて心を打ち、感動を誘う本書をどんな関心をもって読んだかをお伝えしたく思います。／ベルナデットの物語は頻繁に語られますが、あなたの本を読むことで、彼女のことを知らなかったことに気づかされます。なぜならあなたとともに彼女は生を帯びるからです。あらゆる感謝を……これは真にベルナデットを蘇らせます(1)／

(1) モーリス・アルヴァックスから入手した前出の原稿に、引き続き書かれていた鉛筆書きの下書き（BGN 281, 自筆献辞入り）。おそらくフランソワ・デュオルコの著書『ある聖女の黄金伝説——ルルドの聖ベルナデット』*Une sainte de la légende dorée. Sainte Bernadette de lourdes*, Paris, Grasset, 1933（BGN 1230, 自筆献辞入り）に宛てたもの。

X女史へ

一九三三年八月十九日

（自筆書簡. N. Chavaray, 145, 824, 一九九九年整理番号 45904 日付あり）

二つのエセー「マルコ」と「ベルクソンにおける古きものと新しきもの(1)」を送ってくださり感謝します。強い興味をもってこれらを拝読しました。私の近著を英語に訳すという申し出にもまた感謝いたします。承諾できないことが残念です。この翻訳はすでに着手されており……近々出版されます。

(1) 特定できず。

ミュラ伯爵夫人へ

一九三三年八月二十日

FPM

ジュネーヴ（スイス）、マラニュー通り三九番地
一九三三年八月二十日

親愛なる友

奥様のお便りが与えてくださった喜びを言い表すことができません。チューリッヒでの逗留と、そこでの治療が奥様を完全に快復させることを一体どれほど望んでいるでしょうか！　そちらで行われた、生野菜摂取の効果の研究は少し存じております。胃を慣らすことができれば、これはおそらくすばらしい食餌療法でしょう。すなわち、食物に火を通すのは自然ではありません。火をつけるのは人間の発明であり、自然が予期したものではありません。火を手にして以来、我々は肉や野菜に火を入れます。しかし、そ

れは単に美食のためです。というのも加熱調理は食物のある種の香りを豊かにします。こうした加熱調理は必ず、食物の／物質的、そしてまさに科学的構成を変質させ、生きる組織内におそらくきわめて少量存在している栄養を食物から取り去り、あるいは使いものにならなくします。しかし、これの栄養はそれほど不可欠ではないが、我々の生体で時折新たなものになる必要があります。今日人口に膾炙しているように、原因の分からない多くの病が、こうした喪失、こうした「欠乏」に起因しているでしょう。親愛なる奥様、調理の哲学についてのこのささやかな論説をお許しください。私の思考のなかでは、種の出現以降の生体の要請をめぐる一貫性についての視点のすべてと関係があります。ですが、もしお望みならばパリで、もしくはお帰りの際にジュネーヴに立ち寄るならばスイスで、ご一緒にこう言ったことについてお話しましょう。サン＝セルグ、あるいはジャンジャンの美しい眺めはもはやないとはいえ、そこでうまくお目にかかれるでしょう。娘は／サン＝セルグに滞在していました。妻は私とジュネーヴにいますが、サン＝セルグにはできるだけ足を運んでおります。私に関して言えば、ジュネーヴで動かずに留まっています。そこで単なる荷物のように人に運ばれなければなりません。敬具

H・ベルクソン

一九三三年八月二十日

R・ジョリヴェへ

Doucet (BGN 2208-40)[1]

(1)『護教論』誌 *Revue Apologétique*, LIV, 561, juin 1932. の書評とともに、一九三三年七月八日にJ・ジョリヴェはリヨンから書簡を送った。その書簡にベルクソンは「一九三三年八月二十日返信」と記載している。

SD［一九三三年八月末］

L・ラヴェルへ

Doucet (BGN 2850) BSP

愛すべき同僚、『自己意識』[1]を送ってくださったことに対して、すぐに感謝をお伝えします。どれほどの関心を持

ちつつ、この大変秀逸な研究を拝読したかを語らせてください。／私はすぐに／…／を読みました。そしてこの読解が興味深く、心を引くものであると感じました。あなたは独自性を見つけようとしたのではありません。そうではなく、この独自性が、あなた自身が得た直観のなかで絶えず刷新され、あるいはむしろ継続されるのを見出しました。／…／。人はかつて哲学の授業で「心理学的意識」と「道徳的意識」を峻別しました。あなたは、人がそうであるものの検証であると同時に、人がそうありたいものの見積もりである「自己意識」内で、この二つの一致を促しているように感じます。／さらにあなたが示したのは、真の生がそこにあるということです。ある一つの時期を深く理解してください。精神集中へのあなたの呼びかけを理解へとつなげて、とりわけ青年期を理解してください……。あなたのご著書は精神集中への呼びかけです。深く理解してください。そしてこの内的精神集中は、行動からはまったく排除されておらず、幸福ですばらしい生の秘密なのです。／

この内的精神集中は、行動からまったく排除されておらず、幸福ですばらしい生の本質的条件であるとあなたは示しました。／

これ以上説得力がある言葉で、より内奥に入り込む優れた分析によってこれを理解させることはできません。ご著書は独創的指摘に溢れ、一つの選集内に本来の場所を見出した頁で満たされています。

敬具

（1）『自己意識』*La conscience de soi*, Paris, Grasset, 1933（一九三三年八月二十一日）の著者ルイ・ラヴェルの書評依頼状の裏表に書かれた下書き。ここから日付を推定した。

一九三三年九月一日

［Ch・セリュ？へ］

(*RMM*, LIII, 4, 1941, p. 266)(1)

「……私が哲学を始めた日からすぐに、内的生とそれを表現すると主張する言語との間の隔たりに驚かされました。しばしば残念なことは、言語が純粋な思考を入れ込む、おそらく偶発的な枠組みから解放された、純粋な思考が研究されることがあまりに少ないことです。実のところこの種の研究は、内観の才能に加えて、広範な言語学的知識を要請し、それゆえ極端な晦渋さを帯びるに至り……」

（1）Ch・セリュの論考「象徴的思考と純粋思考」（『形而上学・倫理学評論』、一九四一年）内で「一九三三年九月一日の未発表書簡によって明らかなように」と記されている。この論考が「その書簡を詳述する」ものと語られている。

一九三三年九月二十四日

G・フェレーロと御夫人へ

CULNY (Spec Ms Coll. Ferrero)

ジュネーヴ

一九三三年九月二十四日

拝啓

痛ましい感情とともにレオ・フェレーロの死を知りました。個人的に彼を知る機会は与えられませんでしたが、彼の論文をいくつも拝読し、何度も強い印象を得ました。そしていつかそうなると信じていましたが、彼がすでに我々の時代の注目すべき人々の一人であったことを知りました。ゆえに一体どんな宿命がわれわれに最も必要な者たちを、彼らがまだ若いにもかかわらず、奪い去っていくのでしょうか！　どうして暗闇で悪戦苦闘する人類を救い出すことができる者たちを奪い去るのでしょうか！　あなたと奥様に、あなたの手を取りに昨日弔問なさった人たちの深い感情と同じく、お悔やみ申し上げます。

敬具

H・ベルクソン

一九三三年十月十七日

J・シュヴァリエへ

Doucet (BGN 2825, f. 60–63)

パリ、ボーセジュール大通り四七番地

一九三三年十月十七日

親愛なる友

送ってくださった『第三共和政の歴史』[1]の第一章をすぐに拝読しました。こうした半世紀にわたるフランスの思想の歴史が、至って簡潔かつ正確で、総合的であると同時に分析的に表されており、どの点に興味を引かれたかをお伝えしたく思います。これほど多くの異なった関心事から生じた作業のなかで、この迷路（サン＝フランシスコ万博のために数日の間に要約するよう突然求められた際、真に不安を引き起こした著作の多さと多様さを表す別の言葉を私は知りません）を通じて、あなたは導きの糸を見つけました。国外で、おそらく国内ですら充分に知られていない、注目に値する哲学的潮流に取り組もうとする者たちの案内役を務めているのです。きわめて活気に満ちつつ深々と入り込む論述に対して、私が投げかけられるのは／ほんの一つの異議だけです。というのもあなたは「ベルクソン哲学」に、あるいは実際には実証哲学に向かう精神の持ち主たちの多くを導く動きのなかで私の個人的職務に、あまりに重要な場所を費やしているからです。とはいえ少なくともあなたはこの哲学を見事に理解し、また理解させるでしょう。――近々これについてより詳細にお話しできれば幸いです。ご家族とあなたに友情を示しつつ、敬具

H・ベルクソン

封筒：ジャック・シュヴァリエ氏
ヴィラ・プリムローズ・モンフルリー
ラ・トロンシュ（イゼール県）
印：パリ一六区、サンジェ通り、一九三三年十月十七日二十時三十分

（1）J・エリティエ『第三共和政の歴史』*Histoire de la IIIe République*, t. II, Paris, Librairie de France, 1933（BGN 2537, 自筆献辞入り）内のもの。

一九三三年十月三十日

R・リダへ

ULHH (Aut. File)

パリ
一九三三年十月三十日

拝啓

『ノソトロス』誌で「言語哲学者ベルクソン」[1]についての重要な論考を拝読したところです。どんな興味をもって思慮深いこの研究を読んだかをお伝えします。申し訳ありませんが、スペイン語については大変表面的な知識しか持ち合わせておりませんので、細部やニュアンスの多くを見落としてしまったかもしれません。しかし、この論考はその総体において、私の研究の深い分析を物語っているように見えます。あなたが抜き出したのは、すべて／言語におけ

る思考の投影に関わるものです。あなたは私の視点にうまく入り込むことで、言語が明示的には姿を見せていないが潜在的には存在している節をあなたの解釈のために用いたのです。――敬具

H・ベルクソン

封筒：レイモンド・リダ氏
（文献学院）『ノソトロス』誌様方
ラベル一四三〇番地
ブエノスアイレス（アルゼンチン）南アメリカ
印：パリ一七三、ダンジョ通り、一九三三年十月三十日一七時四〇分

（1）『ノソトロス』誌 *Nosotoros*, 27, nº 282, sept. 1933, p. 5-49, 本札状の掲載を行った。

SD ［一九三三年十月末］

L・ボップへ

Doucet (BGN 619) BSP

親愛なる同僚

なおも長患いしており、一日のうちで仕事や読書のためには非常にわずかな時間しか自由にできないので、あなたのとても興味深い小説『J・アルノー』(1)を／…／まだ一読しかできていません。しかし、その全体を一見することで、充分にその独自性と／絶えず刷新される／その価値が看取できます。

／…／あなたの見事なご高著にあらゆる賛辞を送ります。
／
幾分の心理的洞察やユーモアを伴って、あなたは我々を偉大な旅へ誘います。／…／諸々の観念と人間／ユーモアを人間精神へ結びつける伴侶／

敬具

H・B

（1）『ジャック・アルノー』*Jacques Arnaut*, Paris, Gallimard, NRF, 1933（18 octobre 1933）の著者レオン・ボップから入手した鉛筆書きの下書き。ここから日付を推定した。寄贈書（BGN 18, 自筆献辞入り）。ボップ蔵書（BVLCF）はベルクソンの書簡を保存していない。

SD［一九三三年十月末］

V・ジローへ

Doucet (Ms 15115)

アンリ・ベルクソン
アカデミー・フランセーズ会員
道徳政治学アカデミー会員
ボーセジュール大通り四七番地

親愛なる同僚、ラムネーについての大変すばらしい本[1]に感謝いたします。このうえない関心を抱きつつ、すぐにこれを読みました。この本は／単に心をつかみ、示唆に富むだけではなく、感動的です。この苦悩する魂の中に充分深く我々を導くためには、非常に洞察に富んだ心理分析が必須だったでしょう。——敬具

H・ベルクソン

（1）『ラムネーの宗教的生涯』*La vie religieuse de Lamennais*, Paris, Alcan, 1933（一九三三年十月二十四日）。ここから日付を推定した。

一九三三年十一月六日

A・シュアレスへ

Doucet (α 1087)

パリ、ボーセジュール大通り四七番地
一九三三年十一月六日

親愛なる同輩

ナポレオンについて執筆されたばかりの本[1]は、ご立派なものです。もちろん、すべての思慮深い精神の持ち主が、異論なくあなたの判断を受け入れねばならないというわけではありません。あなたはきわめて斬新で個人的で独創的な見解を提供しており、こうした従順さを求めてはいません。そうではなく、あなたに徹底的に追随することに躊躇する場合にこそ、この道に身を投じることが有益であり、あなたのおかげで内的世界において真の発見をしたことを再認するでしょうから。なぜなら、ご著書は、ナポレオンの歴史があなたに促した思考や格率に溢れており、これらはその多面的な射程に相応じて、ナポレオンに留まらないものになるでしょう。私の誤りでなければ、ウィリアム・

ジェイムズが「世界を揺さぶる類の者たち《メン・オブ・ザ・ワールドシェイキング・タイプ》」と呼ぶ人々を理解し、彼らが揺さぶる社会全体についてある種の深いヴィジョンを得たいと考える際に、この本は参照されるでしょう。この点に関して、最終部は意味深いものです。これは特に哲学者の興味を集めるでしょう。

敬具

H・ベルクソン

封筒：アンドレ・シュアレス氏
スリゼ通り一一番地
パリ四区
印：パリ一六区、サンジェ通り、一九三三年十一月七日二十時三十分

(1)『ナポレオンへの眼差し』*Vues sur Napoléon*, Paris, Grasset, 1933 (BGN, 自筆献辞入り).

一九三三年十一月八日

ミュラ伯爵夫人へ

FPM

絵葉書：サン＝セルグ

パリ、ボーセジュール大通り四七番地
一九三三年十一月八日

親愛なる奥様、重ねて感謝いたします。これがサン＝セルグの「エシャペ」[1]であり、そこにもはや行けませんが、夏にその近辺に行きます。今夏我々は九月末までジュネーヴに逗留しました。奥様のほうでもさわやかで青々としたリムーザン地域のなかで、うまく休暇を過ごしていたのかと願っております。親愛なる奥様、近いうちにお会いできれば幸いです。

敬具

H・ベルクソン

〔訳注1：スイスのサン＝セルグにあるベルクソンの別荘の名前。「休息の場」という意味をもつ。本書第Ⅱ巻の八九七頁参照。〕

一九三三年十一月十二日

ミュラ伯爵夫人へ

FPM

パリ、ボーセジュール大通り四七番地

一九三三年十一月十二日

親愛なる友

来週木曜日にパリへいらっしゃるならば、モーリヤックのアカデミー・フランセーズ入会式の招待状をお渡しします。モーリヤックの演説はおそらく感慨深いものになるでしょう。もし声を聞くことができればの話ですが。というのも、彼が発声を快復したかどうか私は存じないのです。ショーメに関して言えば、仮に望んだとしても、魅力的でない演説をすることなどあるでしょうか。

敬具

H・ベルクソン

一九三三年十一月十二日

A・ロワジーへ

BNFP (Fr na 15649, f. 199–201)

パリ、ボーセジュール大通り四七番地

一九三三年十一月十二日

『イスラエルの宗教』[1] と『キリスト教の誕生』[2] の二冊をお送りいただいたことにまずお礼を言わせてください。前者をすでに読んだのはご存じでしょうが、あなたはこれを著しく展開させたのですから、新しい本のように注意深く読んでみます。また、当然今までの作品と同じように魅力ある『キリスト教の誕生』も、同様に詳細に読むつもりです。

あなたの丁重なお手紙は、貴著『二源泉は存在するのか』[3] についてなぜ私がいまだ何も書き記さず、今のところ依然としてこれに関する徹底的な議論を試み／ないかをご説明する機会を与えてくれます。とりわけこの研究は、拙著の引用に短い注釈が単に付されたものから成ります。ですが、この研究には、とかく破壊的なあなたの注釈がそうであるような、『二源泉』の他の箇所との照合を必要とする文章がほとんど引用されていません。もし仮に各部分に立ち返るための包括的読解、（あなたの書かなかった）全体の大まかな読解から始めなければ、二十五年間の研究と省察の後に執筆された哲学作品を批判できるとは思えません。ですが、私の最初の三つの章は相互に関係し合っています。例えば冒頭で「社会的圧力」について語られたことをあまりに容易に批判できるのは、／他所で「潜在的」本能、（この本の本質的観念の一つである）習慣の非遺伝性、後天的性質の非遺伝性の説につながる「自然」という語に与えられた意味について語ったすべてを考慮しないからでしょう。つまり、明解であるために「境界を超える」必要性を気にかけないからでしょう。文明社会において「憧憬」の要素と密に混じり合う社会的圧力を、まるで孤立しているかのようにそれのみで語ることを問題視しないからでしょう。この例を出すのは、頁の順番で最初に現れるからですが、あなたの批判の多くに同じ反論ができるでしょう。それゆえおそらく、貴著よりも分厚くなる新しい著作を、あなたの仕事の批判的・否定的部分への応答のために執筆せねばならないでしょう。ですが、加えてあなたの主軸となる諸観念を検討する必要があるでしょうし、これは／なおさら時間のかかる論述へと誘われるでしょう。そのうち一つのみを語るとすれば、どのようにあなたの道徳規範、連帯関係がそれ自体で責務となるのか私には理解できません。この規範は自分とは無関係であり、どんな状況でも個人的利益のみを考えることを好むと言う者に、なんとお答えになるのでしょうか？　答えられるとすれば、彼が信じ込むようにはそれは無関係ではなく、おそらく行動の瞬間だけ姿を見せるがそれでもやはり常時存在する、推進と憧憬の諸力が彼にも働いていることを提示することによってでしょう。私のほうではこの諸力の探求へと赴き、行き着いたのが、私が示した「二源泉」だったのです。あらゆる／哲学的問題がそこにあり、道徳規範に「連帯関係」やその他のあれこれの名を与えるかどうかは問題ではありませんでした。この問題は一度も解決されたことがありません。私見では、基本的な社会的義務に対するものを除いて、いかなる哲学者も義務の存在を実際には考察しませんでした。私はそれを試み、題名が示すようにそれが最初の章の主要な対象となったのです。——この点、あるいは他の多くの点についてこれ以上言わねばならないことが一体どれほどあるでしょうか！　とはいえ、残念ながら一日のなかで仕事と書きもののためにほんの少しの時間しか自由にできません。ゆえに、親愛なる同輩、／遅くなったことをご容赦ください。

敬具

H・ベルクソン

（1） *La religion d'Israël, Paris, troisième édition revue et augmentée*, Paris, Nourry, 1933（éditions précédentes: 1901, 1908）(BGN 1168).

1320

（2） *La naissance du christianisme*, Paris, Nourry, 1933（BGN 1167).

（3）『道徳と宗教の二源泉は存在するのか』*Y a-t-il deux sources de la religion et de la morale ?*, Paris, Nourry, 1933（BGN 411, 自筆献辞入り）; 増補改訂第二版 *seconde édition, revue et augmentée* en 1934（BGN 1071, 自筆献辞入り).

一九三三年十一月十三日

ミュラ伯爵夫人へ

FPM

パリ、ボーセジュール大通り四七番地

一九三三年十一月十三日

親愛なる奥様

昨日短いお手紙をちょうど送ったところ、サン＝ドミニク通りを宛先にしてしまいました。封筒に間違って「転送願い」を書いてしまいました。ですので、お手紙が転送されるのに一、二日要するなら、あなたと行き違ってしまう危険があります。最善策はおそらく、奥様が／電話をして、すでに送っていなければ手紙を保管しておくように守衛に頼むことです。――奥様、あなたの心惹かれるお手紙に感謝いたします。

敬具

H・ベルクソン

封筒：ミュラ伯爵夫人

パヴィリオン・ポンパドゥール、

フォンテーヌブロー（セーヌ・エ・マルヌ）

印：パリ一六区、サンジェ通り、一九三三年十一月十三日十五時三十分

一九三三年十一月二十七日

P・ヴァレリーへ

BNFP (Fr na 19164, f. 213-214)

パリ

一九三三年十一月二十七日

親愛なる同輩、そして友――と付け加えさせてください――

なおも病苦にあり、仕事と手紙を書くためには一日のう

ちで自由にできる時間はほとんどありません。貴殿の心からのお手紙にいまだ返事を出せず、(1) 同封のご親切な郵便物についてもお話しできておりませんでした。カーネル・ルアードのこの「生命の叙事詩《エピック・オブ・ライフ》」(1) は卓越した試みです。作者は私の本からいくつかの際立った文句を選び出し、各々をほぼ文学的に英語韻文へと変えることに成功しました。私が「各々」と言ったのは、私が抽象的語句において示した思考が比喩《イマージュ》へと——大変見事に——他の人に向けて翻訳されることになったからです。／例えば、彼が植物の準意識に関して、アルフレッド・ミュッセの表現を借りれば、「わが記憶のなかで歌い」続けるこれらの韻文を書くときです。

されど意識はそこにあり、だが眠りながら、まるで
「自然」の美を夢のなかで吐き出して
行為の口づけが来るときを待ちつづける
物質が広げた魔術は打ち破られ、意識は目覚めを命
ぜられる

ここには真の離れ業があり、詩と哲学を同時に愛する者たちの興味を確かに引くでしょう。——二つの愛は愛し合わねばなりません。というのも貴殿の作品がそれを物語っているからです。カーネル・ルアードが詩に付した序文を見たところでは、彼が詩作を続けてそれを完成させるのかどうか、あるいはこれ以上進まないのかは分かりませんでした。

しかし、いずれにせよ彼は古代以来／ほとんど失われてしまった伝統を取り戻すことで、独創的なことを為すでしょう。ルクレティウスのラテン語詩とは別に、ソクラテス以前のギリシア哲学者の『自然について』の概論がありました。これは大部分が韻文で書かれたものです。不幸にも我々はその短い断片しか持ち合わせていません。私の挨拶の言葉と謝意を、ポール・モラン夫人を介してカーネル・ルアードへお伝え願えますか。というのも、彼女はこの仕事を大変気に留めていましたから。

敬具

H・ベルクソン

(1) 一九三三年十一月十二日のヴァレリーからの書簡（Doucet, MNR Ms 1379）。

一九三三年十二月十二日

É・フラマリオンへ

Doucet（BGN 3073）

パリ、ボーセジュール大通り四七番地
一九三三年十二月十二日

パリ、編集者 É・フラマリオン氏

拝啓

一九一一年に、「科学哲学叢書」の監修者ギュスターヴ・ル・ボン博士の要請で、この叢書であなたが刊行した「プラグマティズム」についてのウィリアム・ジェイムズの著作の翻訳に、私は序文を書き綴りました。今まさにアルカン書店から私の半生のさまざまな時期に書いた「エセーと講演」の選集を出版しようとしており、この序文をそこに収録したいと願っておりますので、ご許可いただければ幸いです。当然私は、／ジェイムズの著作のこの序文に対する報酬は要求していません。／そのうえ何年か後にも、あなたが出版した戦時中にアメリカでヴィヴィアーニが行った演説の選集へ付した前書きに対しても同様に報酬は要求していません。／

私の本は八つ折り判で二五〇から三〇〇頁になりそうです。プラグマティズムへの「序文」は本の／第二部／後半部に挿入され、一二頁ほどを占めるでしょう。　敬具

H・ベルクソン
アカデミー・フランセーズ会員

一九三三年十二月十五日

R・ポワンカレへ

BNF（Fr na 16055, f. 25）

パリ
一九三三年十二月十五日

親愛なる首相にして同輩

「勝利と停戦」をわざわざ送っていただいたことにすぐさま感謝申し上げ、どんなに深い興味をもってこの新しい巻[1]を拝読したかをお伝えしたく思います。この巻は、前のものと同様に鮮烈で心引くものですが、今回は勝利が完遂されたという点において前の巻から際立っています。最終

部はなんと感動的でしょうか！　その率直さのなかできわめて美しく映えるこれらの頁を読むと、私たちは今抱いている不安を忘れ、輝かしき日々を再び生きることになります。そこから私たちの生涯の残りをなおも照らすのに充分な追憶が引き出せます。メッツに至った後に貴殿が「もはや、私は死ぬことすらできる」と書いたとき、当時私たちの心理／状態がどうであったかまさに言い表したのです。

ですが、先立つ月々は非常に困難なものでした。私たちは破滅と紙一重でした。この時期について、貴殿は示唆に富み興味深い独自の詳細を伝えてくださいます。大きな出来事に備えねばならない人たちのなかに、なんと多くの狭量な意見、卑小な者たちがいたことでしょう。しかし、動員の日に貴殿が発した「勇気を出せ」という言葉を決して忘れられません。白い張り紙の下部に大きな文字で書かれたこの言葉を、いまだ目にすることができるように感じています。

親愛なる首相にして同輩、敬具

H・ベルクソン

（1）『回想録』*Au service de la France, neuf années de souvenirs*, 10 vol., X, Paris, Plon, 1933.

一九三四年

一九三四年一月一日

E・M・ハウスへ

YUSLNH (Misc. 12.395) SSG

パリ、ボーセジュール大通り四七番地

一九三四年一月一日

親愛なるカーネル・ハウス

あなたと、また御婦人に対して、新年のための精一杯の祝辞を送らずこの日を過ごすことなど私にはできません。――本年は、文明の未来が疑いないものであることをはっきり証明するでしょう。こうした根拠が、いたるところで活動しているようにみえる盲目で破壊的な勢力に最終的に勝利することを願わせてください！　親愛なるカーネル・ハウス、敬具

H・ベルクソン(1)

(1) 一九三四年一月二十日付のE・M・ハウスからの返信で確認できる。「届いたばかりの一月一日のお手紙によりあなたの近況をお聞かせいただけたことをうれしく思います……」(Misc. 12.395, minute: BGN 675-4, original)。

一九四三年一月二日

I・ベンルービへ

BRUG (Ms. fr. 2237, f. 111) NBR

パリ

一九三四年一月二日

親愛なる氏へ、丁重なお便りに感謝いたします。妻が貴兄の二つの講演に出席したことを大変喜んでいました。勉強になり、かつ興味深いものだったと言っています(1)。妻は、私の仕事の全体に関して貴兄が語ったことを要約してくれました。このたびも、貴兄は／わずかな言葉のうちに多くの事を集約させているのです。――新年のお祝いを添えて

H・ベルクソン

封筒 f. 112：ベンルービ氏
ホテル・ドゥラヴィーニュ
カシミール・ドゥラヴィーニュ通り一番地
パリ六区
印：パリ一六区、一九三四年一月三日十時三十分

(1) ベンルービは『フランスにおける現代哲学の源泉とその動向』*Les sources et les courants de la philosophie contemporaine en France*, Paris, Alcan, 1933, 2 vol. を出版したばかりだった。ベルクソンについてはp. 741-938に記述がある。ベンルービは「その哲学的著作によって」一九三三年十二月十六日にゲーグナー賞を授与した。

一九三四年一月二日

Ch・ヴェルナーへ

BPUG (Ms. fr. 9008/1, f. 31) NBR

パリ、ボーセジュール大通り四七番地

一九三四年一月二日

親愛なる同僚にして友――と付け加えさせてください――

親切な言葉にはいたく心を打たれました。私からも言わせていただきたいのですが、この夏の私たちの会話についてのきわめて鮮明な思い出を、私も抱いています。そのときはあなたと対話したことで、自分の／関節の病状を忘れていました。まさにロッシュ医師の蜂毒治療のおかげで状態はそこから快復したのです。

新年の心からのお祝いとともに、ジュネーヴで最良の思い出を目にすることができて、私たちはとても幸せだった、とシャルル・ヴェルナー夫人にもお伝え願えますか？　敬具

H・ベルクソン

封筒 f. 32：シャルル・ヴェルナー教授
フロリッサン通り四番地
ジュネーヴ（スイス）
印：パリ一六区、サンジェ通り、一九三四年一月四日二十時三十分

一九三四年三月十八日

G・メールへ

Doucet (BGN 2938)

パリ

一九三四年三月十八日

わが親愛なる友

健康状態は一日のうちで余暇の微々たる時間しか許さぬもので、強く感動させられたお手紙への返事を日に日に先延ばしせざるをえませんでした。おそらく手術の後に外科病院のベッドに伏していた折に、あなたのお父上の逝去の報を受けました。こういった理由で、その折にはあなたにお便りを書けませんでした。しかし、アルベール・メールに対して、半世紀も昔からの尊敬と友情をどれほどもっているかをご存じでしょうし、もはや彼がいないことを知るときに感じる／心痛を分かっていただけるでしょう。親愛なる友、あらゆる哀悼の意と共感の念を送らせてください。

丁重なお手紙のなかで、お話に来てくださるという申し出をいただきました。言うまでもなく大変な喜びです。何

日か前にお知らせいただければ、午後三時半頃にほとんどいつも訪問を受けることができます。したがってひと言お伝えいただき、二、三日別の日を選べるようにしてください。近いうちに会えるよう願います。

敬具
H・ベルクソン

民主主義に関する／公開アンケートについてお話しくださいましたが、この主題に関して口頭や筆記による意見表明の提供はできません。私が理解する限りでは、この問いは非常に複雑で、あらゆる単純化は誤解に誤解を重ねるでしょう。そのうえ、私がそのようなことを決してしないと明言した多くの人々を傷つけることなしに質問事項に答えることはできないでしょう。申し訳ありません。

封筒：ジルベール・メール氏
カバニ通り一番地
パリ一四区
印：パリ一六区、ショパン通り、一九三四年三月二十日十時三十分

一九三四年三月三十日

É・クラパレードへ

BPUG (Facs. 16, f. 3-4)

パリ、ボーセジュール大通り四七番地
一九三四年三月三十日

わが親愛なる同僚、「予測の発生」[1]についてのとりわけ個性的で深く入り込んだご高著をお送りくださったことに感謝いたします。あなたがきわめて巧みに研究した発明家の諸々の試行錯誤は、発明過程においていっそう興味を引き、より有益なものとしてまさに現れます。あなたの解釈作業の／掘り下げもまた、とても示唆に富むものです。

敬具
H・ベルクソン

封筒：Éd・クラパレード教授
チャペル大通り一一番地
ジュネーヴ（スイス）
印：パリ一六区、サンジェ通り、一九三四年四月三日十時三

十分

（1）『実験研究』*Étude expérimentale*, Genève, Kündig, 1934.

J・ベルクソンからJ・ギットンへ　一九三四年三月三十一日

BAV（Paolo VI, 47, 1, f. 1-5）

パリ一六区、ボーセジュール大通り四七番地

一九三四年三月三十一日

拝啓

深い興味をもって、デッサンに関する哲学についての貴殿の優れた論文を拝読しました。そして父にも読んでもらいました。(1) 私たちはそれぞれ同じ意見をもちました。つまりデッサン技法における芸術的所産の真の源泉は、まさにおっしゃられるように、／手の中よりもなおのこと魂の中にあります。貴殿がとても興味深い言葉で語ったラヴェッソンはレオナルド・ダ・ヴィンチの言葉を引くのが好きで、画家は「精神的なもの《コーザ・メンターレ》」であると語っていました。

ロベール・ランブリの死去は大変な損失だということを、貴殿の論文は気づかせ、考えさせてくれます。父は何週間も疲労困憊しており、緊急の仕事に手を取られているので、／貴殿へお返事を書き感謝申し上げることができませんでした。近いうちにできることでしょう。親愛を込めて、敬具

ジャンヌ・ベルクソン

（1）未発見。

J・シュヴァリエへ　一九三四年四月二十七日

Doucet（BGN 2825, f. 64–66）

パリ、ボーセジュール大通り四七番地

一九三四年四月二十七日

親愛なる友

聖テレサについてのあなたの著作(1)は始めの三章だけしかまだ読めていません。とはいえ、あなたが再現に成功したひとつの雰囲気のなかにいることをすぐさま感じますし、あなたを賞賛したく思います。全体を読んだ後で本についてはまたお話ししましょう。さしあたって、献辞に深く感

動したことを言わせてください。

私の本の最初の一四四頁を送らせていただきます（これは約三二〇頁になるでしょう）。申し訳ありませんが、手早く一読していただけるだけで結構です。あなたの時間も大切でしょうし、それに編集者も大変急いでいます。お気づきになった印刷の誤りをまず訂正していただき、次に／耳障りに思われる言葉の反復を／私に／お知らせいただき（自分の原稿に慣れすぎている場合、自分では気づくのが難しいのです）、最期に、そして特に文章そのものに対するあなたの印象を教えてください（わけても、私の近著に対して生じたように、反対の意味に解釈されかねないように見える節の印象を教えてください）。――しかし、詳細に説明する労をとることはお控えください。余白に数語書き込んでくだされば充分です。重ねて感謝いたします。

敬具

H・ベルクソン

このゲラ刷りをあなたひとりで、そしてご自宅で、返却まで保管していただけるようお願いいたします。おそらく机上に散らばったゲラ刷りのうちの一枚が目撃されたことで、秘密が漏れてしまいました。幸いにもその一枚もそれほど見られずに済みました。

（1）『聖テレサと神秘的生涯』*Sainte-Thérèse et la vie mystique*, Paris, Denoël, 1934（BGN 934, 著者献呈）. ベルクソンは以下の本を受け取っている。『現代哲学における神の概念』*L'idée de Dieu dans la philosophie contemporaine*, Fribourg, Saint-Paul, 1934（BGN 1862, 著者献呈）.

一九四三年四月三十日

J・シュヴァリエへ

Doucet（BGN 2825, f. 67）

パリ、ボーセジュール大通り四七番地

一九三四年四月三十日

親愛なる友

ゲラ刷りの続きを送ります。たぶん完成は遅くはならないでしょう。編集者が印刷業者を猛烈に急かしたのでしょう。彼は五月中に本を出したいと望んでいます！　この条件では、申し訳ありませんが、労をかけて印刷ミスを除いていただくわけにはいきません（近くの者にそれを任せます）。一読していただき、思い浮かんだ所見をただ書き込んでください。手間をかけて解説せずに、余白に二、三語で記入してください。再度感謝いたします。

敬具

H・ベルクソン

J・シュヴァリエへ

一九三四年五月三日

Doucet (BGN, f. 75-77)

パリ、ボーセジュール大通り四七番地

一九三四年五月三日

親愛なる友

私は、なんとか（というのも本当に忙殺されていたので）聖テレサについてのあなたの著作を読了しました。この本がもたらした鮮明で深い印象を伝えさせてください。聖テレサに属する固有のものを見失うことなく、神秘主義全般が研究されています。そして、そこからできる限り本質を抽出したのです。そうした深化を哲学がこれ以上遠くへ進めることができるとは思いません。この優れた著作にあらゆる祝辞を表し、そのうえ澄み切った頭で再読できるようになったら、より仔細に研究したく思います。／

そして私のゲラ刷りの最初の一四四頁を精査したという労苦に対して感謝申し上げます。あなたの所見はきわめて明敏なものです。ご指摘の紛らわしい点を晴らすために、いくつか言葉を変えるだけで総じて充分であることがご覧いただけるでしょう。——なぜならそれらは紛らわしいだけですから。というのも、進むに連れて読者の立場に身を置くことが難しくなっていきます。

一四四頁から三二四頁まではー昨日お受け取りになったかと思います。これがいまや本の残りの部分で、私にも先ほど届きました。編集者はこの／本／巻は月末前に出さなければならないと知らせてきました。ですので、早急に一読していただけますか？／

すでに多忙なあなたに仕事の追加を、急ぎの仕事の追加を託そうとしていることに恐縮しています（これ以上に骨の折れるものはないでしょう）。

親愛なる友、再度感謝申し上げます。

敬具

H・ベルクソン

一九三四年五月六日

R・ルクーリへ

BAV (Paolo VI, 46, 5, f. 13-15) NBR

パリ

一九三四年五月六日

親愛なる友

貴殿の『第一次世界大戦史』(1)を読んだあとに紙の上に走り書きしたメモをお送りせず、本のなかに挿んでいたことに先ほど気がつきました。そして、この読書がどの点で興味を引いたかお伝えするのが大変遅れてしまいました。途轍もなく錯綜した諸事実のなかから、貴殿は主要な方向性を解きほぐし、付属物によって気を逸らせることなくそれらを辿っていきました。そして絶えず貴殿の注意は／全体へと注がれています。貴殿の以前の哲学研究がこの種の仕事に、とくに戦争の「原因と責任」の分析に費やしたとりわけ感興をそそる章に大いに役立ったように思われます。

——敬具

H・ベルクソン

封筒：レーモン・ルクーリ

エリゼ・ルクリュ大通り一二番 *bis*

パリ七区

印：パリ一六区、サンジェェ通り、一九三四年五月七日十時三十日

（1）『第一次世界大戦史、一九一四—一九一八年』*Histoire de la Grande Guerre, 1914-1918*, Paris, Édition de France, 1934.

一九三四年五月七日

J・シュヴァリエへ

Doucet (BGN 2825, f. 75-77)

パリ、ボーセジュール大通り四七番地

一九三四年五月七日

親愛なる友

多大な労力を払ってくださり幾重にも感謝申し上げます。あなたの所見はすべて興味深いものです。ジェイムズとラヴェッソンに関する一、二の点であなたの意見に与しないのは、彼らに語らせなければいけない一方、ご提示いただ

いた修正点が私自身で語ることを促すもの、あるいはそういった身構えを起こさせるようなものだからです。とはいえ、あなたのようにご多忙な人が、どのようにしてほんのわずかな時間で私の著書を大変注意深く読み、／きわめて完璧に掘り下げることができたのでしょう？　敬具

H・ベルクソン

一九三四年四月二十九日―五月六日

J・シュヴァリエからベルクソンへ

(*ibidem*)

第一の返信

グルノーブル大学文学部
学部長室
グルノーブル

一九三四年四月二十九日

一九三四年四月二十七日付でゲラ刷りを送ってくださったベルクソン氏への『思考と動くもの』に関する指摘。

最初の頁が根源的で見事な調和を示し、本全体に響き渡っています。

—九頁（一—二頁）。この文章を幾度か読み返し、少し驚かされました。これをラテン語に訳す場合、「保存する」を直説法あるいは接続法で記せるのかどうかわかりません。「効果」のあとの読点は、おそらくそれが直説法であることを示すのに充分でしょう。もしくは文を別様に表記する必要があるでしょう。

—一一頁。「見つけるだろう」は「しなければならない」や「だった」と上手く嚙み合いません。「見つけなければならないだろう」が望ましいでしょう。参照二七頁。

—一二頁。あなたは「運動」と「変化」を二種類のものにしているのでしょうか？　それとも（部分的）「運動」は「変化」という類のひとつの種でしょうか？　第二の場合、「変化全般」と言えるでしょう。

—一三頁「多くても……異なる」という文章は推論の道筋を中断しています。というのも「そこから……」という文は先行の文章から続いており、この文章ではないからです。「多くても……」を括弧に入れねばならないでしょう。もしくは、洗練されてはいませんが「：」を「目を通す」

のあとに置かねばならないでしょう。

――一六頁。もし仮にひとつの映画が「際限なく速く」継起したならば、なおも人は「同一のイマージュ」をもつのでしょうか？　あるいは少なくとも、（植物の成長や列車の運動などの）重ね合わされたイマージュを人は知覚するのでしょうか？　たとえ継起が瞬間的であっても、それらは空間中に並列されたものとあなたは仮定しています。扇（一八頁）に関してそれはよく理解できます。しかし、映画に関してはわかりません。瞬間的継起のなかでイマージュ群は一つに凝縮し、溶解します。しかし、もはや並列も区別もされていないとしても／それらはなおも極度に速い運動のなかに並列されているのであって、極言すれば、無限に速い運動のなかにあるのではありません。

――一八頁。何も前提なしに純粋に感嘆を呼び起こすこの分析において、「空間的」という言葉に当惑を覚えました。あなたの（時間―空間）説を存じていますので、私はこれをしっかり理解できます。／しかし、感嘆を呼ぶ新しさと新鮮さを備えたこの分析が、あなたの説全体へと我々を導くか、それを想定させるのは必然なのでしょうか？　パスカルが言うような一般的な言葉である「外的」、もしくは別の言葉が好ましいでしょう。

二〇頁。「他のいかなる思考においてもない」のあとに「時間的」という語を加えて、神の／時間的／思考が時間的なものか否かを探る問いを速断することなく、あなたは神の思考をめぐるあらゆる反論を手短に抑えようとしています。

二一頁。「まさに」真実は永遠であると私なら言うでしょう。なぜなら、あらゆる真実は永遠であると信じるのは知性の誤りだからです。しかし、いくつかの永遠なる真実があることを認める可能性を排除するわけではありません（これは私が個人的に信じるものです）。参照『創造的進化』二五九頁、下から七行目。

二七頁。むしろ「同じく身を置く」ことが求められます（半過去の文章内の条件法現在には強く違和感を覚えます）。参照一一頁。

三四頁。従属節が問題となるよりも、読点が強調してくれるでしょう。

四八頁。注釈内。「もし」はやや両義的です。「である以上」と書くこともできますし、接続詞の連続にしないために文章を切ることもできます。

五二頁。あなたの本で唯一、まったくもって明快ではない頁に思えます。何度か読み返しましたが、満足には至りませんでした。一、「隠喩」という言葉は、それを通り過ぎるときには最良の意味で用いられ、そこに足を止めるときには侮蔑的意味、あるいは文章自体が漠然としていてどちらの意味か判断できず、曖昧に用いられています。二、抽象概念に対する数々のイマージュの優位はどこから生じるのでしょうか？ イマージュもまた、物質から抽出されたものです。イマージュの特権は、他のものの場合は押しつけるのに、（より具体的な）イマージュの場合は暗示に留めていることにあるのではありません。要するに、この考えは回りくどくはっきりしないように思えます。

同頁と五三頁。「望む voulons」ではなく「見える voyons」です。「価値」は明確にしなければならないでしょう。科学と形而上学は、それぞれの領域においてまさに価値をもっています。しかし、それぞれの／領域は優劣があるのでしょうか？ それゆえ、「価値」に付けるのには短い形容詞が求められます。

五六頁。「もっともらしい」という語は、事実への「類似」と非常に強い本当の蓋然性とを表現するためには弱く見えました。プラトンはもっともらしい弁証法と真実の弁証法を対比させます。そしてあなたの本の一〇三頁に、この言葉の侮蔑的意味使用をまさしく見出せます。ここ（五六頁）ではもっと良い意味が見出されるのではないでしょうか？

五八頁。「皆」はここではあらゆる哲学者ではなく、そのうちの何人かです（五九頁に名前が挙げてあります）。あらゆる哲学者たちのみの神は、人々が祈る神とは何の共通点もありません。他方の人たち（聖トマス、デカルト、マルブランシュ等）の神は、多少は人類の神と共通点があります。時に少しだけ、時にはあまりなく、しばしばたくさんありますが、無というわけではありません。したがって、あなたの「皆」は不明確で、何人かにしか向けられていない非難、不正確で不愉快にさせるような非難のなかにあらゆる哲学者たちをひとまとめにするように見えてしまいます。

六〇頁。「これ」は、つまり「神の概念」でしょうか。

六一頁。あなたが真実だとみなす、もっぱら積極的に（「我々は高められる」という）結論を必要とする優れた状況へと読者を促し、その意味すべてを読者に与えるために、できれば私なら（「第一の状況で……第二の状況で……」という）二つの文の順序を入れ替えるでしょう。というのも、反対の状況では、我々は高められてから転落させられるからです。

七〇頁。当初「第一の場合」と「第二の場合」の意味を読み誤っていました。（誤りながら）無駄に三度読み返し、七一頁のイタリック体の文を目にしたところで理解できました。いずれにせよ、生命的類似から不活性なものの同一性へ移行を改行によって（構成を狂わせることなく）おそらく明確にできるか、明示できるでしょう。それに続く文は、すべて見事なものです。

九三頁。私なら別の観念へと移る次文の重要性をより強調するために、「延長した」のあとに「：」を入れるでしょう。

九四頁。「これらは」が不明瞭です。また「三つの推測」というものが見当たりません。

九八頁。「一般的に」のほうが好ましいでしょう。というのも、「知能の高い」と呼ばれるものが、（私はそう思いませんが）「本来的に」そうであるのか否かを探るのがひとつの問いだからです。

一一八頁。多くの途切れがあります……。本来行というものは意味で満ちているものです。

一三一頁。ここで言われているのは完全に間違いないものですが、この文章は、／しかしながら、オックスフォードでの発表後にあなた自身がおっしゃったように、神学者たち（あるいはそのうちの何人か）の側にある問題を引き起こす可能性があります。単に一語（我々）を加えれば、問題は避けられるでしょう。というのも、未来が事前に我々に思い描かれうると考えるのは不条理である、という点に異議を挟むのは理性的にはできないからです。あなたの文章には今の形でもとても納得させられます――とりわけ強く異論を呼ぶ言い回しそのものについてP・プージェが以下のごとく語ったように。なぜならカトリックが解釈する神にとって、前もって思い描かれるものは何もなく、自由は自由として、予測不能なものは予測不能なものとして、その他も同じように、すべてをその枠内で維持する永遠の現在のなかではそもそも、先在的なものも、先見的なものもないからです。しかし、ここでは人間的秩序が問題になっている点を明示することで、あなたは反論を素早く打ち切り、議論や反論を無意味なものにしています。

一四四頁を昨日拝受しました。ご希望通り、一息で読みました。筆ノ勢イデ《クレンテ・カラモ》心に止まったすべてを書き留めました。ですから、きわめて率直な表現を眼にするかもしれません。仕事で多忙ゆえ、あなたの刷りを深く読むことができませんでした。無視する、もしくは残さねばならないと思われるものを取捨選択するでしょうが、あなたが唯一の審判です。馬鹿な指摘、もしくは少々細かな指摘もあるでしょう。とはいえ、五二頁は、現在の形では読者の大半には理解されないことは疑いようがないと思います。また五八頁の文（「人は、何もない」）は正確に書かれ修正されればよいものになるでしょう。七〇頁の区分は「遡及的」なやり方でしか理解されません。最後に、一三一頁の一語「我々」は、二〇、二一、九八頁同様に私を喜ばせるものになりそうです。

それはさておき、これらの頁はあらゆる点で賞賛に値するものだったことを告白いたします。これらは最大限恵まれた仕方で、あなたの方法と思考を明示しています。これらは感動を呼び、心を動かし満足させ納得させる、鮮やかさ、新しさ、明敏さ、正確さ、美しさの分析に満ちています。こうしたものをまだ誰も享受していないうちにお伝えいただき、信頼を示していただいたことに感謝申し上げます。本や言葉や集団の交流以上に親密な魂同士のこうした交流に、私があらゆる価値を認めているのはご存じでしょう。／

『思考と動くもの』五一から五二頁。「そもそも直観は知性によってでなければ伝わらないだろう」。直観は観念以上のものです。しかしながら、伝播のためには観念という馬に騎乗せねばならないでしょう。少なくとも、なおもイマージュの縁暈[1]を含むきわめて具体的な諸観念の方を選ぶでしょう。直喩と隠喩[2]は、ここで人が表現できないものを暗示します。これは迂回とはならないでしょう。直進でこそ目的に達することができるからです。もし人が抽象的言語、いわゆる「科学的」言語をつねに話すならば、精神に関して物質の形における翻訳しか差し出すことはないでしょう。なぜなら抽象観念は外部世界から引き抜かれ、きまって空間的表象を意味するからです。精神的事柄に適用されることで、抽象観念が我々に促す[3]のは、物質的規範の上で精神を表象し、置き換えによって、つまり隠喩[4]によって語の正確な意味において精神を思考することです。外見に騙されてはいけません。比喩化《イマージュ》された言語が本義において語り、抽象言語が比喩的意味において語る場合があるのです。精神界を我々が越え出るやたちまち、比喩《イマージュ》は、暗示しようとさえ努めれば[5]、直接的ヴィジョンを我々に提示することができます。その一方で抽象言語は空間的起源[6]から生じたものであり、それが表現[7]しようと求めるが、多くの場合で我々を隠喩[8]のなかに放置するのです。

（1）諸観念は物質から抽出された。（2）最良の意味。（3）妥当でしょうか？（4）良い意味でしょうか？悪い意味でしょうか？（5）本質的です。おそらく比喩《イマージュ》の利点をなすものです。（6）しかし、比喩《イマージュ》としてです。（7）比喩《イマージュ》との差異において。したがって、抽象観念に対する比喩《イマージュ》の優位な点は6ではなく7なのでしょう。（8）侮蔑的意味。

　追伸、諸観念が物質から抽出されたことが、なぜ抽象観念がイマージュよりも劣っているかの説明にはなりません。なぜかといえば、イマージュもまたそれに由来するからです（あるいは、抽出された、つまり抽象、が強調されねばなりません）。

　抽象観念の弱点の真の理由は、具体的イマージュが暗示にとどめるものを／抽象観念が表現することを要求することです。これは何に起因するのでしょうか？物質に、ではありません（イマージュは、なおいっそう物質に近いものです）。しかし、それは抽象的であるという事実によって、です（それゆえ、なぜ具体性が単に暗示するものを抽象性が表現するように課し、要求するのかを手短に述べねばなりません）。

　改行の二行前で二つの理由を表明しており（一つ目は有効ではないと思います）、その二つ目だけが意義あるものです。／

二回目の差し戻し
グルノーブル・アカデミー

一四八頁。我々では説明不可能です（神的精神は、それ自体で説明されるからです。存在できないような創造物との関係において説明されるのとは異なります）。

一五〇頁。シリウス（アルシフロン）。

一六〇頁。実体である生成。

（一六一頁。我々の日常的知覚はT〔時間〕から脱することはない、とベルクソンは訂正している）。

一七七頁。実質的。

一七八頁。想起。

一八五頁。n.実体≠静的。例、自我。決定的。人は注へとまっすぐ進みます。注はなおいっそう強硬なものであるべきでしょう（一九九〔頁〕へとまさに結びつく）。

一九九。（「しかしながら超越的な」：という文が一切をはっきりさせます）。

二〇五。知性的を削除：精神的。

二〇九。もし
三回目の差し戻し
草稿、誤りもしくは訂正。

二二九。二四〇。二四二。二四四。二四五。二四九。二五〇。二五二。二五三。二五四。二七一。二七七。二七八。二八一。二八二。二八九。二九一。二九四。二九五。二九六。三一〇。三一三。三一四。三二〇。

二三三。「と」に戸惑いを覚えます。

二三八。肝心な注。

二四三―四頁。なされた反論へ答える重要な注（二四六頁参照）。

二四四。意味〔感覚、方向〕？

二六〇。大変重要な指摘。少なくとも「思考した」（二六一）という語が変更されています。

二七三。特異な
二七八。「彼方にある真理を探し求めたジェイムズは、本当の真理を探求していた」と記されています（二八〇頁参照）。

三一一。パスカル（三一八）。

一九三四年五月九日

G・マルセルへ

BNFP (Fonds G. Marcel, nc)

パリ
一九三四年五月九日

親愛なる同輩
健康状態により、一日のうちで仕事や執筆の時間が少ししか残されておりません。ゆえに急ぎ足で表面的にだけ、またとても遅くなってから、お送りいただいた『存在と神秘』を付したご高著『壊れた世界』を拝読しました[1]。しかし最初に一読して、続いてさらなる徹底的な解読が必要だとはいえ（もし少しでも自由になれれば必ずそうします）、二つの作品の重要性と価値は充分に示されました。／この二つは序文に告げられている非常に興味深い理由で、ひとつにまとまっています。たとえこの理由がなくとも、きわめて新鮮なインスピレーションによる戯曲と、かくも力強い省察とは進んでひとつにまとまったことでしょう。「創造的誠実」というあなたの観念は、私がそれの十全な「実現」には至らなかったにもかかわらず、とても私の心を打ちました。お伝えしたように、あなたの『形而上学日記』については、私の見解に照らし合わせて貴殿の見解をうまく位置づけられたときにしか、完全に理解できないでしょう。とはいえ、そのためにはおそらくノートを取りながら、より仔細に再読する必要があるでしょう。今のところは、どんな関心をもって、大変強く、独創的なあなたの近著を読んだかをお伝えするにとどめます。

敬具

H・ベルクソン

（1）『壊れた世界』付『存在と神秘』*Le monde cassé, pièce en quatres actes*, suivi de *Position et approches concrètes du mystère ontologique*, Desclée de Brouwer, 1933（一九三三年十二月六日）.

一九三四年五月十六日

J・ギットンへ

BAV (Paolo VI, 46, 3, 7, 5–6) NBR

パリ、一九三四年五月十六日

親愛なる友

あなたの美しいご高著『ある母の肖像』(1)に感謝し、この本がどれほど感動的だったかを、お伝えしたいと大変久しく願っていました。いかなる事件やいかなる波乱の助けも借りず、あなたは読者の注意を鷲掴みにします。読者はそれ以後、きわめて気高い生涯からもはや離れることができず、つねに高次にあり続けて、完璧な率直さとともにあったすべてを示す一つの魂からもはや立ち去ることができません。このような著書をお送りくださり感謝します。

そのうえ、申し上げなければなりませんでしたが、／どれほどあなたの生徒たちのメッセージが私を感動させたことでしょう。本を贈呈できることをとても喜ばしく思っていますが、その本のなかの彼ら宛ての献辞において、彼ら自身にもこのことを伝えようと思います。あなたはご自身の周囲に、あなたの手のなかを通り過ぎていく幾世代もが見出す、道徳的雰囲気を作り出しています。これ以上難儀なことはないでしょう。しかし、これ以上有益なこともないのです。

　最後にお伝えしたいのですが（とはいえ、またなんと遅れたことでしょう！）、それはフランス的精神(2)についての私の小講演の後に送っていただいたお言葉に関して、どの点で私が感動させられたか、ということです。私は／諸々の言葉――確かにそこに私の魂のすべてを込めました――がこれほど深い精神的共感に出会うことを臆面もなく望むわけではないのです。再度感謝申し上げます。

敬具

H・ベルクソン

(1)（「子供と生活」シリーズ）, Paris, Aubier, 1941〔1933?〕.
(2)『論集』*Mélanges*, p. 1513–1517.

P・ヴァレリーへ

一九三四年五月十八日

BNFP (Fr na 19165, f. 215)

パリ

一九三四年五月十八日

同輩にして友、前作と同等に独創的で、真実に関して予想だにしない、この『新たなロンブ』(1)に対して感謝いたします。ひとつの灯台（おそらく「航程線《ロンブ》」と羅針盤によって暗示されたイメージです）が、私の読書の間じゅう、／人々や物事に光をもたらしていたのを目にしていました。

敬具

H・ベルクソン

封筒 f. 216：ポール・ヴァレリー氏
アカデミー・フランセーズ会員
ヴィルジュスト通り四〇番地
パリ一六区
印：パリ一六区、サンジェ通り、一九三四年五月二十一日十五時三十分

(1)『新たなロンブ』*Autres Rhumbs*, Paris, Gallimard, avril, 1934.

一九三四年五月十九日

L・ベルクソン夫人から
G・ド・レイノルドへ

ALS

パリ、ボーセジュール大通り四七番地
一九三四年五月十九日

拝啓
まずは、私自身であなたのものを読むまでに、夫がどんなに深い関心をもって『悲劇的ヨーロッパ』(1)を拝読していたかをお伝えすることから始めねばなりません。夫は申しております、あなたは我々が苦しんでいる諸悪の根源そのものを掘り下げた、と。また、現状を作り出している一緒くたにまとめ上げられた感情と観念をこれ以上うまく観察し、そして判断することはできなかった、と。そして、夫の近著の結論をとても明晰に、／そしてとても好意的に解明し敷衍してくださったことに夫は感謝しております。これらすべてを夫は書き留めようと欲し、できる限り仔細にこれらについて綴ろうとしました。現在、夫は仕事を抱えすぎて、何から手をつければいいのか分からないほどです。きわめて目を引く著作を首尾よく締めくくることができたことを、ただ祝福したいと申しております。親愛なるあなたへ、夫の祝福と併せて私からもお祝いをさせてください。
——手紙をくださったこと、そしてさまざまな情報を送ってくださったことに心より感謝いたします。さっそく足早に何週間か前にヴヴェイに行きました。そこにいる我々の友人の一人が、我々に適した施設について至極特別に耳にしたことを教えてくださいました。すぐにそこに向かい、夫には少し不都合なことがあったようですが、施設は良いものでした。その機会にモーザー・ホテルとグラン・ホテルを見に行き、グラン・ホテルでは人々は大変親切に思えました。あなたがおっしゃられたこともまた影響したのでしょう。あなたと面識があることを伝えようと思い立ちました。そして、すばらしい寝室を見せてくださり、夫は／ここならば静養できて、食餌療法ができると考えました。おそらく来月には決めてしまうでしょう。そして、お許しいただければ、あなたのご推薦であると手紙に記そうかと思います。御夫人によろしくお伝えください。もしヴヴェイにお越しの際は、お会いできれば幸いです。
敬具

L・ベルクソン

御夫人はモーザー・ホテルについてご存じでしょうか？

(1) *L'Europe tragique*, Paris, Spes, 1934.

H・ド・レニエへ　一九三四年五月二十一日

BIP (Ms 5698, f. 323)

パリ

一九三四年五月二十一日

親愛なる同輩

健康状態のせいで一日のうちで、書き物や読書の時間はいまやほんのわずかしか残されておらず、あなたの本『若かりし時……』(1)を送ってくださったご厚意に、もっと早く感謝することができずにおりました。愛おしいこれらの人物描写のうち誰を好むかと言おうとすれば、大変困ってしまうでしょう。あまりに彼らが生き生きとしていて、そしてあなたが数語のうちで、その人物が生きた雰囲気や環境を並外れて再構成できているからです。大抵あなたは短い素描に抑えていますが、しかしながら読者の印象は／完璧なものを眼前にしていることになります。人はこの本を閉じながら、読み終えてしまうことに心残りを覚え、いつの日かあなたの回想録の出版を目にすることを願います。最後に二章は、魅惑的な各章のなかでも、この願いを抱かせるとりわけよくできたものです。あなたの表題は、その三つの中断符とともに、この願望へと扉を開くものに思えます。

——この本へのあらゆる祝辞を添えて、敬具

H・ベルクソン

(1) *De mon temps...*, Paris, Mercure, 1933, 第四版。

A・ジッドへ　一九三四年五月三十一日

DOUCET (γ 21-3)

パリ

一九三四年五月三十一日

拝啓、あなたの詩『ペルセフォーヌ[1]』を送付してくださるというお気遣いに感謝いたします。この詩はヘレニズム的な芳香を漂わせています。あなたの大変独自な韻律法、天界の高貴な緩慢さ、あなたの表現の率直さ、すべてがギリシアを想起させます。しかし、その着想は現代的、とても現代的です。なぜなら、一切は最後の頁、きわめて感動的なペルセフォーヌの最後の「人の苦悩の奥底まで降りていく」という詩句に向かって、収斂するようにみえるからです。

敬具

H・ベルクソン

（1） *Perséphone*, Paris, Gallimard, 1934（一九三四年六月六日）.

一九三四年六月六日

J・E・ブランシュへ

BIP (Ms 7037, f. 270–271)

パリ

一九三四年六月六日

親愛なる友

『一九一四年の友たち[1]』を介してあなたの芸術が深い眼識と強さをもって分析された頁を送ってくださったことに、御礼を申し上げておかねばなりませんでした。数年前から身動きがとれないうえ、残念ながらシャルパンティエ画廊でのこの前の展覧会にも赴けませんでした。ですが、あなたの作品に関する以前の展覧会には同画廊に長い間立ち寄りました。そして私は、そのうちいくつかの作品におけるヴェネツィアの透き通った光の効果、／それはかの地の公園の館（とても興味深いことに黒と赤で描かれています）のなかのものですが、それについて考えることができました。そして最後に、大学で「ギフォード講演」を行った折に、私の立派な肖像をスコットランドの淡い光が照らすのを目にしました。これらの光のもとで、これらのきわめて真実味を帯びた環境において、あなたもまた感嘆すべき人物であり、その通り感嘆を受けていたのです。再度賛辞を送らせてください。

敬具

H・ベルクソン

封筒 f. 272：ジャック＝エミール・ブランシュ氏

ブランシュ博士通り一九番地
パリ一六区
印：パリ一六区、サンジェ通り、一九三四年六月六日十六時三十分

（1）『一九一四年の友たち、ポル＝ネヴー、D・アレヴィ、Ch・デュ・ボス、G・マルセル、A・ロートによりJ・E・ブランシュを迎えて、パリ、アカデミー・フランセーズ、一九三四年二月十九日』*Les amis de 1914, MM. Pol-Neveux, D. Halévy, Ch. Du Bos, G. Marcel, A. Lhote ont reçu J. E. Blanche, Paris, Académie de la Coupole, 19 février 1934.* 一九三四年四月二日付のブランシュからの書簡（BGN 698）によって送付されたもの。一九三四年六月二十日付のブランシュの返信（BGN 699）。

P・ヴァレリーへ　一九三四年六月九日

BNFP (Fr na 19165, f. 217)

パリ　一九三四年六月九日

親愛なる同輩にして友

殊にブリュマンタル財団奨学金に対して、将来性のある作家だと思われるレーモン・ミレー氏を貴殿に推薦することをお許し願えますか？　彼はまだ非常に若いですが、『禁じられた道』[1]という確かに評価に値する小説を出版しています。——敬具

H・ベルクソン

封筒 f. 219：ポール・ヴァレリー氏
アカデミー・フランセーズ会員
ヴィルジュスト通り四〇番地
パリ一六区
印：パリ一六区、サンジェ通り、一九三四年六月十一日十一時三十分

（1）レイモン・ミレー『禁じられた道』*Les chemins interdits,* Paris, Redier, 1934.

J・ギットンへ　一九三四年六月十六日

BAV (Paolo VI, 3, f. 7-8) NBR

パリ、ボーセジュール大通り四七版

一九三四年六月十六日

親愛なる友

お便りが伝えてくれた善意を言い表す言葉がありません。あなたのような精神とともに深い共感にあること、思索や感情の一致を感じるのは、私にとって喜びです。あなた自身とあなたの親切なお便り、そして私に捧げてくださった講演[1]とデ・ドゥヴィーズ・デュ・デゼールに問い合わせいただいた労力、ドゥモー氏[2]の非常に興味深い報告を送付してくださるというお気持ちに感謝いたします。これらの文書は、いくつかの節を写し取ったあとに返却いたします。

デ・ドゥヴィーズ・デュ・デゼール氏が描いた／エマニュエル・デゼッサールとG・コンスタンのとても魅力的に彩色された肖像には、心を捉える真実があります。この二人に再び出会えたと感じました。コンスタンの傍らには、別の数学教授であるE・ボンセンヌがいました。彼は高等師範学校で友人でした。いずれも確固とした良識をもっていました。彼らとの日々の会話は間違いなく有益でした（一緒に食事を取っていました）。学科の記録保管員にして学部においては助教授であり、私が知るうちで最も教養があり繊細な精神をもつ者の一人であるジルベール・ルションにも言及せねばなりません。クレルモンのこうした大学環境を思い起こすと、クレルモン地方を少し妬ましく思います（つねに愛しながらも、もはやそこに留まれないことをいつも残念に思っていました）。その環境が上記の友人たちのように、人々をあまりに慎ましやかにし、最良の精神の持ち主たちが満ち満ちた能力を発揮する自信を奪ってしまったことが憎いです。[3]

——ああ、これ以上長く筆を運ぶことができません。時間がなくなりました。再度感謝します。

敬具

H・ベルクソン

もし必要でなければ、お送りいただいた大変興味を引く写真を手元に持っていてもかまいませんか？

（1） 不明。

（2） 不明。

（3） 段落最後の文はJ・ギットンの『ベルクソンの使命』*La vocation*..., p. 79–80 に引用された。

一九三四年六月二十四日

J・H・ハイドへ

HSNY (Hyde Papers)

一六区ボーセジュール大通り四七番地
一九三四年六月二十四日

ハイド氏へ

マサリクの回想録の仏訳を刊行し、送ってくださるというお気持ちに強く心打たれました。[1] すぐさま読み始め、きわめて高次の水準で興味を引き、教示するところ多いものと感じました。

敬具

H・ベルクソン

（1） T・G・マサリク『国家の再生、回想と省察』*La résurrection d'un État*, trad. F. Dominois, Paris, Plon, 1930.

一九三四年六月二十四日。YUSLNH (Zeta, Lbf57. 982r). アルノルト・レーモンからベルクソンへの書簡。娘アントワネットがベルクソン家へ招待されたことへの礼。『思考と動くもの』の拝受と興味深いコメント。本人の研究書『中等教育における科学史とその価値』*L'Histoire des sciences et sa valeur dans l'enseignement secondaire*, Aarau, 1934 送付の旨。レーモン蔵書（BCUL）にはベルクソンからの書簡は残されていない。

一九三四年六月二十七日

A・カトーイへ

BPUG (Ms. Fr. 4961, f. 267)

パリ

一六区ボーセジュール大通り四七番地
一九三四年六月二十七日

拝啓、送ってくださったお手紙に感謝いたします。ちょうど田舎へと移るところです（むしろ移されるのですが）。しかし、九月後半にはパリに戻ります。そして今から来月七月まで自宅から移動できないでしょう。言うまでもありませんが、会いに／来ていただけるのは大変喜ばしいことです。『十九世紀《ナインティーン・センチュリー》』誌のために論文[1]を準備していると伺い、とてもうれしく思います。この雑誌は総じて教養のある読者へと向けられたもので、それゆえ何より哲学的観念を広めることに好適なものです。

敬具

H・ベルクソン

封筒 f. 268：ジョルジュ・カトーイ
エジプト王国公使館
ロンドン（イギリス）
印：パリ一六区、サンジェ通り、一九三四年六月三十日十時三十分

（1） 未発見。

一九三四年六月二十七日
P・ヴァレリーへ

BNFP (Fr na 19165, f. 220)

一六区ボーセジュール大通り四七番地
パリ
一九三四年六月二十七日

親愛なる同輩にして友

非常に心のこもったお手紙[1]にこのうえなく胸を打たれました。このお手紙は、既存の「主義」にいたずらに分類しようとしても無駄に終わる、貴殿固有の哲学が染み込んでいます。――このすばらしい書面に感謝を述べさせてください。これを大切に保管しておきます。

また、私が頼んだ、候補者のミレーについての推薦につづいて、ブリュマンタル財団委員会に対して／著しく便宜を図っていただいたことに感謝いたします。

敬具

H・ベルクソン

封筒 f. 221：ポール・ヴァレリー氏
アカデミー・フランセーズ会員
ヴィルジュスト通り四〇番地
パリ一六区
印：パリ一六区、サンジェ通り、一九三四年六月二十八日十六時三十分

（1） 一九三四年六月二十五日付の書簡（BGN 2791-3）、『論集』p. p. 1511-1512.

一九三四年七月二日
G・マルセルへ

BNFP (Fonds G. Marcel, nc)

パリ
一九三四年七月二日

親愛なる同僚

拙著『思考と動くもの』についてお書きくださったことにどれほど感激したかを言い表すことができません[1]。私が行いたかったことを見事に理解されています。それが私にできているでしょうか？　あるいは私の著作が、深く感銘を与えてくださった結論においてあなたが示した評価に値するでしょうか？　もちろん、あなたがくださったお言葉に、息絶えるときにまさに適うことができれば、表現できぬほどの喜びとなるでしょう。あなたは「音楽精神」についておっしゃいました。この「精神」について一冊の本、もしくは論文を執筆してくださるのをどれほど望んでいるでしょうか！　あなたは書くことを運命づけられているように思われます！

敬具

H・ベルクソン

（1）「アンリ・ベルクソンの『思考と動くもの』」«La Pensée et le Mouvent par Henri Bergson»,『新ヨーロッパ』誌 *Europe Nouvelle*, 17. 1. 30 juin 1934, p. 662–664.

一九三四年七月七日

V・ジローへ

Doucet（Ms 15116）

パリ
一九三四年七月七日

親愛なる同僚

田舎へと移動するところで――むしろ移動させられるのですが――書類を片付けながら、あなたのために書きつけた言葉を見つけました。これを短い手紙にしたためて、あなたに送っていたでしょうか？　定かではありませんが、疑わしいならば、『両世界評論』誌で『思考と動くもの』についてあなたが書かれた、きわめて好意的で／正確で、大変洗練された簡明さを備えた書評[1]に対してまったく感謝を申し上げていないよりは、あえて二度感謝を述べたほうが好ましいと思います。同じく鉛筆書きのこのメモに、ポール・ブールジェに関するご高著[2]をどれほど深い関心をもって拝読したかを私は書いていました。二次的なものは脇に置いておいて、あなたはまっすぐ本質へと向かい、ブールジェのとても複雑で巨大な作品から、根源的な原動力を抜き出しました。そのためには、言わせていただきましたが、この著者に対する深い理解と、とりわけ心理的な／洞察に長けた傑出した才能が必須だったでしょう。親愛なる同僚、こういったことをもしすでにお伝えしていたら、もう一度言わせてください。そしてまた、この立派なご高著に対して、あらためて敬愛の意を示させてください。

H・ベルクソン

（1）『両世界評論』内に存在せず。
（2）『ポール・ブールジェ――現代心理論集』*Paul Bourget, Essai de psychologie contemporaine*, Paris, Bloud, 1934（13 juin 1934).

一九三四年七月十九日

Ch・ヴェルナーへ

BPUG (Ms. fr. 9008/1, f. 33–34) NBR

グラン・ホテル、ヴヴェイ
一九三四年七月十九日

親愛なる同僚にして友

ようやく今日になって、ジュネーヴ新聞で書いてくださった記事について知りました[1]。この記事が与えてくれた大きな喜びについて直ちに伝えさせてください。もし仮に、きわめて執心していた私の近著の思想を私自身に開示せざるをえなかったならば、まさにあなたが行ったように言い表すでしょう。あなたの精神と私の精神との間にある種の予定調和を認めたのは、初めてではありません。我々は／互いに思弁の秩序における先入観から解放されるよう望み、また行為の領野において超社会的理念というものの必要性を信じているのではないでしょうか？ ひとつだけ異議を申し上げるならば、それは私に対する扱いが、記事のなかで過剰な厚意を伴っていたことです。とはいえ、なおもひとつの共通性、あるいはむしろ相互性が存在します。共感と――付言させていただければ――友情の相互性です。

我々はしばらくの間、おそらくバカンスの二ヶ月間ヴヴェイに逗留します。ともすれば、あなたとヴェルナー夫人にそこでお会いできるでしょうか？ その場合、妻がおりますので上記の住所へお電話ください。近々会えることを願っております。

敬具

H・ベルクソン

七月二十日

今まさに、ジュネーヴのご住所を封筒に書き込もうとした折に、あなたのお手紙がラ・ボールより届きました。五〇年ほど前にちょうど植えられるのを見た、きれいな木々（海辺ではきわめて希少です）のなかで、かの地での滞在が良きものとなることを願っております。

再度立派な記事に感謝いたします。

封筒 f. 35：シャルル・ヴェルナー氏
ジュネーヴ大学教授
パヴィヨン・デ・フルール
ラ・ボール（ロワール＝アンフェリユール県）
印：ヴヴェイ、速達、一九三四年七月二十日十八時―十九時

（1）「ベルクソン氏の新刊：思考と動くもの」« Un nouveau livre de M. Bergson: La pensée et le mouvant »,『ジュネーヴ新聞』*Journal de Genève*, nº 192, 16 juillet 1934, p. 1-2.

一九三四年七月三十日

M・プラディーヌへ

BSP（2175, f. 67–68）

ヴヴェイ
一九三四年七月三十日

わが親愛なる同僚にして友

田舎への移動は、私にとってあまりに大きな厄介事だったので、もっと早くにお便りを書くことができませんでした。ですが、あなたと、そして素敵なお手紙[1]と、お送りいただいたすばらしいご高著[2]に感謝を申し上げたいと願っていました。私の最近の選集[3]を論じていただいたお手紙は、大変なるご厚意とともに、無類の正確さをもって、私の為したことでないにしても、少なくとも私が行いたかったことの特徴を示しています。そしてご高著に関して言えば、このうえなく魅力的で／教えに富むものです。この深められた研究は、あなたが感情について試みたもので、すでに二冊の本を費やしていますが、哲学者たちが通常は分析に不向きであるとみなす主題について、最新かつより遠くま

で推し進められた心理分析を提供するだけではありません。それに加え、多様な感情の間で保持される関係についての我々の概念を、深く修正するように思えます。何よりも、感情を引き立てるものであり、感情に価値の序列においてひときわ高い位置を与えるものです。この価値は、／あなたが告げたあとになって、おそらく我々にはっきりと分かることになるでしょう。ですが、今からはあなたの心理学が到達した形而上学に目を通そうと思います。もっとも、ごく表面的な印象をお伝えしているのですが、これは最初の、そして手短な読解で得たものです。あなたの御本を再読するつもりです。しかし今は、きわめて並外れた著作を大変すばらしい結果へと導けたことを祝福いたします。親愛なる友、敬具

H・ベルクソン

（1）一九三四年七月一日。
（2）M・プラディーヌ『防御の感覚』*Les sens de la défense*, Paris, Belles-Lettres, 1934.
（3）『思考と動くもの』。

一九三四年八月一日

A・シュアレスへ

Doucet (α 1088)

ヴヴェイ（1）

一九三四年八月一日

親愛なる同輩にして友

田舎への移動は、相変わらず難儀で、大変な厄介事だったのであなたにお便りをまだ出せていませんでした。ですが、『シテ、パリの身廊』（2）を読んだ際に感じた、得難い性質の喜びをお伝えするのをこれ以上遅らせたくありません。すでにタイトルに先立つ頁が、そこに刻み込まれた、あるいは描写された精妙な魅力とともに、普通の者たちが芸術家のひとつの魂を眼前にして筆跡学者となることを予告します。しかし、彼らが判別できないような芸術とは、格段に個性的で独創的な芸術／この本自体が明らかにするものです。なぜなら、それは生きていて、考えながら回想するパリが我々に示されるからです。あなたが身を置く都市《シテ》の内奥で、我々は都市の心臓の鼓動を感じます。　敬具

H・ベルクソン

封筒：アンドレ・シュアレス氏
／パリ四区スリゼ通り一一番／
ヴィルセルフ・セーヌ・エ・マルヌ愛徳女子修道院
印：ヴヴェイ一、速達、一九三四年八月四日七時―八時

（1）この一九三四年夏、そして一九三五年と一九三六年の夏の書簡によって確認できるように、ヴヴェイはベルクソンの夏季滞在の地となる。一九三五年夏に関しては、同じヴヴェイ・グラン・ホテルにベルクソンが逗留したことは、当ホテルの館内郵便により確証が持てる。

（2）Paris, Grasset, 1934 (BGN 159).

一九三四年八月九日

ミュラ伯爵夫人へ

FPM

／一六区、ボーセジュール大通り四七番／

グラン・ホテル、ヴヴェイ
一九三四年八月九日

親愛なる友、

我々はヴヴェイにおり、暑さと光を手にしています。奥様がおっしゃったことと思いますが、夏は我々の近辺まではお越しにならないそうですが、それでもおそらく我々は再会できるでしょう。ここでさえ、時局について考えてしまわないように、私は働いています。情勢は嘆かわしいものです。理由は、それ自体、またその情勢が我々に垣間見せる結果や、そしてその情勢が、いわゆる文明化された人類の道徳を我々が考えたもの以下の状態で、まさに不可避に想像させるからです。――敬具

H・ベルクソン

九月十五日頃まで上記の住所におります。

封筒：転送願い
ミュラ伯爵夫人
／サン＝ドミニク通り四一番地
パリ七区／
〈N. O. 下オーストリア州、ウェストホフ・ポットシャッハ館〉
印：ヴヴェイ一、速達、一九三四年八月十一日九時―十時

一九三四年八月十二日

M・エルマンへ

Doucet (BGN 3074) BSP

ヴヴェイ

一九三四年八月十二日

拝啓

どれほどの関心をもって、『ル・タン』紙に発表された「決定論の危機」[1]という記事を読んだかをすぐにお伝えしたく思います。貴殿は形而下的なものと形而上的なものとの間の、その境界に位置しており、単純な言葉によって、読者に特別の知識を要求することなく、新たな学問の精神に肉薄することにかくも成功しています。固定された「基盤」が破棄されてしまうことを／少しばかり予言したものとして引用いただいた名誉に対して、わが著書に代わって感謝いたします。変化と運動はそれだけで充分なものなのです。

「私は今後、ドイツ学についてのあなたの新たな研究を、それが出版されたらすぐさま、手に取るでしょう。以前に書いたものと同じく示唆に富み、有益なものと感じるだろうと確信しています[2]」。

こういったことすべてとともに、私の近著に関して送ってくださった大変興味深いお手紙（そして、いつものように至極厚意に満ちたものです）にもまた、依然として感謝を申し上げていませんでした。親切にもご提案いただいたように、もしお話できれば心底満足いくものになったでしょう。ですが、お手紙が届いたときには（我々は七月十一日にはパリを離れました）、しばらく前からもうスイスにおりました。できれば、休み明けにお会いできればと思います。――敬具[3]

H・ベルクソン

(1) マックス・エルマンに向けたインクと鉛筆による下書き（BGN 3074）。

(2) 『ル・タン』*Le Temps*, 74, 26641, 10 août 1934, p. 1-2. ベルクソンによる引用。

(3) ベルクソンはA・エナールから「記憶に関する精神病理学的試論」« Essai psycho-pathologique sur la mémoire », 『ボルドー医学誌』*Journal de médecine de Bordeaux*, n° 13, 10 juillet 1920, p. 347-352（BGN 1550）; « Aperçu historique du mouvement psychanalytique français », 『具体的心理学誌』*Revue de psychologie concrète*, 1, 1929（BGN 1609）を受け取っている。

[一九三四年] 八月十三日

J・W・T・メイソンへ

Doucet (BGN 3074 *bis*) BSP

メイソンへ、八月十三日

親愛なるメイソン氏

貴殿の近況を知り、近々パリにいらっしゃるとお聞きしたのがどれほどうれしかったかを言い表せません。貴殿の長旅の間に、とても興味を引くお手紙を何度も受け取りました。もしお返事を出していない場合は、／私の健康状態が悪いことが原因であり、このせいで日中のわずかな時間だけ働き、本を読み、執筆をしています。幸いにも体調は改善しつつあり、貴殿が出版する本を読むことで大いに学びを得ています(1)。

日本の宗教をめぐるご講演は、このうえなく関心を引くものとなるでしょう／パリで好評を博すでしょう……／しかし、パリで行われるのならば、講演はフランス語で行われる必要があるでしょう。流暢に読み書きできるほど英語に精通しているフランスの思想家が一定数おり、次第に数は増えているとしても、英語での講演を理解するほどに充分訓練された耳をもつ者は比較的少ないのです。そしてもしこれに加え、わが国であまり興味がもたれない東洋の哲学に関心を引きたいという条件であれば、聴衆を集めることはほとんど成功しないと思います。

ソルボンヌでは、英語と英文学についての大変深められた、定評のある教育が営まれています。そこでは一流の教師たちが生徒たちを教育し、生徒の多くは彼ら自身が英語を教えることを志します。とりわけ難解な主題の英語講演が行うことができるのは、この環境だけだと私は考えます。それでも講演は、「神道についての講演《ア・レクチャー・オン・シントー》」よりもむしろ「英語での講演《ア・レクチャー・イン・イングリッシュ》」として迎え入れられるでしょう。そして〈きわめて残念《ア・グレート・ピティ》〉きわめて残念なことなのは……

(1) 一九三四年八月十二日付のヴヴェイのベルクソンからアンドレ・エナールへの手紙下書き裏面に鉛筆で書かれたJ・W・T・メイソンへの下書き。ここから日付を推察した。メイソンはベルクソンへ彼の本『神道的神話の精神』*The spirit of shinto mythology*, The Fuzambo Company, Tokyo, 1939 (BGN 2526, 著者献辞は一九四〇年一月付である) を寄贈する。

A・ティルゲルへ

BNCR（ARC 9 G IV 94）NBR

グラン・ホテル、ヴヴェイ、スイス

一九三四年八月十六日

親愛なる同僚

貴殿の名声をよく存じていることはお伝えするまでもありません。批評記事で一度ならず――二、三回も、まさに私の仕事を同じく対象にする批評のなかで――お名前が言及されていたのを見たことがあります。その記事により、貴殿の研究と私の研究の間に、なんらかの精神あるいは意図の共通性があるだろうと判断しました。

何年も前から病に伏せており、一日のうち少しの時間しか読み書きに費やせないので、「時間」をめぐって私に捧げてくださった研究を、甚だ表面的にしか検討できませんでした[1]。

ですから、それをスイスまで一緒にもっていきました。／そこへは毎年同じ時期に連れて行ってもらうのですが、そこで注意深く再読するためでした。これにより、その研究書を同封してお返しできました。この研究は、弁証法的・批判的厳密さと同時に、内的観察についての鋭く興味を覚える努力を示しています。しかし、あまり進みすぎるのは気にかかりますし、より正確に意見を言い表すために申し上げたいと思います。貴殿の研究を何度も注意深く読み、貴殿の各見解を、それに一致する私の見解に対して一つひとつ位置づける必要があったでしょう――それが他人の思考に入り込む唯一の方法です。貴殿の研究を理解するうえの難点は、とくにご高著の最終部、／「純粋な生命」に関する部分においては、方法論と、とりわけ言語上の必要性や我々の話し方に起因するいくつかの問題を貴殿ほど私は重視していないという事実の難しさからおそらく生じています。しかし、今一度申し上げれば、この「時間」についての研究は表面的にしか読めていません――ちょうど著者の才能に充分納得できる程度までです。貴殿がいらっしゃるまさにそのとき、パリにいられないことが残念です。九月の終わり頃にならないと帰京しないのです。ですが、七月になるまで自宅から離れることはありません。ほとんど完全に横臥した状態を余儀なくされていますので。――

敬具

H・ベルクソン

（1）『時間』*Il tempo*, Gubbio, Oderisi, 1934.

一九三四年八月十八日

H・グイエへ

Doucet（BGN 2814）

ヴヴェイ

一九三四年八月十八日

親愛なるわが同僚

私の近著に宛ててくださった論考(1)のなんと立派なことでしょう！　著書の意図をこれ以上うまく読解し、その精神を深め、そのすべてをこれ以上判明でより目を引く形式のもとに提示するのは不可能だったでしょう。とても正確におっしゃったように、人は誤って科学や知性を中傷する者のうちに私を分類しました。しかし、おそらく私にも少しはこの誤りに責任があります。というのは、私は常々、直観／および精神による精神の認識の側にこだわっていました。それらは哲学者たちから無視されていたように思われました。その一方で物質の認識、いわゆる科学、そして知性に対して人々が受け入れているものを、あまり仔細には論じませんでした。ですが、『創造的進化』以降、物質へと向いた知性はこの領域において絶対的なものに到達する、とすっかり論述しました。それゆえ、私はここで「人々」同様に主知主義的方向へと、よりいっそう先にさえも、進んだのです。学者たちが行った、あるいは行っている以上に、私は科学を高位に位置づけました。あなたはこういったことすべて理解しており、また人に理解させているのです。感謝いたします。

今一度申し上げますが、あなたは著者についてあまりに厚意に満ちた言葉で語ってくださっています。再度感謝します。

敬具

H・ベルクソン

封筒：転送願い

アンリ・グイエ氏

リール大学文学部教授

／パリ一六区フランドラン大通り二一番／

ベルギー海岸ラ・パンネ港行き

印：ヴヴェイ一、速達、一九三四年八月十八日十九時—二十時

（1）「ベルクソン哲学をめぐって」«Autour du bergsonisme»,『哲学史・文明通史』誌 *Revue d'histoire de la philosophie et d'histoire générale de la civilisation*, 7, 15 juillet 1934, p. 279–285.

一九三四年九月二日

J・マリタンへ

／一六区、ボーセジュール大通り四七番／

Doucet（BGN 3075）

ヴヴェイ
マリタン
一九三四年九月二日

親愛なるわが同僚

親切にも送っていただいたご著書『存在についての七講義』(1)を読むのに、田舎への移動を待たねばなりませんでした。ちょうど読了したところで、どれほどこの本が私の興味を引いたかをお伝えしたく思います。確かに、純粋に概念的、むしろ本質的に概念的な哲学には同意させられませんでしたが、／少なくともあなたの認識理論と私の固有の思考法との間に、私が感得していたよりも多くの接点を感じることができました。／直観についておっしゃったことはとりわけ興味深いものです。なかでもこの著作が私に可能にするのは／あなたは読者にあなたの……を位置づける手段を与えています／一般的に言って、あなたの読者は／しないような／私には同意しないような場合に、読者は正確さをもって、そして厳密に、あなたの主張を科学と関連づける手段を見出します。……についての判明な知覚は……の関係へと導かないのは確かです。

この重要作へあらゆる賛辞を捧げます、敬具

（1）『存在についての七講義、および思弁的理性の基本原理』*Sept leçons sur l'être et les premiers principes de la raison spéculative*, Paris, Téqui, 1934.

一九三四年九月五日

A・チボーデへ

Doucet（BGN 3076, 原本）

ヴヴェイ

一九三四年九月五日

アルベール・チボーデへの書簡（複写）

親愛なるわが友

『新フランス評論』八月一日号の、「ベルクソンと脳科学[1]」と題されたル・サヴルー氏の論文をおそらく読まれたでしょう。この論文は本質的に悪意を含み、『物質と記憶』で私が風車と格闘しており、失語症理論へ、そのうえ精神医学全般への新たな貢献をまったくもたらさず、精神医学をアプリオリに、純粋に、形而上学的に論じているという点を論証しようと試みています。明らかなのは著者が——人づてに聞きましたが、医師であるにもかかわらず——一八八〇年から一九〇〇年の間に失語症の理論家たちによって広く認められた概念も、それ以後／きわめて重要なこの分野で、何よりイギリスのヘッドやチューリッヒのフォン・モナコフ等[2]によって行われたことにも無知な点です。後者は外科医であると同時に神経科医として世界中で著名であり、『物質と記憶』にル・サヴルー氏とははっきり異なる判断を下しています。

アンリ四世校に、ミュルーズの神経病医で、神経組織全般について、そして幻覚等について注目に値する深く独創的な作品の著者であるR・ムルグ博士という同僚がいらっしゃるでしょう。いかなる人も、私の知る限りヨーロッパでもアメリカにおいても、並外れた人物であるムルグ氏に——比較可能と言えるなら——優る神経学的・精神医学的学識を備えてはいません。ル・サヴルー氏の論文を読了後、あまりにも事実に適っていないと彼は判断したので、問題をはっきりさせるために『新／フランス評論』へ二、三頁の書簡を送らねばならないと考えたほどです。ところが、この書簡は私が読んだばかりの同誌の九月号には掲載されていません[3]。それゆえ、親愛なる友であり家族同然に親しいあなたにお手紙を書いたのです。ムルグ氏の書簡は、ル・サヴルー氏に関して何ら不躾なものを含んでいません。真実を回復させることのみに限定されていますし、双方から持ち込まれた主張を確かめ、事情を知りたいと欲する『評論』の読者の何人かが自力で調べることができるように、いくつかの著作や論文の情報が添えられています。この書簡は率直に『新フランス評論』の——今日言われるように——「客観性」への呼びかけを行うものであって、ル・サヴルー氏が論文内でムルグ氏を引用しているにもかかわらず、そしてこの論文が潜在的にかつて同主題についてムルグ氏が書いたものの否定——反論／とは私は言いませんが——であるにもかかわらず、例の「反駁の権利」さえも引き合いにだしていません。したがって、『評論』がこの書簡を発表しないつもりであるとは信じられません。どうか問い合わせて、事情を教えていただけませんか？あらかじめ御礼を申し上げておきます。

敬具[4]

H・ベルクソン

（1）『新フランス評論』*NRF*, 22, n° 251, 一九三四年八月一日, p. 201-227.

（2）V・ジャンケレヴィッチ「ベルクソン哲学と生物学——近著について」«Bergsonisme et biologie : à propos d'un ouvrage récent», *RMM*, XXVI, 2 avril 1929, p. 253-256 参照。C・フォン・モナコフとR・ムルグの著書、『神経学および精神病理学入門』*Introduction à l'étude de la neurologie et de la psychopathologie*.

（3）実際にこの「ムルグ博士の書簡」«Lettre du Dr. Morgue»「ベルクソンと脳科学について」«À propos de Bergson et de la neurologie» *NRF*, 23, n° 254, p. 623-624 は翌月発表された。さらに「サヴルー博士の書簡」«Lettre du Dr. Savoureux», 23, n° 254, 1 novembre 1934, p. 793-794 がその後発表された。

（4）チボーデからベルクソンへの複数の書簡が存在するが、すべて年の記載を欠いている。分類に従えば、BGN 856-863：六月七日、七月二十日、五月二十八日、七月二十七日、九月十一日、十月十一日、十一月三日。

一九三四年九月九日

P・ラシエーズ＝レイへ

BNFP (Fonds Lachièze-Rey, nc)

ヴヴェイ

一九三四年九月九日

親愛なるわが同僚

年始めの数月にことさら病に苦しめられ、一日のうち働いたり書いたりするための時間がわずかしか自由にならず、送ってくださった二冊の著作『カントの観念論』と『スピノザの神』について伝えようと願っていた言葉を、バカンスまで持ち越さねばなりませんでした。これ以上感謝をお伝えするのを、／そしてもっとじっくりと深く読みたいと願った読書が、それでもどれほど充分に重要さと意義を示してくれたかをお伝えするのを遅らせたくはありません。そのなかでも、第一のものとしてカント主義の本質そのものを貴殿は抽出しました。つまり、その意図のうちで検討された原理をめぐる解釈——一般に提示されるものとは充分に異なった解釈——は本質を我々に近づけ、より現代的なものへと変えます。スピノザの神についての貴殿の著作に関しては、同じく／強い関心とともに拝読しました。貴殿はスピノザに対するデカルトの影響を明白に限定的なものにしたように思えます。スピノザ的原理の基底や着想に関しては、私としてはプロティノスにいくらかの影響を認めたいと思います。スピノザは直接的にはプロティノスを知らなかったでしょうが、アリストテレスの新プラトン主義的注釈を介して、彼を微かに目にすることはできたでしょう。ですが、こういったことは我々を遠くに連れて行ってしまいます。親愛なる同僚、二つの著作に賛辞を送らせてください。

敬具

H・ベルクソン

封筒：ピエール・ラシエーズ＝レイ氏
トゥールーズ大学文学部教授
／フランス、トゥールーズ、フレデリック＝ミストラル通り十四番／
〈マルテル、ロット県〉
印：ヴヴェイ一、速達、一九三四年九月十日十一時—十二時
時

一九三四年九月九日

E・ミンコフスキーへ

FPJM (*Ev. Psy.*, p. 976)

ヴヴェイ
一九三四年九月九日

拝啓
『内なる闘争』(1)に関して、長い間あなたのために用意していたひと言を伝え忘れていたことを、パリを離れて気づきました。ですが、どれほど興味をもって精妙で秀でた心

理学をめぐるこれらの頁を拝読したかを知っていただかなくてはなりません。あなたが出発した考えに基づけば、心理学的現実と我々との間に介入する諸概念のために、我々に対して心理学的現実が隠蔽されてしまうということになりますが（ここに闘争の、上位や下位、力などの概念があります）、それはひとつの主要な考えであるように思います。心理学者は決してそこから離れることはないでしょう。抽象的用語の使用というただそれだけの理由によって、心理学に正確さが持ち込まれていると信じるのは誤りです。つまり、抽象的用語の大多数は空間的比喩であり、それによって人は単なる精神の物理学を心理学に仕立て上げてしまいがちです。内なる闘争についてのあなたの研究はこの大きな問いを提起し、特別な光によってそれを照らし出すでしょう。

敬具

H・ベルクソン

（1）『内なる闘争』*La lutte intérieure*, Paris, Boivin, s.d., extrait de *Recherches philosophiques*, 1933–1934.

一九三四年九月十八日

E・ミンコフスキーへ

FPJM (Ev. psy. p. 976)

ヴヴェイ

一九三四年九月十八日

親愛なるわが同輩

丁重なお便りに感動させられ、また強く興味を惹かれました。言うまでもなく、いつかお話をしにこちらにいらっしゃるという申し出を、喜んで受けさせていただきます。電話をいただき、日時を取り決めるだけで結構です。電話番号は（電話帳には未掲載）オートゥイユ八九―三二です。

敬具

H・ベルクソン

一九三四年十月十五日

A・モルティエへ

BNFP (Fr na 24290, f. 181)

ボーセジュール大通り四七番地
道徳政治学アカデミー会員
アカデミー・フランセーズ会員
アンリ・ベルクソン

あまりにも／厚意に満ち、正確さと簡潔さをもって、私の為したことでないにしても、少なくとも単に為そうと望んだことを説明する書評[1]に対して、感謝申し上げます。

——敬具

H・ベルクソン

一九三四年十月十五日

（1）確実なことは言えないが、一九三四年十月四日付『形而上学・倫理学評論』誌四一号 *RMM*, 41, 4, octobre 1934 の補遺の一頁の無記名の書評を指すものだろう。それに対し、一九三五年一月一日付同誌四二号分冊の五三—七五頁には、L・ウェーバーと署名された長文の書評が掲載されている。

一九三四年十月二十三日
H・フォン・カイザーリンクへ

KAD (Bergsons Briefe)

パリ、一九三四年十月二十三日

一六区ボセージュ大通り四七番地

親愛なるわが同僚

七五歳という年齢を特に誇りには思いません。ですが、心を強く打つお祝いの言葉とともにあなたから葉書をいただくという喜びを与えてくださったことについては、年齢に感謝します。頻繁にかつての我々の対話に思いを馳せています。そこでは我々は形而上学の最上級の領域へと導かれていきました。あれは二〇年か二五年前でした。そしていまやそれが、一見したところより緊迫した現実的な問題となり、哲学者たちを心配させています。しかしながら、なおそこで、その高みにおいて、人はこれらの問題それ自体を解決する見込みを最大限に有するだろうと考えます。いわば、そこから、人間の間に何らかの同意をもたらす言葉が降りてくるでしょう。——敬具

H・ベルクソン

一九三四年十一月一日。YUSLNH (Zeta Hft. pa050). ジョルジュ・パルマンティエからベルクソンへ、マコンのアカデミーへの入会式での『言葉と言語的感動の教育的価値』*La Valeur éducative des mots et l'émotion verbale* についての講演原稿、G・パルマンティエ夫妻の二枚の名刺、同様に別の挨拶の手紙が送付された。

一九三四年十一月六日

J・E・ブランシュへ

BIP (Ms 7073, 5, f. 273)

一六区ボーセジュール大通り四十七番地
パリ
一九三四年十一月六日

偉大なる芸術家にして友

『ジョゼフィン・ペルドリヨン回想録』(1)をどれほどの関心をもって拝読したかをお伝えするのが大変遅れました。あなたは楽観主義者では断じてありません！　しかし、あなたの視点が一度受け入れられてしまえば（なんたることか、悲観主義はあまりに正しさだけを備えすぎるのです）、我々の時代の人間や事象に関わる特性や出来事のなんたる多様性、そしてなんと多くの考察をあなたは我々に提示しているのでしょうか！　あなたの著作全般で、何より本書のなかから／未来の歴史家は、我々の同時代人の習慣の一面すべてについての資料を取り出していくでしょう。画家の眼をもって眺め、それからすべてが彩色されユーモアによってめりはりを付けられたように現れる画布の上に、あなたは目撃したものを移し替えています。親愛なる友、お祝いの言葉を送らせてください、敬具

H・ベルクソン

(1) 『指導者ジョゼフィン・ペルドリヨン回想録』*Les mémoires de Joséphin Perdrillon, précepteur*, Fontenay-aux-Roses, Billenaud, 1934.

一九三四年十一月十九日

J・シュヴァリエへ

Doucet (BGN 2825, f. 80–84)

パリ、ボーセジュール大通り四七番地
一九三四年十一月十九日

親愛なる友

強い喜びを伴って拝聴しましたが、南仏で、とりわけニース大学センターにおいて、何より私の仕事を関係づけてくださった古典主義について講演を行うのですね。

この最後の点について始めるため、そしてご質問に答えるために、古典と非古典の間の、特に芸術に関する差異を確認することにします。古典主義の本質は正確さです。古典となった作家たちは述べたかったことを述べた人であり、それ以下でも、ましてそれ以上でもありません。会話のなかで、言いたかったことを言うというのはほとんど起こりえません。内容と形式の間、着想と実現の間に一致はありません。ただ／この理由のために、作品は／回顧的な現れ方をします／運命性の雰囲気によって古典となります。つまり、いかなる細部もその細部であるところのものと食い違ったものにはなりえないでしょう。なぜなら全体が各々の／その／部分に現れているからです。運命性のそうした現れが、どんなに個人的な作品であっても、個人を超えた側面を与えます。また、作品にとっての良くない印とは、私の持論ですが――あるいはいずれにせよ非古典主義の符号は――作者の生涯や環境や状況などによって注解される必要があることです。／なく／同時代の物事に結びつけられないことで、作品は全時代的になるのですから。そういったわけで、ただ広義においてのみ人は「古典主義的思考」について語ることになるでしょう。定義／なしに始めさえすれば、人は言葉に望みの意味を与えられます。私の場合、正確さについての配慮を第一位に挙げるすべての哲学を、古典主義と呼びます。正確さはギリシア人の発明であり、それがラテン民族にもたらされました。正確さは、東洋的思考、あるいは少なくとも私が東洋的思考について知っているものには欠けています。そして、いかなる基準において、キリスト教が古典主義であるかを私にお訊ねですね？　キリスト教をこれこれの人文的もしくは芸術的伝統に関係づけることで、我々はそれを貶める危険を冒すと私は思います。キリスト教は触れるものを変貌させます。古典主義にもロマン主義にもせず、ただキリスト教的にします。実のところ、なぜギリシア・ラテン文明によって／準備された／形成された魂が、キリスト教を受容するのに最も上手く準備されたものになったのかを探究せねばならないでしょう。この問題を深追いしてはいませんが、もちろん徹底的に深化されるべきでしょう。

／カーリアン氏からプージェ神父のいくつもの研究をいただきました。拝読すべきものですが、一昨日と昨日は読むことができませんでした(1)。来週に備えて少し時間を取っておきます。同時に『ル・ヴァン』誌を一冊いただきましたが、まだ一瞥しかしていません。私の近著についての優れていると思われる分析が掲載されています(2)。しかし、あなたのプラハでの講演は含まれていません。遅くならずに公表されることを願います。

ギットンに関してあなたが抱いている計画はすばらしいものです。フランスに対して、ユーゴスラヴィアに対して、世界に対して、どれほどの影響を彼はもたらすのでしょうか！

十二月十一日に奥様とお嬢さんとその婚約者とともに私の家に昼食をとりにいらっしゃるようお誘いしたいのですが、いかがですが？　／あらかじめこの小さな集まりを楽しみにしていましょう。

――あなたを含めご家族によろしくお伝えください。敬具

H・ベルクソン

古典主義精神と古典主義研究について、『パリ』誌の論文内で詳しく説明しましたが、その号をもっておらず、残念ながら日付も忘れてしまいました。おそらく一九二三年か一九二四年に出たものです。タイトルは「ギリシア・ラテン研究と中等教育」だったと思います(3)。

封筒：ジャック・シュヴァリエ氏

ラ・トロンシュ（イゼール県）

印：パリ一六区、サンジェ通り、一九三四年十一月二十二日

十時三十分

（1）プージェ神父に関しては、ベルクソンは『賛美歌のなかの賛美歌』*Le Cantique des cantiques*, Paris, Gabalda, 1934（BGN 1126, 自筆献辞入り、傍注あり）と「プージェ氏の肖像」« Portrait de M. Pouget », *Le Van*, 1936–1939（BGN 1649）を受け取った。J・シュヴァリエは後に『ベルクソンとプージェ神父』*Bergson et le Père Pouget*, Paris, Plon, 1934 を執筆する。

（2）「思考と動くもの」« La pensée et le mouvant »,『ル・ヴァン』誌 *Le Van*, n° 163, juillet 1934, p. 222–240. 無記名。

（3）『パリ』誌 *Revue de Paris*, XXX, 9, 1er mai 1923.『論集』p. 1366–1379 参照。

一九三四年十一月二十三日

A・タルデューへ

ANFP (324 AP 119)

一六区ボーセジュール大通り四七番地
パリ
一九三四年十一月二十三日

親愛なるわが首相

ひときわすばらしいご高著をお送りくださり、直ちに感謝申し上げます。すでにこの本の初版を存じていましたが、初版よりいっそう簡潔で、さらにエネルギーに溢れた新しい形で再読できることをうれしく思います(1)。貴殿のおっしゃることは真実そのものです。貴殿の求める改革が成就するのか、さもなければ、おそらく我々が身動きできなくなるだろう破滅の危機まで滑り落ちていくのかでしょう！　しかし、それと引き換えにどれほどの動揺が生じるでしょう！　貴殿がご理解を得られればよいですが！／親愛なるわが首相、この本に対して賛辞を込めて、敬具

H・ベルクソン

(1) 最初に『決断の時』*L'heure de la décision* として、次に『国家改革「決断の時」の指導概念』*La Réforme de l'État. Les idées maîtresses de « L'heure de la décision »* として、二冊ともパリにて出版。Flammarion, 1934.

一九三四年十一月二十六日

S・バッシュへ

Doucet (BGN 611-10)

S・バッシュの講演「神についてのベルクソン的概念あるいは神の経験」のタイプ原稿が、一九三四年十一月九日付の名刺と併せて著者から送付。「十一月二十六日に返却」［一九三四年］とベルクソンの書き込みがある。

SD ［一九三四年十一月末］

É・リュバクへ

FPBSP

親愛なるわが同輩にして友

私は／あなたに対して大変遅れを取りました。／それというのも、丁重なお手紙と奥深い研究「無意識の循環」が私に／届いた／到着したまさにそのとき、大腸菌による急な症状が／生じ／、長く苦しんでいる病に加わったのです。そのときにかろうじてあなたのものを拝読できたのですが、お返事と感謝を申し上げることはできませんでした。

ご高著の主要理念は／私を／私をすぐさま驚かせました、ただし／私が完璧に成功していればですが／私が完璧にそれを吸収できればですが。／……しなければいけないように思います／

おそらく、より多くの敷衍と多くの例への適用が私には必要でしょう。／あなたを完全に理解できるようになるのは、私のものと比較してあなたの見解を正確に位置づけられたときでしょう。そのためにはご高著の新たな読解が／必要になるでしょう。そのために、田舎での私の逗留を利用しようと思います。とはいえ、今すぐにその独創性を認め、すばらしい結論に辿り着いたことを賞賛いたします。／それは徹底的に推し進められており／非常に重要で興味深い問題です。

敬具　／

〈以上のように理念を理解しましたが、これは／全面的に異なって／今日頻繁に採用される概念とは正反対のものに見えます。／それはアインシュタイン以来認められた／支持された／四次元の（アインシュタイン＝ミンコフスキー）時空でしかない持続についての概念です。あなたにとっての持続は、反対に、二次元および三次元のものです。つまり、長さ、幅、深さがあります。

／あなたの……を充分に再読するためには、……しなければならないでしょう。／その理念は意識の下のさまざまな深淵を掘り下げることを我々に求めます。しかしながら、人が他人の思考を充分に理解するのは、自身のものと比較して正確に他人の思考を位置づけることに成功したときです。それこそが、あなたのものを再読することで私が試みようとすることです。さしあたって、私の賛辞をお送りするにとどめておきます。

敬具[1]

（1）チュニス市フロレアル・ヴィラ、レセップス通りのエミール・リュバクから、十一月二十五日付でベルクソンに宛てられた手紙の裏面に鉛筆で書かれた下書き。彼の書籍『無意識の循環』（*Le cycle de l'inconscient*. Alcan, 1934. 自筆献辞入り）と併せて送られたもの。そこから日付を推定した。

一九三四年十二月五日

P・ヴァレリーへ

BNFP (Fr na 19165, f. 222)

パリ

一九三四年十二月五日

一六区ボーセジュール大通り四七番地

親愛なる同輩にして偉大なる友

シュヴァリエの講演について、貴殿の論評がもたらしてくれた喜びは言い尽くせません。(1) この講演の成功は、貴殿が主宰者である以上／成功を欠くことがそもそもありえませんが、機関の将来にとって吉兆であると思います。感謝いたします、敬具

H・ベルクソン

封筒 f. 223：ポール・ヴァレリー氏
アカデミー・フランセーズ会員
ヴィルジュスト通り四〇番地
パリ一六区
印：パリ一六区、サンジェ通り、一九三四年十二月五日十九時三十分

(1) 一九三四年十二月三日付のヴァレリーからの書簡（BGN 1091–4）。

一九三四年十二月十四日

L・マドランへ

ANFP（355 AP–1）

パリ

一九三四年十二月十四日

ナポレオンについての見事な著書(1)を送っていただいたことに、すでに感謝を伝えていなければなりませんでした。御本は、強い興味とともにすぐさま拝読しました。多くのもので満たされているだけでなく、きわめて教えに富んでいます。つまり、分析と綜合の／二重の作業によって、ナポレオンの意義を我々に理解させてくれます。敬具

H・ベルクソン

（1） *Napoléon*, Paris, Dunod, 1935（一九三四年十月二十三日）. この書簡にマドランは「保管し、パリで刷った本に同梱すること」と記している。

一九三四年十二月二十三日

ミュラ伯爵夫人へ

FPM

一九三四年十二月二十三日、パリ

親愛なる友

奥様の素敵な贈り物にどれほど感動させられたかは言い表せません。私の目の前にあるこの花束は、私の精神のうちにヴァーグナーとベートーヴェンについての我々の会話を抱かせ続けます。結局は、我々が測るには互いにあまりに巨大すぎる二人の天才に、順列は付けられないのです。そのうえで、ヴァーグナーを聞きながら時おり感じる不快さを分析しようとするならば、それはとりわけ言葉のない／音楽を私が愛好するということに起因するのだと感じます。これは私のうちのある種の弱さです。つまり言葉は、音楽と私の間に割って入る厄介者の印象を私に与えます。しかし、それはまったく個人的な傾向であり、ひとつの音楽や音楽家の価値を判断するためにこの傾向を考慮に入れる権利は私にはありません——。

親愛なる友、敬具

H・ベルクソン

封筒：気送速達電報
ミュラ伯爵夫人
サン＝ドミニク通り四一番地
パリ七区
印：パリ一六区、サンジェ通り、一九三四年十二月二十三日
十時三十分

一九三四年十二月二十七日

E・ジャルーへ

Doucet（BGN 611-26）

パリ

一九三四年十二月二十七日

拝啓

何週間前から『三色鉛筆による素描』(1)を親切にも送ってくださったことに御礼を申し上げるつもりでした。それでも、すぐさまこの本を拝読する誘惑に抵抗できませんでした。そして、どれほど興味深かったかをお伝えするのをこれ以上遅らせたくありません。中編小説や短編のような不完全さを許容しないジャンルで、このように毎回、必ずと言っていいほど成功を収めるためには、小説家であると同時に芸術家である必要があります。

敬具

H・ベルクソン

(1) *Dessins aux trois crayons*, Paris, Plon, 1934.

H・M・カレンへ　［一九三四年］

YIJRNY (20740) SSG

アンリ・ベルクソン氏の声明(1)

行く手に迫る危機とは以下のものです。もしヒトラー主義が来年も存続し、人為的方法によってであれ、扇動的な戦争産業によってであれ、繁栄を抑制段階へと引き戻すことに成功すれば、間違いなく他国においても反ユダヤ主義がさらに憎悪に満ち激しいものになるでしょう。ユダヤ人を壊滅した後も、もしヒトラーがドイツを牽引するならば、他国も同様の行動の推移を辿ろうと試みるでしょう。

ますます増大する反ユダヤ主義の傾向に抵抗するために何をすべきでしょうか？　私の意見は唯一ひとつだけです。ユダヤ人たちを促して世界の良心へと語りかけさせるのです。ユダヤ人たちを文明へと呼びかけさせるのです。世界を通じてユダヤ人たちの声を響かせるのです。ユダヤ人たちの自己保存の目的のためだけではなく、反ユダヤ主義的な野蛮さのこうしたまったくの恥さらしが、その全体で文明の誇りを汚すことを妨げるためにです。危機は時間ごとに高まっています。野蛮は慈悲による休戦など少しも知らないのです。それゆえ、自己を防御するために、ユダヤ人たちに自分たちの状況を文明の眼前に開示するようにさせるのです。

(1) おそらく一九三四年の国際ユダヤ会議へ向けてのベルクソンからの声明。

一九三五年

一九三五年一月三日

Ch・ヴェルナーへ

BPUG (Ms. fr. 9008/1. f. 36) NBR

パリ
一九三五年一月三日

親愛なる同輩にして友

親切なお手紙に強く感動しました。我々からも、あなたと御夫人、そしてご家族へ心からのお祝いの言葉を送らせてください。ヴヴェイでの我々が共にした対話に立ち返りたいものです。去年の輝かしい夏について憶えている追憶のなかでも、ひときわ輝いています。本年も再び対話が行えるよう、切に願います。

敬具
H・ベルクソン

封筒 f. 37：シャルル・ヴェルナー教授
フロリッサン通り四番地
、、、、ジュネーヴ（スイス）
印：パリ一六区、サンジェ通り、一九三五年一月七日十六時三十分

パリ、一九三五年一月四日

Ch・デュ・ボスへ

Doucet (BNG 3038)

パリ
一九三五年一月四日

親愛なる友、「近似」の第六巻(1)を送ってくださったことに感謝します。先の巻同様、このうえなく強い興味とともに拝読します。なんとしたことか、一日のうちで読み書きのために病が許してくれるわずかな時間に鑑みると、すぐには読むことができません。せめて、あなた自身とご家族へ新年の心からのご挨拶を送りたいと思います。

H・ベルクソン

(1) *Sixième série*, Paris, Correa, 1934.

一九三五年一月六日

E・ミンコフスキーへ

FPJM (*Ev. Psy.*, p. 976)

一六区ボーセジュール大通り四七番地

一九三五年一月六日

親愛なるミンコフスキー博士

お手紙にどれほど感激させられたか言い表せません。お手紙は私の仕事とそれがもっていると思われる影響力について、大変厚意に満ちた言葉で綴られています。率直に繰り返させていただきますが、もし本質的な点で我々が同意するのであれば、それは、二つの精神の一方から他方への影響というより、おそらくライプニッツが「予定調和」と呼んだものに起因します。人が身を捧げ、そこから豊饒な原理を引き出す理念とは、人がそれ自体で抱えていて、生起する契機をただ待っていた理念なのです。以上があなたの仕事、特に『生きられた時間』[1]を占めている理念です。『哲学雑誌』[2]の最新号をお読みになったかどうかは存じません。そこで、あなたの本を詳細に引用し、それにはっきりした正当性を与えているムルグの論文を読むことができます。

お祝いの言葉に感謝します。我々からもあなたと御夫人へ祝福の言葉を送ります。

敬具

H・ベルクソン

(1) 『生きられた時間——現象学的・精神病理学的研究』*Le temps vécu: études phénoménologiques et psychopathologiques*, Paris, Arthrey, 1933.

(2) 「科学的発見——ベルクソン的持続」« Une découverte scientifique: la durée bergsonienne »,『哲学誌』*Revue phil.*, 60, 120, 1935, p. 350-367 (BGN 2610).

一九三五年一月十三日

Ch・デュ・ボスへ

Doucet (BGN 3039)

パリ、ボーセジュール大通り四七番地

一九三五年一月十三日

親愛なる友

健康状態のせいであなたが大きな手術を受けねばならないと聞き、気の毒に思います。この手術が首尾よく成功し、私が愛し、尊敬し、すでに著しい影響力のあるお仕事を継続するための新たな力を得られますように、私は強く祈ります。

そして、深く感動させられたお手紙の一文で、私の心にどんなに軽いものであれ軋轢があり、面会の親切なお願いを私が押し退けたとお考えになったと聞くのが、どれほど残念であるかを言わせてください。お教えいただいた日付、一九三三年一月十八日は、私はひどく病に苦しんでいました。肺鬱血が初期の敗血症にまで進行し、ベッドに固定され、高熱に襲われていました。快復し始めたとき、つまり何週間ものちには、あまりに長い期間放っておかれた山積みの急を要する仕事に捉えられ、頼まれたお願いを見失ってしまったのでしょう。返答しなかったのは/他の原因はありません。そして、申し出てくださった面会の機会が、どのように私から奪われてしまったかを今では明白には思い出せないという唯一の事実が、意識的あるいは故意には面会を断念していないことを充分に証明するでしょう。そもそも、あなたとお話することがつねに私にとってどれほど喜びであるかをご存じでしょう。また、あなたに対して私がどれほど愛情や誠実な友情をもっているかもご存じでしょう。

私と妻の名において、あなたと/御夫人へ、敬具

H・ベルクソン

Doucet (Ms 23247)

一九三五年一月二十日

A・シュヴリヨンへ

パリ

一九三五年一月二十日

わが親愛なる同輩

貴殿とご高著『ドイツの脅威』(1)のために用意した言葉を、机の上に置かれていた本のなかに忘れたことを、やっと今気がつきました。その言葉を繰り返させてください。そしてどれほどあなたに関心を引かれたかをお伝えします。ド

イツの魂そのものを、その身体／を介して透かし見ることで、あなたが発見し定義づけたのです。一世紀前にプロイセンがこのようにドイツを変貌させたことを誰が想像したでしょうか！　そして、強大な民族のうちにそのような精神性があることが、フランスに対して、人類全体に対して、なんたる危機でしょうか！　敬具

H・ベルクソン

（1）『ドイツの脅威』*La menace allemande*, Paris, Plon, 1934（一九三五年三月二十六日）.

一九三五年一月二十四日

C・ブーレへ

(*L'Homme et la société*)

……M・ホルクハイマーの論文全体を私に割いてくださったことで、その雑誌（Zeitschrif）は私に大変名誉を与えてくれました。……残念ながら立派な研究「ベルクソンの時間の形而上学について」[1]を詳細に論じることはできません。この研究は、私の仕事の確かな深まりについて、それと同時にきわめて洞察に富んだ哲学的感覚について証言しています。M・ホルクハイマーがいくつかの点について呈する反論は、当然とても受け入れがたいものです。そのいくつかは、著者がエラン・ヴィタルをひとつの仮説とみなしていることに起因します。（ひとつ前の拙著『二源泉』の一一五頁から一二〇頁のなかで示したように）それは、我々の認識と無知から獲得された経験的な要約であるというのに、です。他のものは、私が形而上学に導入しようと試みた方法を充分に考察していません。その方法とは、(1)自然の線に沿って問題を切り分け、(2)各問題をまるでそれが唯一のものであるかのように探求し、もしそれぞれの場合で人が真実の方向に至るならば、解答はほとんど一致するという考えをもつことです。この合流は、はっきりと、伝統的に、つまり本質的に体系的な形而上学においてそうであったようには、もはや完全なものとはならないでしょう。

しかし、病のせいで時間が限られており、おそらく不眠を原因とする、随分前からきわめてつらくあらゆる労力を強いる神経痛を考慮すると、こういったことすべてを仔細に論じることはできかねます。

M・ホルクハイマーへ、敬具

（1）「アンリ・ベルクソンの時間の形而上学について」«Zu Henri Bergsons Metaphysik der Zeit»,『社会研究誌』*Zeitschrift für Sozialfoschung*, 3 1934, p. 321-342; Ph・スーレーズが「時間についてのベルクソン的形而上学」«La métaphysique bergsonienne du temps», *L'Homme et la société*, n° 69-70, 1983, p. 9-29 として訳出している。

一九三五年二月二日

Fl・ドラットルへ

一九三六年八月二十四日の書簡を参照。

一九三五年二月七日

マクミラン社へ

BLL (Add 55166, f. 130)

一六区ボーセジュール大通り四七番地

パリ

一九三五年二月七日

マクミラン社御中

拝啓

さっそく私の著作の英訳を一冊送ってくださったことに感謝いたします。この本は見た目にも見事で、編者や印刷業者にも栄誉をもたらすものです（ゲラ刷りを読んでいたとき、私もその専門能力を高く評価することができました）。

もし問題なく譲っていただけるなら、二冊目をいただければ幸いです。

敬具

H・ベルクソン

一九三五年二月二十七日

[R・ドゥーミックへ]

BAV (Paolo VI, 46, f. 16-17) NBR

パリ、ボーセジュール大通り四七番地

一九三五年二月二十七日

親愛なる友

これが頼まれた仕事です。かつてアメリカの観衆に向けて表明したいくつかの視点を、いっそう多くの点で発展させつつあらためて取り上げるとお話ししたのを憶えているでしょう。それらは大変雑然とした形でしか思い出すことができませんでした（というのも、それから二〇年を経ており、それについて何も書いてこなかったからです）。したがって、おそらく当時の聴衆はその講演を私の現在の仕事のうちに再び見ることはないでしょう。この仕事は、それ以上のものであることを要求するだろうし、哲学者たちがアカデミー・フランセーズの本質そのものと呼ぶものを規定しようとします(1)。ですが、講演前に私に提起された質問については、とてもはっきり憶えています。それが重要な／点です。まさにそれによって、私のこのエセーが当時の講演へと接続され、実際に私に提起された質問への一連の解答としてすべてを提示できると信じています。

二月十五日には書いたものを君に送らねばなりませんでした。すっかり遅れてしまいました。でも、この小さなエセーが私に強いた——結果とは比べ物にならない——労力について、君はなかなか理解できないでしょう。何週間も前からひどく長引く不眠症が、すでにまったく優れてなかった健康状態を難しいものにしました。何度も約束の取り下げをできないかどうか君に頼みかけるほどでした。どう考えても／これ以上改良することも、同じ労力を費やすことも不可能です。

敬具

H・ベルクソン

(1) «L'Académie française vue de New York par un de ses membres»,『論集』*Mélanges*, p. 1529-1539（BGN 1422）参照。おそらくアカデミー・フランセーズのディレクターR・ドゥーミックへ向けたもの。彼にはつねに「君」を用いている。

A・ジッドへ　SD［一九三五年三月一日］

Doucet（BGN 640）BSP

拝啓

プーシキンの『小説集』を親切にも送付していただいたことに対して、あなたとジャック・シフラン氏にすでに感謝を述べておくべきでした。ですが、誰も翻訳を予期しなかったこの小説群はすぐ拝読しました。人はむしろフランス人巨匠作家の存在を感じ取るでしょう——そしてこの点で人は誤ってはいません(1)。

敬具

（1）『サントル地方の農夫を訪ねて』*Visites aux paysans du centre (1907-1934)*, Paris, Grasset, 1935（一九三五年二月五日）の著者ダニエル・アレヴィから入手した、アンドレ・ジッドとJ・シフランが訳したプーシキン『小説集』の書評依頼状の書簡表面に下書きされたもの。出版社からの寄贈。一九三五年三月一日付の日記の一部 Doucet（BGN 79, 著者献呈）が挿み込まれており、ここから日付を推定した。

［一九三五年］三月八日

J・シュヴァリエへ

Doucet（BGN 625）BSP

親愛なるわが友

心からのお手紙が届いたのは——いつものように——まさにあなたに手紙を書こうと思ったときでした。パリへ近々いらっしゃるといううれしい知らせをお手紙が運んでくれました。十九日火曜日が都合がいいので、その日に我々との昼食を了解していただけますか？

／あなたの出版物を受け取ったばかりです／「デカルトとエリザベト、シャニュ、そしてクリスティーナ王妃」との書簡のやりとりに関してですが[1]、デカルトの書簡を再読し、それからあなたの導入部と注記を検討するという誘惑に抵抗できませんでした。

これらすべての注釈は／原典に比するもの／すばらしいもので、一挙に／…／道徳に関するあらゆるものをめぐって、哲学者のほとんど知られていない思考へと入ることを可能にします。加えて、あなたはその学説全体に光を繰り広げ、注記によって特定の点をさらに照らします／注記は本の最後に移されていますが、多くの作業をあなたに強いたでしょう／注記はきわめて多岐にわたるもので、またきわめて正確なものです。

いつものように急ぎの仕事に囚われて、遅ればせながらこうした言葉をあなたに書いています。／仕事は半分しか終わっていません。あなたとご家族にこのうえなく心を込めた友情を送ります。

敬具

（1）「道徳についての書簡とデカルト、エリザベト王女、シャニュ、クリスティーナ王妃の書簡集」*Lettres sur la morale et la correspondance de Descartes à la princesse Elisabeth, Chanut et la reine Christine*, édition commentée par J. Chevalier, Paris, Boivin, 1935（BGN 222）の本に書かれた鉛筆による自筆下書き。本にはベルクソンの「三月八日に返信」という手書

きの注記が書かれており、これは一九三五年三月八日付のシュヴァリエからの自筆書簡［Doucet（BGN 624）］への返信である。「十九日火曜日」という言及に合致するのは一九三五年のみ。

一九三五年三月八日

L・レヴィ＝ブリュールへ

IMECP（Fonds L. Lévy-Bruhl）：Doucet（BGN 607, 原本および異同を含む下書き）BSP

パリ
一九三五年三月八日

親愛なるわが友

『原始神話学』はすぐに拝読しました。そしてこの秀逸な本がどれくらい私の関心を引き、示唆を与えてくれたかを君にすでに伝えておくべきでした。この本は重要な神話をいくつも我々に披露するだけでなく、それらを自然な類縁性によって分類し、ある心性によって説明しています。この心性は、刊行される新たな各巻でその性質が明らかにされるでしょう。まさに君の本を次々に読みながら、各結論をひとつに構成することで、読者は君が探究する非－文明人の心的生命（a）を蘇らせることができ、もし仮に君が／まず心的生命から閉じた定義（b）を導き出したとしても、それについてのより豊かで正確な観念を抱くことができるのです。

この主題について記されたことにもかかわらず、／君の視点（c）と相容れないものは何もないと言うつもりはありません。私の視点は、実際には二つの異なる対象に関わります。諸習慣は遺伝（d）に拠らないということを納得しても（なぜなら、以上のことは既知の事実全体から私が導き出した結論だからです）、現代の人間とかつての人間との間の本質的差異の存在を根本的に信じることはできません。したがって、深遠な心理的諸相において捉えられた現在の文明化された人間の分析に、静的宗教のまさに最初の起源を私は求めます（e）。この最初の起源については、君は何も発言していないように思います。君は現在も存続するある種の諸社会を取り上げ、彼らの信仰（より一般的には知性的な習慣体系）を深く掘り下げられたひとつの研究へと委ねています。そうして、その研究領野を次第に君が広げ、その重要性が必ず増大するひとつの学問を形成しているのです。君の近著に際して（f）、それを含むすべてについて祝わせてください。

敬具（g）

H・ベルクソン

封筒：L・レヴィ＝ブリュール氏
フランス学士院会員
リンカーン通り七番地
パリ八区

印：パリ一六区、サンジェ通り、一九三五年十八時三十分

レヴィ＝ブリュール：原始神話学［付記］

（a）……＝／「未開人」、そして……である／非‐文明人……

（b）……閉じた／と全般的描写／定義……

（c）……君の視点。／方法論と、またおそらく対象、研究主題によって異なる……／納得して／……

（d）……遺伝／おそらく、いくつかの偶発的ケースを除いて、差異の存在を信じません／おそらくいくつかを除いて／以上は少なくとも、私の側で、諸事実から導き出した結論です／（なぜなら……

（e）……静的／非文明人の信仰についての研究はそれほど高く起源を辿ることも、おそらくこの方向に進むこともできるとは思えません。しかしまさにそれが、このような研究に大きな長所とこのうえない利点を付与します。つまりこの研究、それは正確に諸心性のうちの／ひとつ／を再構成し、それら諸心性が介入するように思えるのは、我々の本性（私が言いたいのは知性的な習慣体系のことです）／たぶん……ではない／線としてしか現れない／大きな線を分割し／主要で根本的な線と知性の現行の習慣との間。／種の進化／しかし、それはそれでもやはり興味をそそり、教示的である。こうした研究から君が作るのは／ひとつの真の学問であり、次第に／射程／を君が広げていく／この……について

（f）……させてください／君のお祝いにこの機会を利用させてください。それと同時に君のすばらしい著作に対して祝いの言葉を送ります。　敬具　／この機会……

（g）以下の原稿のように最終的書き直し：実際それらは二つの異なった対象に関わります。……を納得しても、まさにこの最初の起源について、君は発言をしていないように思えます。君は／現在も存続する／ある種の社会を取り上げ、彼らの信仰（より一般的には知性的な体系と習

慣）を深く掘り下げられたひとつの研究へと委ねています。そうして、その研究領野を次第に君が広げ、その重要性が必ず増大するひとつの学を形成しているのです。君の近著に際して、それを含むすべてについて祝わせてください。

敬具／

D・アレヴィへ

三月十日［一九三五年］

Doucet (BGN 639) BSP

三月十日

親愛なるダニエル・アレヴィ氏

あなたからの二つの郵送物に対してもっと早く感謝するつもりでした。それは考察と省察の計り知れぬ宝庫／満たされた／であるリュドヴィク・アレヴィの『手帖』(1)と／有益な教えを有し、それと同時に深い洞察に富み、きわめて熟練した判断をもち／さらにあなたのすばらしいご高著『サントル地方の農夫を訪ねて』、／そこには具体的描写についての多くの絵になる／眼力の優れた／考察／多くの省察／堅固な分析／そこには堅固で洞察に富む分析を覆う生き生きとした描写があります／それは示唆に富む分析と交互に入れ替わります／。

この二冊の著書は、ひとつ目は我々にすでに遠くなった過去について教えてくれます／それは極端に我々から離れたものではありません／、二つ目は最も近い、未来について思考する者たちによって熟考されるでしょう。

敬具

（1）『サントル地方の農夫を訪ねて』*Visites aux paysans du centre (1907-1934)*, Paris, Grasset, 1935（一九三五年二月五日）の著者ダニエル・アレヴィから入手した鉛筆書きの下書き。出版社からの寄贈。一九三五年三月一日付の日記の一部［Doucet (BGN 79, 著者献呈）が挿み込まれており、ここから日付を推定した。『手帖』*Les Carnets*, Paris, Calmann-Lévy, 1935, 2 vol.

G・ド・レイノルドへ

一九三五年三月十一日

ALS

パリ、ボーセジュール大踊り四七番地
一九三五年三月十一日

親愛なる友

送ってくださったお手紙はこのうえなく私の興味を引きました。あなたの丁重なお誘いに答え、近代的人間の形成に関する議論についての考えをお伝えしたいものです。なんということか、今はそれについて考えることができません。十年も前から私の動きを奪っている病気が、酷い不眠症によって悪化し、あらゆる努力を苦痛に変えます。付け加えておきますと、発言を促されても、これ以上悪いタイミングもないものと思います。というのも、私は半世紀前から一般論を告発する者だからです。多くのさまざまな概念へ門戸は開かれたままでなければならず、多くの事物が至るところで実験観察される必要があり、このような事柄において／最終的に前もって定義可能な唯一の理念はないと考えています。もし思い切って私が一般的考察を示すのであれば、それらの考察はもっぱら道徳的視点を本質的とみなす必要性のみを対象とするでしょう。充分高まった水準に子供を位置づけ、そして自分自身を位置づけられれば、すべてはうまくいくでしょう。反対に、「心ヲ高メヨ《スルスム・コルダ》」というようなものがなければ、我々は現在の困難から抜け出すことはないでしょう。つまり困難は互いに絡まり合っていて、そのうえ困難の大部分は重要性をまったく備えていないものに重要性が結びつけられることに起因します。しかし、もう一度言えば、議論の核心へと踏み込むことはできかねます。いつかパリでこうしたことをお話しできればどれだけ幸福であるかを、ただ伝えさせてください。／また、この機会に私の心からの友情を新たにさせてください。

H・ベルクソン

一九三五年三月二十一日

S・バッシュへ

Doucet（BGN 611-10, 原本および下書き）

下書き(1)

パリ
一九三五年三月二十一日

拝啓

ひとつ目は「神についてのベルクソン的概念」について、

もう一つは死後の生をめぐるもので、これは「ベルクソン的プラグマティスムのしるしのもとに」位置づけられていますが、あなたのすばらしいこれらの二講演を、どれほど関心をもって今読み終えたところかを知っていただく必要があります。これらは双方とも心理学的・哲学的な優れた明察を物語っています。とりわけいっそう心を引く各要点や、大いなる未来が運命づけられているかに／見える「心霊科学」に、とりわけあなたと一緒に注視していければとどれほど願っているでしょうか。残念ながら健康状態のせいで治療と運動を強いられ、一日のうちで読み書きにほんのわずかの時間しか残りません。今は私のお祝いと感謝を送らせていただくだけに留めます、敬具

H・ベルクソン

／七頁で引用されたル・サヴルー博士の論文は(2)、まったく科学的なものを備えていない考察によって執筆されています。著者は（一流の神経科医たちが言うことですが）、まるで自分が語っている題材に無知なのです。／

（1）ベルクソン本人の記述。S・バッシュの講演のタイプ原稿「ベルクソン的プラグマティスムのしるしのもとに。死後の生と交霊出現」。講演者から健康祈願が付された名刺が送られ、「三月二十二日返信」（一九三五年）というベルクソンのメモ書きがある。

（2）H・ル・サヴルー「ベルクソン哲学と神経科学」« Bergso-nisme et neurologie »,『新フランス評論』*Nouvelle Revue Française*, XXII, 251, 1er août 1935, p. 201–227 et n° XXVII.

一九三五年三月二十四日

Fr・モーリヤックへ

Doucet（Ms 38919）

パリ　一九三五年三月二十四日

わが親愛なる同輩

病気や、あるいは病気と戦うために必須となる運動が、一日のうちごくわずかな時間しか読み書きに残してくれず、『夜の終わり』(1)を送ってくださったことにいまだ感謝できていませんでした。ですが、どんな興味をもって（このうえなく洗練された形式のもと送ってくださっていました）この美しい著作を読んだかを知っていただく必要がありま

す。ひときわ鮮明で、我々に絶えず思考を促す人物たちをあなたは描き出しました。つまり排除し合う二つのものを、あなたの芸術が調和させたのです。文芸批評はこの芸術を分析することへ没頭するでしょうし、そこには哲学への寄与が含まれてもいます。しかし、おそらくここには分析を寄せつけないものがあります――この著者の固有の、著者が観察しているものを道徳的に解釈するある種の能力です。この解釈は、何か付加されたものではありません。この解釈は観察そのものと混じり合っています。結局、定義は大して重要ではありません。これこそ才能であり、同時代の文学／のなかに独自の場所をあなたに作らせているのです。

敬具

H・ベルクソン

封筒：フランソワ・モーリヤック
アカデミー・フランセーズ会員
テオフィル・ゴーティエ大通り三八番地
パリ一六区
印：パリ一六区、サンジェ通り、一九三五年三月二十六日十時三十分

（1） *La fin de la nuit*, Paris, Grasset, 1935（一九三五年四月二十二日）. モーリヤックはすでに一九二八年六月一日にベルクソンに手紙を書いており、健康を心配する別の手紙も存在する。

SD ［一九三五年三月末］

モーリス・ブデルへ

Doucet (BGN 615) BSP

『雲のなかのヒバリ』(1) を送付してくださり感謝いたします。／健康状態が許し次第／可能になり次第、これを読みます。健康状態のせいで一日にほんの少しの時しか読み書きに当てることができません。

（1）『雲のなかのヒバリ』の著者モーリス・ブデルから入手した書評依頼状のうらに鉛筆で書かれた下書き。一九三五年三月十三日付。ここから日付を推定した（BGN 10, 著者献呈）。

H・ド・レニエへ

一九三五年五月四日

BIP (Ms 5698, f. 324)

一六区ボーセジュール大通り四七番地

一九三五年五月四日

親愛なるわが同輩

一冊の（あるいはおそらく複数の）韻文詩を上梓しているアンドレ・トゥルケを、何よりあなたのご厚意のもとで、ラベ＝ヴォ＝クラン賞のためにアカデミー・フランセーズへ推薦させてください[1]。トゥルケ氏は、何年も前からフランス文学の講義をロンドンで行っています。そこでは、外交官の職に就く準備をしている若者たちを学生として受けもっています。／きわめて感じがよく、すぐれた教師であり、教えたものを愛するように促しています。つまり我々にとって、このような環境は、プロパガンダに最良のものなのです。アカデミーの賞は、もしそれに値するとご判断くだされば、彼の威信や影響力になお加わるものとなるでしょう。あなたが為してくださることに事前に感謝申し上げます。御夫人に心からの敬意をお送りくださるようにお願いいたします。わが親愛なる同輩、賛美と友情の意を改めさせてください。

H・ベルクソン

（1）アンドレ・トゥルケ『ロワールの夜明け……』*Aube de Loire...*, Paris, Lemerre, 1934. H・ド・レニエの返信は一九三五年五月七日。

J・ギットンへ

SD［一九三五年五月十四日］

Doucet (BGN 623) BSP

わが親愛なる同僚

／来週木曜三時半にいらしていただけませんか？　／お話しに来ていただけることが、何よりの楽しみであることは、お伝えするまでもありません。

木曜日三時半でよいでしょうか？

もしこの時間がご都合よろしければ、別段ご返答／ご返答／いただかなくても結構です。

私の電話番号は電話帳に掲載されていません。[1]

H・B

（1） ジャン・ギットンからベルクソンへの一九三五年五月二日付の手紙の表面に鉛筆で書かれた下書き。ポール・クローデールの『ロワール＝エ＝シェールでの対話』*Conversations dans le Loir-et-Cher*, Paris, Gallimard, NRF, 1935（一九三五年四月）に挿まれていた。出版社献呈。表紙にはベルクソンの手で「一九三五年五月十四日返信」と記されている（BGN 36）。

一九三五年五月十八日

R・ドゥーミックへ

IMECP（RDM G 1-2）NBR

パリ

一九三五年五月十八日

親愛なる友

このたび、ある賞のためにひとつの本をあらためて君に推奨します。今回はレーモン・バイエの『優美の美学』[1]と題された作品です。この作品は、六三五頁と五八〇頁の二冊の大きな八つ折り版で構成された、ソルボンヌに申請された博士論文です。これは並外れた価値をもつもので、ここ数年で美学へともたらされた重要な貢献のうちのひとつとして必ず残っていくでしょう。著者は、／この種の問題を扱うときに大抵の場合で満足してしまう漠然とした一般性や仮説的構成に立ち止まることなく、さまざまな芸術の研究に勇敢にも身を置きました。その一方で、大変細やかな、過剰に細やかとも言えそうな精神の持ち主であるので、それが鋭利なものに成りうるほどです。彼は、優美へと至る芸術的創意のジャンル、そして優美なものを目前にして我々が抱く感情を、このうえなく深く入り込む分析に付しています。こうしたことすべてから、重要な賞に値すると私には思われる、ひとつの卓越した作品が生まれたのです。おそらくシャルル・ブラン賞へとこの本は応募されたのですが、／しかし私には定かではありません。そして報告書を任されている我々の同僚に向けて、この本のために君が述べてくれることにあらかじめ感謝します。

敬具

H・ベルクソン

（1） 『構造平衡の研究序論』*Introduction à l'étude des équilibres de structure*, Paris, Alcan, 1933（14 février 1934）.

一九三五年五月二十八日

G・A・フォールへ

BNFP (Fr na 16420, f. 10)

パリ

一九三五年五月二十八日

一六区ボーセジュール大通り四七番地

拝啓

すばらしいご高著『イタリアの顔』(1)を送ってくださったことに、すでに御礼を申し上げていなければなりませんでした。この本はこのうえなく興味が尽きないもので、教えに満ちています。そこではイタリアの各地方が、そこを愛し、「愛によって《コン・アモーレ》」それを語る人物に研究されています。何にもましてエミリア地方に関する章に着目しないわけにはいきません。加えて、挿絵や、また／総じて物としての体裁がその全体のなかで見事なものです。このような作品に対してお祝いの言葉をあなたに送らせてください。敬具

H・ベルクソン

(1) *Visages d'Italie. Le visage de Rome*, Ente nazionale, 1934.

一九三五年五月三十日

E・ムーニエへ

IMEC (Fonds Revue Esprit) NBR

パリ

一九三五年五月三十日

わが親愛なる同僚

『人格主義革命』(1)をご送付くださったことにすぐに御礼を申し上げたいと思います。

病気と、とりわけ病気に立ち向かうために必要な運動のせいで、一日のうち読み書きのためにごくわずかな時間しか残されていません。

ですが、可能となればすぐに、御本を再読したいと心に決めました。「再読」と言ったのは、『エスプリ』誌で本作を構成する各章を何度もすでに読んでいるからです。これらが強く私の関心を引いたことは言うまでもありません。これらは全体的な復興への強い欲求と、新世代が現世的な

ものと同じく霊的なものにおいて、むしろ霊的なものを介した現世的なものにおいて、果たすべき重要な役割を担っていることを物語っています。実験や試作や部分的成果を伴わず、それらを前提としない純粋に理論的な一般概念を、あなたほど信頼できたらよいのですが、それについては確信がもてません。私を驚かせたのは、行為がそれ自体で思弁の理論とは異なった自身の理論を有していて、あらゆる実現は至極単純な改革であって、それは予期せぬ障碍にぶつかるということです。つまり、実際に理論的に考案された理念を実践へと移そうとしながら、望んだものとはまったく違ったものを作ったことに人は気がつきます。それが何であれ、望んだものに限定したことに比べ、すでに多くを得ています。——敬具

H・ベルクソン

(1)『人格主義・共同体革命』*Révolution personnaliste et communautaire*, Paris, Aubier, 1935 (24 mai 1935).

一九三五年六月一日

P・ヴァレリーへ

BNFP (Fr na 19165, f. 224–225; Doucet, VRY 389-6 in 12, 複写)

パリ
一九三五年六月一日

親愛で偉大なる同輩にして友

反対に、アカデミーにおいて生命を定義できる人間としてご指名くださることで、貴殿はまたとない名誉を与えてくださいました[1]。生命について語る際に、最たる資格を有する生理学者のひとりであるクロード・ベルナールによって、生命は定義不可能とみなされました。せいぜい我々はその目立った特徴をいくつか列挙できるだけです。それを私は試みるつもりです。しかし、貴殿は自身でそれを遺憾なくなされるのではないでしょうか！　貴殿は、／分析を推し進め、それが総論になる深化の段階にまで至らせるのです！

敬具

H・ベルクソン

封筒 f. 226：ポール・ヴァレリー氏
アカデミー・フランセーズ会員
ヴィルジュスト通り四〇番地
パリ一六区
印：パリ一六区、サンジェ通り、一九三五年六月三日、十時三十分

(1) ヴァレリーによる長文の事情説明を参照。『カイエ』*Cahiers*, XVIII, 123, et XVIII, 127-138, dans N.R.F., プレイヤード版一巻, p. 760 et p. 764.

一九三五年六月十一日

G・マルセルへ

BNFP (Fonds G. Marcel, nc)

パリ
一九三五年六月十一日

わが親愛なる同僚にして友

『存在と所有』(1) を読んだばかりですが、この著作が与えてくれた鮮明な印象をお伝えします。あなたは、文学史家が言うような、ひとつの「ジャンル」の考案者です。つまり、『形而上学日記』を創り上げました。これは毎日印象を記すものですが、感覚や通常理解される意識から来るものはありません。これはまさに形而上学的印象です。これらはどこからくるのでしょうか？ その起源は、あれこれの／精神状態のいくつかの超感覚的現実についての、あなたが無媒介的に発見した意味のなかに見つけることができると思います。その精神状態の何ものかが、一方で身体に関わるすべてと、他方で魂の表面をいったん消去した後、存続するのです。しかしここで、あなたの思考をひとつの連続線によって結ぶのであれば、あなたの著作は私にとってはいっそう明瞭になるのでしょう。――もちろん体系的全体を作るに至るのではありません。確かなのは、これ以上に優れた連続性を望むのはおそらく間違っていることです。それは相互に連結する諸部分の性質を変質させる危険があるでしょう。本当のところ、あなたの本を再読し、仔細に再び読み、今までしていた以上により仔細に読む必要があります。とはいえ今のところ、この本を書き終え、そこに多くの精力と洞察を組み入れたことを賞賛したく思います。

敬具

H・ベルクソン

(1) *Être et avoir*, Paris, Aubier, 1935.

É・ブレイエへ　一九三五年六月十七日

Doucet (BGN 2365)

一九三五年六月十七日

親愛なるわが同輩

あなたの通達は完璧です。実際の会長がほとんどすべてを執り行う一方で、役割が小さな事柄に制限される名誉会長の名前を大見出しにしてしまっている以外には、欠点はありません。

／かなり漠然とした／かなり漠然としており、またきわめて多くの注釈を必要とする二重の難点がある「理性の性質と価値」という全体タイトルに食い下がったのは、大変立派だと思います。副主題は大変／よく／見事に選ばれたものに見えます。六番目のものは、他とは対照的に、説明の言葉を少し必要とするでしょう。ですが、全体のなかではそれはとても上手く理解されるのではないでしょか?

敬具(1)

(1) 第九回国際哲学会議(パリ、一九三七年八月一日から六日)のための通達に鉛筆で書かれた下書き。ベルクソンは名誉会長、ブレイエは会長、R・バイエは書記。

一九三五年七月から八月にかけてヴヴェイに滞在。ヴヴェイ市立アーカイブは、一九三五年の夏の間にエール城にベルクソンが滞在していたことを証言する資料を保管している(文書館員M・ギサン氏)。同じくドゥーセ図書館資料(Doucet BNG 2366)を参照。ヴヴェイ市役所からグラン・ホテル・パラス滞在中のJ・カンボンとH・ベルクソンへ宛てたものであり、日付は一九三五年七月二十六日。

L・ジレへ　SD[一九三五年七月二十四日]

Doucet (BGN 634) BSP

親愛なる同僚にして友

見事な著作『大聖堂』を受け取った後すぐに読もうとしましたが、大腸菌症の悪化が生じました。それは／ちょうど／ちょうど／私が……されていた／お便りを書くことが妨げた、私のリウマチに対処しているときでした。そして／離れながら／ヴヴェイに向けてパリを離れる折に、あなたにまだ返信していなかったことに気がつきました。とはいえ、どれほどの喜びと関心をもってこの本を拝読したかを知っていただく必要があります。この本はまず／とりわけ示唆に富み／大変示唆に富み、多くの／仔細な／教説に満ち、／他所ではほとんど目にし難く、学識への単なる配慮によって我々に与えられるのではない教説／それは他所でいたずらに人が探す教説なのです。

しかし、本作は特に「愛によって《コン・アモーレ》」書かれました。あなたは／四つの大聖堂を人物のように愛しています。それゆえに、／あなたはその各々をそれぞれのやり方で、特別に／あなたは／それらの／各々の研究に着手し、それは各研究のみに適用される感覚作用を伴います／各々に特別に適合する方法を、各々を描写し分析することに活用する、まったく新たなもの／各研究のために特別に作られたように映る方法を伴います。

／哲学者たちがあなたのものを読むことを願っています。どれほど哲学的といわれる美学が着想を得ている／諸作品／諸研究また／私はあなたのものが美学に専念する全哲学者たちに読まれることを願います。つまり、彼らが芸術や芸術のさまざまな時代について問いを提起し……／また、ご高著は一貫して生気に満ちていました。[1]

（1）『大聖堂』*Cathédrales*, Paris, Grasset, 1934（一九三四年十一月）の著者ジレ・ルイから入手した鉛筆書きの下書き。表紙に「一九三五年七月二十四日返信」とベルクソンの自筆による明記あり（BGN 1246, 自筆献辞入り）。

一九三五年九月二十七日

ノーマン・ケンプ・スミスへ

ULE (Gen 1416, f. 29–30)

パリ、ボーセジュール大通り四七番地

一九三五年九月二十七日

親愛なるケンプ・スミス博士

貴殿が編纂したヒュームの『自然宗教に関する対話』を送ってくださるという親切なお気持ちに、大変感銘を受けました。感謝申し上げます。[1] 本の半分以上を占める貴殿の序論と注釈にとても興味をそそられ、またご教示いただきました。それらは、充分に新しい観点のもとにヒュームを提示するように見えます。いわばこの哲学者は、一般的に信じられるよりも、それほど懐疑的でもなく、より教条的（否定的意味において）であることが分かります。

しかし、今のところ甚だ表面的にしか貴殿の本を読めていません。できれば、すぐにこの力強く深く入り込んだ研究を再読するつもりです。

頻繁に、多様な哲学的問題についてのかつての我々の意見交換に思いを巡らしています。同じく頻繁に、エディンバラでの滞在中、貴殿の親切なご家族とともにあったすばらしい関係を思い出します。ご家族によろしくお伝えください。

敬具

H・ベルクソン

（1） Hume, *Dialogues concerning Natural Religion, Edited with an Introduction by N. K. Smith*, Oxford, University Press, 1935.

F・グレーグへ

SD［一九三五年九月末］

Doucet（BGN 2192）BSP

わが同僚にして友、パリに帰った際に自宅にて手にしたこのすばらしい演説に、感謝いたします。これをすぐに拝読しました。親しみやすい語調と「心を高めよ《スルスム・コルダ》」という言葉へのシンプルな言及の形は、間違いなく効果的になるでしょう。私の仕事に大変好意的に触れていただいたことにも、とても心を打たれました。

敬具、H・B[1]

（1） 一九三五年七月十三日のルイ＝ル＝グラン高校の終業式時のフェルナン・グレーグの演説文に書かれた鉛筆による下書き。日付の推定はヴヴェイからの帰宅後のもの。

A・シュアレスへ

一九三五年十月一日

Doucet（α 1089）

一六区ボーセジュール大通り四七番地

一九三五年十月一日

わが親愛なる同輩

私が——言うまでもなく——受け取ってすぐに読んだこの本に対して、直ちに感謝を申しあげたいと思います。あなたの『モデルなき肖像』(1)は見事なもので、モデルがポーズを取る以上に大変似通ったものになっています。というのも、肉体的外見に満足することがないからです。つまり、まっすぐに魂に向かうのです。あなたはそれを裸形のまま看取し、あるいはむしろその内側へと自らを置き直し、魂が生きたものを再度蘇らせています。この/すばらしい著作にお祝いの言葉を送ります。

あなたは名声を求めたり、それを欲することさえないように見えます。しかし、求めずとも名声はあなたのもとに到来しました。私は、とりわけあなたが最近対象となった二つの勲章へ拍手を送りたく思います(2)。この二重の機会に、第三のものを期待せずにはおれませんし、それが現れるのを大いに心待ちにしております。予言された三つの栄光のうち二つを受けたときのマクベスの言葉、「最上のものは《ザ・ベスト・イズ・》いまだ来たらず《スティル・トゥー・カム》」(3)を自分自身で反芻しています。

(1) *Portraits sans modeles*, Paris, Grassetm 1935 (BGN 158, 自筆献辞入り) この書簡の短い要約が『論集』に収められている。p. 1521.

(2) A・シュアレスは、一九三五年六月二十四日に文学者協会の大賞、そして一九三五年七月四日にアカデミー・フランセーズの文学大賞を授与した。シュアレスは、(該当書簡において) アカデミー・フランセーズへの招待を第三の名誉と解釈している。

(3) 『マクベス』*Macbeth*, acte 1, sc. 3:「最上のものは《ザ・グレーテスト・イズ・》その後に来る《ビハインド》」〔ベルクソンが引用する台詞は現代英語に訳されたもの〕。

A・ロワジーへ

一九三五年十月十六日

BNFP (Fr na 15649, f. 202)

アンリ・ベルクソン
アカデミー・フランセーズ会員
道徳政治学アカデミー会員
ボーセジュール大通り四七番地

パリ

一九三五年十月十六日

わが親愛なる同僚、あなたの『新約聖書についての考察』[1]を送ってくださったことに感謝いたします。内容を判断する／には私はあまり適任ではありませんが、途方もない出版物をあなたが優雅に扱う様が相変わらず気に入っています。――敬具

H・ベルクソン

（1）『新訳聖書における書簡文学についての考察』*Remarques sur la littérature épistolaire du Nouveau Testament*, Paris, Nourry, 1935.

一九三五年十月十八日

G・メールへ

Doucet（BGN 2939）

パリ、ボーセジュール大通り四七番地

一九三五年十月十八日

わが親愛なる友

来週水曜日二十三日はまったく問題ありません。ですので、もしそれでよろしければ、その日の三時半にお待ち申し上げております。

敬具

H・ベルクソン

封筒：ジルベール・メール氏

、、、、、フェルテ＝ミロンのブルヌヴィル（エーヌ県）

印：パリ一六区、サンジェ通り、一九三五年十月十八日十八時三十分

一九三五年十一月三日

ミュラ伯爵夫人へ

FPM

一六区ボーセジュール大通り四七番地

パリ

一九三五年十一月三日

親愛なる友人へ、ここに念のため、最終木曜日にパリにいらっしゃる場合のために、ジャック・バンヴィルのアカデミー・フランセーズ入会式の招待状を添えておきます。

ご自身でお使いにならなくても、お返しいただかなくて結構です。奥様のお知り合いの誰かにお気に召せばと存じます。

招待状をたった今手にしたところで、急いで手短にお手紙を書いております。近いうちに奥様とお話できれば幸いです。それを待ちながら、失礼させていただきます。／敬具

H・ベルクソン

一九三五年十一月九日

A・ジッドへ

Doucet (γ 21.4)

パリ

一九三五年十一月九日

拝啓

『新しき糧』(1) を送ってくださるというお気持ちに、深く感動させられました。理念と感情に富んだ書であり、潜在的にはひとつの哲学全体を含んでいます。この哲学をありのままで受けいれることは、私にはおそらく困難でしょう。つまり、ひとつならざる点で、私は反論を唱えるでしょう。しかし、私の職業的習慣に身を委ねること、そしてあなたの本に独自のものを見ないことが、どれほど間違ったことになるでしょう。独自のものとは、「歓喜の歌」であり、理性において開花する感動です。これらは直接的ヴィジョン全体を超えてあり、媒介となる概念と無関係で、道徳的なものに関するものであり、表現できないものを表現するための並外れた恵まれた努力と言えます！　敬具

H・ベルクソン

(1) *Les nouvelles nourritures*, Paris, Gallimard, 1935.『地の糧』*Les Nourritures terrestres* は一八九七年の作。

SD［一九三五年十一月中旬］

E・シャピュイサへ

YUSLNH (Zeta, Bs23. D87.935c)

シャピュイサへ

親愛なる友、デュフール元帥についてあなたが上梓した

／本／著作を、すぐさま一気に読んでしまうという誘惑に勝てませんでした[1]。いかなる点が興味深く、教えに富んでいたかは言い表せません。皆と同様に、／聞き知っていた／漠然とはデュフール元帥を知っていましたが、あちこちから集まった多数の資料が、私の頭の中で彼の像の周りに結晶化するに至りました。しかし、彼は何者だったのか？　彼は何をしたのか？　それについてはほんのわずかしか知りません。また、あなたの本の大部分が未刊行資料に基づく以上、おそらく自国の歴史を最も学んだスイス人たちですら不充分にしか彼を認識してなかったでしょう。ところで、こういったあらゆる発見からあなたが明らかにした人物は、ひとりの偉大な、殊に偉大な人物なのです。そのうえあなたはこうした発見を／とても生き生きとした方法で、我々の共感を突き動かし、とりわけひとつの模範によって真の愛国主義、真の献身、真に政治家に値する者、真の軍人、これらの徳とは何であるかを我々に理解させてくれます。あなたは、この英雄をワシントンに比しているように思えます。たとえあなたがそうしていないとしても、この比較はあなたの本の全読者の心に帰来します。この両人の威厳、精神と気骨の気高さはあまりにも立派なために、どれほど重大で並外れた出来事だろうと、そのうえに絶えず存在し、運命が出来事の前に彼らを位置づけるのです。これが今日我々に必要な人たちです。なんということか、奇跡が挫かれてしまったのではないかと大変危惧しております。正義を望む不屈の者たちは、自分たちが戦う大義と比べて自分たちでは何者でもないと考えているのです。／…

／あなたと御夫人に心からの友情を送ります。

（1）　鉛筆書きの判読しづらい下書き。『デュフール元帥 1787–1875』*Le Général Dufour, 1787–1875*, Lausanne, 1935. 一九三五年十一月二十五日付のV・ジローの書簡によれば、ベルクソンは『両世界評論』の書評のためにこの著作を「最近推薦」した。

一九三五年十一月二十五日

V・ジローへ

Doucet (Ms 15117)

一六区ボーセジュール大通り四七番地

一九三五年十一月二十五日

わが親愛なる友、『サント＝ブーヴの秘密の生涯』[1]に対して感謝いたします。これ以上ない関心とともにこれを拝読しました。少ない紙幅で、本作は多くを語っています。本作はこの人物の魂の中へ我々を導いてくれます。使用される資料のおかげで、特に著者の分析の才能のおかげで、この本はサント＝ブーヴをさらに深く理解させてくれます。本作は彼をさらに愛される者にするでしょうか？　私に関して言えば、人物に対する共感以上に批評に対する賞賛を抱いていました。敬／具

H・ベルクソン

追伸、私は「デュフール元帥」についてのある著作を、作者の求めに応じて最近推薦しました。この著作はエドゥアール・シャピュイサ氏によるもので、彼は元ジュネーヴ高等評議会議長、そして『ジュネーヴ』紙の元局長です。最近刊行された歴史作品の総評のなかに含めるか、常任の共同執筆者の一人にデュフール元帥についての記事を書いてもらうか、どちらにせよ、『両世界評論』誌がこの著作に注意を促してはくれないでしょうか？　エドゥアール／・シャピュイサは常々フランスに献身的な友人で、行動する友人であっただけでなく、必ずや尊敬と共感に値するでしょう。

（彼は『ル・タン』紙にスイスの政治についての記事を頻繁に寄稿しています。）

（1）*Vie secrète de Sainte-Beuve*, Paris, Stock, 1935（4 novembre 1935、ここから日付を推定した）.

一九三五年十二月十一日

H・ド・レニエへ

BIP（Ms 5698, f. 325）

一六区ボーセジュール大通り四七番地

一九三五年十一月十一日

親愛なる同輩にして友

すでに『私、彼女、そして彼』[1]を拝読していました。ですが、再読の機会を与えてくださったことにどれほど感謝しているでしょうか！　いわば出来事を配することなく、それでも終始感興そそるものに仕上げられた小説を書くことで、ひとつの偉業をあなたは成し遂げたのです。これは

偉大な技芸であり、このように最小限の題材を手にして、そこから最大限の結果を引き出したのです。ここで結果が獲得されたのは、一連の繊細で深く入り込む分析、内なる往来の描写／、愛のテーマについて演じられたいくつもの変奏、最後にマリヴォーがおそらく「愛と時間の遊戯」と呼んだものによってです。あなたと御夫人に、敬具

H・ベルクソン

(1) *Moi, Elle et Lui*, Paris, Mercure, 1935.

E・M・ハウスへ

一九三五年十二月二十一日

YUSLNH (Misc. 12.395) SSG

パリ、ボーセジュール大通り四七番地

一九三五年十一月二十一日

わが親愛なるカーネル・ハウス

貴殿とご家族への新年のお祝いをお受け取りください。そして、人や民族がこのうえなく高い場所に住まわっていたように思えた英雄の時代と今では呼びたくなるような／、あの時代にお互いに交わした対話へと、どれほど頻繁に立ち戻っているかを伝えさせてください。我々が今日目撃しているのはなんたる凋落でしょう！　しかし、おそらくこれは、実のところ人間と社会についての、より良い同じ結末のための再形成なのです。少なくともそうだと願いましょう。

敬具[1]

H・ベルクソン

(1) 一九三六年一月八日付のE・H・ハウスのからの返信により日付を確定。「親愛なる友、十二月二十一日付の貴殿のお便りに感謝いたします。世界が嘆かわしい苦境にあり、最終的結末はどんな聡明な人間の知識をも超えるものであるという点に貴殿に同意します。個人的には政府が二流政治家に指揮されているように思えます……」(Misc. 12.395, 下書き。BGN 675-5, 原本)。

R・T・フルーウェリングへ

一九三五年十二月二十六日

HLUSCLA (Flewelling Papers)

パリ、一六区ボーセジュール大通り四七番地

一九三五年十二月二十六日

親愛なるフルーウェリング教授

『アジア特集号』(1)で私の二つの近著について、多大な厚意ときわめて深い知的共感を込めて評していただき感謝申し上げます。そのうえ、この特集号は端から端まで興味深く示唆に富むものです。なかでも「中国と喜劇文明」についてのとても示唆深いご論考に注目しました。あなたはそこで、一世紀の間知られていなかった真の文明の条件を明確にしました。

表紙に載っているあなたの著作のうちに、「ベルクソンと個人的現実主義」についての本の告知を目にしました。刊行次第すぐに拝読するのが、私にとって「楽しみ《ア・トリート》」となるのは言うまでもないでしょう(2)。

新年のお祝いの言葉を送ります。

敬具

H・ベルクソン

(1) 一九三四年七月十日フルーウェリングは、中国へと出発することを告げていた。帰国する際にベルクソンへ送付した特集号を構想した。フルーウェリングはこの書簡へ一九三六年三月三日に感謝を述べている。「アジア特集号」はベルクソンの二つの近著の書評を掲載している。「『思考と動くもの』と『道徳と宗教の二源泉』についての評論」『パーソナリスト』誌 *Personalist*, 17, 1 1936, p. 86–88.

(2) R・T・フルーウェリングは、一九三四年十月から一九三五年三月まで「客員教授」として中国に滞在した。

Fl・ドラットルへ

一九三五年十二月

Doucet (BGN 2847)

『論集』の一五二二頁から一五二八頁を参照。自筆原本、正確な日付のない同一の原稿。

F・R・クーデルへ

一九三五年六月十四日

CLUNY (MS Coll. Coudert Sr)

パリ、ボーセジュール大通り四七番地

一九三五年六月十四日

わが親愛なる友

今しがた丁重なお便りを受け取りました。感謝いたします。私に送ってくださったディーン・カール・W・アッカーマンの演説をすぐに、これ以上ない関心をもって拝読しました。個人が責任を担うことの衰退のうち、我々の生きる不安定さや、より全般的に言えば我々が苦しんでいる悪を見出すという考えは、大変正しく、非常に教示的です。

見事な演説内で私の仕事に特別席を設けてくださったことに対して、アッカーマン／教授に謝意を伝えていただけませんか？　言うまでもなく、氏がパリにいらっしゃるときにお会いいただければ、このうえない喜びとなるでしょう。

また、我々の心からの挨拶の言葉を御夫人と共有していただきたく思います。

敬具

H・ベルクソン(2)

(1)　ゲラに印刷された資料。

(2)　一九三五年九月十八日付の、パリ訪問を伝えるクーデルからベルクソン宛ての書簡（*ibidem*）では、出版されたばかり〔アレクシス・〕カレルの『人間、この未知なるもの』*Man, the Unknown*, Paris, Plon, 1935, New York, Harper, 1935 が話題になっている。

一九三六年

Ch・ヴェルナーへ

一九三六年一月一日

BPUG (Ms. fr. 9008/1, f. 38) NBR

パリ、ボーセジュール大通り四七番地

一九三六年一月一日

わが親愛なる同僚

ご親切なお手紙に強く心動かされました。きわめて鮮やかな思い出のもととなった対話を、いま始まったばかりの本年があなたとともにせず終わることがないように願っております。それでは、お祝いの言葉を送りたいと思います。／わが親愛なる同僚、御夫人に私のお祝いの言葉をすべてお伝え願えますか。

敬具

H・ベルクソン

封筒 f. 39：シャルル・ヴェルナー氏
フロリッサン通り四番地
ジュネーヴ（スイス）
印：パリ一六区、サンジェ通り、一九三六年一月三日十八時

一九三六年一月二日

J・ギットンへ

BAV (Paolo VI, 3, f. 9) NBR

パリ、一九三六年一月二日

一六区ボーセジュール大通り四七番地

わが親愛なる同僚にして友

この見事な署名の複製コレクションをご用意いただいたご苦労を考えると、じつに恐縮するばかりです。ただ眺めるままにはいたしません。各頁に、署名した人物が潜在しており、再び現れるための合図だけを待っているように私には実際に思えます。さまざまな魂を描き出すこれらの筆記を送ってくださるという親切なお気持ちに感謝いたします。

そして始まったばかりの年に対してお祝いの言葉を送ります。／リヨンで、つまりこれ以上ないほど重要な高校にあなたがいらっしゃるのを考えることで、どれほど私がうれしいかを随分前からお伝えしたかったです。ムーラン市におられたときほどあなたはそこで好かれてはいないかもしれませんが、それでも、あなたが命を吹き込む躍動は数多くの生徒たちに伝わり、彼らをすぐさま大変な高みに誘うことでしょう。

敬具

H・ベルクソン

一九三六年一月二日

ミュラ公爵夫人へ

FPM

パリ

一九三六年一月二日

親愛なる友

先ごろ奥様がアストリッド王妃に捧げられた詩句の、なんと美しく、感動的で深遠なことでしょう！　昨日、元日

に私たちはこれを拝読しました。新年がすばらしく幕を開けたと私たちは感じました——本年のためにこれ以上ないほど心を込めたご挨拶を奥様に送ります。／敬具

H・ベルクソン

封筒：ミュラ伯爵婦人
サン＝ドミニク通り四一番地
パリ七区
印：パリ一六区、サンジェ通り、一九三六年一月三日十九時三十分

G・カトーイへ　SD［一九三六年一月三日］

Doucet（α 8524-39）

アンリ・ベルクソン
アカデミー・フランセーズ会員
道徳政治学アカデミー
ボーセジュール大通り四七番地

あらゆる感謝と、新年への心からの気持ちを。

H・ベルクソン

封筒：ジョルジュ・カトーイ氏
パッシー通り九五番地
パリ一六区
印：パリ一六区、サンジェ通り、一九三六年一月三日十九時三十分（ここから日付を推定した）。

I・ベンルービへ　一九三六年一月四日

BPUG (Ms. fr. 2237, f. 113) NBR

パリ、ボーセジュール大通り四七番地
一九三六年一月四日

拝啓

貴兄のご親切なお便りに今すぐに感謝し、またジュネーヴでのお仕事の再開を知ることがどんなにうれしいかをお伝えします。このことから、貴兄の健康が良くなったと判断します。ルソーとスタール夫人とアミエルにおける「道

徳的理念」[1]についての研究は、確かに興味深いものになるでしょう。

大学での講演を捧げることで、貴兄は私の『創造的進化』に多くの名誉を付与してくださるようですね[2]。／講演が印刷され、せめて読むことができればと願っています。

ブランシュヴィックとラランドに会ったら、彼らに授与されたゲーグナー賞についてあらためて話したく思います。

新年のご挨拶を送ります。

敬具

H・ベルクソン

封筒 f. 114：I・ベンルービ氏
サン＝レジェ通り八番地
ジュネーヴ（スイス）
印：パリ一六区、一九三六年一月五日十八時

（1）『ルソー、スタール夫人、アミエルにおける道徳的理念』*L'idéal moral chez Rousseau, Mme de Staël et Amiel*, Paris, Alcan, 1940.
（2）『アンリ・ベルクソンについての思い出』一二五頁参照。アンドレ・オルトラマーレが企画した「金曜」講演は一九三六年三月二十六日の時点で「近頃」開催された、と扱われている。

一九三六年二月六日

J・シュヴァリエへ

Doucet (BGN 85–88)

パリ、ボーセジュール大通り四七番地
一九三六年二月六日

真っ先に渡してくださった研究「ウィリアム・ジェイムズとベルクソン」[1]は、小さいながら傑作です。あなたは私を大変高位に置いています。それを除けば、この堂々たる分析のなかに修正すべき文言は見つかりません。この分析は目に見える作品の背後に、説明可能あるいは説明された思考の下に、「全テヲ作ル πάντα ποιεῖ」不可視の魂を見つけに行くでしょう。

もしよろしければ、より仔細に検討したいので、数日後に原稿を返却したいと思います。さしあたって／あなたが望んだ序文の数頁が、どうしても必要かどうかお聞きしたく思います。何日か前からこれの執筆で憔悴しており、実質的に不可能なものに対峙しています。おそらく不眠症に

よって夜が長くなることに起因します。不眠は年齢のせいでしょうか？　わかりませんが、事実そうなのです。もし無理強いすれば、おそらく完遂できるでしょう。しかしながら、努力は結果とは釣り合わないでしょう。とはいえ、ある一点がすべてを占めています。契約は取り結ばれていたのでしょうか？　もし契約が結ばれていたならば、果たされねばなりません。重要な点は、アメリカの方たちが、この序文を正式に私が約束／したと考えているかどうかを知ることです。序文とは、あなた自身が語ったことに何も付け加えずとも、序文筆者に毀誉褒貶を投げかけるものです。あなたの返答に一切委ねます。

敬具

H・ベルクソン

封筒：ジャック・シュヴァリエ氏
文学部学部長
ヴィラ・プリムローズ・モンフルリー
ラ・トロンシュ（イゼール県）
印：パリ一六区、サンジェ通り、一九三六年一月六日十時三十分

(1)「ウィリアム・ジェイムズとベルクソン」«William James et Bergson» は「ハーバードとフランス、研究論集」«Harvard et la France. Recueil d'études»,『近代史誌』*Revue d'Hist. Moderne*, Paris, 1936, p. 103–116 に掲載され、ベルクソンからの書簡が序文として付されている。p. 117–121.『論集』p. 1542.

一九三六年一月十二日

G・カトーイへ

BPUG (Ms. fr. 4961, f. 269–270)

一六区ボーセジュール大通り四七番地

一九三六年一月十二日

拝啓

お手紙にどれほど感動させられたかは言い表すことができません。あなたがパリに、そして私のいるボーセジュール大通りのすぐ近くにお住まいになると聞き、心うれしく思います。むろんお話しに来てくださるなら大変な喜びとなるでしょう（どちらかといえば三月になってからがいいでしょう。というのも、それまでは仕事で多忙でしょうし、最後まで辿り着けるかどうか分かりません。私のもつ時間の最良の部分は病気や、むしろそれと不可避に闘うことで

占められています）。／いらっしゃるときは、私の家に約束のお電話をください。電話番号（電話帳には未掲載）は、オートゥイユ八九―三二です。

どうしていまだあなたに『プルーストの友情』(1)について話していなかったのか分かりません。というのも、すでに話したと考えていたので。いずれにせよ、無類の関心をもってこの著作を読みました。なぜなら、あなたの研究は終始洞察に満ちた心理的分析であり――この分析の特異な点は、それが作品と人物とのひとつの綜合、ひとつの包括的ヴィジョンから生じていることです。あなたはプルースト自身との一致を／試み、成功したように思えます。それによって真の文芸批評を手にしています。しかし、それが可能なのはほんのわずかな者だけです。まさに彼らにとって、そのような努力は、彼らが愛し尊敬する作家が主題であるときにしかおそらく可能ではないでしょう。この見事な著作へお祝いの言葉を送らせてください――私の仕事への思いやりのある示唆にも感謝いたします――敬具

H・ベルクソン

封筒 f. 271：ジョルジュ・カトーイ氏
パッシー通り九五番地
パリ一六区
印：パリ一六区、サンジェ通り、一九三六年一月十三日十五時三十分

（1） *L'amitié de Proust*, Paris, Gallimard, 1935. ベルクソンについては二〇八から二一一頁。

一九三六年一月十四日

E・ベルトへ

FPPA (*Cahiers G. Sorel*, I, 1983, p. 109-110)

一度ならず二五年ほど前から私が意に留めていたのは、難解な主題において、ソレルとあなたと私とをきわめて容易に理解させ合うような知的共感についてです。今はマルクスの学説と私が論述する学説との関係について、絶えず興味をそそるあなたの解釈の巧みさにもかかわらず、あなたが行った関連づけを認めることにはとても躊躇していま す(1)。私はマルクスをきわめて不充分にしか知りませんし、おそらく彼の見解をその総体において把捉するために必要だった努力を果たしていません。ですが、あなたが語った

類の知的共感によって、この陣営から後押しされたことは一度もありません。それはどうやら、あなたが述べたように、ヘーゲル主義にあまりに近い彼の学説が何よりもまず構築物であり、あらゆる哲学的構築物は私には救いようもなく信用に欠けるからです。それはまた彼の唯物論に原因がありますが、おっしゃる通り、それは人が通常信じるよりも軽度のものです。しかし、結局は、とりわけ彼の寛容さの欠如と暗黙のうちなる憎悪への呼びかけに原因があります。ソレルは暴力に差し向けることはあっても、憎悪へ差し向けることはありません。

（1） E. Berth, «L'Avant-propos» in G. Sorel, *D'Aristote à Marx*, Paris, Rivière, 1935.

一九三六年一月十八日

V・ジローへ

Doucet（Ms 15118）

パリ
一九三六年一月十八日

わが親愛なる同僚

アナトール・フランスについてのすぐれた、また深い洞察に満ちた研究を送ってくださったことへの感謝をもっと早くお伝えするつもりでした[1]。あるがままの人物や作家を我々に示すにあたって、あらかじめ決められた観念や既成の判断を越えたところにあなたは達していたのです。そして作品分析を押し進め、作品について私がもっているほとんど直観的な見解をよりよく私自身に理解させてくれるまでに至っています。アナトール・フランスのなかで私が好んでいたのは、ただ一枚もつまらない頁を出版しなかった著者（地上ニオイテ稀ナ人物《ララ・アヴィス・イン・テリス》！）であることです。彼のなかで同じく好んでいたのは（おそらく同じことですが）、筆致《エクリチュール》の教師であることです。私が言っているのは、若者に教示するという意味で、これ以上ないくらい緻密で繊細な方法で、書かれたものと書かれていないものを区別する技術を教示してくれるのです。その他に関しては、私の感嘆は穏便なものと言えます。もしひとつの作品が、いくつかの面で魂を高めず、別の面で「非道徳的」であるならば、それが自身の若さを保ったり、さらには存続したりすることなど信じられないでしょう。しかし、思うに、こういったことをあなたに繰り返し言おうとは思いません。この見事な著作／に対して、お祝いの言葉を送らせてください。

敬具

H・ベルクソン

二二〇頁における好意的な注目に感謝いたします。

（1）『アナトール・フランス』*Anatole France*, Bruges, Desclée, 1936 (13 décembre 1935).

一九三六年一月二十日

J・E・オリヴィエへ

ETP (f. 18–19) NBR

パリ、ボーセジュール大通り

一九三六年一月二十日

わが親愛なる友

エムス電報事件についての秀逸な研究をどれほどの関心を伴って拝読したかをお伝えする必要があります[1]。あらゆる資料、特に最新のものを駆使し、一八七〇年の戦争がドイツから押しつけられたことが提示されています。そしてエミール・オリヴィエは、それを避けるために人間として可能であったすべてを為したことが説明されています。つまりあなたは、以上のような能力によって、この件ではもはや何者も厚かましくフランスにわずかの責任も課すことはないのだということを、説得力ある議論の積み重ねでもって証明するのです。／大変丁重に私の演説を引用していただき感謝します。特にプロイセン王に関することでは、その役割の再構築を試みた際、期待していた以上に、諸々の資料がすぐさま私に根拠を与えてくれました。

敬具

H・ベルクソン

（1）『エムス電報事件』*La Dépêche d'Ems*, Paris, Croville, 1935（一九三六年一月十一日）.

一九三六年一月二十一日

G・A・フォールへ

BNFP (Fr na 16421, f. 6)

一六区ボーセジュール大通り四七番地

一九三六年一月十二日

拝啓

『イタリアの顔』[1]の第二巻を受け取りました。この見事な出版物を送ってくださるというお気持ちに感謝します。最も賞賛すべきものは本当に人に知られていません。それは、非常に洗練された活字組み、きわめて芸術的に撮影された写真、あるいは、イタリアへの賛美を共通してもつことさら多彩な著者たちによる、愛を込めて執筆されたテクストです。喜びと注目をもって拝読したエミリーに捧げた／章では、あなたは多くの芸術によって、かつてのイタリアと今日のイタリアとの間の架け橋を創り上げています。数年前から病のため動けずにおり、私もまた賞賛したいくらいの愛を捧げたこのイタリアにはもはや再会できないと感じていました。あなたの本のおかげで、それでも私はイタリアにいることができ、何時間か散策させてもらいました。お祝いの言葉を送らせてください、敬具

H・ベルクソン

（1） *Visage de l'Italie*, Rome, Ente Nazionale, 1934.

一九三六年一月二十六日

Fr・モーリヤックへ

Doucet (Ms 38920)

一六区ボーセジュール大通り四七番地

一九三六年一月二十六日

わが親愛なる同輩

『黒い天使たち』[1]をすぐに読んでしまうという誘惑に勝つことができませんでした。この本がもたらした重大な印象をお伝えしたく思います。登場人物たちは大変血の通った者たちなので、彼らに執着しないのは不可能です。しかし、あなたは小説家の技芸を徹底的に進めることで満足していません。つまり、あなたは同時に哲学者でもあり、哲学上の重要な問題へのひとつの解答（なんと感動的なことでしょう！）を我々に提案するのです。確かにある人たちは、あなたの前提を認めることに躊躇するでしょう。換言すれば／「何のためということもなく、ただ慰みに」悪をなす、悪のために生まれた人たちがいることを認めるのをためらうでしょう。なんたることか、彼らは間違っていま

す！　認めるのは気乗りしませんが、ある種の本質的で独特な悪意が、幸いにしてわずかですけれどもまさに存在することを経験が私に教えています。――わが親愛なる同輩、この見事なご高著にお祝いの言葉を送らせてください。敬具

H・ベルクソン

封筒：フランソワ・モーリヤック氏
アカデミー・フランセーズ会員
テオフィル・ゴーチエ大通り三八番地
パリ一六区
印：一六区、一九三六年一、一月二十七日、十五時三十分

（1）*Les Anges noirs*, Paris, Grasset, 1936（27 mai 1936).

マクミラン社へ

一九三六年二月一日

BLL（Add 55166, f. 131）SSG

一六区ボーセジュール大通り四七番地

パリ

一九三六年二月二日

昨年六月三十日までの私の出版物の支払いとして、三八二五フラン＝五一――一―九ポンドの小切手を受領したことを認めます（所得税一〇―六一――一ポンド以下）。

最大限の敬意を込めて

敬具

H・ベルクソン

J・シュヴァリエへ

一九三六年二月

（『論集』p. 1542-1545 参照）

J・シュヴァリエへ

一九三六年三月六日

Doucet（BGN 2825, f. 89-92）

パリ、ボーセジュール大通り四七番地

一九三六年三月六日

親愛なる友

きわめて魅力的で心を揺さぶるあなたの『パスカル』[1]について、もっと早くにお話ししようと思っていました。これは、パスカルが自らに捧げてほしいと考えたであろう本です。そこには、パスカルのすべてがあります。しかし、この複雑な総体から、単純なものをあなたは作り出しました。それはあまりに単純なので、門外漢たちもすぐにあなたの言うところを理解し、最良の知識の持ち主たちも同じくあなたに学ぶべき多くのものを見出すでしょう。そのうえ、あなたは教育的であると同じく示唆を込める人です。例えば五八頁が提起する問いは、／デカルトの方法があれほど研究されているのに、パスカルの方法があまり学ばれないのはなぜかを知ろうとするものです。事実、デカルトは行動の段取りについてあらゆる教えを我々に与えましたが、パスカルは同様に振る舞うことはまったく考えませんでした。

この封書内に、ウィリアム・ジェイムズについての私の書簡[2]を目にすることができるでしょう。もし、出版するにはあまりに遅くこの書簡が届いたならば、それはそれで結構です。自分が書いたばかりのものに、これほどあまり満足しないのは稀でした。二ヶ月以上前から、長い不眠の夜があらゆる仕事を難しいものにしています。そのうえ、最後の気力／をもって治療しなければならない大腸菌症の急な症状のせいで、自分を癒やすことだけに取りかかっています。四一度も熱があり、もし初期状態で敗血症の歯止めを／できた／しなかったなら、事態は悪化していたでしょう。

我々にとっても愛しきあなたのご家族に、ありったけの友情を送ります。

敬具

H・ベルクソン

封筒：ジャック・シュヴァリエ氏

文学部学部長

ヴィラ・プリムローズ・モンフルリー

ラ・トロンシュ（イゼール県）

印：パリ一六区、サンジェ通り、一九三六年三月六日九時四〇分

（1） *Pascal*, Paris, Flammarion, 1936（BGN 1126）.

（2）『論集』*Mélanges*, p. 1542–1545.

Voilà cher Monsieur, et pour vous seul, ce que m'a dit le maître. Après tout ce qu'il m'a dit, et en mon for intérieur, je pense comme lui.

En attendant que j'aie le vif plaisir de vous revoir, je vous prie, cher Monsieur, d'excuser mon retard et mon laconisme, dus à un labeur énorme, et de croire à ma bien sincère sympathie

J. Chevalier.

Villa Primerose, La Tronche Isère

ルイーズ・ベルクソン夫人

一九三六年三月二十四日

ミュラ伯爵夫人へ

FPM

パリ、ボーセジュール大通り四七番地
一九三六年三月二十四日

親愛なる友

これが関心を引くにちがいない木曜の催しの招待状です。何日か遅れて、これがちょうど今私の手元に届きました。学士院の事務で手違いが起こったようです。

パレオローグと我々の会話について、奥様が解釈を行っている大変興味をそそるお手紙に、仔細にお答えしたいとどれほど思っているでしょうか！　ですが、招待状を真っ先にお送りしたく思います。――親愛なる友、敬具

H・ベルクソン

一九三六年三月二十七日

P・ヴァレリーへ

BNFP (Fr na 19165, f. 227–228)

一六区ボーセジュール大通り四七番地
一九三六年三月二十七日

親愛なる同輩にして友

ブリュマンタル奨学金のうちのひとつのために、ジャック・デビュ＝ブリデル氏を貴殿に推薦させていただけませんか？　彼は比類なく優れた人物であると聞いています。

私は病から立ち直り、敗血症にまで進行して深刻な状態だった大腸菌症の悪化を乗り越えました。こうしたことが、『ヴァリエテⅢ』と『芸術論集』[1]を送付いただいたことに、なぜいまだ返礼していなかったかのご説明になるでしょう。これらを今／まさに拝読していますが、切れ目なく読んでいるわけではありません。二、三頁終わると、立ち止まります。それはまるで、思考に応じて次々に進んでいく森林内の十字路で立ち止まるようなものです。貴殿の本はどんなに示唆を与えるものでしょうか！　そして、なんと見事

に読者たちを、少なくとも貴殿の本を読んでいる間は、哲学者に仕立てあげるでしょうか！　すでに哲学者である者たちに対しては、かれらの思考手段に、とりわけ美学的方法において、なんたる若返りをもたらしてくれるでしょうか！　このすばらしい二冊にお祝いの言葉を送ります。

敬具

H・ベルクソン

封筒 f. 229：ポール・ヴァレリー氏
アカデミー・フランセーズ会員
ヴィルジュスト通り四〇番地
パリ一六区
印：パリ一六区、サンジェ通り、一九三六年三月三十日二十時三十分

（1）『ヴァリエテIII』*Variété III*, Paris, Gallimard. 初版は一九三六年一月出版。『芸術論集』*Pièces sur l'Art* はおそらく一九三六年一月のガリマール版である。

一九三六年三月三十一日

P・ヴァレリーへ

BNFP (Fr na 19165, f. 230–231)

パリ

一九三六年三月三十一日

親愛なる同僚にして友

ブリュマンタル奨学金のためにデリュ＝ブリデル氏を貴殿に推薦した手紙は、マルタン嬢から手紙を受け取るやいなやすぐに送ったものです。これはマリエッタ・マルタン嬢によって彼女の幼なじみのピエール・ペギー（シャルル・ペギーの息子）へ送られたものです。これを貴殿に伝えるという義務を負いました。

私はシャルル・ペギーの子どもたちの後見人でした。高等師範学校の元生徒で大学教授であるピエール・ペギーは、奨学金を得るに値すると判断することなしにマルタン嬢を私に紹介することはきっとないでしょう(1)。

敬具

H・ベルクソン

封筒 f. 232：ポール・ヴァレリー氏

アカデミー・フランセーズ会員
ヴィルジュスト通り四〇番地
パリ一六区
印：パリ一六区、サンジェ通り、一九三六年四月一日十五時三十分

（1） 同封された（f. 231）「ピエール・ペギーへの書簡（彼を通じてベルクソン氏に送られたもの）」は、マリエッタ・マルタン嬢（パリ一六区アソンプシオン通り三四番）により、ブリュマンタル奨学金の候補者登録のためP・ペギーへ送られた。

SD ［一九三六年三月末］

R・バザンへ

Doucet（BGN 614）BSP

『わが生涯のさまざまな節目』を送ってくれたことを、ルネ・バザン一家に感謝いたします。この本は好奇心をそそる興味深い詳細に溢れ、精神への得がたい浸透、それと同時に特異な道徳的高揚を示すものです[1]。

（1） 『わが生涯のさまざまな節目（私的覚書抜粋）』*Étapes de ma vie (Extraits de ses notes intimes)*, Paris, Calmann-Lévy, 1936（一九三六年三月十八日刊行、ここから日付を推定した）の著者ルネ・バザンから入手した書評依頼書に鉛筆で書かれた下書き。

SD ［一九三六年三月末］

J・ジェルマンへ

Doucet（BGN 632）BSP

／……氏へあらゆる感謝を捧げます／拝啓、あなたの小説『迷子の子どもたち[1]』を送ってくださったことに、もしこれほど……でなければすでに感謝を申し上げておりました。この本は、きわめて生き生きとしており、面白く、また感動を呼ぶものです。いっそうの興味をもって拝読しました。

敬具

（1） 出版社寄贈の『迷子の子どもたち』*Les enfants perdus*, Paris, Albin Michel, 1936（一九三六年三月二十日出版、ここから日付を推定）の著者ジョゼ・ジェルマンへ宛てた鉛筆書きの下書

き。本の表紙には著者の住所がメモされている。「ヌイイ＝シュル＝セーヌ、シャルル＝ラフィット通り八二番」（BGN 69. 著者献呈）。

一九三六年四月十日

J・ポーランへ

IMECP（Fonds N. R. F.）NBR

一六区ボーセジュール大通り四七番地

一九三六年四月十日

わが親愛なる同僚

あなたと同じ考えに至りました。ポール・ヴァレリーはお手紙を先週末にくださり、チボーデがひどく病を患っていると伝えてくれました。私はすぐさまチボーデに手紙を出しましたが、願わくは、彼のもとに届いたことと思います（ヴァレリーは「フロリッサンの病院」だと言いましたが、あなたの指示通り「コッタージュ通り」と私は付記すべきだったと思います）。この手紙でチボーデに伝えたのは、私がつねに彼に対してもっている惜しみない愛情のこもった賛美であり、そのあらゆる理由を思い出してもらいました。苦労したのは、自身の状態の深刻さに彼が気づいてない場合に、彼に／このように伝えるための口実を見つけることでした。それでも、彼を不安にさせることは避けようと思い、心から愛する真摯な友人から賛美が送られるときにもたらされる激励によって、治療と投薬の効果を補完したかったのだと述べました。

遺憾に思います。我々はこの時代の偉大な精神の持ち主の一人を失うことになるでしょう。なんたる慎み深さを、そして名誉や、まさに単なる名声へのなんたる軽蔑、そして多様な価値観から生まれたであろうなんたる深甚な感情を彼は持ち合わせていたのでしょうか！

お手紙をくださり感謝します、敬具

H・ベルクソン

封筒：ジャン・ポーラン氏
『新フランス評論』編集長
ボーヌ通り四三番地
パリ七区

印：パリ一六区、サンジェ通り、一九三六年四月十日十九時

一九三六年四月十四日

Fr・モーリヤックへ

Doucet (Ms 28921)

パリ

一九三六年四月十四日

一六区ボーセジュール大通り四七番地

わが親愛なる同輩

幾年も前から苦しんでいる病に、近頃重い大腸菌症が加わり、それが敗血症にまで至りました。これが、なぜもっと早く謝意を伝えることができなかったかのご説明になるでしょう。この『イエスの生涯』[1]はすばらしい著作です。あなたの物語が純粋に人間的平面で展開されるまさにその場所で、神的なものが存在し、いわば透けて見えるがままになるほど、あなたは福音書の実質を吸収したのです。あなたの著作は、精神的な復活が必要であると感じずにはいられない時代に、ますます読まれ、熟考されることになるでしょう！　――わが親愛なる／同輩、敬具

H・ベルクソン

封筒：Fr・モーリヤック氏
アカデミー・フランセーズ会員
テオフィル・ゴーチエ大通り三八番地
パリ一六区
印：パリ一六区、サンジェ通り、一九三六年四月十五日十時三十分

（1）*Vie de Jésus*, Paris, Flammarion, 1936 (19 juin 1936).

一九三六年四月十五日

H・ド・レニエへ

BIP (Ms 5698, f. 326)

パリ

一九三六年四月十五日

一六区ボーセジュール大通り四七番地

親愛なる同輩にして友

レカミエ夫人[1]にあなたが捧げたばかりの本は、魅力的なものです。あなたは空間のなか、そして時間のなかで彼女の後を追いました。そして、その後あなたを追いかけずに

いることなどできないので、あなたの読者は本を読むあいだ彼女と実際に共にいるのです。なんと魅力的な人物でしょうか！　多くの面で心奪う人に描かれながらも、彼女を尊敬し愛する者たちに完璧な満足は与えない人としてこの人物は示されます。こうしてあなたは我々に対して、／彼女のなかにひとつの空虚を疑わせ、最後にはその出所を控えめながら我々に提示するのです。これほど充分完璧に当の人物を蘇らせるためには、詩人と小説家の記憶喚起という二重の才能が必要だったでしょう。

　かつて私はあなたにとって長編小説《ロマン》や短編小説《ノヴェル》の出発点はいかなるものかと問うたことがあり、あなたの答えは、しばしばそれはたまたま眼に入るイマージュ――たとえばある置物――であり、多少なりともそれを眺めると、そのイマージュの周りに一連の際限ない別のイマージュが引き寄せられる、というものでした。時にあなたの本を読むといつも、ダヴィッドの描いたレカミエ／の／夫人／や、その姿勢、その衣服、そしてまさに大変優雅な帝政様式のソファーが、常時変化するあなたのタブローのなかで変わらぬ背景を形成しているように思えました。おそらく私は誤っておりません。なぜなら、それはこの肖像画を思い出すことからあなたの本が始まり、その肖像画によって締めくくられるからです。

あらゆる賛辞、あらゆる感謝を送ります、敬具

H・ベルクソン

（1）『レカミエ夫人』*Madame de Récamier*, Paris, A. Michel, 5e éd.

一九三六年四月二十日
ミュラ公爵夫人へ

FPM

パリ

一六区ボーセジュール大通り四七番地

一九三六年四月二十日

奥様、チボーデをめぐってお書きくださったばかりの格別美しいお手紙に感謝いたします[1]。彼の死は深く私を悲しませています。彼の値打ちを認識しつつ、そして一般的には彼が理解されず、金貨にとっての端銭のように、その真

の人格にとっての表面的価値がとりわけ評価されていたことを知りつつも、私は彼を尊敬し、愛していました。それに対して、奥様に備わった明敏さや知的共感の才能によって、彼を亡くすことで我々が失うものを奥様は見積もられました。それは偉大なる批評——それ以上に偉大なる精神です。／敬具

H・ベルクソン

封筒：ミュラ伯爵夫人
サン＝ドミニク通り四一番地
パリ七区
印：一六区、サンジェ通り、一九三六年四月二十日二十時三十分

（1）『新フランス評論』La *NRF*, n° 274, 24, XLVII, 一九三六年七月一日号は、同誌を『アルベール・チボーデへのオマージュ』として捧げた。ヴァレリーがこの号の巻頭を飾り、次いで七—一一頁にベルクソンの論考「批評家・哲学者アルベール・チボーデへの言葉」、参照『論集』p. 1547-1553 が掲載。四四—四六頁にJ・ヴァールの「ベルクソン哲学の著者チボーデ」、四七—五四頁にR・フェルナンデスの「A・チボーデの批評」やレオン・ボップの論考などが見られる。

一九三六年四月二十一日

A・タルデューへ

ANFP（324 AP 119）

パリ

一六区ボーセジュール大通り四七番地

一九三六年四月二十一日

わが親愛なる首相にして友

『囚われの君主』(1)を送ってくださるという親切なお気持ちにさっそく感謝したく思います。（すでに『グランゴワール』紙で拝読していたので）すぐにこれを再読しましたが、二度目の印象は第一印象をもっぱら強めるものでした。つまり、貴殿が執筆したばかりの御本は見事な、大変見事な著作だということです。そしてそれはひとつの善行でもあります。貴殿は愛国者としての義務を自らに課し、勇敢にその義務を最後まで完遂しました。時局の動きに、／最終的に貴殿の理念が決定的影響を与えずに終わるなどあり得ません。この影響は、貴殿が立て続けに本を出版し、害悪の傍らにいっそうの治療薬を提示するにつれて、ますま

す感得されるものになるでしょう。しかし、実のところ貴殿が害悪について行った周到で十全な分析は、すでに充分にその治療薬を、大まかであれ垣間見させてくれます。
――親愛なる首相にして友、敬具

H・ベルクソン

(1) *Le Souverain captif*, Paris, Flammarion, 1936.

一九三六年五月一日

J・ポーランへ

IMECP (Fonds N. R. F.) NBR

一九三六年五月一日

一六区ボーセジュール大通り四七番地

わが親愛なる同僚

我らが親愛なるチボーデの葬儀の知らせを教えてくださり感謝します。――新聞は葬儀についてほとんど何も伝えてくれません。葬儀は、要するに、チボーデが望んだであろうものだったということです。真の友だけが参列したということです。

トゥルーニュにある彼の原稿を調査しに行かれるということで、あなたは特段重要な役目を果たすでしょう。あなたが見つけ出したいと思っている作品のなかで、チボーデが長い間思いを巡らせていた「ソクラテス」が言及されていませんが、これはおそらく第一に／肝心なものです。しかし、もしこの研究が彼の心の中ですでに進展していたなら、彼がそれについて何も執筆しなかったことがあるでしょうか？　もし仮に彼が長期間著作を準備していたなら、一気にそれらを書いたと思います。

電話でジャン・ポーラン夫人に、依頼していただいた小さな仕事を今できるかどうか確信がないとご説明しました。長年苦しんでいる病に最近大腸菌症の発作が加わり、それが敗血症にまで悪化しました。積極的な治療が私を救ってくれましたが、長引く不眠症が残っており、それがあらゆる仕事を大変困難なものにします。もし私が始めたものが最後まで行き着くなら、／あなたの雑誌で短い、一二頁ほどの論考になるでしょう。タイトルは「哲学者チボーデについて」、あるいはシンプルに「アルベール・チボーデへ――別れの言葉」となるでしょう。そして今月の十二日から十五日の間に原稿を渡します。

敬具

H・ベルクソン

封筒：ジャン・ポーラン氏
『新フランス評論』編集長
セバスティアン＝ボタン通り五番――ボニュ通り四三番地
パリ七区
印：パリ一六区、サンジェ通り、一九三六年五月一日、二十時三十分

一九三六年五月十二日

J・ポーランへ

IMECP (Fonds N. R. F.) NBR

一六区ボーセジュール大通り四七番地

一九三六年五月一日

わが親愛なる同僚
チボーデについての短い論考をお渡しします。厄介な不眠症があらゆる仕事を苦痛に変え、私が望んだものからほど遠いものになっています。書くのを諦めると何度もお電話しようと思いました。しかし、彼にも近しかった雑誌で、あなたがチボーデにオマージュを捧げることに加わらないよりも、どう考えてもそのままあなたにこれを渡したほうがよいでしょう。

敬具

H・ベルクソン

一九三六年五月十三日

ミュラ伯爵夫人へ

FPM

一六区ボーセジュール大通り四七番地

パリ
一九三六年五月十三日

親愛なる友
なんと美しい花でしょうか！　これほど優しい色彩のチューリップを見たことがありません。これは私の眼前にあって、――もし必要となれば！　――過日の我々の対話を思い出させます。つまり、奥様がその対話を興味深いものにしたのです。
親愛なる友、旅行するという素敵なお考えをおもちです

が、その間、どうぞお休みください。少しの間環境を変えることで、人は既成の観念から逃れ、より明らかなものへと至る僥倖を得るのです——それは、我々が経験している仄暗い時代において、過当なものにはなりえません。敬具

H・ベルクソン

封筒：ミュラ伯爵夫人
サン＝ドミニク通り四一番地
パリ七区
印：パリ一六区、サンジェ通り、一九三六年五月四日十時三十分

一九三六年五月十五日

H・ド・レニエへ

BIP (Ms 5698, f. 329)

パリ
一九三六年五月十五日

親愛なる同輩にして友

ブリュマンタル委員会の次回の会合に参加する場合には、フェルディナン・ペルドリエル候補を推薦するウジェーヌ・マルサン氏の書簡を渡させてください。マルサン氏は、もしこの候補者が著しく関心を払うに足る人でないならば、このように考えを伝えることはないと確信しています。

もし委員会の次回の会合に不参加の場合、マルサン氏の書簡を他の委員に渡す機会はあるでしょうか？ 会合に何年も参加できないので、審査員の現在の構成を存じません。

先だって、あなたが為してくださることに感謝を申し上げ、また奥様に私の敬意をお伝えくださるようお願いします。

敬具

H・ベルクソン

一九三六年五月十九日

H・フォン・カイザーリンクへ

KAD (Bergsons Briefe) NBR

一六区ボーセジュール大通り四七番地
パリ、一九三六年五月十九日

拝啓

妻はあなたのお便りに心から感激し、返事を書こうとしていたので、妻に筆を貸してくれるよう頼みました。というのも長らく、近刊を送ってくださったことに感謝をするつもりだったからです。[1] しかし、大腸菌症の重い発作が敗血症にまで悪化し、すっかり私を襲い、手紙の応答が大変遅れました。そのせいで一〇〇か一五〇の手紙と本が、宙吊りのままだとみています。余暇の最初の時期は、あなたの著作を読むために費やします。この著作がどれほど関心を引くかを私は知っています。言うまでもなく、もしパリへいらっしゃるなら、／お話するのは無上の喜びとなるでしょう。あなたの（宇宙の構造について）最初の本以来、少なくとも二五年来の我々は哲学的関係にある、とちょうど最近数えていました。――妻がよろしく伝えてほしいとのことです。

敬具

H・ベルクソン

（1）『生の芸術について』*Sur l'art de la vie*, Paris, Delamain, 1936（一九三六年一月二十七日）.

一九三六年五月二十三日

マリ・ド・エレディア＝レニエへ

BIP (Ms 5694, f. 56)

パリ　一九三六年五月二十三日

親愛なる御夫人にして友

たった今知ったニュースに我々は驚かされ、また残念に思っています。フランスは――そして世界は――ひとりの偉大な詩人、偉大な芸術家アンリ・ド・レニエを失いました。[1] また我々は、懐かしく思わずにはいられない、ひとりの友を失うのです。親愛なる御夫人にして友である、あなたに対してどれほど我々が友情をもっているか、そしてあなたとご主人との間に我々がどれほど深い敬愛の念を共有しているかご存じでしょう。我々の痛みがどんなものであるか、我々三人がどれほどあなたと心から共にあるかは、言うまでもありません。我々三人とも、あなたに対して古くからの固い友情の言葉を改めさせてください。

H・ベルクソン

（1）アンリ・ド・レニエは一九三六年五月二十三日に逝去。彼は一八九六年にジョゼ＝マリア・ド・エレディアの娘と結婚した。

一九三［六］年七月三日

J・ヴァールへ

IMECP (Fonds J. Wahl)

パリ

一九三［欠落］年七月三日

わが親愛なる友

どんな喜びをもって『新フランス評論』の論考を拝読したのかを伝えさせてください。チボーデも私同様とても喜んだことでしょう。あなたの分析は明晰にして奥深く、はるか遠くに達するものです。

この機会に、パリにおけるあなたへの辞令を祝わせてください[1]。実のところ、ソルボンヌとあなたの未来の生徒たちを、とりわけ祝福しなければならないでしょう。

ヴヴェイへの出発を準備しています。もし偶然にも／バカンス中にこちらへいらっしゃるなら、会う日を決めるために少し前にお知らせください。私の住所はヴヴェイのグランド・プラス一番です。

敬具

H・ベルクソン

（1）年度刻印に最後の数字が含まれていない。ヴヴェイから、一九三四年か一九三五年、あるいは一九三六年に送られたもの。チボーデの死は一九三六年四月なので、一九三六年の日付のみを採用することが可能であり、これはJ・ヴァールの論考（前述、『新フランス評論』一九三六年七月一日）の掲載日によって確証できる。

一九三六年七月二十一日

G・フェレーロ＝ロンブローゾ夫人へ

CULNY (Spec. Ms. Coll. Ferrero)

ヴヴェイ

一九三六年七月二十一日

親愛なる奥様、もし時宜を得たものであると判断されるなら、躊躇せずに私の書簡を『アンジェリカ』にて公表してください。通常私は書簡の出版には反対しています。しかしこれは、非常に特別なケースが問題になっています。

敬具
H・ベルクソン

一九三六年七月二十七日

A・シュアレスへ

Doucet（α 1090）
ヴヴェイ
一九三六年七月二十七日

親愛なる同輩、親愛なる友

もっと早くお手紙を書くというわけにはいきませんでした。リウマチ症状の悪化が、書き物を私にとって本当に苦しいものにしました。口述筆記をすることも相変わらず無理でした。今日は一時的な鎮静状態を利用して、私の敬意、私の歓喜をお知らせします。あなたは『価値』[1]ほどに美しく、思考に富んだものをこれまでお書きではありませんでした。各頁に一連の省察があり、そこで人は熟考のために留まろうとします。しかし、弛まず新たな、輝かしく／予想外の眺望が開ける道に沿って、あなたに連れられて歩まねばなりません。この本にはひとつの哲学、ひとつの美学があり、それらを越えてひとつの道徳があります。実際私は、そこに事物をめぐる倫理的概念を目にしますし、それは普遍的な尊厳の要請によるもののようです。ですが、あなたは説教をするのでも、道徳を高めようとするのでもありません。あなたの作品の独創性のひとつはまさに、現実を考察するだけで卓越した楽観主義へと我々を導くことです。とはいえそれは、この現実がもつ深く強烈なもので、要するに神的なもののなかで把握された現実のことです。そこに到達するためには、幻想の厚い外殻、既成概念、そしてまた背徳や卑俗さを通り抜けねばならなかったのです。勇気と、また同じく秀でた眼力を携えて、あなたが成し遂げたことです。しかしまた、把握して提示するための、ひとつの広大な学が必要であり、それは言葉の芸術家である／ひとりの作家によって巧みに操られるものなのです。こうした成功を、あなたの作品を前にして、我々は目撃しています。

あなたはしばしば、光栄にも私を引用し、あまりに好意的な言葉で語ってくださいます。本当のところ、私もまたいくつかの本質的な点で、剝き出しの真実を見ようと試みたのです。それゆえ、我々は出会いを運命づけられていたのです。

敬具

H・ベルクソン

封筒：アンドレ・シュアレス氏

セリゼ通り一一番地

パリ四区

印：ヴヴェイ一、速達、一九三六年七月二十九日十二時―十三時

（1） *Valeurs*, Paris, Grasset, 1936（BGN 161, 著者献呈）.

一九三六年八月六日

E・ミンコフスキーへ

FPJM（Ev. psy. P.977）

スイス、ヴヴェイ、グラン・プラス一番地

一九三六年八月六日

拝啓

あなたが送ってくださったお便りは、大変心を打つものです。事細かにこれにお返事を差し上げられたらと思いますが、新たな、そして重いリウマチの発作によって、筆を執ることが私にとって本当に苦痛になってしまいました。そのうえ口述筆記もまったくできません。いずれにせよ、比較的小康状態となったこの期に、あなたがご説明くださった興味深い観念をおそらく発展させた著作をこのたび出版されたと聞き、どれほどうれしく思ったかをお伝えします[1]。本はまだ手にしていません。というのも出版物が、相変わらず多量にありますが、これがパリから転送されていないからです。しかし、もし郵便荷札の記載事項（出版社、あるいは叢書の名前、または外側にある他のしるし）を教えていただければ、本をすぐに送ってもらうためにこの情報をわが家の守衛に伝えます。葉書などお書きにならないようお願いします。荷札の二、三の特徴で充分です。

敬具

私たちは、愛する国のヴヴェイにおります。九月末まで滞在しようと考えています。帰宅する際の楽しみのひとつは、あなたとお話することです。あなたとご家族が良い休暇を過ごせるよう願っています。

お嬢さんに、バカロレアでの失敗を思い悩む必要はない

とお伝えください。あえてこのことを言うのは、私は試験官だったからです。問題は、作文の採点法が徹底して改変されていることだと思います。改変はずっと前に行われるべきだったでしょう。

H・ベルクソン

（1）『コスモロジーのほうへ――哲学的断章』*Vers une cosmologie: Fragments philosophiques*, Paris, Aubier, 1936.

一九三六年八月十七日

E・ミンコフスキーへ

FPJM (Ev. Psy., p. 977)

ヴヴェイ

一九三六年八月十七日

拝啓

わざわざ二冊目の『コスモロジーのほうへ』を送ってくださり恐縮しています[1]。これをすぐに拝読する誘惑に対抗できなかったことは、言うまでもないでしょう。御本はこのうえなく興味を引きました。首尾一貫して独創的で、概念や示唆に満ちています。あまりに多くのものを含むので、要約するのは多くの労力がいるでしょう。人は、せいぜいそのいくつかの傾向を列挙することはできるしょう。つまり、あなたが読者の思索のうちに刻み込む諸々の方向性です。私がまずそこに目にするのは、構築物や言語のなかに溜め込まれた精神的習慣の大部分のものの方法論的な除去、我々の知性がもつ自動的かつ純粋に社会的なものの拒絶、あるものを他のものから孤立させることの拒否、特に事物一般を思考一般から孤立させることの拒否です。真の知識はこのように、哲学的知識になると私は思います。それは科学的知識をも包括するでしょう。そのうえ、あらゆる真なる思考は少なくとも「宇宙論的《コスモロジック》」になるでしょう。これがあなたの著作タイトルを裏付けます。とりわけ一八章「構成と軋轢」と、また二〇章「歩みつつ……」に注目しました。「隠喩」という六章についても同様に言及しておかねばならないでしょう。そこではあなたは私を引き合いに出し、私がそれを位置づけているという名誉を与えてくださいました。

親愛なる氏、この見事なご高著に対してお祝いの言葉を送らせてください。併せて、あなたとご家族が良いバカン

スの終わりを迎えられるように祈っています。　敬具

H・ベルクソン

（1）一九三六年八月六日の書簡を参照。

一九三五年二月二日―一九三六年八月二十四日

Fl・ドラットルへ

Doucet（BNG 2868）[1]

シュヴァリエの著作冒頭のいくつかの章内に記されている者たち以外に、いかなる詳細も漏らさぬこと。私の家族に言及する必要はありません。それは誰にも無関係だからです。私はパリで、ラマルティーヌ通りで生まれました。必要であれば、人が主張しているように私が帰化していなかった点を説明すること。つまり、私はパリ生まれなので、民法典第九条に従えば、成年となる際フランス国籍を選択せざるをえなかったのです。一八八〇年十一月五日にパンテオンの区役所で、モンソーとソロモンを証人にして、この選択の宣誓を行いました（高等師範学校にいた頃です）。もっとも民法典第九条はその後、もう少し自由な方向へと改定されました。外国人の父をもちフランスに生まれた者は、もし反対する宣言を行わないなら、フランス生まれという事実だけで、フランス人ということになります。

私の生活ではなく、私の仕事のみに関心が寄せられることを常々私が願っているという事実をなおも強調すること。哲学者の生活は、彼の学説にいかなる光も投げかけませんし、読者には無関係だと変わらず私は主張しました。私は、自身に関するこうした喧伝に嫌悪を覚え、もし今回の出版がこうした喧伝をもたらさずにはいないならば、研究を出版したことを永遠に後悔するでしょう。

高等師範学校の会名簿に関して、私についての紹介文を公表することにも正式に反対しています。一度ならず行われたように、私が望むのは、日付とともに大学で私が務めたいくつかの職務の列挙が単にそこに記載されることです。

一九三五年二月二日

追加指示

もし学術的言説のために、私の家族のいくらかの情報を是非とも知ることを人が願うなら、もちろん私の家族がそれを提供することに反対いたしません。隠すべきことなどないのですから。私の父は卓越した作曲家にしてピアニス

トであり（名声を軽視し、彼の音楽を世間に知らしめることに充分専念しなかった以外に落ち度はありません）、母は知性の優れた女性で、言葉の最も高められた意味において宗教的魂の持ち主であり、その善良さ、献身、冷静さ、それらはほとんど聖性とも言えそうなもので、彼女を知る者すべての敬愛を受けました。ですが、こうした詳細は、まったく必要ないでしょうから、もう充分でしょう。

ヴヴェイ、一九三六年八月二十四日

（1）この文書は、Fl・ドラットルが所有していたことから真正なものと認められる。文書は一貫した脈略を帯びており、我々が未入手のベルクソンの二つの書簡を考慮すれば、二番目に記した日付以降に作成されたものである。

一九三六年九月五日。YUSLNY (Zeta, Hfs. La382). ブランシュ・ラテルナからベルクソンへ、「貧民街の孤児たち」のために『クリスマスのバラ』*Rose de Noël*, Paris, 1931 を送達。

一九三六年九月十四日

G・マルセルへ

BNFP (Fonds G Marcel, nc)

ヴヴェイ

一九三六年九月十四日

親愛なる同僚にして友

病により、そして何よりも病に対して昼夜闘うことが必要なので、一日のうちで読み書きに費やす時間はほんのわずかです。これが、『稜線の路』[1]を送ってくださったことへの感謝がこれほど遅れた理由です。しかし、どれほどの関心をもって御本を読み、また再読したかを知っていただく必要があります。あなたの御本は大変鋭い心理描写をなしています。あなたは、／登場人物たちを赤裸のまま眺めています。そして彼らが、彼ら自身でこのヴィジョンを得るまでに誘導します。私が言いたいのは、彼ら自身と彼らがそうであると信じるものとの間、彼らの体験と体験していると思い込むものとの間の隔たりを計測するということです。付言すれば、こうした分析にもかかわらず、あるいはおそらくこの分析ゆえに、あなたの登場人物たちを皆きわめて血の通ったものに保ち、戯曲それ自体として、さらに魅力的になっています。この新たな、そしてとても見事な作品に対してお祝いの言葉を送ります、敬具

H・ベルクソン

（1）『稜線の路、四幕劇』*Le Chemin de crête, pièce en quatre actes*, Paris, Grasset, 1936（七月九日）.

一九三六年九月二十二日

ミュラ伯爵夫人へ

FPM

スイス、ヴヴェイ、グランド・プラス一番地

一九三六番九月二十二日

親愛なる友、奥様の親切なお便りにもっと早く返信をしておくべきでした。とはいえ、新たなリウマチの発作が現れ、特に腕や手に及んで、何週間も書くことが本当に苦しいものでした。いまや私は良くなりました。そして、奥様の近況を知りどんな喜びをもったかをお伝えしたく思います。オーストリアについて奥様が書いてくださったことは、何よりも関心を引きました。なんということか、オーストリアの革命は当然なものに他なりません。というのも、武力が存在すると信じる／所に、人はつねに向かいます。大政治家たち――ウィリアム・ジェイムズが世界を揺さぶるタイプの人間（世界を揺さぶる類の者たち《メン・オブ・ザ・ワールドシェイキング・タイプ》）と呼んだ者たち――は大変率直かつ大局を見て、心理分析の煩雑さを無視し、この無視から恩恵を受けます。これらの人物が「強大」なのです。つまり、蛾が炎に飛び込むように、弱者は彼らのもとに進みます。奥様と喜ばしくもお会いできるときに、お望みでしたら政治哲学についての我々の対話を再開しましょう。バカンスの間奥様がすっかりお休みになられることを、私がどんなに願っているでしょうか！　我々のバカンスも悪くありませんでした。／新聞を読んで毎回悲痛な気持ちになることがなければ、快適でさえあったでしょう。親愛なる友、それでは。我々三人とも、何より心からご挨拶の言葉を送らせていただきます。敬具

H・ベルクソン

封筒：転送願い

ミュラ伯爵夫人
／サン＝ドミニク通り四一番地
パリ七区／
〈スイス、チューリッヒ、ホテル・ボー＝オー＝ラック〉
印：ヴヴェイ一、速達、一九三六年九月二十二日十八時―十九時

SD［一九三六年十月二十四日］

R・フェルナンデスへ

Doucet（BGN 628）BSP

拝啓

パリに帰った際、自宅にて／あなたの『人間は人間的か？』／作品／送ってくださった作品『人間は人間的か？』を目にしました。どんなに関心をもって、これをすぐに拝見したかをお伝えしたく思います。／この作品は、読んでいる最中には議論し難い理念に富んでいます。／この作品は理念に満たされています／この作品は理念に富み、他方でとりわけ厳密で鋭い思考を示します。／この思考は、それ自体との一致に留まるにもかかわらず／。もっともこの思考の一体性は……ではありません／紛いもの／／人工的／集約させようという努力によって、獲得されたようにむしろ見えます／体系的演繹の一体性、もっとも私が常々用心している一体性ですが。互いが関係する多様な対象についての諸省察を、ひとつの点に集約させるための努力によって、この一体性は獲得されたようにむしろ見えます／あなたが一致させる諸省察／なぜならそれらが／視覚と反省の同一の習慣によって、すべては手を着けられています。

言うまでもなく、あなたに同意できない多くの要点があり、正義と理性との関係の根本的問いに関しては特にそうです。

　正義／…／正義の観念／は私には……に見えます／大変明白／はっきり規定されたものは、社会により規定された構造に対するものではありません。とはいえ「理性的なもの」／さらにそうではありません／は同じ点にあることからはほど遠いもので、少なくとも行為の領域ではそうであり、さらに理性的なものが人間に強いて理性的なもの自体に身を任せさせることは、不可能だと思われます／意志を無理強いして／。しかし、その点に関しては議論ができるでしょう／この問いに関して／長く／他のもの／残りのも

のについてと同様に。したがって、本当に関心の尽きないこの著作に対して、お祝いの言葉を送るにとどめておきます、敬具

(1)『人間は人間的か?』*L'homme est-il humain?*, Paris, Gallimard, 1936(一九三六年五月二十八日)(出版社献呈)の著者ラモン・フェルナンデスから入手した鉛筆による下書き。本の表紙にベルクソンの手で「一九三六年十月二十四日返信」と注記されている(BGN 247, 著者献呈)。

A・タルデューへ　一九三六年十月二十四日

ANFP (324 AP 119)

パリ

一九三六年十月二十四日

わが親愛なる首相

大変遅ればせながらパリに帰ってきたところ、貴殿の『フランス人への警告』(1)が長期間私を待っていたようです。すぐさま御本を読んだことは言うまでもありません——そしてどれほどの関心を伴ったことでしょうか！　いくつかの頁で、簡潔に、そして極限の技量をもって／貴殿は我々が苦しみ耐える災厄を、無知によってにせよ、無意識や半睡状態の結果によってにせよ、定義しています。つまり、貴殿は、眠った者たちを目覚めさせることができるでしょう！

敬具

H・ベルクソン

(1) *Alerte aux Français*, Paris, Flammarion, 1936.

A・ジッドへ　一九三六年十一月十七日

Doucet (γ 21.5)

一六区ボーセジュール大通り四七番地

一九三六年十一月十七日

わが親愛なる同輩

送ってくださった三つの見事な著作『ジュヌヴィエーヴ』『ソヴィエト紀行』『新日記』(1)をどんな興味をもって拝読したかをお伝えしなければなりません。これらは、とても多様な対象を扱いながら、それぞれきわめて似通ってい

ます。これらの各々の背後に、ひとりの作家が現れて見え、我々はその作家について、――我々の単純な論理はそれに悩まねばなりませんでした――とりわけ、芸術家であると同時に何よりもモラリストであると語ります。かつてないほど私は／多くの批評があなたの作品の分析に適用されていますが、そのうちいかなるものも、あなた自身と一緒にあなたの作品を分析することを控えることができていません。しかし、いずれにおいても、決定的な言葉が発せられたのかどうか私は存じません。我らの親愛なるチボーデが、あなたに一冊の本を割いていることをどれほど言ってしまおうと望んだことか！　――わが親愛なる同輩、敬具

H・ベルクソン

（1）『ジュヌヴィエーヴ、あるいは未完の告白』*Geneviève ou la confidence inachevée*, Paris, Gallimard, 1936.『ソヴィエト紀行』*Retour de l'URSS*, Paris, Gallimard, 1936（十一月十六日）.『新日記』*Nouvelles pages du Journal*, Paris, Gallimard, 1936（十月十日）.

一九三六年十一月二十五日

G・マルセルへ

BNFP (Fonds G. Marcel, nc)

一六区ボーセジュール大通り二七〔ママ〕番地

パリ

一九三六年十一月二十五日

わが親愛なる同僚にして友

送ってくださった戯曲『毒ばり』(1)を拝読したばかりです。この戯曲が与えた強烈な印象を、すぐにお伝えしたく思います。はっきりと巨匠のそれである会話構成についてだけ言うのではありません。あなたの心理分析の洞察力と独創性も併せて、そしてことさらそれについて言わんとしているのです。ユスタッシュのような人物を取り出すためには、人間の魂の深淵にどれほど探りを入れねばならなかったのでしょうか！　そして、残りの人物たちを、生き生きとして活発なものとして示すために彼の周りに配置する術をなんと心得ていることでしょうか！　／私の胸を打ったのは、このきわめて力強い心理描写が、併せて道徳的であり、ま

さにもっぱら道徳的なことです。本質的理念は最終頁で明らかになり、そこで「貧しさ」について語られます。つまり、内なる空虚について語っていて、それは、おっしゃるように、我らの時代の重大な悪なのです。このすばらしい作品にあらゆるお祝いの言葉を送ります、敬具

H・ベルクソン

(1)『毒ばり、三幕劇』*Le Dard, pièce en trois actes*, Paris, Plon, 1936（一九三六年十一月二十七日）.

一九三六年十一月二十八日

A・ロワジーへ

BNFP (Fr na 15649, f. 203)

パリ

一九三六年十一月二十八日

わが親愛なる同僚、『新約聖書の起源』(1)についての重要な著作を送ってくださり、感謝いたします。なんたることか、病との闘いが私の時間の最良の部分を取り去り、この本を注意深く読むのは後ほどになってからということを余儀なくされています。しかし／全体を一瞥しただけで、充分にその重要さと意義を評価できました。

——敬具

H・ベルクソン

(1) *Les origines du Nouveau Testament*, Paris, Nourry, 1936.

一九三六年十二月十六日

A・ロワジーへ

BNFP (Fr na 15649, f. 204)

一六区ボーセジュール四七番地

パリ、一九三六年十一月十六日

わが親愛なる同僚

送ってくださいました『ジョージ・ティレルとアンリ・ブレモン』(1)と題された著作を、今朝受け取りました。さっそく今晩、いかなる興味をもち、これを即座に拝読したかを伝えさせてください。私はブレモン司祭を愛し、敬愛していました。私の敬愛について司祭はご存じでした。なぜ

なら、相次ぐ著作は司祭に敬愛を伝える機会を与えてくださり、この機会を一度も逸したことはないからです。ですが、私が彼を愛し、彼の来歴を知り、アカデミーで彼のそばを過ぎるとき必ず偽らざる感動、美しい魂の持ち主たちが周囲に広める感動を経験することを、彼はご存じでしょうか？　一度だけ、それを彼に言おうとしました。ですが言葉を失っていました。ですから、あなたは／どれほどの感情を伴ってあなたの御本を開いたかがお分かりになるでしょう。この本は私を裏切りませんでした。アンリ・ブレモンの肖像は、大変はっきりとそこに描かれており、彼の思考と性格について私が知ることを多くの点で補う説話に囲まれています。

『二源泉』について最後の諸頁のなかであなたが下した――おそらくいくつかの点で前のものよりも正確である――判断（これはブレモンの賛同を得られると私には思えます）について、議論ができればとどれほど願っているでしょうか！　しかし、そのためには私の本全体を取り上げ、いかなる変更も加えず（なぜなら、わが親愛なる同僚、いかなる点でも実のところ私は納得していないからです）、ひたすら私の見識全体が論じられていたにもかかわらず、都合のいいところで居並ぶ多数の事柄と言い分を、前面に引っ張り出さねばならないでしょう。全般的に言って、あなたは、哲学的方法が少なくとも一部では測量交差法であることを考慮していません。測量交差法は、可能であれば同一の点へと、多様な科学の諸結論を集約させるために科学を使用します。このように、私の本の半分は、人類、（物質的かつ社会的な）根源的構造、この構造の不滅性（遺伝性でない後天的習慣）、それゆえ大神秘家と一般大衆との間にある根源的な性質の差異（あなたが信じているようにみえる単なる程度の差異ではありません）についての、ある種の概念に基礎づけられています。それらを、そしてまた他の／ものをあなたは考慮しないので、その意味や強みの大部分から、あなたが批判しにかかる原理を取り去ることから始めているのです。ですが、もう一度言えば、議論を始めることはできません。ただ興味深い本を送ってくださったことに感謝させてください。

敬具

H・ベルクソン

（1） *George Tyrell et Henri Bremond*, Paris, Nourry, 1936.

一九三六年十二月二十日

A・シュアレスへ

Doucet（BGN 2381, 下書き。我々が参照するα 1901）BSP

一六区ボーセジュール大通り四七番地

一九三六年十一月二十日

わが親愛なる同輩にして友、あなたの『ドビュッシー』[1]（a）を送ってくださり感謝いたします。これは重要なすばらしい著作であり、表現できないものを表現するための、大変好ましい試みです。というのも、言葉のみによって、この音楽を我々に理解させることに、あるいはむしろその音楽を聞き、真に理解するための必然的努力を尽くすように我々にさせることに、成功しているからです。あなたのような音楽家であれば、ドビュッシーをすぐに味わうことができたでしょう。しかし他の人たちには（私もこの人たちの側です）、学習（b）が必要だったのです。あなたの本は、なぜ学習が必須であったかを説明してくれます。／あなたの本を読むことで、どのように先達の偉大な音楽家たちによってドビュッシーが生み出されたか、しかしながら（c）、完全に彼の音楽に入り込むのは、その音楽が、絶対的なものとして単一で分割不可であり、したがってその音楽を準備したものから独立しているとみなす限りであるのかが分かります。余談ですが、フランス精神を思い描くことに大変苦労する外国人は、あなたの本を読んだ（d）後ではおそらくさほど苦労しないでしょう。親愛なる同僚にして友、敬具

H・ベルクソン

封筒：アンドレ・シュアレス
セリゼ通り一一番地
パリ四区
印：パリ一六区サンジェ通り、一九三六年十二月二十日十五時三十分

下書きの異文

a ……「ドビュッシー」／あなたが語る際、なんと並外れた一致が二つの魂の間にあるのでしょう／あなたがドビュッシーについて言うことを、彼があなたの深みと明証性をもっていれば彼自身もおそらく口にしたでしょう／。なんとすばらしい本でしょう！／並外れたものです！

／これはひとつの／……／試み……

b. ……学習／もしそのときにあなたの本を知っていれば、大変短縮するものだったでしょう／。あなたの本は……

c. ……しかしながら、／完全にドビュッシーを評価するためには、その先駆者たちを忘れねばなりません／人が入り込むのは……

d. ……あなたの本を読んだ／フランスの意義が彼らにとってより鮮明に見えると私は信じます／。

（1）『ドビュッシー』*Debussy*, Paris, Émile-Paul Frères.（一九三六年十月二十日）の著者アンドレ・シュアレスから入手した鉛筆による下書きと異文。表紙にはベルクソンの手で「一九三六年十二月二十日返信」と記されている（BGN 1280, 著者献呈）。これは、郵便物に記された日付および郵便印の日付と一致する。

SD［一九三六年十二月二十日］

A・ロートへ

Douet（BGN 2196）BSP

ロート氏

『絵画を語ろう』[1]を送ってくださるという親切なお気持ちに感謝いたします。すぐさま読ませていただきましたこの本は、教示するところが多いと同時に興味深く、また魅力的です。真の芸術家はその芸術の技巧を深め、絵画にある固有の絵画的なものを定義し、また抽出することを目指します。そしてこの規定が、偉大な古典作品内のいっそう予想できないものへのアプローチをあなたに可能にします。／…／近代作品と他の超近代作品／…／それについて人は議論するでしょうし、異論の余地のない劣った作品については／…／長い学習の必要性／技術学習＋あるいは――発展した／他のものよりも圧倒的に理解が困難な、デッサン技術に少なくとも関わるもの／

たとえご判断の一切が受け入れられず、そしてひとつならざる点で明らかに人があなたに追随することをためらうとしても、少なくともあらゆる芸術にあって、絵画がどうしてもっとも理解するのが難しいかをあなたから学ぶでしょう、／…／学習をしなかったものはだれであれ、資格がないと感じるでしょう／…／。つねに評価したのは、私としては、それが／…／どんなに厳格なものであれ、音楽作品が実際にもつ美しいもののなかで、音楽作品を判断し味わうことが絵画より簡単である／…／。

この「本」に対してあらゆる祝辞を送らせてください。

敬具

（1）『絵画を語ろう』*Parlons Peinture*, Parism 1936 の著者アンドレ・ロートから入手した鉛筆による下書き。表紙にはベルクソンの手で「一九三六年十二月二十日返信」と注記されている（BGN 1232, 著者献呈）。

SD［一九三六年十二月二十三日］
M・S・ジレへ

Doucet（BGN 2726）BSP

ジレ師

あなたの『良識への呼びかけ』[1]を送ってくださった親切なお気持ちに感謝いたします。／…／言うまでもなく、さっそく拝読し、強い興味を覚えました。これは、我々が苦しむ諸悪を明晰に説明するものです。／同時に／指示とともに／本当に効果的な唯一の治療薬、治療薬の明確で……／とても明確で、我々がそこから抜け出ることが可能になる方法。

あなたが／ご理解され追随され／理解ますように！

／…／ただ、回帰は／純粋で／単純なもの／…／良識が困難から我々を救うでしょう／そこにおいて文明が滅びる危険があり……／それによって我々が死ぬ危険があります。

しかしあなたが理解するような良識は、表面的な理論とは別物です。／それは学習される論理よりも、より良いものです／。判断の確かさが魂の健康を表現し、したがって／…／

／いかに知的であっても、それがいわば綜合であるところの道徳と宗教から、その力と生命を借りている／それゆえ、それが揺らぐ場合、道徳と宗教がそれを垂直に立て直す／。

この見事な著作に祝福の言葉を捧げます。

師よ、敬具

〈／…／時間に関するご考察は大変興味深いということをお伝えします、あなたはたくさんの名誉を……

（1）『良識への呼びかけ』*Appel au bon sens*, Paris, Spes, 1937 の著者のドミニコ修道会師M・S・ジレから入手した鉛筆による下書き。本表紙に「一九三六年十二月二十三日」とベルクソンの手による注記がある（BGN 1150, 著者献呈）。

E・M・ハウスへ

［一九三六年十二月末］

YUSLNH（Misc. 12.395）[1]

（1） 未発見。一九三七年一月六日のE・M・ハウスからの返信によって存在は確認されている。「友よ、貴殿からの新年のお祝いを受け取ることをうれしく思います。私もこれに精一杯返礼します……」（Misc. 12.395, 下書き。BGN 775-6, 原本）。

J・パコットへ

SD［一九三六年末］

Doucet（BGN 2200）BSP

随分前から病にあり、「物理主義」に関する彼の研究を送ってくださったことを、ジュリアン・パコット氏に感謝できていませんでした。この読解を通じて強い印象を受け、あらゆる方向においてきわめて興味深い発展を伴うように思われました。[1]

（1）「充足的経験論の枠内における物理主義」«Le physicalisme dans le cadre de l'empirisme intégral», *Actualités scientifiques et industrielles*, 343, Hermann et Cie, 1936（BGN 1494, 著者献呈）の著者ジュリアン・パコットから入手した鉛筆による下書き。

一九三七年

一九三七年一月三日

Ch・ヴェルナーへ

BPUG (Ms. fr. 9008/1, f. 40) NBR

パリ、ボーセジュール大通り四七番地
一九三七年一月三日

わが親愛なる同僚、あなたと奥様に対してあらゆる感謝とこのうえない友情を込めた新年のお祝いを送ります。もし我々が学会に参加するなら、パリであれ、／魅惑的な湖の辺りであれ、この夏にお会いできれば大変な喜びです。

——敬具

H・ベルクソン

封筒 f. 41：シャルル・ヴェルナー氏

大学教授
フロリッサン通り四番地
、、、、ジュネーヴ（スイス）
印：パリ一六区、サンジェ通り、一九三七年一月五日二十時

一九三七年一月六日。YUSLNH (Zeta, Re22a.932l). ウジェーヌ＝マリー・ルベールからベルクソンへ、『時間の考察とその帰結』*Réflexions sur le temps et ses conséquences*, Vannes, 1934 の送達。

一九三七年一月九日

Ch・ペギー夫人へ

CPO (Cor-IV, Inv 248)

パリ
一九三七年一月九日

一六区ボーセジュール大通り四七番地

奥様、『断想集』(1)を送ってくださったことにすべての感謝を送ります。この本は、ペギー作品への最良の序論のなるように集められ、構成されています。天才の証しを有した入門です！　どんな感動をもって、我々を結ぶ知的・精

神的共感をペギーが刻んだこの思考の証しを再読したことでしょうか！

妻と私から、奥様とご家族への心からの新年のご挨拶を送ります。奥様、敬具

H・ベルクソン

封筒：シャルル・ペギー夫人
公園大通り
ソー（セーヌ県）
印：パリ一六区、サンジェ通り、一九三七年一月十二日十五時三十分

（1）*Pensées*, Paris, Gallimard, 1936, 24 avril 1936 と記されたピエール・ペギーの序論が付されている。

一九三七年一月十一日

E・ムーニエへ

IMECP (Fonds Revue Esprit)

パリ
一九三七年一月十一日

わが親愛なる同僚、『マニフェスト』[1]を送ってくださり感謝します。今のところ、短時間で表面的な読解を一度行ったのみです。しかし、それは充分に、この本の重要性を示しました。関心を引く観念や示唆に富み、なるほどそのいくつかは私には異論の余地があると見えますが、しかしすべては高尚な感情から着想を得たものです。——次は仔細に、再読に努めたいともいます。

敬具

H・ベルクソン

（1）『人格主義に奉ずるマニフェスト』*Manifeste au service du personnalisme*, Paris, Aubier, 1936（一九三六年十二月十九日）.

一九三七年三月五日

J・バリュジへ

IMECP (BRZ.2 C.5)

一六区ボーセジュール大通り四七番地
一九三七年三月五日

ラシュリエに関するこのすばらしい研究[1]に感謝します。彼は我々の偉大な哲学者の一人で、評価されるべきでありながら、残念ながら外国では評価されず、おそらくフランスにおいてさえそうです。彼以上に鋭く、深みのある精神の持ち主を知りませんでした。彼は、彼の性格の公明正大さと一体となったように思える思考の正確さを備えていました。私は彼に多くを負っています。というのも、在学中に我々は甘ったるいクーザン主義のようなものを教授されていましたが、『帰納法の基礎』を読んだことで哲学の何たるかが突然私に明かされました。非凡な形而上学的洞察力を用いつつ、もし彼が最後まで全うして追究していたなら生まれたであろう学説を提示することで、あなたはきっと彼の学説を周知し、愛されるものにすることに貢献するでしょう。

敬具

H・ベルクソン

(1) 特定できず。

P・ヴァレリーへ

一九三七年三月八日

BNFP (Fr na 19165, f. 233–234)

一六区ボーセジュール大通り四七番地

一九三七年三月八日

親愛なる同輩にして友、『詩学講義』[1]をめぐるきわめて見事な文書に感謝申し上げます。願わくは、貴殿が定義する詩学がコレージュ・ド・フランスで説明されるのを聞くという僥倖を得るのが私であったらと思います。これは新たな学であり、あるいはいずれにせよ現在までほとんど考究されなかったものです。つまりこれが考究されるのは、知的共感の努力によって学究すべき作品を新たに作り上げる創造者によってのみなのです。――敬具

H・ベルクソン

封筒 f. 235：ポール・ヴァレリー氏
アカデミー・フランセーズ会員
ヴィルジュスト通り四〇番地

パリ一六区
印：パリ一六区、サンジェ通り、一九三七年三月八日十九時三十分

（1）『詩学講義』*L'enseignement de la poétique au Collège de France*, Soc. gén. d'imprimerie et d'édition, 1937（Gallimard, 一九三八年二月八日）.

［一九三七年三月二十七日］

L・レヴィ＝ブリュールへ

Doucet（BGN 403 et 404）BSP[1]

（1）リュシアン・レヴィ＝ブリュールの著作『選集』*Morceaux choisis*, Paris, Gallimard, NRF, 1937（出版社寄贈）の表紙に自筆で「一九三七年三月二十七日返信」と記されている（BGN 403, 著者献呈）。同様の記載が『選集』（BGN 404）にある。

SD［一九三七年三月三十日］

P・ラシエーズ＝レイへ

BNFP（Fonds Lachièze-Rey, nc）

アンリ・ベルクソン
アカデミー・フランセーズ会員
道徳政治学アカデミー会員
ボーセジュール大通り四七番地

プラトン／についての論考を送ってくださったことに対してピエール・ラシエーズ＝レイ氏に感謝申し上げます。これは大変新奇で興味深い形式のもと、イデアについてのプラトン的理論を提示するものです[1]。

封筒：ピエール・ラシエーズ＝レイ氏
パリ大通り七二番地
リヨン
印：パリ一六区、サンジェ通り、一九三七年三月三十日十時四十五分、ここから日付を推定した。

（1） この日ベルクソンは「プラトンにおける道徳的・社会的・政治的イデア」《Les idées morales, sociales et politiques de Platon》『講義・講演誌』*Reuve des cours et conférences* 所収（一九三七年三月十五日、四月十五日・三十日、五月十五日・三十日、六月十五日・三十日）についての研究の最初の論考しか受け取っていない。これらの論考は一冊の本になる。Paris, Boivin, 1939.

一九三七年四月二十九日

Fr・モーリヤックへ

Doucet（Ms 38922）

一六区ボーセジュール大通り四七番地

一九三七年四月二十九日

わが親愛なる同輩、この至って立派で、慎ましくも『日記』[1]と名づけられた本に対して御礼申し上げます。これは、実のところ一続きの哲学研究であり、本物の哲学者たちはそこに学ぶべき多くのものを発見するでしょう。実際あなたは他人の内面、何よりも我々自身の内面を覗く際に邪魔をするすべてのものを白紙《タブラ・ラサ》にします。つまり、あなたはさまざまな魂を剝き出しのまま眺めます。あなたに付き従うことを、どれほど私が好いているでしょうか！ ただひとつの点で、私はあなたと区別されます。もしどこかに聖霊もしくは魔法、あるいは二つとも存在するとすれば、それはあなたがそれらを知覚していると信じたところではありません。しかし／、ご存じのように、ひとつの相互的共感によって、分厚いガラスを通り抜けてあなたは私を見つめたのです。私の強い敬愛とともに、敬具

H・ベルクソン

封筒：フランソワ・モーリヤック氏
アカデミー・フランセーズ会員
テオフィル・ゴーチエ通り三八番地
パリ一六区
印：パリ一六区、サンジェ通り、一九三七年四月二十九日十時三十分

（1） 『日記Ⅱ』*Journal II*, Paris, Grasset, 1937（一九三七年六月四日）一七三頁、「偉大さ」について。

一九三七年五月十一日

A・シュアレスへ

Doucet（α 1092）

一九三六年［ママ、一九三七年の誤り］五月十一日

一六区ボーセジュール大通り四七番地

わが親愛なる同輩

あなたの芸術はなんと深く神秘的なのでしょうか！　きわめて高尚な音楽性をもつこの詩句（「ああ、アルタイルの娘、ベテルギウスの処女」）、詩文のリズムが巧みに入り込むこの散文は、もはや我々のものでなく、にもかかわらず現実に留まる世界のなかに我々を運びます。我々はしばしば夢でそこに行き着きますが、ほんの数分のことです。あなたはそこに居続け、気軽に行き来します。そして我々はあなたについて行かねばならないという、定義できない感動を経験するのです。親愛なる同輩にして友、／敬具

H・ベルクソン

封筒：アンドレ・シュアレス氏
セリゼ通り一一番地
パリ四区
印：サンジェ通り、一九三七年五月十三日十時四十五分
〔本文中の注番号の欠如〕『影の夢』*Rêves de l'ombre*, Poèmes, Paris, Grasset, 1937（BGN 160, 著者献呈）、部分掲載『論集』一五八〇頁。

一九三七年五月二十二日

ミュラ伯爵夫人へ

FPM

一九三七年五月二十二日、パリ

一六区ボーセジュール大通り四七番地

親愛なる友

ここに木曜日の催しの招待状があります。面白いものになると皆断言しています。ド・ペスキドゥー氏は、ベルゾールによって迎え入れられるでしょう。そして互いにバンヴィルについて語り合うでしょう。

もし奥様が行かれないならば、返却いただくには及びま

せん。お知り合いの誰かが催しへ出席したいと望むでしょう。

もし健康状態の悪化が私の／書く動作をこれほど困難にしなかったならば、親愛なる友、近いうちにお手紙を出すのですが。——敬具

H・ベルクソン

封筒：ミュラ伯爵夫人

サン＝ドミニク通り四一番地

パリ七区

印：パリ一六区、サンジェ通り、一九三七年五月二十二日十八時三十分

R・ランジュへ

SD［一九三七年六月末］

Doucet (BGN 653) BSP

感謝します、わが親愛なるロベール、／…／「展覧会の驚異」というこの素敵な報告に対して。これを拝読し、／大きな／喜びを得ました。そして／細部にわたりこの展覧会がどのようなものになるか教えてくださり、……に対して大変私を残念がらせます／展覧会の細部を教えてくださり、少しばかり私の埋め合わせをしてくれるでしょう／見に行けませんでした／私は見に行くことが——なぜなら病気のせいで動くことができないので——できませんでした／見に行けませんでした、外出を禁じられていたので。敬具(1)

（1）『一九三七年の展覧会の驚異』*Merveilles de l'Exposition de 1937*, Paris, Denoël, 1937（BGN 112, 著者献呈）の著者ロベール・ランジュから入手した一九三七年六月二十日と日付がある封筒の表面に鉛筆で書かれた下書き（印：トゥール＝駅、アンドル＝エ＝ロワール県、三七年六月二十日二十時四十分、ここから日付を推定した）。

J・ブーランジェへ

SD［一九三七年六月末］

Doucet (BGN 620) BSP

『シャロンヌの犯罪』(1)を送ってくださったことに対して、氏にもっと早く感謝をし、この／…／短編集をいかなる関

心をもって拝読したかを伝えるべきでした。そこには多くのユーモアと深く繊細な考察が見られました。

（1）『シャロンヌの犯罪』*Crime à Charonne*, Paris, Gallimard, NRF, 1937, 出版社献呈（一九三七年六月二日、ここから日付を推定）の著者ジャック・ブーランジェから入手した書評依頼の裏に鉛筆で書かれた下書き（BGN 20, 著者献呈）。

一九三七年七月十五日。YUSLNH (Zeta, KB.D44.z937p). ジョルジュ・パルマンティエからベルクソンへ、『デカルトの栄光』*Éloge de Descartes*, Mâcon, 1937 の送達。

一九三七年七月二十四日

G・ハミルトンへ

BodLO (Ms Engl. Letts. c. 271-2, f. 78)

通常の住所：パリ一六区ボーセジュール大通り四七番地

現在の住所：サン＝シル＝シュル＝ロワール（アンドル＝エ＝ロワール県）

一九三七年七月二十四日

親愛なるハミルトン氏

パリでの滞在についてお知らせいただき感謝申し上げます。我々が大変鮮明な思い出をいまだ保っている対話は、あなたと御夫人とともに再開できたら大変幸せだったでしょう。しかし、我々は十月半ばか末までパリにおりません。私は随分前からリウマチ症状に苦しめられています。これはいまだに進行しつつ悪化し、今年は田舎での滞在を延長することになるでしょう。私は／あなたとお会いするこの機会を逸するのを大変残念に思います。ですが、また後にお会いできると願っております。つまり、冬にはパリでいつも通り私と会ってくださるでしょうから。――敬具

H・ベルクソン

一九三七年七月二十八日

J・ギットンへ

BAV (Paolo VI, 46, 3, f. 11) NBR

一九三七年七月二十八日

親愛なる同僚にして友、感謝します。私にとってきわめ

て身近であり続ける地から届いたあなたの絵葉書は、半世紀前に最後に見たときから、グラ通り[1]が変わりないことを知らせてくれます。

会いに来てくださることが大きな喜びとなることは、言うまでもありません。／何日か前にお知らせください。私の住居が分かるように、必要な地理的な印をお教えします。

敬具

H・ベルクソン

「ラ・ゴディニエール」サン＝シル＝シュル＝ロワール

（アンドル＝エ＝ロワール）

（1）　クレルモン＝フェランの風景が話題となっている。

一九三七年八月二十五日

E・ミンコフスキーへ

FPJM (*Ev. psy.*, p. 978)

サン＝シル＝シュル＝ロワール

一九三七年八月二十五日

親愛なる同輩にして友

大変親切な、そして大変興味深いお便りが、私をこのうえなく喜ばせてくださいました。これに詳細にお答えしたいと思うのですが、筆を執るという動作がとても苦しいものになってしまいました――かつてのように書けるいくらかの瞬間を除いてですが、そうした瞬間は稀ですし、その瞬間がいつ訪れるのか私にはまったくわかりません。あなたがバカンスを快く過ごしていることを、いかに私がうれしく思っているかをお伝えするに留めます。ゆっくりお休みください。そして自身をお労りください。というのも、科学も哲学もあなたを必要としているからです。そのうえあなたの仕事や理念はますます広まっていくことが認められます。奇妙な一致によってあなたのお便りと一緒に、あなたの『生きられた時間』の数行が――賛同とともに引用されているジャック・シュヴァリエの論文を含んだ『ルヴュ・ブルー』誌のナンバー（八月二十一日のもの）を受け取りました[1]。

教えてくださったことによれば、私からブレイエへの手紙を、皆が共感をもって申し分なく受け入れてくれたようで、その共感に大変感動させられました[2]。おおむね、哲学会は成功だったでしょう。そしてこの成功は今日の状況では、憂鬱な話題が多くあるなかで、励みになるものです。
敬具

H・ベルクソン

あなたの学術上の成功をもっと早く祝っていなければなりませんでした。マルスラン・ゲラン賞は、高尚な性格の作品に向けられた立派な賞です。しかし、人はこの賞を同時受賞させることに慣れてしまっています。アカデミー・フランセーズにおいて分割不可能な偉大な賞がいくつか存在します。ですが、現在までこれらの賞は純粋に文学の作品に割り当てられてきました。

（1）『ルヴュ・ブルー』誌 *Revue bleue*, 75, 15–16, 7–21 août 1938, p. 534–537, dans J. Chevalier,「哲学、時間と永遠」«La philosophie. Le temps et l'éternité».
（2）「デカルト学会へのメッセージ」«Message au Congrès Descartes», juin 1937.『論集』p. 1574–1579.

一九三七年九月十二日

Ch・ヴェルナーへ

BPUG (Ms. fr. 9008/1, f. 42) NBR

一九三七年九月十二日

わが親愛なる同僚にして友

とても長い期間患っているリウマチ症状の悪化により、書簡のやりとりを大変遅らせることになりました。これが、あなたが学会で発表した「存在の有機的基礎としての欲望」[1]という研究を送ってくださったことに、なぜいまだ感謝できていなかったかの説明となるでしょう。ですが、私はこれを即座に拝読し、このうえない興味を持ちました。そこには——特に最後の二頁で——形而上学的、心理学的、そして生物学的な射程の広い原理が見られると感じられました。そのすべての帰結のなかへ、その射程を繰り広げていくことにあなたが向かうことを願っています。／学会で何が行われたかを、ほとんど何も知らないほどの孤立に私は生きています。何よりも、あなたが自ら講演しに行かれたのかどうかを知ることもできませんでした。こうした具合は、そこにいなかったこと以上に残念なものです。六月が始まってから、私たちはトゥーレーヌにおります。しかし、スイスに対しての不貞を長引かせることはできず、来年はスイスに戻らねばと感じています。お会いできれば喜ばしいものと願っています。あなたと御夫人に、敬具

H・ベルクソン

封筒 f. 43：シャルル・ヴェルナー氏
／ジュネーヴ、フロリッサン通り四番／
〈グラン・サコネ、クレ・ド・プレニー〉
（スイス）
印：サン・サンフォリアン、アンドル＝エ＝ロワール、一九三七年九月十三日十九時五分

（1）『デカルト研究、国際哲学会議第九討議』*Études cartésiennes, Travaux de IXe Congrès international de philosophie (Congrès Descartes)*. Paris, 1937 にはこの講演は収められていない。この講演は『魂と自由』*L'âme et la liberté*, Paris, Payot, 1960 の第三章 p. 53-79 のタイトルになる。

L・ユッソンへ

一九三七年九月十三日

Doucet（BGN 2826）

ラ・ゴディニエール、サン＝シル＝シュル＝ロワール
（アンドル＝エ＝ロワール）
一九三七年九月十三日

わが親愛なる同僚

リウマチ症状の悪化が、物を書く動作を難しくしなかったならば、もっと早くお返事を出していたでしょう。それに、口述筆記はできた試しがありません。それでも今は良い状態にあります。これを利用してまずは、あなたの禁書目録についての計画がとても気に入り、あなたの注釈は多数の誤解を一掃し、確かに、／大問題に取り組みたいと望む精神の持ち主を何人も導くことに貢献するものであるとお伝えします。しかし、もしあなたのこの仕事が不可避的に個人的になるなら、これは創造をめぐる仕事とはならないでしょう。私が思うに、あなたは個人的な努力を為す年齢であるだけではなく、創造的な努力をなす年齢にあり、

創造的な面でまず果たすべき務めがあり、禁書目録についてのような仕事はどのみち後々に到来するものです。とはいえ、よろしければそれについてお話しましょう。そのときは喜んでお会いします。

トゥーレル女子小修道院とこの院の修道女たちについて書き送ってくださったことを／感動なしには読めませんでした。もしこのような観想的生活に身を捧げた魂の持ち主と遭遇したならば、真実から遠からぬところにいることになるでしょう。

敬具

H・ベルクソン

封筒：レオン・ユッソン氏
モンペリエ高校教授
ラ・フイヤ
ソルビエ（ロワール）
印：サン＝シル／ロワール、アンドル＝エ＝ロワール、一九三七年九月十三日二十時二十九分

一九三七年九月十三日　ミュラ伯爵夫人へ

FPM

ラ・グランディニエール、サン＝シル＝シュル＝ロワール（アンドル＝エ＝ロワール）
一九三七年九月十三日

親愛なる友

心惹かれるお手紙に感謝いたします。山間部での二度の滞在を奥様が快適に過ごしていると聞き、どれほど私がうれしく思っているでしょうか！　トゥーレーヌは大変暑かったです。しかし、この地の光はとても美しく穏やかで、暑さに身を委ねることができます。

そして、私の仕事について限りなく際立って好意的に書いてくださった／ことに対して、親愛なる友である奥様にお伝えせねばならないでしょう。とはいえ、こうして友情という分厚いガラスを通して私の仕事を見ていただいたことで、私を喜ばせてくださいました。これは大きな喜びです。光栄にも奥様が私の講義に出席してくださり、スピノ

ザやまったく別の哲学者の学説のあれこれの点について一緒に議論した時代に私はしばしば立ち返ります。純粋な哲学にゆっくり時間を割くことができていた幸福な時間でした！　今では我々の頭のうえに暗雲が集まってきて、嵐について考えざるをえません。

妻と娘がよろしく伝えてほしいとのことです。　敬具

H・ベルクソン

封筒：ミュラ伯爵夫人

／パリ七区サン・ドミニク通り四一番／

〈シャトー・ド・サルヴァネ、サン＝プリエ＝トリオン、オート＝ヴィエンヌ県〉

印：サン＝シル＝シュル＝ロワール、アンドル＝エ＝ロース、一九三七年九月十四日二十一時

一九三七年九月十五日

R・T・フルーウェリングへ

HLUSCLA (Flewelling Papers)

現在の住所：

通常の住所：パリ、ボーセジュール大通り四七番地

一九三七年九月十五日

親愛なるフルーウェリング博士

一一年前から次第に悪化したリウマチ症状と、完全な硬直症を避けるためにこれと絶えず闘わねばならず、仕事のために一日のうちほんのわずかな時間しか残されていません。手紙のやりとりを完全に中断せねばなりませんでした。また、口述筆記は身についた試しがありません。ですが、定期的に拝読する『パーソナリスト』誌のおかげで、あなたとの交際を続けています。この雑誌は、第一にその大変躍然たる性格（哲学における稀ナモノ《ララ・アヴィス》）によって、第二に執筆者たちのとても多様な論考によって、最後に――最後《ラスト・》だが劣らず重要《バット・ノット・リースト》である――我々に人格主義の総合的な視点を提供するあなた自身の論考によって、いたく興味を惹かれます。その一方で注意をもって、送っていただいた「西洋世界の運命《デスティニー・オブ・ザ・ウエスト》」(1)の「頁校正刷《ページ・プルーフス》」を拝見しました。この本は多くの理念に満たされ、これ以上なく示唆的だと感じました。同じく送っていただいた「ベルクソンと人格主義」(2)も、同じく――特にあなたが固有の説を披露する最終部によって――興味を引かれたことを言い足しておきます。

（かつて一緒に語り合ったものだと思いますが）あなたの異論に関しては、納得したとは言えません。とはいえ、これまでひとりの哲学者を納得させる反論というものがあったでしょうか？　総じて、哲学における論争の有用性に対しては、真剣な疑いを抱いています。これらすべてについて、お話できれば幸いです。残念ながら、健康状態のせいで六月初旬からパリを離れねばなりませんでした。トゥールでお過ごしであると伺ったとき、それを存じ上げなかったことをとても悔やみました。私のほうへ——私自身が移動はできないので——会いに来てくださるようにお願いしていなかったでしょうか？　というのもトゥールの近くのサン＝シル＝シュル＝ロワールに滞在していたからです。また今度の機会にするとして、単なる旅行者とは別様に、フランスをご存じのあなたがパリに近いうちにいらっしゃるのを願っています。ウィルドン・カー夫人や、もし彼がロサンジェルスにいるなら私の古くからの友人シラーへ、私からの心からの挨拶を伝えていただければありがたく存じます。——敬具

H・ベルクソン[3]

（1）『西洋文化の存続——その衰退と復興についての問題研究』*The survival of western culture: an inquiry into the problem of its decline and resurgence*, New York, Harper, 1943 の初版の校正刷。
（2）『パーソナリスト』誌 *Personalist*, 14, 2 avril 1933, p. 81-92.
（3）フルーウェリングは一九三七年十月十一日に返信。

一九三七年十月六日

A・タルデューへ

BNFP (324 AP 118)

一六区ボーセジュール大通り四七番地

パリ

一九三七年十月六日

わが親愛なる首相

「議会職」についての貴殿の本[1]は、政治哲学、それと同時に現代史の見事な講義です。大変ご親切にも送っていただいたことに感謝いたします。（哲学的ジャーゴンの言い方を用いれば）真に「徹底的な」分析によって、わが国で行われる議会体制の諸要素を各々抽出することに、貴殿は

成功しました。貴殿は、ただ「任期」が「職業」になってしまうことで、どのようにすべてが退廃したのかを明らかにします。これは、議会体制の真の友と、その他の体制を探す者たちへの見事な奉仕です。立て直しのためにせねばならないことを、我々に垣間見させるだけになおさらそうなのです。というのも我々には、道徳的優性により特徴づけられる、新たな指導者が必要でしょう。この種の指導者に、イギリスの議会主義の成功は因っているのです。

名誉にも引用してくださったことに、わが本に代わって感謝いたします。

敬具

H・ベルクソン

（1） *La profession parlementaire*, Paris, Flammarion, 1937.

一九三七年十月十六日

H・グイエへ

Doucet（BGN 2815）

パリ

一九三七年十月十六日

わが親愛なる同僚

送ってくださった『デカルトについての試論[1]』をどんな興味をもって読み終えたばかりかをお伝えせねばなりません。大体にして相互に矛盾し、それを用いて人が学説を構築してしまう先入観を払い除け、他方ではある種の解釈による硬直した図式的な形式を避けて、あなたは我々に人間的なデカルトを提示しました。それはまず本物らしいものとして、そののちには本物として、／あなたが我々を導き入れる親密さのなかに姿を現します。引用されたものは、望んだときに自らあなたのもとにやって来るようにみえます。そして読者は、そこにあるのは記憶の単純な帰結ではなく、むしろ、あなたの著作の長きにわたる深化に起因する知的・精神的共感の結果であることを悟るのです。

敬具

H・ベルクソン

（1） *Essais sur Descartes*, Paris, Vrin, 1937.

SD［一九三七年十一月末］

ペマルティンへ

Doucet（BGN 667）BSP

貴殿へ、自身の（大変洗練された体裁の一冊である）『時間哲学序説』[1]を送ってくださった親切なお気持ちに感謝します。そして、健康状態がこれを翻訳するのに一日のうちほんのわずかな時間しか残してくれません。これが、この見事な本を仔細に読む時間の邪魔をするのが残念です。全体を一瞥して、この具体性、行動、時間の哲学の重要性と意義が／示されました。その諸々の結論は、私が辿り着いたものとすっかり両立できると思えます。

敬具

H・B

（1）『時間哲学序論』*Introducción a una filosofia de la temporal*, Séville, Alvarez y Zambrano, 1937（BGN 130, 一九三七年十一月八日付の献辞を記された献呈本。ここから日付を推定）の著者ホセ・ペマルティンの名刺に鉛筆で書かれた下書き。

一九三七年十一月十二日

A・ロワジーへ

BNFP（Fr na 15649, f. 206）

パリ、ボーセジュール大通り四七番地

一九三七年十一月十二日

わが親愛なる同僚、「現在の道徳的危機」[1]についてのきわめて興味深い御本を送ってくださって感謝します。原則的にはあなたに完全には同意しない者たちにも大部分が受け入れられるような応用例を伴う、道徳と宗教についての著作の直接的理念をそこに見出しました。／仕事のために一日のうちほんのわずかな時間しか残さない健康状態が、もっと長く手紙を書くことを許すようにとどれほど願っているでしょうか！　敬具[2]

（1）『現代の道徳的危機と人間教育』*La crise morale du temps présent et l'éducation humaine*, Paris, Nourry, 1937.

（2）文通はこの書簡では終わらない。ロワジーの二枚の名刺が『イエス・キリストに関する歴史と神話』*Histoire et mythes à propos de Jésus-Christ*, Paris, Nourry, 1938（BGN 1164, 下書き状態の返信が付された献呈本）および『宗教に関するまた別の神話』*Autres mythes à propos de la religion*, Paris, Nourry, 1938（BGN 1165）刊行に際してベルクソンに届けられる。

SD［一九三七年十一月二十六日］

G・デュアメルへ

Doucet（BGN 754）BSP

わが親愛なる同輩、お便りに大変心を打たれました。会いに来てくだされば、このうえない喜びであることは言う必要があるでしょうか。ほんの少し前に、あなたが決めた日時をただ電話でお伝えください。私の電話番号（電話帳には未掲載）は……。

心から感謝します[1]。

（1）　パリ八区リエージュ通り三二番在住ジョルジュ・デュアメルの一九三七年十一月二十四日付の書簡の裏に鉛筆で書かれた下書き。ベルクソンの手による「二十六日返信」の記載あり。

一九三七年十一月二十八日

G・ハミルトンへ

BodLO（Ms Engl. Letts. c. 271-2, f. 80-81）

パリ、ボーセジュール大通り四七番地
一九三七年十一月二十八日

親愛なるハミルトン氏

『詩学と観想《ポエトリー・アンド・コンテンプレーション》』[1]を送ってくださったことへの謝礼が、とても遅れました。ですが、御本をすぐさま拝読し、強い関心をもちました。あなたは正確さをもって美学的姿勢を定義しました。また、どのように芸術、そして美しさ一般が、行為のためだけに知覚する世界とは別の世界へ我々を導くのかを示すことに成功したように見えます。これこそ人が／熟考すべき視点であり、ひとつならざる誤謬を、つまり詩学が存在理由を失ったと信じることに固執するという誤謬でしかないものを訂正する手助けとなってくれるでしょう。反対に、かつて詩学が必要なくなったことなどはないのです。

こうした点すべてについて、あなたの詩人としての経験が我々に役立つようになっています。これこれの芸術と関連する哲学をめぐる研究の大部分の弱点は、芸術を内部から認識せず、それ自体のために芸術を実践しないことです。さまざまな誤解を一掃するような序論で、特に私の書いたものについて／示唆してくださったことに感謝いたします。

この見事な書物にあらゆるお祝いの言葉を送ります、敬具

H・ベルクソン

(1) G・ロストリヴォール『詩学と観想。詩的なものへの新たな序文』*Poetry and contemplation. A new preface to poetics*, Cambridge, University Press, 1937.

一九三七年十二月八日

L・ラヴェルへ

ACFP (Fonds Lavelle)

パリ

一六区ボーセジュール大通り四七番地

一九三七年十一月八日

わが親愛なる同僚

ご著書『行為論』(1)をお送りくださったことに感謝し、どれほどの興味をもち拝読したかをお伝えしたく思います。この本によって、同一世代に属する他の著者たちのいくつかの本と同様に、我々は形而上学の真の復興を目撃しています。すべての点であなたの思考を把握した自信はありませんが、そのためにもあなたの部分的結論の各々を、同じ主題について私が到達した諸結論と対峙させねばならないでしょう。／そのとき我々を隔てる相違に、そしてその大きさや形に私は気がつくでしょう。それがあなたを完全に理解する唯一の手段でしょう。残念ながら、こうした作業を試みることが不可能でした。それゆえ、あなたの作品が、原則としては心理学から形而上学への移行であると私には思えるとだけお知らせするに留めます。それらは首尾一貫して、人間性が絶対的価値を有する地平において、そのように得られた諸結果の移行なのです。以上が少なくとも初読の印象ですが、当然これは表面的なもので、読む間は理解だけを目指し、そのために著者との共感のみに努めました。／二度目の読書で辿り着いたのは、おそらく、あなた

と同程度に我々が言語に信用を寄せられるかどうか、そして「時間」はあなたが付与する現実を超える現実を持ちえないのかどうか、を自問することです。そもそもこの二つの問いは一体となっています。さしあたり、きわめて厳密に思索され、大変堅固に執筆されたこの本に対する祝辞を送るに留めておきます。わが親愛なる同僚、敬具

H・ベルクソン

（1） *De l'acte*, Paris, Aubier, 1937. ラヴェルが「哲学」欄を担当した折、彼は学芸欄すべてを『思考と動くもの』に費やした。『ル・タン』*Le Temps*, 74, 26657, p. 7.

一九三七年十二月十五日

L・ユッソンへ

Doucet（BGN 2826）

一六区ボーセジュール大通り四七番地

パリ

一九三七年十一月十五日

わが親愛なる同僚

お手紙は強く心を打ちました。もし、私のいくつかの刊行物に関して、あなたが心に抱いているお仕事が少しもあなたから離れず、また主要テーマに必須の個人的創造の労苦からも離れることがないなら、私にできることはそれを企てるあなたを力づけることだけです。この仕事は、お気づきのように、おそらく多くの誤解を消し去ってくれるでしょう。

敬具

H・ベルクソン

封筒：レオン・ユッソン
高校哲学教授
モンカルム通り三番地
、、、、
モンペリエ
印：パリ一六区、サンジェ通り、一九三七年十二月十六日十八時三十分

一九三七年十二月二十五日

L・ベルクソン夫人から G・ド・レイノルドへ

ALS

パリ、ボーセジュール大通り四七番地
一九三七年十二月二十五日

拝啓

日曜日にお会いできないのはとても残念でした――ご体調が優れないと午後四時頃電話があり、我々は残念に思いました。金曜日になってやっと――昨日の朝です――お手紙を受け取りました。すぐさまお電話に向かい、あなたがまだそちらにいらっしゃるのか伺い、水曜日の夜には発ってしまったことを知りました。あなたに封筒を送ります。パリの郵便局から、二十三日の木曜日夜にこの手紙が発送されたことをご確認いただけるでしょう。夫があなたとお話できていれば、どんなに幸せで興味を掻き立てられていたことでしょう。近いうちにあなたがパリに戻ることを願っています。この大きな／楽しみを待ちつつ、夫と娘、そして私から、あなたとご家族へあらゆる友情と新年のご挨拶を送ります。

L・ベルクソン

SD［一九三七年十二月十一日］
Fr・モーリヤックへ

Doucet (Ms 38923)

アンリ・ベルクソン
アカデミー・フランセーズ会員
道徳政治学アカデミー会員
ボーセジュール大通り四七番地

わが親愛なる同輩、このうえなく厚意に満ちたお言葉に感謝します。あなたの論文の／結論[1]は、深く感動的なものです。そして論文全体は、もし仮に私の名前が冒頭に顔を出さなかったのであれば、すばらしいものだったと言えたでしょう。

敬具

H・ベルクソン

封筒：フランソワ・モーリヤック氏
アカデミー・フランセーズ会員
テオフィル・ゴーチエ大通り三八番地
パリ一六区

印：パリ一六区、サンジェ通り、一九三七年十二月十一日十一時、ここから日付を推定した。

（1）おそらく「永遠の問い、現在の時間」《L'éternelle question, *Le Temps présent*》（一九三七年十二月十日）を指す。

SD［一九三七年十二月末］

H・マシスへ

BNFP (Fr na 25260, f. 72)

……これは何よりも精緻で鋭い分析であり、とりわけ道徳の研究になっています(1)。プルーストの記憶の定義のために、私の仕事を用いたことに特に興味を覚えました。彼の思考は本質的に「持続」や「エラン・ヴィタル」に背を向けるものです。あなたのおっしゃることは完全に正しいでしょう。プルーストを読み終える際に、偉大な作品が常々その背後に残す高められた生命力のあのような感覚を伴うことはありません。彼が書いたものの芸術的価値は、その際どこからやって来るのでしょう？　おそらく内的観察の影響力を我々に自覚させること、そしてその結果、それでもなお我々を向上させて（不完全であるのは確かですが）、他者たちの不完全さの光景から生まれる「心ヲ高メヨ《スルスム・コルダ》」という言葉を、他者たちのうちに生み出すことに起因します。

H・ベルクソン。

（1）特定できていない書き手の原稿資料によって、この「マルセル・プルーストについての書簡資料」にさまざまな抜粋が集められている。『マルセル・プルーストのドラマ』*Le drame de Marcel Proust*, Paris, Grasset, 1937 の著者H・マシスへの返信（一九三七年十二月二十三日、ここから日付を推定）は、H・マシスの『アンドレ・ジッドからマルセル・プルーストへ』*D'André Gide à Marcel Proust*, Paris, Lardanchet, 1938, p. 381, n. 80 のなかに、日付のない状態で引用された。

一九三八年

SD［一九三八年一月十日］

Ch・ヴェルナーへ

BPUG (Ms: fr. 9008/1 f. 44) NBR

アンリ・ベルクソン
アカデミー・フランセーズ会員
道徳政治学アカデミー会員
ボーセジュール大通り四七番地

親愛なる同僚にして友、あらゆる謝意を、そして我々からの新年の挨拶をあなたと／ご家族に送ります。私たちは、今夏もスイスへと戻る誘惑に抵抗できないでしょう。そしてそちらであなたにお会いするのを大変楽しみにしています。あなた自身とシャルル・ヴェルナー夫人へ、敬具

H・ベルクソン

封筒 f. 45：シャルル・ヴェルナー教授
フロリッサン通り四番地
ジュネーヴ（スイス）
印：パリ一六区、サンジェ通り、一九三八年一月十日十五時三十分、ここから日付を推定した。

一九三八年三月三日

V・ジャンケレヴィッチへ

(*Pages*, fs, sp.)

パリ、ボーセジュール大通り四七番地
一九三八年三月三日

わが親愛なる同僚にして友
ご著書『二者択一』[1]を送ってくださったことへの感謝がとても遅れました。ですが、拝読したのは受け取ったばかりのときで、無類の喜びを手にしました。にもかかわらず、病気が日中の大半の部分を奪い、物書きのためにはわずかの時間しか残されていません。実に有益な書簡のやりとりをすべて止めねばなりませんでした。『二者択一』は、私

の知る限り最も錯綜した著作のひとつです――多くの概念で満たされ、そのいくつかは展開され、残りは／示唆される状態で放置されます。あなたの方法論は、ある種の思考領域の境界を定め、それからそこであなたが発見するすべてを、眼に映るか、あるいは想像するすべてを採取することにあり、そして表現の精彩さを通じて、我々があなたと同様に想像し、物を見るように課します。この方法論の難しいところは、基盤の形態が人為的なものを何ももたないように、そして自然そのものによって描かれたように、思考領域の境界を定めることにあります。あなたはそれに成功しているように見えますし、示される「二者択一」「エコノミー」／「倦怠」の三概念は、実体と確かに一致しているように見えます。それぞれ三つとも重要ですが、ひとつ目を本のタイトルを付したのは、故なきことではありません。あなたが理解するところの「二者択一」は、生命をめぐるひとつの真なる概念です。

私は常々倦怠に関する研究を切望していました。あなたが、それをとりわけ心引くかたちで与えてくださいました。この研究は興味深く、何より教えに富みます。というのも、倦怠は私が一度も実感したことのない感情だからです。それとも、名付けることなくそれを感じていたのでしょうか？　というよりも／、やらねばならないことを為すために、時間を無駄にすることがなかったので、倦怠が私のうちに入り込むことは決してなかったのです。拝読しながら、こうしたことすべてを考えました。――敬具

H・ベルクソン

（1）*L'alternative*, Paris, Alcan, 1938.

一九三八年三月三日

P・ヴァレリーへ

BNFP (Fr na 19165, f. 236)

一九三八年三月三日

親愛なる同僚にして友、感謝いたします。この授業[1]によって、コレージュ・ド・フランスの貴殿の講義が見事に開始されました。この授業は、新たなる独創的提案に溢れたものです。我々の教育はどれほど貴殿のような理念に影響を受けたものでしょうか！　しかし、我々はそこからはほ

ど遠いところにいます――他国よりも文学がよく教えられ、／分析されているフランスにおいてさえそうです。――敬具

H・ベルクソン

封筒 f. 237：ポール・ヴァレリー氏
アカデミー・フランセーズ会員
ヴィルジュスト通り四〇番地
パリ一六区
印：パリ一六区、サンジェ通り、一九三八年三月五日十九時三十分

（1）　一九三七年十二月十日のポール・ヴァレリーの最初の授業、『詩学講義の第一授業』*Première leçon du cours de poétique*, はプラケット社から刊行され、その後一九三八年にガリマール社より刊行（一九三八年二月九日）。

一九三八年三月十七日

A・シュアレスへ

Doucet（α 1093）

一六区ボーセジュール大通り四七番地
パリ

一九三八年三月十七日

親愛なる同輩、親愛なる友

『生ける三偉人』(1)という表題であなたが出版したのは、ひときわ秀逸な本です。あなたは彼らをとても偉大な者たらしめ、そしてとても生き生きした者にしました。しかし、あなたは何よりも高次の哲学と、同じく最も鮮烈な心理分析のひとつを我々に示す機会を、三者のなかに見出しています。あなたの本を拝読した後ではトルストイをよりよく理解できますし、いっそう好きになります（彼を完全に好きだったことはありませんでした。彼の道徳に私が読み取っていた、なんだかわからない漠とした不誠実さがおそらく原因です）。その一方で、／あなたはボードレールとセルバンテスの重要性を判定するように促しました。これは心理分析に関することです。あなたの哲学に関すれば、それは言葉の一般的意味において、おそらくオプティミスムではありません。しかしながら、ヒロイズムの強調によってではおそらくなく、あなたの哲学は人類に絶望しないように我々を誘っています。

敬具

H・ベルクソン

封筒：アンドレ・シュアレス氏

セリゼ通り一一番地
パリ四区
印：パリ一六区、サンジェ通り、一九三八年三月十九日十九時三十分

（1）『生ける三偉人――セルバンテス、ボードレール、トルストイ』*Trois grands vivants: Cervantès, Baudelaire, Tolstoï*, Paris, Grasset, 1938（BGN 162, 著者献呈）.

一九三八年四月三日

J・ポーランへ

IMECP (Fonds N. R. F.) NBR

一九三八年四月三日
一六区ボーセジュール大通り四七番地

わが親愛なる同輩

ラモン・フェルナンデス氏に回答を送ったいくつかの文章を『新フランス批評』誌上で発表するのに、大きな支障はありません。ですが、それ以上のものをその発表内に見ることはないでしょう。なぜなら、その発表は本質的に、おそらく唯一の結果として、これこれの作品に対して、もしくは私が表明した条件を満たすこれこれの声明に対して、私の賛同を依頼する手紙としての価値しかないでしょう。そして、拒否によってしか私は答えられないでしょう。答えることさえできるでしょうか？　私の書簡のやりとりはすでに／何ヶ月も遅れています。口述筆記であれなんであれ、うまくできた試しはありません。仕事に対してすら、病気は一日のうちでほんの少しの時間しか残してくれません。――奇妙な一致によって、あなたの親切なお言葉が私のもとに届いたとき、『フィガロ』紙でデュアメルのコラム（「行動指針[1]」と題されたものです）を読んでいました。そのコラムは、人に頼まれた署名について、私が述べたこと、あるいは述べそうなことを、もっと上手に、まさに言い得ています。それはなおのこと、ラモン・フェルナンデス氏へ送った文章を公表しないための理由となります。

この機会に／我らの親愛なるチボーデの『新フランス評論』で「運動[2]」という記事をいかなる感動とともに冊子にて再読する機会を与えてくださったことにどんなに感謝したかを、伝えさせてください。これ以上に我らの友人が卓越し、独創的だったことはありません。同様に「小

説についての省察」[3]についても感謝申し上げます。私見では、これはチボーデ作品の最重要の側面のひとつであり、大変適切に収集され、鋭く深い視点に満たされています。

敬具

H・ベルクソン

（1）「行動指針」« Ligne de conduite », *Figaro*, 113, n° 89, 30 mars 1938, p. 1.

（2） *NRF*, 1er janvier 1938, n° 292, p. 31-50,「運動」« Mouvement ». きわめてベルクソン的内容で、「ベルクソン哲学論」« Discours sur le bergsonieme » を含む。

（3） J・ポーランによる序文 Paris, Gallimard, 1938. ベルクソンはポーランから『ハイン・テーニ』*Les Hain-Tenys*, Paris, NRF, 1938（BGN 141, 著者献呈）を受け取る。

一九三八年四月十四日

É・ジャルーへ

Doucet（BGN 611-27）

パリ

一九三八年四月十四日

わが親愛なる同輩

すばらしい小説『迷い人』を送ってくださり感謝いたします。この小説がどんなに私の関心を引いたかをお伝えします。ほとんど奇怪ともいえる人物たちを登場させ、鮮明で魅力的であり、まさにそれゆえに自然な全体を彼らによって組み立てるのは、実に離れ業と言えます。ド・シュフラン嬢の性格はとりわけ綿密で、いかなる点で精神的均衡が／定義困難なものかを見事に示しています。加えて、もうひとつ別の関心の源があります。それは、人物たちが身を委ねているような、一種の運命論によってほのめかされる観念です。このすばらしい著作に対してお祝いの言葉を捧げます、敬具

H・ベルクソン

一九三八年五月十日

A・ボワシエへ

BPUG（Ms Fr. 6786, f. 77）

パリ

一九三八年五月十日

拝啓

お便りに大変心打たれました。これにお答えしたいとどれほど思うことでしょうか！　しかし、何年も前から私を動けなくしている病気のせいで、一日のうちで筆を執る時間はわずかしか残されていません。せめて私がお伝えできるのは、私がしたこと／でないにしても、少なくとも私がしたかったことを、首尾よくご理解いただいたように見えるということです。感謝を込めて、敬具

H・ベルクソン

封筒 f. 77：アルフレッド・ボワシエ氏
ヴィラ・カデ・ルーセル
い、い、い、い、ル・ラヴァンドー（ヴァール県）
印：パリ一六区、サンジェ通り、一九三八年五月十二日十八時三十分

一九三八年六月四日

L・ユッソンへ

Doucet（BGN 2826）

パリ、ボーセジュール大通り四七番地

一九三八年六月四日

わが親愛なる同僚

あなたの計画は見事なものに思えます。要するに、ひとつの索引（これがすでにきわめて繊細なものです）よりもさらに多くのものが重要となるでしょう。それがまさに、あなたが再提示することになる教義そのものと言えます。その教義の再提示とは、私の理解が正しければ、あなたがその教義を諸概念内で考察することです。その諸概念は、初めから意図されてはおらず、私が諸々の直観を思い浮かべた語句をめぐる使用法そのものを通じて、徐々に構築されました。私のテクストを研究するこのような方法には、おそらく多くの苦労が必要でしょうが、重要な結果に至るでしょう。先立って／あなたが行なうことに感謝申し上げます。

あなたの原稿の写しをお持ちかどうか存じませんが、最終的に刷り上がりを渡してくださるのを待ってから、この原稿を添付してお返ししてもよいでしょうか？

敬具

H・ベルクソン(1)

近頃、そして今なおとても病に苦しんでいます。それがもっと早くお返事することを妨げました。今ちょうど田舎へと出発します。もし仮にパリを去ることができる状態でしたら、一ヶ月前には出発していたでしょう。

（1） ベルクソン夫人の手によるこの書簡についての署名。

一九三八年六月十九日

G・ド・レイノルドへ

ALS

サン・シル＝シュル＝ロワール
一九三八年六月十九日

親愛なる友

妻があなたのお手紙に大変心打たれ、私から感謝し返事をするように頼まれました。というのも、今私はとても体調が良いのです。大腸菌発作の危機的状況を乗り越え、最終的にはまったく快復しました。いまや自分の著述も再開し、田舎へと移動もできました。ここに夏の間ずっといるのでしょうか？ 我々は／しばらくスイスで過ごすかもしれません。なぜなら、常々とても愛していたこの国を再訪しないままにこの星を離れたくはないからです。もしあなたのお近くで私たちが会えるならば、もちろんお知らせします。あなたとの会話について、私はつねに熱烈で輝く思い出を抱き続けています。

妻があなたとご家族によろしく伝えてほしいとのことです。

敬具
H・ベルクソン

一九三八年六月三十日

R・アロンへ

ARAP (Fonds R. Aron)

サン＝シル＝シュル＝ロワール
一九三八年六月三十日

わが親愛なる同僚

健康状態のせいで、何週間も書簡のやりとりを中断せざるをえませんでした。これが、貴殿の『歴史哲学入門』(1)のご送付にもっと早く感謝を差し上げなかったことの説明となるでしょう。ですが、すぐにこれを拝読し、強い関心を手にしました。ご著書は諸々の理念に溢れ、このうえなく示唆的です。もし仮にご著書について非難が向けられるのならば、それはまさに／あまりに多くの道筋へと、読者の精神を駆り立てるからでしょう。まぎれもない「幸イナル罪《フェリックス・クルパ》」です。ですが、その結果、全体の理解を得るために二回目の読解が必要になるでしょう。この二回目の読解が可能であれば、私はそれを行なうでしょうし、そのときは、私自身が思考したものと最も両立しうると思えるあなたの理念、特に切断と回顧の効果についての読解を手がかりにしようと思います。ですが、さしあたってはこの本への祝いの言葉を／送ることにします。

敬具

H・ベルクソン

（1）『歴史的客観性の限界についての試論』*Essai sur les limites de l'objectivité historique*, Paris, Gallimard, 1938.

一九三八年六月三十日

J・ヴァールへ

IMECP (Fonds J. Wahl)

アンリ・ベルクソン
アカデミー・フランセーズ会員
道徳政治学アカデミー会員
ボーセジュール大通り四七番地

親愛なる友、これらの美しい詩[1]に感謝いたします。これらの詩の形式は、／「信仰も法もなく、孤独なこの世界で路頭に迷う」人間に対して哀れみをもつ、芸術家を兼ねた哲学者のすべてが位置する場所と同じように独自なものです。

——敬具

H・ベルクソン

サン＝シル＝シュル＝ロワール

一九三八年六月三十日

（1）『知ることなく知る』*Connaître sans connaître*, Paris, G.L.M., 1938.

一九三八年七月三日

M・チャペックへ

（『ベルクソンと現代物理学……』1971, fs p. 186–187）

通常の住所：パリ、ボーセジュール大通り四七番地

サン＝シル＝シュル＝ロワール

一九三八年七月三日

拝啓

お便りを書くのが大変遅れました。その原因は何よりも、送ってくださった本[1]がおそらく郵便ではなく商品としてプラハから郵送され、パリの税関に預けられていたことにあります。いくつかの手続きを経ねば、御本を引き取ることができませんでした。そしてまた、長患いをして、この何ヶ月か特に酷い発作症状を凌いでいました。最後には快復し、今は田舎におります。貴殿の言語について無知なために、ご著書をそれ自体で読めないことがどれだけ残念でしょうか！　幸いにも、貴殿はフランス語での要約をくださいました。そして、どれほどこの要約が私の関心を引きつけたのかをお伝えします。持続や物質に向けられた私の視点の本質を、これ以上理解するのは不可能だったでしょう。なかでも、私の著作群のなかで次第に明確化していった物質の知覚が、いかなる意味で、そしていかなる尺度において今日の物理学の結論を先取りするものだったかを貴殿は見事に示しました。この点は、ほとんど看取されることがありませんでした。理由はとても単純で、この問いに対する私の視点が表明された時期には、物質の根本要素は全体のイマージュにおいて受け取られねばならないとしていて、それは読者を狼狽させるもので、私の著作の理解不可能な部分として多くの場合で脇に追いやられるのは当然だと考えられていたからです。そのうえ読者は、大方それを二次的なものだと判断しました。誰も（おそらく、ある意味で、本質的な数学者にして哲学者のホワイトヘッドを除いては）貴殿のようには、持続の理論と緊密に結ばれていて、同時に遅かれ早かれ物理学が身を投じる方向に属する、私にとって本質的なものがそこにあったことに気がつく者はいませんでした。

貴殿の著作がフランスで読まれることを願っています。そのため貴殿の著作はフランス語に翻訳されねばならないでしょう。しかし適任な翻訳者、とりわけ――現在の物質

的困窮を考えると——編集者を見つけるのはおそらく苦労するでしょう。

敬具

H・ベルクソン

（1） Milič Čapek,『ベルクソンと現代物理学の傾向』*Bergson a tendance soucasné fysiki*, Prague, Facultas philosophica..., Prague, 1937–1938. この書簡のファクシミリ版が、M・チャペック『ベルクソンと現代物理学——再解釈と再評価』*Bergson and modern Physics. A reinterpretation and re-valution*, Dordrecht, Reidel, 1971, p. 186–187 に掲載される。

一九三八年七月十五日

P・ヴァレリーへ

BNFP (Fr na 19165, f. 238–239)

サン・シル＝シュル＝ロワール

一九三八年七月十五日

親愛なる同輩にして友、このすばらしい著作に感謝いたします。この本は、我々にただ三つのD——ドガ、ダンス、デッサン——だけでなく（それはなんたる深みを伴うものでしょう！）、加えて芸術全般について語ります。そして芸術全般の真の本質は、具体的例示において定義されます(1)。以上のような方法論を追求したら——あるいはせめて追求しようと試みたなら——美学はより前進するでしょう。

敬具

H・ベルクソン

封筒 f. 240：ポール・ヴァレリー氏

アカデミー・フランセーズ会員

ヴィルジュスト通り四〇番地

パリ一六区

印：サン・サンフォリアン、アンドル＝エ＝ロワール、一九三八年七月十八日十八時五十五分

（1） *Degas, Danse, Dessin*, réédition Paris, Gallimard, 30 mars 1938.

一九三八年七月二十五日。YUSLNH (Zeta Hfp.du160). マリー・デュ・サンセロンからベルクソンへ、（M・A・J・ランゲールという偽名による）彼の詩選集『ハーモニー』*Harmonies*, Paris, Blanquet, 1938 の送付。

一九三八年八月五日

L・ブランシュヴィックへ

IMECP (Fonds L. Brunschvicg); Doucet, 複写（BGN 2828）

ホテル・ドゥ・ラック、ヴヴェイ
一九三八年八月五日

親愛なる友

親切なお手紙にもっと早くお返事をしておくべきでしたが、近頃はほとんど移動を繰り返しています。逗留していたサン゠シル゠シュル゠ロワールから離れ、ジュネーヴ、そしてヴヴェイを再訪しようと決めました。今私たちは、この最後の地にいます。ここにさらに二週間滞在しようと考えています。もしエヴィアンで湯治なさるなら、我々は喜んでそちらでお会いします。一年間の集中的な仕事のあとで、休暇中の／湯治が必要でしょう。あなたは多くのことを為し、その各々が唯一であるかのようにすべてを投入するさまに常々感嘆しています。――妻からあなたと奥様によろしく伝えてほしいとのことです。

敬具
H・ベルクソン

一九三八年八月十九日

ミュラ伯爵夫人へ

FPM

ヴヴェイ、ホテル・ドゥ・ラック
一九三八年八月十九日

親愛なる奥様、さきほど近況を耳にし、大変な喜びとなりました。なぜその喜びが、奥様がお越しになると教えてくださったちょうどそのときに、レマン湖の辺りを残念ながら去らねばならないことで、すぐさま軽減されねばならないのでしょうか？　というのも私どもは二時間後には出発し、ジュネーヴで一日過ごし、その後トゥーレーヌに戻るのです。私たちは／サン゠シル゠シュル゠ロワールを離れるのはほんの一ヶ月間で、奥様が言い当てた通り、まずはいっそう活力となる空気を吸うためであり、次に変わらずこの湖と山岳をことさら愛しており、それゆえ地球に別れを告げる前に、少なくとももう一度訪ねておきたいと思ったからです。なんと常軌を逸した惑星でしょう！　どんな不吉で悪魔的な勢力のもとで、この星は軌道をはずれようとしているのでしょうか？　すべてを救済することが可能な「心を高めよ《スルスム・コルダ》」という言葉はどこから到来するのでしょうか？

近いうちにパリにて再開できることをうれしく思います。我々三人で再会できるでしょう、親愛なる奥様、敬具

H・ベルクソン

封筒：出発の場合、パリへ転送願い
サン・ドミニク通り四一番地
ミュラ伯爵夫人
モン＝ジョリ・パラス
サン・ジェルヴェ＝レ＝バン（オート＝サヴォワ県）フランス
印：ヴヴェイ一、速達、一九三八年八月十九日十六時――十七時

一九三八年九月七日

L・マドランへ

ANFP（355 AP-1）

サン・シル＝シュル＝ロワール

一九三八年九月七日

わが親愛なる同輩

あなたの見事な著書は、おそらく少し前からパリで私を待っていたようです。つい最近それが田舎の私のもとへと届きました。ですから、おそらくお便りを書くのがとても遅れてしまいました。とはいえ、これを――大変なる興味を伴って！――受け取ってすぐに拝読しました。私が誤っていなければ、この巻は、統領政府と帝政(1)についてあなたが捧げた堂々たる作品の中心を占めるでしょう。ボナパルトの性格が分析される／六章と七章はそれゆえ、彼の思考を深く掘り下げ、彼の運命の秘密を我々に明かし、そしておそらく彼の失墜の理由もまた我々に垣間見させます。他方でこの巻で、先の巻同様に、全体の重要な方向性を我々に見失わせることなく、細部の正確さへと向けられた細心の注意について、私は感服いたします。それでこそ、ナポレオン自身に影響を与える、きわめてナポレオン的な方法です。

読書中に心を打ったもの全部をあなたに語ろうとすれば骨が折れます。多くのうちから、とりわけ劇的で、そのう

え戦略家に対してと同じくモラリストに対しても示唆に富む、マレンゴの戦いの逸話を私は挙げさせていただきます。しかし、すべてを挙げる必要があるでしょう。

敬具

H・ベルクソン

（1）『統領政府と帝政の歴史　第三巻　マレンゴにおけるボナパルト』*Histoire du Consulat et l'Empire, t. III, De Bonaparte à Marengo*, Paris, Hachette, 1938（mai 1938).

一九三八年九月二十八日

G・マルセルへ

BNFP (Fonds G. Marcel)

サン・シル゠シュル゠ロワール

一九三八年九月二十八日

わが親愛なる同僚

いかなる深い関心をもって『渇き』と、ガストン・フェッサール氏[1]の力強く鋭い研究を読んだかを伝えねばなりません。あなたの戯曲は、特に鋭い心理描写を含んでいます。その戯曲は、我々がどれほど己れを知らないか、時には綜合がどのようにここで分析以上に我々に役立つかを示しています。それに加え、あなたの戯曲は、広がりをもつ哲学的および道徳的反省に満ちています。／私は幕が降りる最後の劇にしか言及できませんが、なんと省察に溢れた主題でしょうか！　そして、善へのなんたる誘いでしょうか！　この本を読んでいる最中は、近頃の陰鬱な日々の不安から解放されたことをお伝えすれば、この本（戯曲と序論）が私を捉えた力についてのあらましをお伝えできるでしょう。

敬具

H・ベルクソン

（1）『渇き、三幕劇　付ガストン・フェッサールによる「演劇と神秘」』*La Soif, pièce en trois actes, précédée de Théâtre et mystère par Gaston Fessard*, Paris, Desclées de Brouwer, 1938.

SD［一九三八年十月末］

A・ロワジーへ

Doucet（BGN 659）BSP

わが親愛なる同僚、ご高著『歴史と神話』を送ってくださり感謝します。この本の重要性と意義を見抜くことができましたが、現在病が私に残す一日のうちの仕事のためわずかな時間から考えて、すぐにこれを拝読するのは不可能です。

敬具(1)

(1)『イエス・キリストに関する歴史と神話』*Histoire et mythe à propos de Jésus-Christ*, Paris, E. Nourry, 1938 の著者アルフレッド・ロワジーの名刺に鉛筆で書かれた下書き（octobre 1938. ここから日付を推定した）（BGN 1164）。

一九三八年十一月一日

V・ジローへ

Doucet（Ms 15119）

パリ

一九三八年十一月一日

わが親愛なる同僚

あなたの秀逸な著作『フランス文学史と宗教問題』(1)を、どんな関心をもって拝読したかをもっと早く伝えるべきでした。この本を構成する研究のいくつかについては、すでに知っていました。とはいえ、それら全体は相互に補完し合い、フランス的思想についてとりわけ深く踏み込んだひとつの見識を提供します。

感謝を述べさせてください。著作のいたるところで、／大変好意的な言葉で私の仕事への言及を行ってくださいました。わが親愛なる同僚、敬具

H・ベルクソン

(1) *Le problème religieux et l'histoire de la littérature française*, Paris, Alsatia, 1938（16 juin 1938）.

一九三八年十一月七日

ダニエル・アレヴィへ

CPO（Cor-IV, Inv 249）

パリ

一九三八年十一月七日

一六区ボーセジュール大通り四七番地

拝啓

執拗な不眠症と、長く苦しんでいる病気の悪化とが、ご依頼いただいた些細な仕事を承諾することをも不可能にします。一頁のみ書くだけでよいとしても無理でしょう。我らの親愛なるペギーの面影を思い起こすとき、やはり私は本質的なことを語る責任を負っているでしょう。それは、疲労状態にある私には、まるで山を／動かすことのようです。ですが、あなたがお話しになるべきだと思います。なぜなら、あなたがこうした催しを発案し、これを準備し、あなたは私同様にペギーを知る位置にいたからです。

もしお望みなら、式典に出席できない後悔の念を示す数行の文をなんとか間に合うように送ります(1)。それは当然平凡なものになるでしょうし、聴衆に読ませるべきではないでしょう。しかし、あなたの演説内で示唆すること、つまり言及のみはしていただいて結構です。

これ以上のことが行える状態にないのを大変残念に思います。もし可能であったならば、あなたからの頼まれごとは私の義務となっていたとまさしく感じます。

敬具

H・ベルクソン

(1)『論集』一九三九年一月二十五日、p. 1585–1587 参照。D・アレヴィへの返信は一九三八年五月三十日、一九三八年十月二十七日（BGN 768–769）。一九三八年五月三十日の書簡の裏面に下書きあり「拝啓、ペギーが住んでいた家へのプレートの設置案に／大変／心から賛同します……」。『論集』一九三九年一月二十三日、p. 1585–1587 参照。

［一九三八年十一月十四日］

Ch・ペギー夫人へ

CPO (Cor-IV, Inv 250)

アンリ・ベルクソン夫妻
ボーセジュール大通り四七番（一六区）

深い哀悼の意を表し、心からお悔やみ申し上げます。

封筒：シャルル・ペギー夫人
公園通り一二番地
ソー（セーヌ県）
印：パリ一六区、サンジェ通り、一九三九〔ママ〕年十一月十四日十五時三十分、ここから日付を推定した。

一九三八年十一日二十三日

ダニエル・アレヴィへ

CPO (Cor-IV, Inv 251)

パリ

一九三八年十一月二十三日

一六区ボーセジュール大通り四七番地

わが親愛なる同輩

最近少し体調が良いように感じていたので、ペギーについての「ダニエル・アレヴィへの手紙」を書きました(1)。長いものではありません。この手紙は、たとえば『両世界評論』誌だったら一頁半を少し超すぐらい——正確には一頁と四分の三の量だと見積もります。この評論誌に合わせて計算したのは、単に私の机上にこれがあったからです。

もしあなたが今のところ催しを別の形で準備中だとしても、言うまでもなく私の手紙を聴衆に読ませる必要はまったくありません。／臨席できない私の無念を聴衆に知らせるときに、数行引用してくださるだけで充分でしょう。

式典の日取りは決まりましたか？　こうした質問をするのも、私が何か書くときは、書いた紙を——大変簡単な一、二頁しかないものでも——引き出しに放っておいて、寸前のところで再度筆を入れる習慣があるからです。それは、書いている最中には頭に浮かばなかった手直しをするためです。

敬具

H・ベルクソン

(1) 『論集』一九三九年一月二十五日、p. 1585–1587 参照。D・アレヴィからの返信は一九三八年十一月二十五日、一九三八年末、一九三九年一月二十九日にあり (BGN 770 から 773)、一九三九年二月二十五日の式典の準備とベルクソンの書簡の朗読に関するもの。

一九三八年十二月二十四日

L・ユッソンへ

Doucet (BGN 2826)

パリ、ボーセジュール大通り四七番地

一九三八年十二月二十四日

わが親愛なる同僚

まず深い哀悼の意を送らせてください。私のお悔やみの気持ちを承知していただけるかと思います。あなたが分かち合うあらゆる喜びとあらゆる苦しみを、私も感じ取ります。

喜ばしくもお会いできるときは、「直観」をめぐるご研究についてゆっくりとお話したく思います。しかし、さしあたってその研究が卓越したものだと感じたことをお伝えします。これは大変な鋭さを備え、私が書いたすべてを完壁に深化させたものを表しています。――あらゆる既成概念を免れ／るために――専門的用語を避け、日常的な言葉遣いを強いられたので、私の各著作では「直観」という言葉に、個別のケースにおいて使用される場合ははっきりと定義される意味を与えねばなりませんでした。直観の単純で唯一の定義に関しては、問われてはいません。あなたはこの多様な意味作用が再び一つになり、だからといって完全に符号するわけではないことを申し分なく見極めました。

二十九日の木曜日が都合よいのでしたら、三時半にお待ちしております。もしその日までに他の日が都合がよくなったのなら、お電話してくだされば結構です。私の／番号はオートゥイユ八九―三二です。

敬具

H・ベルクソン

SD ［一九三八年末から一九三九年初め］

［G・アノトーへ？］

Doucet (BGN 3081) BSP

始め[1]

ラ・ファブリス・ロラン

親愛なる氏、そして親愛なる友、言わせてください。

送ってくださった三つの研究に関してお話しするのが大変遅くなりました。まずひとつ目が私の心を動かした点は／あなたがジャンヌ・ダルクに捧げたものです[2]、これを単純な文学作品として扱うには少しためらいを感じたことです。それはあなたがジャンヌ・ダルクに捧げた本のことです。この本が書かれたのは――P［ペギー］のように言えば、「魂全体」によってです。人はこれを読みながら、作家や芸術家に感嘆します。しかし、とりわけ人が感じるのは／祈りによって感じられるのと同様に、自分自身を超えて高められることです。私はこれを再読するでしょう／ほとんど宗教的な熱情の雰囲気のなかへと運ばれていくことです。このすばらしい著作に感謝します。再読のために机の上に置いておきます。

　同じく、あなたの論考とフェルナン・アンジュラン氏の演説に対しても、それぞれアメリカ人と向き合った際の我々の立場についてのものですが、これらにも感謝いたします。

　各々が示す大変高尚な理念は、今日ではきわめて政治的で実践的なものとなっています。私が間違えていなければ、アメリカは最終的に我々に加わるでしょう。しかし、それを何年も前に行っていれば、ヒトラー主義をアメリカが妨げたかどうかは誰にもわかりません。

（1）本資料とそれに続くものは、場所や日付の明記のないインク書き原稿に混入している。

（2）〔訳注：注番号が付されているが、注自体は欠如している〕

アンドレ・ロビネの仮説。最初の二行は、おそらく先行する第三稿の破棄された冒頭部分の一部であるが、この四語に関する手がかりとなるものは発見されていない。

　上記草稿と対になる資料（BGN 3081 bis）におけるサン＝シルへの言及が、日付特定の範囲を、トゥーレーヌ地方の住居に頻繁に通っていた時期や一九三七年、一九三八年あるいは一九三九年以外ではない一月一日に近い日付に絞ることができる。もしBGN3081の資料がG・アノトー宛であれば、一九三八年一月一日付近に日付を限定できるだろう。アノトーに関するこの仮説は、このアカデミー会員が『ジャンヌ・ダルク、オルレアンの処女』*Jeanne d'Arc, La pucelle d'Orléans*, Paris, Plon, 1938（一九三八年六月四十日）を出版したばかりだったという事実と、実際には「親愛なる同僚」とは呼ばれない高位の書簡相手に向けられた手紙の語調に基づく。アノトーは、この「普遍的聖女」が想起させる「神的な影響」のもとにこの本を位置づけている。文章に関しては、もしアノトーに向けられたものであれば、慣例的なものであるだろう。というのも、アメリカ人に宛てられているからである。アノトーはフランス＝アメリカ委員会の創設者で一九一四年以降議長であり、一九三九年一月四日のアメリカの会議でのルーズヴェルト大統領の声明を出版する際に序文「侵略的独裁者に抗する自由の民族の防衛」を書いている。

　さらにこの手紙の書き手は、未発見の「F・アンジュランの演説」について伝えており、これも同様にアメリカ人に関わるものだが、まだ世界的な戦争の前段階の状態である。そのうえ、このアンジュランはカルヴァドス県出身の議員であり、別の記事をベルクソンに捧げている。

SD ［一九三八年末から一九三九年初め］

F・アンジュランへ

Doucet (BGN 3081 bis) BSP

アンジュラン

私に捧げてくださった仕事を入手しました(1)。まず初めに、過分な多くの厚意をもって私を論じてくださり、大変お褒めいただいたことに感謝いたします。共感という分厚いガラスを通じてあなたは私を眺めています。ご存じの通りこれは相互的なものです。あなたが従事していた仕事を教えていただいたとき、文学的主題について／哲学的あるいは科学的主題について／私ないしあなたが説明する機会を得た視点についてよりもむしろ、私の人格や、とりわけ私との会話を中心にしたものであったのを知らなかったことに大変後悔しています。もし知っていれば、あなたの案を思いとどまらせる二つの点に注意を促していたでしょう。

第一に、あなたよりも（あなたにとっては幸いにも！）いっそう長い私の経験によれば、「インタヴュー」という類の仕事は、インタヴューされる人物がインタヴュアーと一緒に記事に取りかかるか、その人物が言ったことを著者が速記することから始めねば不可能です。記憶は人が信じるよりも不完全な機能です。そして、インタヴューの場合は、もしその失敗が総じて残念な結果を招かなくとも、そうなる可能性はありうるし、まさにいくつかの危険を提示しうるのです。たとえば、これこれの外国との過去の、あるいは将来の関係に関わる問いに触れるときに、以上のことがまさに問題となります。

第二の点はまったく個人的見解です。三〇年か四〇年前から、誰であれインタヴューに答えることは公式に自分に禁じてきました。お会いできたら、その理由をご説明いたします。その理由を理解してくださると確信しています。／人は……を信じているでしょう／とはいえ、この理由が——ほとんど信じられないような——膨大な数の要請に、拒否によって返答することを余儀なくさせます。物珍しいものですが、私が印刷してもらわねばならなかった拒否の手紙を披露します。「記事はインタヴューの要請に応じて執筆されるので、この要請を私が許諾したと必然的に信じられてしまうでしょう」。さて、しばしば人は結局そうした職務を引き受け、こうしたことを懇願する者のなかには、同僚や同輩、あるいは友もいました。つねに私は耐え忍び（どれだけそれが苦しかったかを神はご存じです）、私にとっての絶対的原則があると説明してきました。それゆえ、多くの人に不満を抱かせました。しかしながら、そのうち誰も／傷つけたことはありません。なぜなら皆、例外を設けることができない私の規則があるのを／のちに／認めたからです。おっしゃるような記事が出版された日には、もはやそうは行かないでしょう。私に提示された、あるいは私自身が示した要請に準じて私が同意した対談が、必ずや目にされるでしょう。記事がいかなるジャーナリスティックな性格も持ち合わせていなくとも無駄でしょう。私がそれを拒否するのを少しでも望んだ者たちや、自分たちの場合はインタヴューに当てはまらないとある日私に告げにやって来る者たちによって、確かに「インタヴュー」というジャンルのなかに分類されるでしょう。

お話できれば大変喜ばしいことは言うまでもないでしょう。電話していただくだけで結構です（サン・シュル六五）。新年のご挨拶をあなたとご家族に。

敬具

（1）　フェルナン・アンジュラン宛の日付を欠いたインクによる下書き。前出資料の注釈を参照。

一九三九年

一九三九年一月八日

P・ヴァレリーへ

BNFP (Fr na 19165, f. 241)

一九三九年一月八日

親愛なる同輩にして友

どんな喜びと関心を伴って『ヴァリエテⅣ』[1]を拝読したところであるかをお伝えせねばなりません。貴殿の思考がこれほど豊かだったことはかつてなく、表現不可能なものを表現する技術をこれほど遠くまで進展させたことはありませんでした。敬／具

H・ベルクソン

封筒 f. 242：ポール・ヴァレリー氏
アカデミー・フランセーズ会員

ジャンヌ・ベルクソン嬢

ヴィルジュスト通り四〇番地
パリ一六区
印：パリ一六区、サンジェ通り、一九三九年一月十日十八時〇〇分

（1） *Variété IV*, Paris, Gallimard, novembre 1938.

一九三九年一月十日

P・ヴァレリーへ

BNFP（Fr na 19165, f. 243）

パリ、ボーセジュール大通り四七番地
一九三九年一月十日

親愛なる同輩にして友
『ヴァリエテⅣ』について語ったお手紙をさきほどお送りしましたが、お手紙を出してから二時間後に、今度は貴殿が対象になった高位の勲章についてのニュースを新聞が運んできました（1）。ですので、追伸を加え、これ以上ない私からの賛辞を送らせてください（もしご作法の上で許されるならば、私は大臣も賞賛します）。――敬具

H・ベルクソン

封筒 f. 244：ポール・ヴァレリー氏
アカデミー・フランセーズ会員
ヴィルジュスト通り四〇番地
パリ一六区
印：パリ一六区、サンジェ通り、一九三九年一月十一日十九時三十分

（1） 一九三八年十一月二十二日にP・ヴァレリーはレジオン・ドヌール・グラントフィシエ賞に選出された。ヴァレリーの書簡は一九三九年一月十四日付（BGN 2791-5）。ヴァレリーからの最後の書簡は一九三九年十月十七日付のもの（BGN 867-12）と、日付を欠いたもの（BGN 2791-6）。その後、アカデミーの公式招集声明とベルクソンの葬儀時の弔事が公表される。

一九三九年一月十五日

G・マルセルへ

BNFP（Fonds G. Marcel, nc）

パリ

一六区ボーセジュール大通り四七番地

一九三九年一月十五日

親愛なる同僚にして友

イギリス人が言うように「返礼《リシプロケイト》」させてください。そして私のほうから最大限に心を込めた新年の――このより良い年のご挨拶を送らせてください。というのも昨年は、地獄のようなものでしたから。過度に踏み込んで期待することなく、希望をもちましょう。

あなたのご子息および彼の挿絵画家としての才能について書いてくださったことに、大変興味を引かれました。日時を取り決めるためには、電話だけで結構です（オートゥイユ八九―三二）。彼が一つにまとめあげることができそうな、いくつかの写真資料を彼にお渡しします。それらは／ようやく私が坂を下り始めた時期に撮られたもので、今では私自身の残滓となったものを写真に撮らせようとは望みません（七九歳にもなりました！）。――そもそも、若かったときでも、写真を喜んで承諾はしなかったでしょう――私の生涯や人柄についての質問と同様に――承諾するのは絶対的な必然性がある場合のみです（たとえば外国で講演をする際などです）。もし哲学的著作が作者の死後も残り続けねばならないなら、著者の伝記的情報やその他の情報など排して、ただ未来の読者に自らを差し出すことが得策だと思います。もし著者が何か善い行いをしたとすれば、それは彼自身を超えることに成功した瞬間です。つまり、彼は著作よりも価値ある者ではなくなり、著作を前にして消え去らねばならないのです。しかしこの点については議論することができると認識しています。親愛なる同僚にして友、いずれにせよあなたのお気に召すことをします。(1)

敬具

(1) ここで取り決められた写真は、ベルクソンの仕事部屋に飾られたJ・E・ブランシュによって描かれた絵画を撮影したもの。今も保存されているこの写真については、アンヌ・マルセル夫人により情報を提供していただいた。G・マルセル協会からフランス国立図書館に委託されたばかりのこれらの手紙の出版を許可してくださったことに対して、アンヌ・マルセル夫人に感謝を捧げる。

G・メールへ

一九三九年二月十九日

Doucet (BGN 2940)

パリ、ボーセジュール大通り四七番地
一九三九年二月十九日

わが親愛なる友

あなたが病に伏せていたと知り、大変悲しい思いをしました。南仏の外気と太陽があなたをすっかり快復させることを願います。

来訪いただければこのうえない喜びなのは言うまでもありません。来週土曜日がご都合よろしいのでしたら、その日の四時にお待ちしております。

敬具
H・ベルクソン

封筒：ジルベール・メール氏
バルベ＝ド＝ジュイ通り四四番地
パリ七区
印：パリ一六区、サンジェ通り、一九三九年二月二十日九時四十五分

一九三九年二月十九日

J・ポーランへ

IMECP (Fonds N. R. F.) NBR

一六区ボーセジュール大通り四七番地
一九三九年二月十九日

わが親愛なる同輩

ご依頼いただきました協力の件、ぜひお手伝いできればと願っていますが、どう行えばいいのか分かりません。何年も前から苦しんでいたリウマチ症状がしつこい不眠症を近頃併発し、これがすべての仕事をきわめてつらいものにします。そしていくつかの緊急の仕事に専念せざるをえないのです――確かにこれはペギー／について何枚か執筆することに比べ、それほど面白いものではありません。この機会を利用して、再度どれほど『新フランス評論』に感謝をしているかを伝えさせてください。

敬具
H・ベルクソン

一九三九年三月八日

ミュラ伯爵夫人へ

一六区ボーセジュール大通り四七番地

一九三九年三月八日

FPM

親愛なる奥様

奥様のために随分前から用意していた言葉を、送っていなかったことにさきほど気づきました。バンヴィルとモーラスについての奥様の二つの講演を[1]、どれほど大きく稀な喜びを伴って繰り返し拝読したかを知っていただきたく葉書を用意しました。二講演はとても活発なものです。奥様は触れたものを鼓舞する才能をおもちです。作品や人物から哲学的意味を抽出する才能を同じくおもちです。最後にこれらの頁がひとりの作家によって記されたものであり、今日ほとんどの者はこうした正確さと自在さをもって言語を扱うことができないことを付言させてください。あらゆる賛辞を送ります。

奥様がお知らせくださいましたモーラスの注目すべき論考は[2]（同封してお返しいたします）、奥様が描写したように彼の人物像にまさにふさわしいものです。

親愛なる奥様、敬具

H・ベルクソン

封筒：ミュラ伯爵夫人

サン＝ドミニク通り四一番地

パリ七区

印：パリ一六区、サンジェ通り、一九三九年三月十日十時四十分

（1）　テレール・ミュラ伯爵夫人『ジャック・バンヴィルについての回想――一九三七年三月十三日ジャック・バンヴィル・サークルでの講演』*Souvenirs sur Jacques Bainville: conférence faite le 13 mars 1937 au Cercle Jacques Bainville*, Paris, Éditions d'histoire et d'art, 1938. テレール・ミュラ伯爵夫人『シャルル・モーラスをどう見るか――一九三八年七月八日のジャック・バンヴィル・サークルでの講演』*Comment je vois Charles Maurras: conférence faite le 8 juillet 1938 au Cercle Jacques Bainville*, Paris, Éditions d'Histoire et d'Art, 1938.

（2）　Ch・モーラスの論考は〔一九三九年二月一日付〕三二号と一九三九年二月十一日付四二号『アクション・フランセーズ』紙の一頁目の「政治」欄において分載され、ミュラ個人協会の資料として保管されている。「教会の勝利。キリスト教会が喪に

服しているときになされた世界中の反応は、ピウス一一世聖下が、とりわけ近年人類の思考と心の中でいかなる位置にいたのかを明らかにする。世界に対して双子の兄弟にように立ち上がったヒトラーの脅威と共産主義の脅威は、すべての視線を地上のただ一点に集中させた。そこでは安心を生み保護を行なうことができるひとつの権威が形成された……」。この新聞の同号五頁に「ジャック・バンヴィルの三回忌のために」〔実際の記事には三回忌と記されている〕という記事がある。二つの講演が告知されており、ひとつはP・ガクソットによるもの、もうひとつはCh・モーラスである。モーラスは講演の梗概を前日の「政治」欄で発表した。この夜間講演はCh・モーラスとジョワシャン・ミュラ伯爵により主宰された。ミュラ伯爵夫人の発した閉会の言葉がこの記事を締めくくっている。

一九三九年三月十日

P・A・シップへ

(The Philosophy of A. N. Whitehead, 1941, fs p. XII)

一六区ボーセジュール大通り四七番地

パリ

一九三九年三月十日

ポール・アーサー・シップ博士

エヴァンストン・イリノイ

拝啓

二月二十七日の貴殿のお便りへの返信として、「生きる哲学者叢書」についてのご計画は、自ずと現実的な貢献を為すように私には見えますし、第一巻を私に捧げてくださるというお考えには大変感動しました。しかし、親切なご提案を受諾することは残念ながらできないでしょう。一四年前から深刻なリウマチ症状に苦しめられ、大がかりな治療を強いられ、仕事のために一日のうちでほんのわずかな時間しか私には残されていません。計画中の、これによって私のキャリアがおそらく終わるある研究のために、現在のすべてを費やすようなことはできないでしょう（私は八十歳になります）。この条件で、私の書いたものの全体に関する批判や問いへの返答を受諾するのは、まったく不可能でしょう。私の無念さをお察しください。

敬具[1]

H・ベルクソン

（1） P. A. Schilpp, *The Philosophy of Alfred North Whitehead*, Evanston-Chicago, Northwestern University Press, 1941.

一九三九年三月十三日

ミュラ伯爵夫人へ

FPM

一九三九年三月十三日

親愛なる奥様、感謝いたします。金曜日五時頃いらっしゃるとのこと、承知いたしました。奥様とお話できることをうれしく、ことさらうれしく感じていることをご覧いただけると思います。――敬具

H・ベルクソン

封筒：ミュラ伯爵夫人
サン＝ドミニク通り四一番地
パリ七区
印：パリ一六区、サンジェ通り、一九三九年三月十三日十八時四十五分

一九三九年三月十六日

オシップ＝ルーリエへ

BNFP (Fr na 15681, f. 105)

アンリ・ベルクソン
アカデミー・フランセーズ会員
道徳政治学アカデミー会員
ボーセジュール大通り四七番地

随分以前から用意していた葉書をオシップ＝ルーリエ氏に送るのを失念していたことにさきほど気がつきました。その葉書では――大変高次で何よりも心を動かす霊感を備えたソネットである、彼の「フランスへの賛歌」(1)をどんな喜びとともに拝読したかが語られています。 敬具

H・ベルクソン

一九三九年三月十六日

（1）「フランスへの賛歌、未発表のソネット」«Hymne à la France, sonnet inédit», *Bulletin de l'Association des Anciens Élèves de la Faculté des Lettres de Paris*, 1938, 1.

一九三九年三月二十九日

G・ゴワイヨーへ

(J. Chevalier, Entretiens, 別丁の複写)

一六区ボーセジュール大通り四七番地

パリ

一九三九年三月二十九日

終身書記殿、そして親愛なる同輩

文学賞のためにアカデミーへの提言を行なう所轄委員会の時期が近づいています。委員会に対して、私が大変評価しその才能を認めており、作品も秀でたものである候補者を推薦してもよいでしょうか？　グルノーブル大学文学部長ジャック・シュヴァリエです。まずもって彼の名声を広めたフランス哲学に捧げられた著作群、彼の『デカルト』や『パスカル』がよく知られていますが、これらを思い出すまでもないでしょう。しかし、哲学上の各重大問題についての仕事も同様に／傑出したものです。それについては、『習慣』についての著作を挙げるだけで充分でしょう。最後に彼は高潔なモラリストであり、おそらく最も困難な道徳的諸問題にこそ彼はいっそう軽々とその身を捧げるのです。

この哲学者が作家であることをお伝えしておかねば、重要な点をなおざりにしたことになります。——前世紀に幸運にもわずかな間だけ中断していた——偉大なフランス的伝統に従えば、たぶん、普通の人の言葉で表現できない、あるいは表現してはならない哲学的観念は存在しないと彼は見ています。

要するにこの最後の点に注意を向けたいのです。ジャック・シュヴァリエ氏は我々の間でよく／知られており、海外でなおさら注目されています。人を惹きつける教授であり、随分前からあらゆる国から生徒や聴衆をグルノーブルに集めています。ヨーロッパの各主要都市で彼が行った講演は、フランスの各所で行ったもの同様、つねに最大限の成功を収めました。現代の特徴を示すもののひとつである——あるいはむしろそれに向かっている——スピリチュアリスムの再生に、彼は確実に貢献しました。

つまりは、彼は哲学、文学、そしてフランスに大変尽力したと私は評価します。それゆえ、アカデミーが授与するもっとも重要な賞に推薦することを躊躇しません。

終身書記殿、／そして親愛なる同輩、敬具

H・ベルクソン

H・ジェイムズへ

SD［一九三九年三月末］

ULHH (Aut. File)

一六区ボーセジュール大通り四七番地

パリ

ヘンリー・ジェイムズ氏、

ニューヨーク、五番街、五二二番地

親愛なるジェイムズ氏

あなたにお渡しし、そしてご返却いただいたウィリアム・ジェイムズの諸々のお手紙は、あなたの名と住所が描かれた封筒に収めました。これは私がいなくなったら、すぐにあなたのもとに郵送されるでしょう。これが意味するのは、これらのお手紙が実質的にはあなたの所有物であると私はみなしており、私が保管できないものであり、法律家の表現を借りれば「用益権」であるということです。――この用益権は、私のうちに大変親密なまま残っている思い出を／再び手にするために、時おりこれらの手紙を再読することにあります。しかし現在、あなたがハーバード大学に設置中の、未来の哲学史家にとってきわめて感興をそそり、稀少である書簡の収集を完全なものにするために、今後あなたに返却せねばならないと私は現在考えます。私はそれらの書簡が載った本で、変わらず読み返すことができるでしょう。したがって、このお手紙と同時に各手紙を書留（書留《レジストレッド》）封筒でお送りします。これらの手紙は最終的にあなたに属するものだとお考えください。受け取り次第、ちゃんと届いたのかどうかお知らせ／くださいますようお願いいたします、敬具

H・ベルクソン(1)

(1) 一九三九年四月十一日、受け取った旨を強調するH・ジェイムズからの返信。ここから手紙送付の日付を推定（ULHH. Aut. File)。

J・ヴァールへ

一九三九年四月二十四日

IMECP（Fonds J. Wahl）

サン＝シル＝シュル＝ロワール
一九三九年四月二十四日

わが親愛なる同僚にして友

あなたの著作について報告を課されたブロケット賞の委員会メンバーは、アンドレ・シュヴリヨン氏です。それを知るやいなや、著作について[1]――そして著者について考えうるすべての良い点を伝える手紙を彼に送りました。ここにきわめて内密にあなたにお渡しする彼の返信があります。他の報告者が、他の作品に関して別の提案をすることもあるでしょう。しかし、もし仮にシュヴリヨンが彼の提案／を断固として主張しないならば、驚きです（彼は私の手紙を読み上げると思います）。

とても病に苦しんでおり（しつこい不眠症が理由です）、田舎に向けていつもより早く出発しました。おそらくこちらで春と夏を過ごすでしょう。

敬具

H・ベルクソン

（1）『キルケゴール研究』は、一九三九年十二月十四日にボルダン賞を受賞。

ジーナ・ロンブローゾへ

SD［一九三九年四月末］

Doucet（BGN 630）BSP

拝啓、深く心動かされる御本に対し感謝申し上げます。哲学者、心理学者、教育者が、そこに多くの学ぶべきものを見出すでしょう。しかし、何よりも、冒頭からすばらしいものになると予想されるひとつの生涯を、我々に対して彼らが蘇らせるでしょう。[1]

（1）『ある生命の開花、レオ・フェレーロをめぐる誕生から二〇歳までの母による覚書』*L'éclosion d'une vie, Notes sur Léo Ferrero, de la naissance à vingt ans, d'après les notes de sa mère*, Paris, Rieder, 1939（一九三九年四月、ここから日付を推定）（BGN 64）の著者ジーナ・ロンブローゾからの書評依頼に鉛筆で書かれた下書き。

SD［一九三九年五月初旬］

A・レーモンへ

BCLU (Fonds Arnold Reymond)（1）

（1）ベルクソンからの書簡は、この財団（IS3792）の八八個の書類ボックスのうちに保管されていない模様。それに対して、一九三七年から一九三九年までのレーモンからベルクソン宛の書簡の下書きは、この書簡の存在を証言している。書簡のうち一九三九年六月二日付のものは、ベルクソンの書簡に以下のように返信している。「五月初めに親切にもお手紙を送ってくださいました。この手紙は言い表せないほど私を感動させ、わが琴線に触れました。私の健康と仕事に関心を向けていただき、光栄にも私に親交を与えてくださり、また友情を示してくださったことは、非常に得難いものです……」。この下書きはヴヴェイでの接触を証言している。

同じローザンヌ大学州立図書館にある、ピエール・テヴナ財団（IS5208とIS5142）の二五個の書類ボックスにもベルクソンの書簡は保存されていない。

一九三九年五月三日

L・ブランシュヴィックへ

IMECP (Fonds L. Brunschvicg); Doucet, 複写（BGN 2828）

ラ・ゴディニエール、サン＝シル＝シュル＝ロワール、アンドル＝エ＝ロワール（1）

一九三九年五月三日

親愛なる友

ご丁寧なお便りが大変な遅れとともに田舎にいる私のもとへ届きました。田舎にはすでに少し前から休みに来ました。とりわけ、あらゆる類の仕事を苦痛に変える不眠症の進行が理由です。喜んで、ご指示の通りバルドゥーへ手紙をお書きします。ですが、二人の候補者の双方に適切だとお考えになる取り決めを事前に知ることができて満足しています。最後にお会いした際、哲学部門はリヴォーを強く推薦する方に傾いていたとあなたがおっしゃっていたことを思い出した気がしました。もし哲学部門がリヴォーを第一に推薦するなら、彼は確実に受かるでしょう。ところで、パロディのアカデミー入会を目にしたいという私の大きな望みとは裏腹に、リヴォーには私の介入の結果で敗れたと考えてほしくはありません。なぜなら、彼のことも優秀な人間だと私はみなしているからです。

ありえることですが、もし彼らが個人的に互いに知り合いなら、意見が一致するのはおそらく良いことでしょう。把握せねばならないのは、道徳部門はリヴォーひとりを一番に推薦するつもりがあるのかどうかです。——他方で忘れてはならないのは、アカデミーは候補者が部門を変えるのを好みません。さて、これが問題なのですが、リヴォーはかつて哲学部門を志願しており、パロディは二回道徳部門を志願しているはずです。

親愛なる友、私の当惑をご理解いただけると思います。奥様によろしくお伝えください。そしてあなた自身にも。

敬具

H・ベルクソン

(1) 以降に掲載する書簡から確認できるように、「ラ・ゴディニエール」のレターヘッド付き便箋は、さまざまな判型で、右寄りや左寄り、ギュメの有無、括弧の有無など多様な印字形態が存在する。

一九三九年五月二十四日

R・レニエへ

AIP

〈ラ・ゴディニエール〉、サン＝シル＝シュル＝ロワール、（アンドル＝エ＝ロワール）

一九三九年五月二十四日

拝啓

シャルル・モーラスのアカデミー・フランセーズ入会式への招待状を（パリの普段の住所ではなく）上記の住所に直接送っていただけますか？[1] 招待状がパリを経由した場合に被る遅延のせいで、招待状を私に依頼した人たちに遅れずに届けることにのちのち差し支えが生じてしまいます。

敬具[2]

H・ベルクソン

(1) Ch・モーラスは、一九三九年六月八日の審議においてアカデミー・フランセーズへの入会を受け入れられた。彼は一九三八年六月九日の審議で、第一回投票で三九人の選挙人中一九票を得て選出され、アンリ・ロベールと交替した。ベルクソンは投票に欠席。
（2）「済み」と注記あり。

一九三九年五月二十六日

ジャン・レルミットへ

Doucet（BGN 3077, 原本）

〈ラ・ゴディニエール〉、サン＝シル＝シュル＝ロワール、
（アンドル＝エ＝ロワール）

一九三九年五月二十六日
五月二十六日送付

わが親愛なる同僚

送ってくださいました『我々の身体のイメージ』[1]というご高著を、どんなに強烈な関心をもって拝読したのかをお伝えしたく思います。哲学者と同様に神経学者にも示唆に富む、新奇で独創的な見解に満ちているように思われます。この本では何よりも、人がまったく関係を見出せない諸事実、たとえば幻肢と自己視とが独自の総合において理解されます。この種の予想外の接合によって、科学上の最も偉大な進歩がなされるのです。

大変感興をそそられたのは、最終章の「美学」についてです。章そのものが教育的であり、そのうえ追求すべき意義のある研究の方向性を指し示すものです。

このすばらしいご高著にあらゆるお祝いの言葉を送ります、敬具

H・ベルクソン

（1）ジャン・レルミット『我々の身体のイメージ』*L'image de notre corps*, Paris, Nouvelle Revue Critique, 1939.

一九三九年五月二十八日

A・シュアレスへ

Doucet（α 1094）

サン＝シル＝シュル＝ロワール
一九三九年五月二十八日

親愛なる友、感謝します[1]。アジア大帝国の時代まで欧州を退化させるというとんでもない計画の発案者たちの意欲を失わせるために、大いなる声が上げられなければなりま

せんでした。こうして成し遂げられたのは無類の妙技によるものです。あなたの本を読みながら、私は「義憤が《ファキト・》詩を作る《インディグナチオ・ウェルスム》(2)」という別の詩人の言葉を考えていました。まさにそれです。人が色彩によってものを描くように、もしこのように言えるならば、あなたは義憤によって執筆したのです。

敬具

H・ベルクソン

封筒：アンドレ・シュアレス氏
スリゼ通り一一番地
パリ四区
印：サン・サンフォリオン、アンドル＝エ＝ロワール、三九年五月三十一日十一時五十五分

(1)『ヨーロッパへの視点』*Vues sur l'Europe*, Paris, Grasset, 1939. *Mélanges*, p. 1588 に部分掲載。
(2)〔訳注：注番号が付されているが、注自体は欠如している。この表現はユウェナリスの言葉〕

一九三九年五月三十一日

Ch・ヴェルナーへ

BPUG (Ms. fr. 9008/1, f. 46–47) NBR

サン・シル＝シュル＝ロワール
一九三九年五月三十一日

わが親愛なる同僚にして友

大変遅れてしまい、お許しいただければと思います。『ギリシア哲学』についての見事なご高著は、健康状態にかなり問題があるときに届けられました。少し経ってから読めるように、置いておかねばなりませんでした。もちろん拝読した際、多くの興味を抱いたので、この主題についての仔細な手紙をあなたに書こうと決めました。なんということか、この手紙を日に日に先延ばしせねばなりませんでした。それほど、病気とそれと闘うための運動、そしてとりわけ我々を脅かす恐ろしい出来事以外に注意を向けることがほとんど不可能であり、私にわずかの時間とわずかな精神の自由しか残してくれません。やっと田舎に身を落ち着け、当初目論んだよりも大変短い手紙で、ギリシア思

想をめぐる／見事な論述について私が抱いた少しばかりの賞賛を今日述べたいと決心しました。この本はまず、類まれな碩学ぶりを示しつつ、それを誇示しない趣向をもち、ただ判断されるままにします。つまり、各章冒頭の参照すべき研究の選定そのものが、十全であると同時に節度をもったこの碩学のおかげで可能となったのです。しかし、何よりもあなたの論述は生きています。それは愛によって作られ、おそらくそれゆえにギリシア思想の深みを保ちつつも簡素であり、すべての教養ある精神の持ち主に理解されます。あなたが研究する各哲学者について、第一にあなたはつねに興味深い個人的見解を有しています。特段あなたの結論に私は強い印象を受けました。その結論によれば、ギリシア哲学はその現代性を少しも失っておらず、現代哲学に必要な補完物なのです。たぶんあなたを驚かせてしまいますが、こうした考えをほとんど私は受け入れています。ギリシア哲学は／現代哲学と同様に少なくともつねに私の関心を引き、私のお気に入りの哲学者は今なお、ギリシア哲学の全体を綜合し、あらゆるギリシア哲学者は同一のことを述べていると納得させてくれるプロティノスであるとお伝えします。コレージュ・ド・フランスでは何年かの間講義の主題やテクスト解釈のテーマとしてプロティノスを選択しました。

　こうしたことは、私の視点を吟味していただいた頁のなかであなたが述べようとしたことと、どのように両立するでしょうか？　両立は不可能ではないと考えます。ギリシア哲学者たちのほうへ私の関心をつねに引くものは、それは彼らが作った雰囲気であり、哲学はそこで生きねばならないと私には思われます。つまり彼らとともにいると心地良く感じます。反対に彼らと引き離されるのは、完全性というものが状態や事物ではなく、連続した創造であり、たとえばベートーヴェンのような人物が交響曲を作曲するときの努力に比されるものであるという確信をもつときです（この努力のほうが限りなく上回るものであるにもかかわらず）。このベートーヴェンのような人物について、もはやプロティノスのように静的な意味ではなく、動的な意味において彼は「知性ノ向コウ側 ἐπέκεινα νοῦ」にいると人は真に言うことができるのです。

　近日中にこういったことすべてを――もし状況がスイスに行くことを許し、我々が近所に滞在すれば、おそらく今夏に――あなたとお話したいと願っています。それまではあなたと奥様に我々からのご挨拶を送らせていただいます。そこに見事なご高著への新たなお祝いの言葉を添えさせてください、敬具

H・ベルクソン

封筒：シャルル・ヴェルナー氏
大学哲学教授
フロリッサン通り四番地
、、、、ジュネーヴ（スイス）
印：サン・サンフォリアン、アンドル＝エ＝ロワール、三九年六月一日十一時五十五分

一九三九年六月二日　ミュラ伯爵夫人へ

FPM

サン＝シル＝シュール＝ロワール
（アンドル＝エ＝ロワール）
一九三九年六月二日

親愛なる友

モーラスのアカデミー・フランセーズ入会式場の席が二席ございます。奥様自身のためにご使用なさりたいと考えていらっしゃったと思いますが、もう一席は誰かご友人のためにご利用ください。

パリに移動する際に妻にお電話いただき私がどれほど感激したか、言い尽くすことができません。しかしながら、おそらくそうなるのですが、トゥーレーヌ地方の熱気を避けるためスイスをすぐに訪れると／決めても、我々はパリに立ち寄るでしょうから、大変遠方からお越しいただくには及びません。後ほど奥様にお知らせします。親愛なる友、敬具

H・ベルクソン

一九三九年六月六日　L・マドランへ

ANFP（355 AP-1）

ラ・ゴディニエール、サン＝シル＝シュル＝ロワール、
アンドル＝エ＝ロワール

一九三九年六月六日

わが親愛なる同輩

統領政府についてのすばらしいご高著(1)が手元に届いたとき、私の健康状態はきわめて悪いものでした。後で再度手に取るために脇に置いておかねばなりませんでした。そしてそれを拝読し、きわめて鮮烈な興味を抱いたので、この主題に関してやや仔細なお手紙を送ろうと決めました。なんということか、お手紙を日に日に先延ばしせざるをえず、こうして今日でもなお長い手紙を書くことが不可能です。ですが、作品の出版が進めば進むほど、主題の並外れた複雑さや、人物のほとんどあらゆる行為について下された判断の多様性が増すにもかかわらず、あなたの作品は確固たるものであるとお伝えするだけで充分でしょう。たとえば、アミアンの和約の後最初の執政が「止まっていれば」、フランスとヨーロッパの運命はそれによって変わっていた、などと一度ならず耳にしました。ところが、この和約の破棄はイギリスによって強要され、情勢が辿った推移の責任はイギリスにこそ課されるとあなたは断固表明します。他方で、政教条約や市民法などについての大変教えに富み心を引く各章は、ボナパルトの個人的介入の重要性と、併せていわば彼の軍事的才能に潜んでいた高い／叡智を明るみに出します。要するに、私の印象では、我々の眼にはことさら偉大に映るナポレオンは、あなたが彼の行為や活動を委ねる批判的分析を経てもなお偉大な人物でありえます。もし仮にあれこれの点に疑問がもたれるにしても、すべての証言をどのように考慮したのかを示すあなたの「注解と参照」がおそらく疑問を一掃するでしょう。――敬具

H・ベルクソン

封筒：ルイ・マドラン氏
アカデミー・フランセーズ会員
ボーセジュール大通り四五番地
パリ。一六区
印：サン・サンフォリアン、アンドル＝エ＝ロワール、三九年六月六日十八時五十五分

(1) 『統領政府　第四巻　統領政府と帝政の歴史』*Histoire du Consulat et de l'Empire*, t. IV, *Le Consulat*, Paris Hachette, 1939 (janvier 1939). マドランは封筒に「ベルクソンより「統領政府」について」とメモしている。

一九三九年六月二十九日

Fl・ドラットルへ

Doucet (BGN 2862)

〈ラ・ゴディニエール〉、サン＝シル＝シュル＝ロワール
（アンドル＝エ＝ロワール）

一九三九年六月二十九日

わが親愛なるフロリス

すぐさま『オーギュスト・アンジェリエの人格』(1)を読むという誘惑に勝てませんでした――そもそも勝とうと望んでもいませんでした。なんと堂々たる本でしょう！　序文でこれがあなたにとって「無償労働《ア・レイバー・オブ・ラブ》」であると述べる必要すらありません。各頁でそれが感じられます。そしてまた、この共感が――この言葉の語源的意味において――あなたが書き出す人物の魂の中に深くあなたを導き入れたと考えられます。あなたの本を読了すると、アンジェリエを知り、彼の内奥にまで入り込んだとさえ思ってしまいます。彼は、誠実で「まったく型にはまらない人《アタリー・アンコンヴェンショナル》」に見えます。そしていかなる介入者もなく、したがって既成概念や、人間や事物一般、そしてとくに文学作品も用いずに、直接的ヴィジョンを与えながら、彼は誠実さを要求するのです。彼はイギリス人であるのと同じく、歴史家あるいはフランス文芸批評家として大変成功したのではないかと思います。彼の方法論は、「資料カード」の方法論と同じくらいテーヌの方法論からも隔たっています。まさにこの方法論こそ、あなたが彼に応用したものです。つまり、いかなる場合もあなたは人から作品を引き離しません。あなたはまた心理学者でもあり、おそらくアンジェリエ自身がそうである以上に心理学者なのです。要するに、あなたはアンジェリエを蘇らせるのです――おそらく彼を生き延びさせるのです。

――あらゆる友情をあなたに、そしてアンリエットとジャックに（彼は試験期間最中でしょうね）。

敬具

H・ベルクソン

(1)『オーギュスト・アンジェリエの人格、未刊テクスト集』*La personnalité d'Auguste Angellier. Avec de nombreux textes inédits*, t. I, Paris, Vrin, 1939; t. II, 1944.

一九三九年七月二日

G・マルセルへ

BNFP (Fonds G. Marcel, nc)

ラ・ゴディニエール、サン＝シル＝シュル＝ロワール、アンドル＝エ＝ロワール

一九三九年七月二日

『タン・プレザン』誌の最新号で私に捧げていただいた研究を拝読し終えたところです[1]。この研究がどんなに私の琴線に触れたかを言い表すことができません。私が辿った道をこれ以上うまく再び描くことも、私の帰結の本質をこれ以上うまく抽出することも不可能だったでしょう。通常の意味と同様に語源的な意味において、これ以上の共感を伴って私のことがかつて研究されたことはありません。私の位置にご自身を置くことで、私の思考をあなたは再度思考しました。しかし、ある程度、そして少なくともある側面では、あなたはすでにそこにいたのではないでしょうか？　もしひとつの思考を他人が自力で大変見事に形成した場合、その思考にそれほど簡単に入っていくことはできません。私の哲学的活動の総体についての、限りない好意的な評価にだけは同意を控えておきます。これほど大がかりな賛辞について、私の努力の一貫性に係わるものや、集中力が徐々に高まっていったことについてのみを記憶に留めておきます。それゆえ、私自身かすかには耳にしていたあなたの論考の冒頭で、あなたが触れた賛辞を受け入れることはできかねます。もし機会がありましたら、何年も前から皆が私について語ったり書いたりしたすべてに深く心を打たれたこと、そしてその他の表現方法は差し控えていただくよう私が願っていることをお伝えください。敬具

H・ベルクソン

（1）「ベルクソン哲学とは何か?」«Qu'est-ce que le Bergsonisme?»,『タン・プレザン』誌 *Temps présent*, 一九三九年六月三十日。七頁を満たすこの論考は冒頭に、ベルクソンが八〇歳になり、『試論』出版五〇周年に際して、「行政当局」による「盛大な賛辞」がベルクソンに表されるべきだと提案している。
　より礼儀正しい形式の、この書簡のタイプコピーが、G・マルセルの以下の手書きの言葉とともにマルセル・アブラハムに渡された。「拝啓、これが頼まれたコピーです。お望みであれば、これを大臣に渡してください。敬具。G・マルセル」(ANFP, 312 AP 2)。

一九三九年七月九日

G・カトーイへ

BPUG (Ms. fr. 4961, f. 272)

一九三九年七月九日

〈ラ・ゴディニエール〉、サン＝シル＝シュル＝ロワール、（アンドル＝エ＝ロワール）

拝啓

大変遅れました。まず、あなたが病気だったことを知りどれほど悲しく思ったかをお伝えするため、長らくお手紙を書こうと願っていました。終わりよければすべてよし、というもので、手術によってあなたが完全に治癒したと期待しています。その一方、どんな関心をもって『パルーシア』[1]を読んだかをまだお伝えしておりませんでした。見事に研ぎ澄まされた芸術的・文学的感覚を表すこの詩は、とはいえ文学作品以上のものであり、いっそう優れたものです。これらの詩はひとつの魂の内部へ、根源的で多くを望む感性の内部へと我々を導きます。この感性には、「数学的摂理の退屈さを引き裂く」感動でさえ充分ではありません。

最後に、私の仕事[2]について、巧みな鋭さと厚意をもって述べていただいたことにまだ感謝しておりませんでした。ひどく苦しい不眠症（これが四月初旬から田舎への逗留を私に強いたのです）が許す範囲で、できる／限り仕事を続けます。しかし、私が近々一冊本を刊行する意図があると皆がみなしているのは——あなたもまさにその点に触れようとしていますが——誤りです。ただ私は、この星を去るまえに私について明確にさせておきたい二、三の点について意見を述べたいのです。——妻と娘はご親切なメッセージに感激し、よろしく伝えてほしいと言われました。

敬具

H・ベルクソン

封筒 f. 273：転送願い

ジョルジュ・カトーイ氏

／パリ一六区ボッシュ通り二〇番／

〈ホテル・モンタルベール、モンタルベール通り、七区〉

裏面：速達〈ラ・ゴディニエール〉、サン・シル＝シュル＝ロワール（アンドル＝エ＝ロワール）

印：サン・サンフォリアン、アンドル＝エ＝ロワール、三九

年七月十日十一時五十五分

（1） *Parousie*, Paris, Corrêa, 1939（一九三九年三月二十三日）.

（2） G・カトーイの多くの論考がベルクソンの著作に当てられている。Cf. Gunter.

J・ポーランへ　一九三九年七月九日

IMECP (Fonds N. R. F.) NBR

サン・シル＝シュル＝ロワール

一九三九年七月九日

わが親愛なる同輩

ご親切にもあなたの優れた共同執筆者の誰かに、私の仕事の評価を依頼しようと考えているという計画に、深く心動かされました。しかし、すでに何人かの友人に答えたとおり、分不相応な名誉、賛辞、名声を受けてきたと考えており、いまやひとつの考えしかもはや頭にないと答えざるをえません。それは、沈黙のなかでこの星を離れる瞬間を待ち、「未知ノ土地《テラ・インコグニート》」へ旅立つことです。

とはいえ、わが親愛なる同輩、心／から感謝いたします。

敬具

H・ベルクソン

封筒：ジャン・ポーラン氏
『新フランス評論』編集者
セバスティアン＝ボタン通り五番地
パリ七区
印：サン・サンフォリアン、アンドル＝エ＝ロワール、三九年七月十日十一時五十五分

D・ロスタンへ　一九三九年七月九日

FP（書簡のない封筒[1]）

封筒：デジレ・ロスタン
全国教育名誉視学総監
カルディナル・ルモワーヌ通り七三番地
パリ五区
速達〈ラ・ゴディニエール〉

サン・シル＝シュル＝ロワール（アンドル＝エ＝ロワール）
印：トゥール、アンドル＝エ＝ロワール、三九年五月九日十六時十五分
Rトゥール中央郵便局四五七
パリ五区配達、三九年五月十日七時

（1）一九三九年五月十七日付のロスタンの書簡への返信か？（BGN 867–11）

A・ダヴィッドへ　一九三九年七月十三日

（次の書簡を参照）

G・マルセルへ　一九三九年七月十三日

BNFP (Fonds G. Marcel, nc)

〈ラ・ゴディニエール〉、サン＝シル＝シュル＝ロワール（アンドル＝エ＝ロワール）

一九三九年七月十三日

わが親愛なる同僚にして友

親切なお手紙は、あなたの論考がどの点で私を感動させたかを記したお手紙と行き違いになってしまいました。もしあなたがその論考で多大なるご厚意とともに私を論じていても、（論考について語る者が皆そう言うように）すばらしいものだと言えます。

アンドレ・ダヴィッド氏からの書簡を届けていただき感謝いたします。この封筒にて返却いたします。まさに本日彼に直接お返事しました。アンドレ・ダヴィッド氏には私のために催しを企画していただき感激しました。しかし、それが叶わぬこと、許諾することは全面的に不可能であることを説明しました。私の友人たちに、この類のことも別のことも一切何もしないでほしい旨を懇願しました。あらゆる種類の賛辞を控えることが、私への最大の友情の証となるでしょう。

敬具

H・ベルクソン

一九三九年七月十四日

G・ド・レイノルドへ

ALS

〈ラ・ゴディニエール〉、サン＝シル＝シュル＝ロワール、アンドル＝エ＝ロワール

一九三九年七月十四日

親愛なる友

大変遅くなりました。私の八十歳に際して書いてくださったお手紙には深く感動いたしました。そして、もしその時私が悪化状態になく、しつこい不眠症で疲労していなければ、すぐにでも返信したでしょう（この不眠症によって我々は、四月始めから田舎へ滞在しに行くことにしました）。結局、スイスへの我々の恒例の巡礼を行う折に、追って肉声でお返事ができると考えています。しかし今度は、我々の頭上に暗雲が立ち込めてきているのに、フランスを離れられるのか自問しています。戦争の脅威を前にして、フランス人が互いに緊密に身を寄せ合わせねばならない時期が迫っています。その時期がどんなものであれ、決心する前に少しばかり待つことになるでしょう。そして、国際政治の見通しが今から今月の終わりまでにははっきりした場合には、我らが親愛なるヴォー州で再会できるでしょう。

では、あなたにお話ししていた手紙の件に戻りましょう。言葉にできぬほどお手紙は私の琴線に触れました。いかなる点で我々がともに共感し合い、どのように思考と感情を通じて高みにおいて互いに一緒になるのかを示しました。その高みで、上昇するための努力を我々は行っています。あなたと同様に、もしヨーロッパが救われるならば、それはキリスト教によるものだろうとますます考えています。そこにおいてこそ、我々の文明に対立する／急激に猛り狂った悪の諸力が抑え込むことのできない、果てしない努力を供する魂の活力が汲み出されるでしょう。もう一度こうしたことをすべてお話しするまで、親愛なる友よ、私からのこのうえない愛情をあらためて伝えさせてください。

H・ベルクソン

一九三九年七月十五日

I・ベンルービへ

BPUG (Ms fr. 2237, f. 115)

サン＝シル＝シュル＝ロワール
一九三九年七月十五日

拝啓

親切なお便りを受け取ってすでに幾日か経ちました。貴兄に書き送ろうと欲した言葉を日に日に先延ばしにせねばなりませんでした。貴兄が再び病にあったと知ったときは大変痛ましく思いました。現在はまったく快復し、仕事に戻っていることを願っております。「ルソー、スタール夫人、アミエル」についての貴兄の著作はとても興味深いものとなるでしょう(1)。スタール夫人についてはほとんどすべてが学ぶべきものでした。彼女の書いたものを掘り下げる機会に出会うことは、これまでありませんでした。／

できる限り仕事を続けていますが、私が新しい本を準備していると皆が言うのは誤りです。実のところ、地球を離れるまえにいくつかの点について意見を述べるのは、私のためにそれを行いたいと思っています。そこから一冊の本を作り出すことはほとんどありえません。「フランスにおける高次の哲学の再生」(2)についての貴兄の講演は、聴衆に教えを施すのと同時に興味を掻き立てたはずです。私の仕事に考慮して、それらに至って重要な位置を与えてくださって感謝いたします。

妻は貴兄の親切なメッセージに感謝し、／よろしく伝えてほしいとのことです。敬具

H・ベルクソン

封筒 f. 117：I・ベンルービ氏
大学私講師
サン＝レジェール通り八番地
ジュネーヴ（スイス）
印：トゥール中央郵便局 アンドル＝エ＝ロワール、一九三九年七月十五日十四時

（1）『ルソー、スタール夫人、アミエルにおける道徳観念』*Idéal moral chez Rousseau, Madame de Staël et Amiel*, Paris, Alcan, 1940（『J－J・ルソー協会年鑑』*Annale de la société J.-J. Rousseau*, t. XXVII).

（2）印刷されたものは未発見。一部『ベルクソンについての回

想』*souvenirs* に所収（『論集』p. 1588）。

一九三九年七月二十五日

L・ユッソンへ

Doucet（BGN 2826）

〈ラ・ゴディニエール〉、サン＝シル＝シュル＝ロワール、（アンドル＝エ＝ロワール）

一九三九年七月二十五日

わが親愛なる同僚

あなたの原稿をこれほど長く手元に置いていたことをどうお詫びすればいいのか分かりません。とはいえ、拝読したのはすぐのことで、このうえない興味を抱きました。その後、健康上の不測の発作が幾度も起こりました。あなたの原稿は、私の机上にあり、「片付けられた」状態にあったのです——つまり、それを私が見つけられなくなりました。何度も探して、やっと見つけました。原稿については第一部についてあなたに語ったことを繰り返すことしかできません。いわば、これは第一級の著作であり、他の哲学的注解の模範の役目を果たすひとつの注解です。あなたは私を見事に理解しており、至極注目に値する正確さを備えた大変烔眼に富むこの研究には、じっさい何一つ変えるべきものは見当たりません。

私が、自分のために、余白にいくつかの注記を記したのを確認できるでしょう。それらは／消すことができるように、鉛筆で書かれています。

とても疲労しており（とりわけしつこい不眠症のせいです）今日はこれ以上長くお手紙を書くことができません。十月にはパリに帰ります。あなたもおそらく今年から来年の間にパリに来られるでしょうか？　その場合、あなたの時間を少しばかり私に取っておいてください。その前に一度電話でお知らせください（オートゥイユ八九—三二）。

親愛なる同僚——にして友と加えさせてください——、重ねて感謝します。

敬具

H・ベルクソン

一九三九年七月二十五日

J・ポーランへ

IMECP (Fonds N. R. F) NBR

サン＝シル＝シュル＝ロワール

一九三九年七月二十五日

わが親愛なる編集長

不眠症の深刻な悪化で、四月の始まりにすぐに田舎への滞在をせざるをえなくなり、慎重に努力を果たすのをつらいものにします。したがって、どんなに短くとも、ご依頼いただいたアンドレ・シュアレス(1)についての論考を執筆するのは難しいでしょう。もし仮にこうした労力を誰かのために果たすとしたら、それはシュアレスのためです。彼は偉大な精神の持ち主であり、偉大な作家です。彼はこのうえなく多様なテーマを扱い、その各々について、現実の直接的ヴィジョンを与えられた人間として語ります。彼は事物の外皮を貫いて魂に達し、彼が個人的な用語法のなかで見て感じたものを翻訳することで、表現できないものを表現するのです。もし望めば、よりいっそうテーマの選択を多様化させ、たとえば科学的課題を掘り下げることもおそらくできたでしょう。哲学者を兼ねたこの芸術家にあっては、こうした直観的なもののうちに科学者の才能があったことに人は気がつくと思います。さて、／進みましょう／次のことを付け加えましょう。なぜこのような人間がいかなる点で表彰を断ったのでしょうか？　これは、おそらく本人にとってでないにしても、少なくとも／表彰にとって、大変残念なことであり、最もふさわしい者に与えられないたびに、表彰は価値を失います。わが親愛なる編集長、私の見解をお知らせしたいと思いました。

敬具

H・ベルクソン

封筒：ジャン・ポーラン氏
『新フランス評論』編集長
セバスティアン＝ボタン通り五番地
パリ。七区
印：サン・サンフォリアン、アンドル＝エ＝ロワール、三九年七月二十六日十八時五十五分

(1) シュアレスは、一九三九年の一年間を通じて「カエルダル年代記」«Chronique de Caërdal»を『新フランス評論』において発表した。

一九三九年九月十日

V・ジャンケレヴィッチへ

(*Pages*, fs. sp)

〈ラ・ゴディニエール〉、サン＝シル＝シュル＝ロワール、(アンドル＝エ＝ロワール)

一九三九年九月十日

親愛なる友

先ほど届いたお便りには深く感動させられました。というのも、そこであなたはフランスのために戦おうとしているからです。なぜ私は同じことができないのでしょう！　生涯すべてを通じて、どうしたら私が国に負っているものを国に返せるだろうかと自問していました。なぜなら私はすべてを国に負っているからです。先の戦争の間は国外において国に奉仕する機会がありました。今では、年老いて病になり、他人の奮闘を励ますしかありません。なんたる悲嘆でしょう！

あなたが最終的に帰ったとき、もしくはその前に何日か自由があるならば、お話をしにいらしてください。ラヴェルの音楽についての、犀利かつ独創的な／ご研究をどんなに興味をもって拝読したかをお伝えします。[1] かつて私は、哲学のすばらしい未来をあなたに予言した最初の者のひとり、おそらく最初の人間でした。私は間違っていませんでした。

親愛なる友、敬具

H・ベルクソン

（1）V・ジャンケレヴィッチ『モーリス・ラヴェル』*Maurice Ravel*, Paris, Rieder, 1938（BGN 1256, 著者献呈）.

一九三九年九月二十四日

E・ミンコフスキーへ

FPJM (*Ev. Psy.*, p. 978)

〈ラ・ゴディニエール〉、サン＝シル＝シュル＝ロワール、(アンドル＝エ＝ロワール)

一九三九年九月二十四日

わが親愛なる同輩

そして——友と加えさせてください——

あなたのお手紙は深く心に触れました。お手紙は、ご存じの通り、相互の友情を示しています。しかし、あなたは私をあまりに高く位置づけていらっしゃいます。私の唯一の手柄は、私が定式化したラ・パリス氏の本性である格率を実践に移したことです。その格率とは、人は認識していることについてだけ語らねばならず、そして理解する苦労を与えられたものだけを認識する、というものです。もし仮に私が哲学に決定的に導入したのが、既成概念と体系的精神とを遠ざける習慣、解決を先決する言葉で問題を提起しないようにする習慣、つまり言語活動に警戒し、あらゆる種類の物質においてさえ、形而上学においてでさえも（外的であると同様に内的な）経験に最終的に身を移す習慣であったならば、わが生涯は見事に役立ったのだと考えます。

あなたは、私の結論とまったく両立しうると思える結論に、他の道筋を通じて、つまり独自の反省によって辿り着きました。あなたがますます人に引用されて、あなたの諸観念が自らの道を築いている最中であることを喜びとともに指摘します。その諸観念はフランス的伝統に属しており、フランス的伝統とは単純性、明晰性、真実への執着です。この伝統のために、この伝統が包み込む偉大な道徳観念とともに、フランスは戦っています。私は勝利を疑いません。そしてこの勝利が最初に導き出すことのひとつは、すばらしきポーランドの完璧な再建であるでしょう。

あなたとご家族に、敬具

H・ベルクソン

一九三九年九月二十五日

J・シュヴァリエへ

Doucet（BGN 2825, f. 99–103）

〈ラ・ゴディニエール〉、サン＝シル＝シュル＝ロワール、（アンドル＝エ＝ロワール）

一九三九年九月二十三日

親愛なる友

お手紙は深く私の心に触れました。そうです、我々の魂を持ち上げ、我々そのもの以上に我々を高めるよう励みましょう。フランスは、一度ならず、天から承った使命《ゲスタ》、精神を救うというこの使命を成し遂げるでしょう。フランク人ニヨル神ノ御業《ディ・ペル・フランコス》。言うまでもなく、遠方から想像によって――私の妻と娘、そして私が――先頃招集されたあなたのご家族を見守っておりますので、ご家族の近況を知り得た際にお知らせいただければ幸いです。私たちの近親者で招集が可能であったのは――そして招集されたのは――幼い義弟だけでした。彼は先の大戦で砲兵中尉であり、優れた音楽家であり、砲弾の下でヴァイオリンを演奏する術を知っていました。

チェコスロヴァキアの問題のだいぶ前に、ラインラントの再軍備以降、戦争は避けられないと考えていました。それをあちこち語ったときに、それは／単にひとつの可能性であり、せいぜい推測にすぎないと返答されました。私にとってそれは確実でした。なぜならヒトラーによって始められた体制は、まずは戦争の単なる脅威によって、次に脅威だけではもはや不充分となったときには戦争そのものによって、それが次々と勃発するように強いていたからです。この戦争の結末について、私はそもそもいかなる疑念も持ちません。我々は勝利者となり、我々の勝利は完全なものとなるでしょう。神は、その成果を今回決定的にできることを望んでいます。

親愛なる友／、今度は私があなたを抱擁させてください。かつてなかったほど我々は同じことを考え、感じ、望んでいます。私と妻と娘のすべての友情をご家族とあなたに送ります。

敬具

H・ベルクソン

追伸、同日五時――二十一日のあなたのお手紙が届きました。御礼を言うために、今朝書かれたこの手紙が同封されていた（セリイへ行きの）封筒を再度開きました。お書きくださったすべては、まさに真実です。ヒトラーとスターリンは必ずや共闘するでしょう。

とりあえずサン＝シル＝シュル＝ロワールに滞在することを伝え忘れていました。

封筒：ジャック・シュヴァリエ氏
グルノーブル大学文学部教授
ヴィラ・プリムローズ・モンフルリー
、、、、ラ・トロンシュ（イゼール）

L・ブランシュヴィックへ

一九三九年十月十日

IMECP (Fonds L. Brunschvicg) ; Doucet, 複製 (BGN 2328–3)

封筒：転送願い
レオン・ブランシュヴィック氏
学士院会員
シェフェル通り五三番地
パリ一六区
印：アンドル＝エ＝ロワール、サン・サンフォリアン、三九年十月十日十時四十五分[1]

（1）手紙を欠いた封筒。消印により日付が推測される。

Fl・ドラットルへ

一九三九年十月二十四日

Doucet (BGN 2863)

サン＝シル＝シュル＝ロワール
一九三九年十月二十四日

わが親愛なるフロリス

私に関して記したいと望まれたことにどれほど心打たれたかを知っていただくために、とりいそぎ少しだけ筆を執ります。ああ、この戦争以外のことを考えるのは困難です。もし他のことを考えるならば、自らを咎めるでしょう。それほどに、人類の精神についての将来を決定するだろう出来事に比べて、残りのことは無意味に思えるのです。戦争の長期化を予測するのは正しいでしょう。しかし、仮にヒトラー体制が失脚したならば、短期間で終わるでしょう（武力では失脚できません。ゆえに革命がいっそう簡単に始まると思われます）。それがどんなものであれ、戦闘の終結を疑っておりません。我々は打ち破らねばならず、それを実現するでしょう。

アンリエットの健康が改善すること、そしてジャックのP・C・B[1]の心配から解放されることをルイーズとジャンヌと私は願っております。ですが、試験について我々は熟知しています。――わが親愛なるフロリス、あなたに関して言えば、ご自身を労らなければなりません。仕事は疲労を生み、心配事も同様です。ですが、この二つが合わされば、ただ加算した以上のものになってしまいます。
心からあなたとともにいます。あなたの年老いた叔父より、敬具

〔訳注1：略称については不明。〕

一九三九年十月二十八日

オシップ＝ルーリエへ

BNFP (Fr na 15681, f. 106)

〈ラ・ゴディニエール〉、サン＝シル＝シュル＝ロワール、（アンドル＝エ＝ロワール）

一九三九年十月二十八日

わが親愛なる同僚

親切なお言葉に強く心を打たれました。感謝を述べさせてください。

敬具

H・ベルクソン

一九三九年十月。ローザンヌ大学文学博士より書簡。

一九三九年十一月八日

J・ヴァールへ

IMECP (Fonds J. Wahl)

〈ラ・ゴディニエール〉、サン＝シル＝シュル＝ロワール、（アンドル＝エ＝ロワール）

一九三九年十一月八日

わが親愛なる友、大変温かいお言葉に感謝いたします。強く心を打たれました。動乱の最中に『テアイテトス』と『ソピステス』について語るのは、なんと素敵なことでしょう。この情勢にもかかわらず、この主題に関してどんなものを書いてくださるのであれ、あなたが聴衆を得ることを確信しています。フランスを不屈にするのは、まさに勇気を際限なく支えることが唯一可能な精神的実在を、フランスが決して見失わないことによります。

敬具

H・ベルクソン

妻と娘は／あなたの温かい言葉に感謝を捧げ、そしてよ

ろしく伝えてほしいとのことです。

一九三九年十一月九日

L・バルドへ

(Bibliothèque des Fontaines)
サン・シル＝シュル＝ロワール
一九三九年十一月九日

わが神父様

きわめて寛大な思いやりによるお手紙（とくにあなたの祈禱内で私のことを忘れず言及してくださったことをお伝えいただいた一節のことです）は、深く心に触れました。投げかけてくださったご質問にお答えしたいのですが、その術がありません。もしそのソレルの書簡(1)がなんらかの雑誌で公表されており、私がおそらくそれを知っているならば、それはソレル自身が私に伝えたからでしょう。彼はコレージュ・ド・フランスでの私の講義に出席しており、私と充分に時間を取って話し合うまでになりました。彼は私の知る最も独創的な精神の持ち主のひとりです。真摯であり、まさに公正な人物です。なんについてであれ、いかなる既成概念ももっていませんし、文学的虚栄もありません。反対に、極端なものへ、理論的暴力と呼べそうなものへの傾向があります。おそらくそれは、彼が誤謬の背後に悪意を疑いがちだからです（あるいはそれは彼には悪意そのものとして見えます）。要するに、高尚な知性と見事な性格を有しています。

わが神父様、敬具

H・ベルクソン

（1）一九〇八年四月二十九日付のソレルの書簡か。

一九三九年十二月一日

M・アルヴァックスへ

IMECP (Fonds M. Halbwachs)
〈ラ・ゴディニエール〉、サン＝シル＝シュル＝ロワール、（アンドル＝エ＝ロワール）
一九三九年十二月一日

わが親愛なる同僚にして友

親切なお手紙は、言い表せぬほど私の心に触れました。お手紙は、私のなかにとても鮮明に残る大昔の思い出を喚起します。アンリ四世校へご進級されるやいなや、あなたが著作内で示すことになる、社会学に重要な貢献をもたらして最上の正確さを付与する哲学者の姿を私はあなたのうちに見出したものです。

　二人のご子息が国に奉仕するため招集されたことをお祝い申し上げます。もしご旅行が／すぐでないなら、あなたの前にか、もしくはトゥール行きがわずかに遅れてご一緒に来るにせよ（まず彼らだけで来るのを妨げるものではありません）、彼らが会いに来てくれることを願います。二、三日前にお知らせいただければ結構です。私の電話番号は、サン・シル＝シュル＝ロワール六五です。

敬具

H・ベルクソン

一九三九年十二月十二日

J・ヴァールへ

IMECP (Fonds J. Wahl)

サン＝シル＝シュル＝ロワール

一九三九年十二月十二日

親愛なる同僚にして友

『新フランス評論』の最新号が遅れて届いたので、私について書いたくださった論考をどんな喜びをもって拝読したのかをまだ伝えていませんでした。(1) 論考は私からすれば、際限ないほどあまりに好意的で――加重情状ですが――こうした咎めをあなたが助長するのは初めてではありません。この点を除けば、私のしたかったこと――敢えてしたこととは言いません――を見事にご理解いただいたと気兼ねなく言えます。／古典的問題を新たな言葉で提起すると同時に、新たな問題を提起する方法論をもたらしたと考えていたのは事実です。それゆえ、／……のために／新たな結晶化を目指して、／あらゆる／哲学とはまったく別のものを目的とした諸々の既存の概念を融合させる必要があったのも事実です。このすばらしい研究にあらゆる感謝を捧げます。

敬具

H・ベルクソン

（1）「アンリ・ベルクソン」«Henri Bergson», *NRF*, 165, n° 315, 1er décembre 1939, p. 906–907.

一九四〇年

一九四〇年一月六日

P・E・マルタンへ

BPUG (Ms. fr. 9008/1. f. 49) NBR

ラ・ゴディニエール、サン＝シル＝シュル＝ロワール、アンドル＝エ＝ロワール
一九四〇年一月六日

学部長殿

ヴェルナー教授の哲学講座就任三〇周年をジュネーヴ大学がまもなくお祝いすると聞きました。この機会に、私がこの教師にどれほど高く敬意を払っており、彼の仕事に感心しているのかを述べさせてください。ヴェルナー教授は、読者にとっても聴衆にとっても、最困難の問題を通じて軽々と彼らを導いていく確かな指導者です。彼は奥深さの証であるこうした明晰さを有しています。この明晰さは、彼の思考の分析が最後まで推し進められ、この分析を一般の言葉で説明可能な単純要素にまで帰されたことから生じたものです。こうした長所は、先頃上梓されたばかりのギリシア哲学についての重要な著作以外のところで目にすることはできないでしょう[1]。随所で、得難い洞察と深さによって、真の哲学の刻印だと見える単純性の精神に皆感服するでしょう。学部長殿、哲学者であり作家にして教師であるシャルル・ヴェルナー氏をあなたたちが祝福するとき、私もまたあなたと、そしてジュネーヴ大学文学部のわが同僚たちと心を共にしています。

敬具

H・ベルクソン

（1）この書簡の原本はヴェルナーの関係書類内に保管されている。一九三九年五月三十一日付の前掲の書簡参照。『ジュネーヴ新聞』*Journal de Genève*, 15 janvier 1940, n°14, p. 3, 2 col. 参照。「地方欄、文学学部：アレクシス・フランソワ教授とシャルル・ヴェルナー教授の教職三〇周年が一月十三日土曜日に祝われた」。当時のジュネーヴ大学文学部学部長はポール＝エドモン・マルタンで、学長はヴィクトール・マルタン。賛辞のメッセージを送った人たちのなかに、ベルクソンへの言及がある。

一九四〇年一月十四日

J・シュヴァリエへ

Doucet (BGN 2825, f. 104–106)

サン・シル＝シュル＝ロワール

一九四〇年一月十四日

親愛なる友

我々の悲嘆は計り知れないものです。それをご存じかと思いますが、今朝は電報によって、そして今は手紙でお伝えしたいという気持ちに抵抗できませんでした。なんたることか、あなたの最後のお便りはこの避けがたい結末を予期させるものでした。しかし、それでもやはり、病に伏しつつもまだ充分に若い彼女の話題になったときには、皆希望をもっていました。私たちはまだ眼前において、愛しく、可愛らしく、幸福で、人生において自信に満ちた子供のような彼女を眺めました。彼女はそうした人生を過ごすはずでした。しかし、あなたも私も彼女に関してすべてが終わったわけではないこと／を確信しています。

奥様に、そしてピエール・ジャンティと彼のご家族に、あなたがたと同じ気持ちであるとお伝えください。そして、親愛なる友、私から心より抱擁をさせてください。

H・ベルクソン

乱筆お許しください。体調が芳しくありません。でも、持ち直してこの封書を執筆しました。

封筒：ジャック・シュヴァリエ学部長

ヴィラ・プリムローズ・モンフルリー

ラ・トロンシュ（イゼール県）

印：トゥール駅、アンドル＝エ＝ロワール、四〇年一月十五日二十三時

同じ封筒にベルクソン夫人の書簡あり、*f. 107–100:*

一九四〇年一月十四日

親愛なる友人たち

あなたの大きな不幸を思いながら、私がどんな悲しみを抱いたかを言い表せません。時おり私たちは、あなたの愛しいテレーズの現状についてお訊ねしました。シュヴァリ

エ氏はしばしば心配なご様子でした。しかし、あなたの娘、赤ちゃんの誕生でこのうえない幸福にあった若い母親が、あのように天に召されるのは受け入れられません。私は、熱烈に愛されていた孫娘についてシュヴァリエ将軍が私に語ったのを思い出しました。親愛なるシュヴァリエ氏、シュヴァリエ夫人、我々は愛によってあなたがたに結びつき、そして我々は深い悲しみを抱くのです。

あなたの息子たちと、不幸のうちにあるだろう娘婿についてあなたが良い知らせを聞けることを願っています。あなたがたへと同じように、この娘婿にも私たちの悲嘆をこうお伝えください。——あなたの小さな娘は、いまや大きく成長し、あなたがたにとって慰めになるでしょう。彼女もまた多くの悲しみを抱いているでしょう。そして、強く愛することになるはずだった母親を失った幼きブリュノは、あなたがたを必要とするでしょう。

夫は病気に苦しんでいました。大腸菌症の発作を心配していますし、ここでは主治医たちから離れているので大変心配しています。幸福にも、深刻な発作は遠のき、熱も下がり、体調はよくなっています。あなたがたが夫をどれほど気にかけてくださっているか存じています。

親愛なる友人たち、もう一度私たちの深い悲しみをお伝えします。

敬具

L・ベルクソン

同じ封筒にベルクソン令嬢の書簡、*f. 110:*

親愛なる氏、御夫人

私の心は深く動かされ、この大いなる悲しみを言い尽くせません。あなたのお嬢さんはきわめて魅力的で、優れた方でした。天が彼女を天使として再び引き受けたのです。

敬具

J・ベルクソン

P・ラシエーズ＝レイへ　SD［一九四〇年一月末］

BNFP (Fonds Lachièze-Rey, nc)

アンリ・ベルクソン
アカデミー・フランセーズ会員
道徳政治学アカデミー会員

ボーセジュール大通り四七番地

『自我、／世界、神』[1]という本を送っていただき、ラシエーズ＝レイ氏に感謝いたします。このような主張すべてを容認はできないかもしれませんが、強い関心とともに通読しました。

(1) *Le moi, le monde et Dieu*, Paris, Boivin, 1938（一九四〇年一月二十六日再版、ここから日付を推定した）.

一九四〇年二月十二日

G・レイノルドへ

ALS

〈ラ・ゴディニエール〉サン＝シル＝シュル＝ロワール
（アンドル＝エ＝ロワール）
一九四〇年二月十二日

親愛なる友

随分前から、お便りを書き、これ以上なく厚意に満ち見事で美しいお手紙を送ってくださったことに感謝を捧げることもできず、至極興味深く示唆に富み、とりわけ新しいドイツについてお書きになったご高著[1]についてお話しすることもできずにおりました。――言い訳ですが、とても病に苦しみ、大腸菌性の断続的発作が幾度も生じ、それがリウマチを悪化させ、私の動きをなおのこと制限していたのです。長／期間、肉体的に物を書くことが不可能でした。そして口述筆記は上手くいった試しがありません！　現在は大変良くなりました。しかし、長時間筆を執ることは多くの支障をきたし、あなたの近著『ドイツはどこから来たのか？』についてのコメントは別の機会に延期せざるをえません。これは、歴史家にして哲学者である者の本です。この本は過去に遠く遡り、さらにその内奥へと進みます。そして最後に歴史を通して我々にドイツを理解させてくれます。そして、現在のドイツについて、その原因を理解することは、その結果が我々に抱かせる恐怖を緩和できるでしょうか？　人間の活動をそれ自体で取り上げれば、道徳的判断に左右されず、そこでは世界全体の正当な憤慨を惹起しえないのではないでしょうか？　この点で我々は同意していると確信しています。――あなたと、ご著書について、そしてそれが巻き起こすすべての問題についてどんなにお話ししたいでしょうか！　しかし、私はパリにおりません。健康状態のせいで一年も前から田舎での滞在を余儀なくされています。いつパリでお会いできるでしょうか？　それがいつかは分かりませんが、可能な限り近いうちに再会できるのを／願っています。いずれにせよ、最上の友情をあなたとご家族に送りつつ、私からの強く確かな愛情をまた新たにさせてください(2)。

H・ベルクソン

（1）『ドイツはどこから来たのか？』*D'où vient l'Allemagne?* Paris, Plon, 1939.

（2）G・レイノルドの文書資料内にはベルクソンについて六つの論文が存在し、そのうち二つだけが目録に記載されている。L・ラヴェル「アンリ・ベルクソン――人と哲学」『ル・タン』紙 *Le Temps*、一九四一年二月七日。R・ド・マレ「概念史のなかのベルクソン」『ル・タン』紙、一九四一年七月二十六日。R・ジョアンネ「アンリ・ベルクソンの最期」『カンディード』紙 *Candide*、一九四二年六月十日。A・キュヴィエ「ベルクソンと東方からの伝言」『ヌーヴェル・リテレール』紙 *Les nouvelles Littéraires*, 一〇〇五号、一九四六年十二月七日。G・ド・プランヴァル「現代から見たベルクソン」『リベルテ＝ディマンシュ』紙 *Liberté-dimanche*, 二四一号、一九五九年十月一七、十八日。N・F「ベルクソンは煉獄の時を抜け出たか？」『トリビューン・ド・ジュネーヴ』紙 *Tribune de Genève*, 一九六二年五月三日。

一九四〇年二月十八日　アンドル＝エ＝ロワール一般会計係へ

Doucet（BGN 3071）

〈ラ・ゴディニエール〉サン＝シル＝シュル＝ロワール
（アンドル＝エ＝ロワール）

送付なし。計算をまちがえていました。以前の年金と新しい年金の三ヶ月間の差額を四倍にすることを失念していました。

一九四〇年二月十八日

アンドル＝エ＝ロワール県一般会計係様

拝啓

（コレージュ・ド・フランス元教授としての）退職年金資格 A.134929 によって、トゥールの郵便局で、一九三九年十一月二十七日に、合計九五五〇フランを最初に受け取りました。過去三ヶ月の総額です。ところが、前三ヶ月間の総額を受け取る際に知らされたのは、何年も前から年金の増額分を受け取っておらず、一般会計係で総額計算を催促する権利があるということでした。実際十一月二十七日に、上記の九九五〇〔ママ〕フランに加えて、合計三万八七八四フランを渡されました。

しかし、所得税申告の準備中に、この追加の三万八七八四フランのことが気にかかりました。支払われた／追加合計の計算で何か誤りが生じていないか疑問をもちました。つまり、受け取る権利以上のものが、支払われてはいないだろうか、ということです。総額が高額なのでこの疑問をもったのです。

もし誤りがありましたら、受け取った金額がどのくらい超過なのか、誰にその額を返却すべきか教えていただけますか？

できる限り早くこの情報を教えていただければ幸いです。というのも、もし私が所得税申告に、十一月二十七日に退職金として受領したものの合計を記入し、総額が高額すぎれば種別所得税および総税に対して、おそらく相当過度の金額を払わねばなりません。——後にその金額によって、払い戻しを得ることがたぶん難しくなるでしょう。

一般会計係様、敬具

アカデミー・フランセーズ所属

H・ベルクソン

一九四〇年三月八日

P・ヴァレリーへ

Doucet (BGN 867–12)(1)

(1) この整理番号が付与されている、国際連盟というレターヘッドの付いた一九三九年十月十七日付のヴァレリーからベルクソンへの書簡（「あなたの八〇歳という年齢に対して」……）に関して、ベルクソンは「一九四〇年三月八日返信」と記している。

一九四〇年三月十四日

Fl・ドラットルへ

Doucet (BGN 2864)

サン＝シル＝シュル＝ロワール

一九四〇年三月十四日

わが親愛なるフロリス

心からの感謝《マイ・ハートリィ・サンクス》を送り、親切なお言葉《ユア・カインド・ウィッシーズ》に返礼するのが大変遅れました。実のところ、いつも絵空事かと思っていた大腸菌症にしっぺ返しを受け、とてもつらい目に合っています。そしてこの大腸菌症は肺鬱血から生じたものです。――これは通常、私の年齢の人間にこの世を去るときを告げるために自然が利用する手段です。そんな状態にもかかわらず、快復しました。しかし少しの間／厄介な支障が残りました。手が震えてすべての文通を中断せざるをえません（口述筆記はできた試しがありません）。こうして返信を待つ手紙が、いくつも手元にあります。私にとってこれは酷い苦しみで、もしこの苦しみが皆の気遣いによって姿を消しても、なおいっそう大きくなるでしょう。かつてないほど私は我々の勝利を信じており、その後の、フランスによるヨーロッパの精神的革命すらも信じています。しかし、なんたる困難を経ねばならないのでしょうか！　そしてなんたる犠牲を対価とするのでしょうか！　／もしフランスとイギリスが今後手を取り合って進まねばならないのが事実ならば、わが親愛なるフロリス、多くの成功を伴って取り組まれる教育に没頭し、この国にかつてないほど貢献できる瞬間に立ち会うことが、あなたにとって大きな喜びとなるでしょう。先の戦争では努力の共有と相互的な忠誠がみられましたが、人々は心と祖国との一致を感じていなかったように思えます。今こそ、一致をなしていると信じます。これは、戦後にとって、人類の／将来の運命にとって、吉兆です。

アンリエットの体調が完璧に回復する途上となり、医学試験への長期の準備に適うようにジャックの体調の安定も併せて、願っております。ご家族にあらゆる最良の友情を送ります。そしてあなたの叔父からの（遅くなりましたが）最上の愛情を送ります。

H・ベルクソン

ANFP（355 AP-1）

L・マドランへ

一九四〇年三月二十六日

ラ・ゴディニエール、サン＝シル＝シュル＝ロワール、アンドル＝エ＝ロワール

一九四〇年三月二十六日

わが親愛なる同輩

このたび返信がまた遅れお詫び申し上げます。『帝国の出現』(1)の最新巻を送ってくださったことにもっと早く御礼すべきでした。今も私の健康状態のせいで、あらゆる文通がしばしば中断されました。ですが、ご高著をすぐに拝読し、どれほど関心を呼び起こされたでしょうか！　例えば六章は、五章が用意したすべてのものによって、洞察に優れ、類を見ない心理学の研究となっています。ボナパルトの心理状態はそこであらゆるニュアンスとともに描写され、至極正確に分析されているので、彼の責任や有責性が数学的に明示されています。人は以下のように感じます。われわれと同じく情状酌量の余地を見出そうとして、つかの間批判意識をわずかに和らげたとしても、あなたの高尚な歴史意識は、凡庸な、あるいは不実な部下に――よく目にするように――遂行責任を帰することは許さなかったのだと。

またなお、これは非常に秀でた心理学研究かつ集団的心理学研究でもあり、これが引き続く二つの章、七章と八章を満たしています。この研究は一度ならず私が提起した問い、つまり――根本にある継承の原則によって、まるで帝政は君主制ではないかのように！――どうしてフランスで統領が皇帝になることが、あれほど容易に、ほとんど全会一致で受諾されたのかという問いに答えるものです。／

しかし、この巻について、先立つ巻がそうだったように、強い印象を受けた全点を列挙することは諦めねばなりません。ですが、ナポレオンの才気に真に触れることができる、アウステルリッツの戦いが語られる最後の数章に言及せざるをえません。このような想像力によって、この戦いが考察された、あるいは構築されたことはかつてあったでしょうか？　でなければ、これほどまでに彼の才気が、幸運をも、つまり成功を危険に曝すいかなる思いがけぬ細部をも飼いならすように描かれたことはかつてあったでしょうか？　最終部で示される、例のタレーランも同様に興味深いです。彼における本質的な政治信条が、もし追随者を生んでいれば、六〇年前にビスマルクを不可能なものにしていたことをあなたは示しました。

親愛なる同輩、あらためてあなたの偉大な作品にお祝いを言わせてください。

敬具

H・ベルクソン

封筒：ルイ・マドラン氏
アカデミー・フランセーズ所属
パリ、一六区
ボーセジュール大通り四五番地
印：サン＝サンフォリオン、アンドル＝エ＝ロワール、四〇年三月二十六日十八時五十分

（1）『統領政府と帝政の歴史　第五巻　帝政の誕生』*Histoire du Consulat et l'Empire, t. V, L'avènement de l'Empire*, Paris, Hachette, 1940（一九三九年十月）．封筒にマドランの手による「ベルクソンのためのもの」と記載あり。

SD［一九四〇年春？］

［合衆国大統領F・D・ルーズヴェルトへ］

Doucet（BGN 3078）BSP

大統領殿

／閣下にお手紙を書いているのは、神を信じる八十歳のひとりの人間です。最後の審判への出頭を間近に控え、最後の審判に関して地上における気がかりは私にはもはやありません。つまり私は、少しの善行をなし、いくらかの真実を広めることのみを考えています。私は絶えずアメリカを愛し、敬服しています。／閣下にお手紙を書いているのはひとりのフランス人で、絶えずアメリカを愛し、敬服しておりました。私は／以前／かつてフランスで、／合衆国というのは国／国家／アメリカというのは理想主義の国であり、寛容さがアメリカの精神の基礎そのものであり、そして／アメリカは世界で唯一の国家／合衆国は、金銭が軽蔑される唯一の国家であると最初に告げた者です。／私はほとんど親友／アメリカの国民性がどのように歴史上唯一の純粋な理念のうえに、あらゆる物質的価値の外部で、思考や信仰の自由を見つけるために祖国を離れた人々によって築かれたかを忘れてしまった人たちに私はまずそれを思い出させました。私はウィリアム・ジェイムズのほとんど親友ともいえる知人で、ジェイムズを史上最も偉大な思想家のひとりとみなしています。仕事中はジェイムズの肖像を目の前に置いています。私は、第一次大戦の間ウィルソン大統領の顧問であり腹心だったカーネル・ハウスの忠実な友です（そしてカーネル・ハウスは戦後も最後までその地位にあり続けました）。この大統領本人と、私は一九一

七年と一九一八年に会談を行い、大統領に深い印象を残しました。以上がこのフランス人とアメリカとを結びつける関係になります。／こうした情勢のなかで、アメリカとフランスが他方を欠いて存在することなどありえるでしょうか？／その他に／なおいっそう堅固な／両国民間には限りなくいっそう重要なものがあります。どのように、アメリカの運命を／同時に／まさにそこで考えることなく、／彼の国家／フランスの将来を熟考することができるでしょうか？

　大統領閣下、アメリカの運命がヨーロッパの運命とともに、現在フランスの平野において賭けられています。／数年前から／もしも不運によって、仏英が戦いをもはや維持できなくなれば（そのためには仏英のわずかな兵士たちが立ち続けねばならないでしょう）、ヒトラーがヨーロッパの支配者になるでしょう。そして彼はすぐにアメリカに対峙するでしょう。彼自身それを公言しているようにみえます。しかし、それは言うまでもありません。なぜなら、もしアメリカが近代的でキリスト教的であり続ければ、ヨーロッパがアジア的で異教的なかつての独裁政治に長らく立ち返ることはないでしょう[1]。

（1）添付資料の注釈を参照。

SD［一九四〇年春？］
［合衆国大統領F・D・ルーズヴェルトへ］

Doucet (BGN 3083) BSP

Ro. 2 ルーズヴェルト[1]

どうしてこの人が、頭の中でフランスとアメリカとをいつも通り連帯させないことなどあるだろうか？／…／

大統領閣下、彼ら互いの運命が、一方でフランスとイギリスの運命が、そして他方でアメリカの運命が今賭けられています。

大統領閣下、私はアメリカへの世論の状態をまったく知らずにいます。私はひとつのことしか知りません／…／我々が、彼らと我々がもっとも大切にするすべてのものが、死の危険に曝されています。悪魔的な緻密さで、すべてが準備されたのです。近い将来もしドイツがそれを奪い去れば、ドイツは……

どうしてこの人が、頭の中でフランスとアメリカとをいつも通り連帯させないことなどあるだろうか？　大統領閣下、世界の成り行きが今賭けられています。これに関して一介の哲学教授のことを信用してください。この人物は近年の出来事にまったく動じず、四十年前からこれらが起こることを見越し、その諸原因を研究しています。もし仮に彼が／運命が存在するのでない／歴史上不可避なものなどないことを知らなければ、そして盲目的もしくは悪意のある／悪しき／力が／それらに抗する／人間の意志と――運命を服従させるための――善意が現れない場合に限って、歴史を運命的に突き動かすということを知らなかったのならば、彼はその諸原因を不可避のものとして語ったでしょう。

（1）　場所や日付が無記載のインクと鉛筆による下書き。異なる二つの整理番号で登録された二つの書面は、我々が掲載した順序で書かれたものと思われる。これらの書簡において記される、おそらく合衆国大統領フランクリン・デラノ・ルーズヴェルト宛のもので、一九三九年から一九四五年にかけてのもの。「Ro. 2」はおそらく二人目の［フランクリン・］ルーズヴェルトを意味する。しかしルーズヴェルト宛て（ベルクソンは一人目のセオドア・ルーズヴェルトと個人的関係をもっていた。一九一七年の前掲のものを参照）の二回目の手紙を指す可能性がより高い。戦争への言及に基づいて、この下書きは一九四〇年春と日付を推定できる。

一九四〇年四月十二日

マリー・ボナパルトへ

Doucet (BGN 2372) BSP

ギリシャ王妃殿下に敬意を表明し、また王妃殿下の共同執筆者であるベルマン夫人がきわめて正確で精彩に富んだ方法で訳された、殊のほか興味深く示唆に富むフロイトの「メタ心理学」を送ってくださったことに感謝いたします。[1]

（1）　『S・フロイト、メタ心理学』*S. Freud, Métapsychologie*, Paris, NRF, 1940（一九四〇年二月二十三日）の書評依頼状に鉛筆で書かれた下書き。「一九四〇年四月十二日返信」と自筆による記載がある（BGN 261）。

一九四〇年四月十九日

L・ブランシュヴィックへ

IMECP（Fonds L. Brunschvicg）: Doucet, 複写（BGN 2828）

〈ラ・ゴディニエール〉サン＝シル＝シュル＝ロワール
アンドル＝エ＝ロワール

一九四〇年四月十九日

親愛なる友

あなたの親切なお便りは、最上級の喜びをもたらしてくれました(1)。もっと早くに返信できなかったのは、かつてと同じようには容易に筆を執ることがまったくできないからです。関節の動きが悪くなったのです。とはいえ、あなたの近況を知ることができて、我々がどれほどうれしく思ったかを知っていただかなくてはなりません。あなたのほうでも各々が、可能な限り国に尽くすために準備をしていると我々は確信しています。なぜ私は同じことができないのでしょうか！ ですが、私は次第に健康状態のせいで障害を抱える身になりつつあります。

我々のアカデミーが選挙の周期を早めており、近いうち同時に二つの選挙が行われるようです（大きな前進です！）。二つの座席のうちひとつには、ルネ・ジルーワンが志願するでしょう。親愛なる友、私が言いたいのは、私はジルーワンを高く評価し彼のなかに大変鋭い精神や道徳家の姿を目にしており、政治哲学というものが仮に存在していなければ、彼がそれを考案するということです。政治学アカデミーに入れ込まれた道徳セクションは、以上のような精神の持ち主のために実のところ創設されたように思われます。我々に通常課されている、承認した候補者を互いに推薦してはいけないという規則を犯してでも、ためらわず彼をあなたに推薦します。

敬具

H・ベルクソン

(1) ブランシュヴィックからベルクソンへの三つの書簡がドゥーセ図書館に保存されており、そのうちひとつが一九四〇年三月三十日のもの（BGN 712）で本書簡はこれに返信したもの。一九三五年九月二十一日と一九三六年八月二十一日付のブランシュヴィックからの二通の書簡（BGN 710-711）へのベルクソンからの返信が存在する可能性がある。

一九四〇年四月二十一日

M・アブラハムへ

Doucet（BGN 3041）

〈ラ・ゴルディにエール〉サン＝シル＝シュル＝ロワール
（アンドル・エ・ロワール）［記載なし、ママ］

一九四〇年四月二十一日

M・アブラハム氏
パリ・アカデミー監督官
文部省官房

わが親愛なる同僚

あなたが「従軍学生」というタイトルのもとに創刊した、誰にとっても興味深い刊行物に私も寄稿したいと思っていますが、その術がありません。大変長期にわたって部屋に引き籠もり、もしくは田舎で過ごすことを強いてきた私の健康状態が、あらゆる類の労力を苦痛に変えるのです。我々の親愛なる敬すべき若者たちに対して私が感じるものを、そのすべての力のなかで取り戻すことができないのを本当に心配しています。私の強い遺憾の念をご想像ください。

敬具

H・ベルクソン

一九四〇年六月十五日にシノン、六月十六日にアルカションとダクス方面へ。

SD［一九四〇年六月末］

S・ギトリへ

（S・ギトリ著『占領下の四年』一九四七年、一二一頁から一二二頁）

〈ラ・ゴディニエール〉サン＝シル＝シュル＝ロワール
（アンドル＝エ＝ロワール）

サッシャ・ギトリへ

親愛なる貴殿、そして友、あなたの善意に対して我々がどれほど感謝し、対話についての我々の思い出がいかに深いものであるかをお伝えせねばなりません。あなたはその対話を、意図せずに図らずも、きわめて独創的な視点であ

ちこちで引き合いに出してくださいます。――敬具

H・ベルクソン

一九四〇年七月二十四日

A・ビリーへ

（A・ビリー著『ベルクソン……』一九九〇年、別丁の複写）

〈ラ・ゴディニエール〉サン＝シル＝シュル＝ロワール
（アンドル＝エ＝ロワール）

一九四〇年七月二十四日

わが親愛なる同輩

七月二十日付のフィガロ紙で「クレルモン＝フェラン、ベルクソン哲学の生地」と冠していただいた論文をたった今拝読し、すぐさま感謝申し上げたいと思いました。心惹かれるこの論文に苦言を呈することができるとしたら、私の初期のいくつかの哲学的試論とその著者への過剰な厚意についてだけです。ユーモアとともに鮮やかに思い出させてくださったクレルモンの追憶は、私のなかでとても大切なものとして残っています。クレルモン同等の快適さをもって仕事をした場所はどこにもありません。一度ならず、そこにとどまることができないかどうか自問したものです[1]。

再度感謝申し上げます。 敬具

（1） A・ビリーの他の論考も言及する必要がある。「哲学すること」『ヌーヴェル・リテレール』誌 *Nouvelles Littéraires*, 25 juin 1932（BGN 2615）。「八〇歳のベルクソン」『作品』紙 *L'Œuvre*, 17 octobre 1939（BGN 2615）.

一九四〇年七月三十一日

L・ブランシュヴィックへ

(Doucet 2828)

〈ラ・ゴディニエール〉サン＝シル＝シュル＝ロワール
（アンドル＝エ＝ロワール）

一九四〇年七月三十一日

親愛なる友

あなたの親切なお便りへの感謝をもっと早く送るべきでしたし、また妻からの感謝もお伝えすべきでした。私たち夫婦の名でお返事をさせてください。送っていただくお手

紙が、どれほど我々全員が受ける苦しみを耐えることの助けとなるかをお伝えいたします。

私にとって、すでに何年も前から、出来事がどのように推移するのか見てきました。しかし、これ以上なく陰鬱な空想力が想像したかもしれないものを、現実は進んで超えていきました。我々は深淵の底に触れてしまったのです。少なくとも、悪がどこにあったのか、いまや我々は知っています。休むことなく／「さあ、仕事を続けよう《ラボレムス》！」というローマ皇帝の言葉を繰り返しましょう。

子どもたちについてのあらゆる不安からあなたが解放されたと聞くのは、我々にとって大きな喜びです。なぜ晴れ間というのはこれほど短くなければならないのでしょうか？　なぜあなたの兄弟、そして奥様の兄弟を失わなければならないのでしょうか？　敬具(1)

H・ベルクソン

封筒：レオン・ブランシュヴィック氏
フランス学士院員
ボルドヌーヴ
エオーズ経由（ジュール県）「不許可」
印：トゥール中央郵便局、アンドル＝エ＝ロワール、一九四〇年七月三十一日十九時

(1)　一九四一年一月二十五日にベルクソン夫人から送られた戦時の絵葉書では、ブランシュヴィック夫婦の愛情に対して感謝を捧げている（IMECP）。

一九四〇年七月三十一日

Fl・ドラットルへ

Doucet（BGN 2865）

サン＝シル＝シュル＝ロワール
一九四〇年七月三十一日

わが親愛なるフロリス

親切なお言葉は最大限の喜びとなりました。あなたの近況、とりわけそれが良いものであったのを聞けたのは、私たちにとって非常に幸せだったというのは言うまでもないでしょう。私たちは多くの小さな厄介事を抱えています。しかし、毎日耳にする災難に比べて、それがなんでしょうか？　悪夢から脱することができるのかどうか自問し、一度ならず夜中に起きました。ですが、勇気を失ってはいけ

ません。仕事が我々を救うでしょう。
あなたの忠実な叔父から、あなたとご家族へ、敬具

H・ベルクソン

N・M・バトラーへ

一九四〇年八月二日

Doucet (BGN 608)

ラ・ゴディニエール サン＝シル＝シュル＝ロワール
アンドル＝エ＝ロワール

一九四〇年八月二日

親愛なるバトラー議長

コロンビア大学事務P・M・ハイデン氏から、貴名入りの金の勲章をご授与くださることを知らせる七月十三日付の手紙を受け取ったばかりです。これには深く感動いたしました。まさに功績以上に賞賛されているにしても、私の長い人生のなかで、これ以上の喜びをもたらす名誉を受け取ったことがありません。「ザ・バトラー・ゴールド・メダル」には、思考と行動の二分野で貴殿が輝かしいものにした名が付されています。このメダルを貴殿から受け取る者には、その栄光がいくらか波及するでしょう。

手紙をくださったハイデン氏にも感謝いたします。もし「バトラー勲章」の由来と固有の目的が記されているパンフレットや論考があって、送っていただけるのであればハイデン氏に感謝したいと存じます（下記住所にお願いします）。勲章そのものとその証書に関しては、郵便機能があらためて完全な正確さを取り戻すまで、保管していただけるようお願いします。

ハイデン氏は、七月六日に私宛に貴殿が手紙をくださったと示唆しています。貴殿からの手紙はまったく私には届いておりません。むろん、もし受け取っていたならば、すぐ返信していたでしょう。すべてを中断してしまった耐え難い出来事に我々がまだ巻き込まれていないときに、手紙はおそらくフランスに届いていたでしょう。この出来事は、個人的／なことで言えば、決して絶望してはならず、つねに果たすべき義務や自らを役立つ存在にする方法があることを確信していなければ、絶望に陥ってしまうようなものですが。

わが親愛なる議長にして同輩、再度感謝を申し上げます。

敬具

H・ベルクソン

封筒：ニコラス・マレイ・バトラー議長
学士院会員
モーニングサイド・ドライブ六〇
ニューヨーク（アメリカ合衆国）
印：サン・サンフォリアン、アンドル＝エ＝ロワール、一九四〇年八月四日九時十分

差出人返送。不許可

ベルクソン氏は八月四日にこれを送付し、八月十八日に郵便局からベルクソン氏に返送された［この部分はベルクソンの自身による記述］。

封筒の表にベルクソンは自身の住所を記している――〈ラ・ゴディニエール〉サン・シル・／ロワール、アンドル＝エ＝ロワール。加えて以下の返送印が捺印されている――一九四〇年八月十八日八時。

一九四〇年八月十七日

G・メールへ

Doucet（BGN 2941）

〈ラ・ゴディニエール〉サン＝シル＝シュル＝ロワール
（アンドル＝エ＝ロワール）
一九四〇年八月十七日

親愛なる友

あなたたちの近況に触れ、二人とも健康であると知り、私たちは本当にうれしく思います。私たちも肉体的には健康です。しかし、もし仮に、人は絶望する権利をもつことなどなく、果たすべき義務がつねに残されていることを何度も思い出すことがなければ、最悪の絶望に陥ってしまうでしょう。

パリに帰る時期をまだ決めてはいませんが、まもなくでしょう。あなたと奥様に対して賛辞と敬意を表します。お知り合いになれて大変幸甚です。

敬具

H・ベルクソン

封筒：ジルベール・メール

バルベ＝ド＝ジュイ通り四四番地
パリ七区
印：トゥール、アンドル＝エ＝ロワール、一九四〇年八月十八日二十二時

一九四〇年十一月二十五日
G・メールへ

Doucet（BGN 2942）

パリ、ボーセジュール大通り四七番地
一九四〇年十一月二十五日

親愛なる友
来週水曜日がご都合よければ、四時にお待ちしています。変わらずあなたとお話できることが幸せです。　敬具(1)
H・ベルクソン

封筒：ジルベール・メール氏
バルベ＝ド＝ジュイ通り四四番地
パリ七区
印：パリ一六区、サンジェ通り、一九四〇年十一月二十六日十八時

（1）　ドゥーセ図書館は、「六月十三日付」（BGN 2368-8）の書簡とともに、ベルクソンによって修正がなされているメールの「ベルクソンのクレルモン＝フェラン時代」（BGN 2957）という論考のタイプ原稿を保管している。

一九四〇年十二月六日
R・T・フルーウェリングから ベルクソンへ

HLUSCLA（Flewelling Papers）SSG

一九四〇年十二月六日

親愛なるベルクソン教授
私とアメリカにいる他の友人たちは、貴殿の現在の状況と困窮状態をきわめて心配しております。ウィルドン・カー夫人から最近の手紙で知らされた事実により、私の懸念はいっそう喚起されました。貴殿が、なんであれ大学の職務を受け入れるのを歓迎ないし望むのかどうか、またもし健康状態が南カルフォルニアにやって来ることを許すなら

ば、いかなる条件――経済的なものやその他のもの――でそれが可能となるのか知りたく思います……。運に任せてこの手紙を貴殿の古い住所に送ります。

ベルクソンの遺言

一九三七年二月八日付。一九三八年五月九日付遺言補足書

(『ル・モンド』紙、一九五四年五月十九日)

Ⅱ. 証書――読者への公表を望んだすべてのものはすでに出版したことを私は宣言する。ゆえに、私の書類や他所で発見されるかもしれないあらゆる原稿、および原稿のいかなる部分も、出版を厳密に禁ずる。聴講者がメモを残している可能性のある、ないし私自身がメモを残している可能性のあるあらゆる講義や講演の出版を禁ずる。同様に、私の書簡の出版を禁じ、J・ラシュリエの場合のように、この禁止が覆されることも承知しない。彼が出版を禁じたにもかかわらず、書簡は学士院図書館の利用者たちに閲覧可能となってしまった。書簡の送付者は、書簡の絶対的著作権を保持する。図書館利用者に限定した場合でさえ、その書簡の内容を公衆に知らせることは、その権利の侵害に当たる。著作権の侵害は必ず刊行物の形をとると言えるだろうか？　妻と娘には、現在作成した禁止事項を何者かが無視する場合には提訴するよう依頼した。彼女たちは、公表される可能性のあるものを即刻発行禁止にすることを要請するだろう。

Ⅳ. わが敵――私には多くの友人がいるが、成功のせいで何人かの耐え難い敵もまた存在する（彼らは皆ユダヤ人、つまり私の同宗者である）。彼らは、おそらく死後私の評価を激しく攻撃するだろう。妻と娘や友人たちには、ル・ロワ、シュヴァリエ、ブランシュヴィック、ジャン・ヴァール、ジャンケレヴィッチ、シャレイ、ギットン……そしてフリー記者のマックス・エルマン、Fr・ルフェーブル、G・ラジョ、G・ルコント、A・ショメ、ルクーリ、バルドゥーらに助けを求め、あらゆる中傷や信用ならない当てこすり、特に私を不合理で不道徳な学説の首謀者として記す文書の歪曲を暴き、防ぐことを援助してもらうように依

頼した。

私の葬儀――自らの考えで、ユダヤ教の完成がそこにみられるカトリックに私は次第に導かれていった。もし、数年前から世界中に広がりつつある（なんということか、大半は道徳感覚の欠如した何人かのユダヤ教徒たちによって起こされた）反ユダヤ主義の巨大な波を見ることがなければ、私は改宗しただろう。だが、明日迫害されるかもしれない人々のなかに私は留まりたかった。しかし、パリ大司教が認めてくださるならば、カトリック司祭が私の葬儀の際に祈りの言葉を捧げに来てくださることを望む。許可が降りなければ、ラビに依頼せねばならないが、ラビに対してもまた誰に対しても、私自身が当初カトリック司祭による祈りを望んだというカトリックへの私の精神的賛同を隠してはならない。

一九四一年一月四日〔1〕、ベルクソン死去。

一九四一年一月四日十時、国民教育大臣J・シュヴァリエからベルクソン夫人へ電報（BGN 823）の送達。

一九四一年一月七日、ペタン元帥からベルクソン夫人へ書簡（BGN 824）の送付。ペタンからの他の書簡は一九二三年八月十四日と一九三四年六月十四日（BGN 822–823）付のもの。

一九四一年一月九日、以下はアカデミー・フランセーズにてP・ヴァレリーの談話。「先週土曜日の一月四日に八一歳で、ベルクソン氏はおそらく苦しまず肺鬱血のため亡くなりました。この偉大な人間の遺体は、不可避的にこれ以上ないほど簡素に、かつ必然的にこれ以上ないほど感動的な状況のなか、月曜日に自宅からガルシュの墓地へ運ばれました。葬儀も祈りの言葉もありませんでしたが、なおのこと思いにふけり、途方もない喪失の感情がそこに居合わせた全員のうちにおそらく浮かびました。三〇人ほどの人間がサロンで棺の周りに集いました。フランス国家を代表してブリノン大使、公教育省を代表してM・ラヴェル氏が出席されました。私はベルクソン夫人にアカデミー・フランセーズからの哀悼の意を伝え、彼女の名において返礼を伝えることを任されました。そしてすぐに、皆で棺を担ぎ、家の戸口で現代の最も偉大な哲学者に最後の別れを告げました」。

〔訳注1：シュヴァリエは『ベルクソンとの対話』（三三四頁）のなかで、ベルクソンが一月三日に亡くなり、その知らせが一月四日に届いたと述べている。Cf. Jacques Chevalier, *Entretiens avec Bergson*, Plon, 1960, p. 298. ドラットルも「ベルクソンの晩年」のなかで、一月三日に亡くなったと記している。Cf. Floris Delattre, «Les dernières années d'Henri Bergson», *Les études bergsoniennes, Hommage à Henri Bergson (1859–1941)*, PUF, 1942, p. 5〕

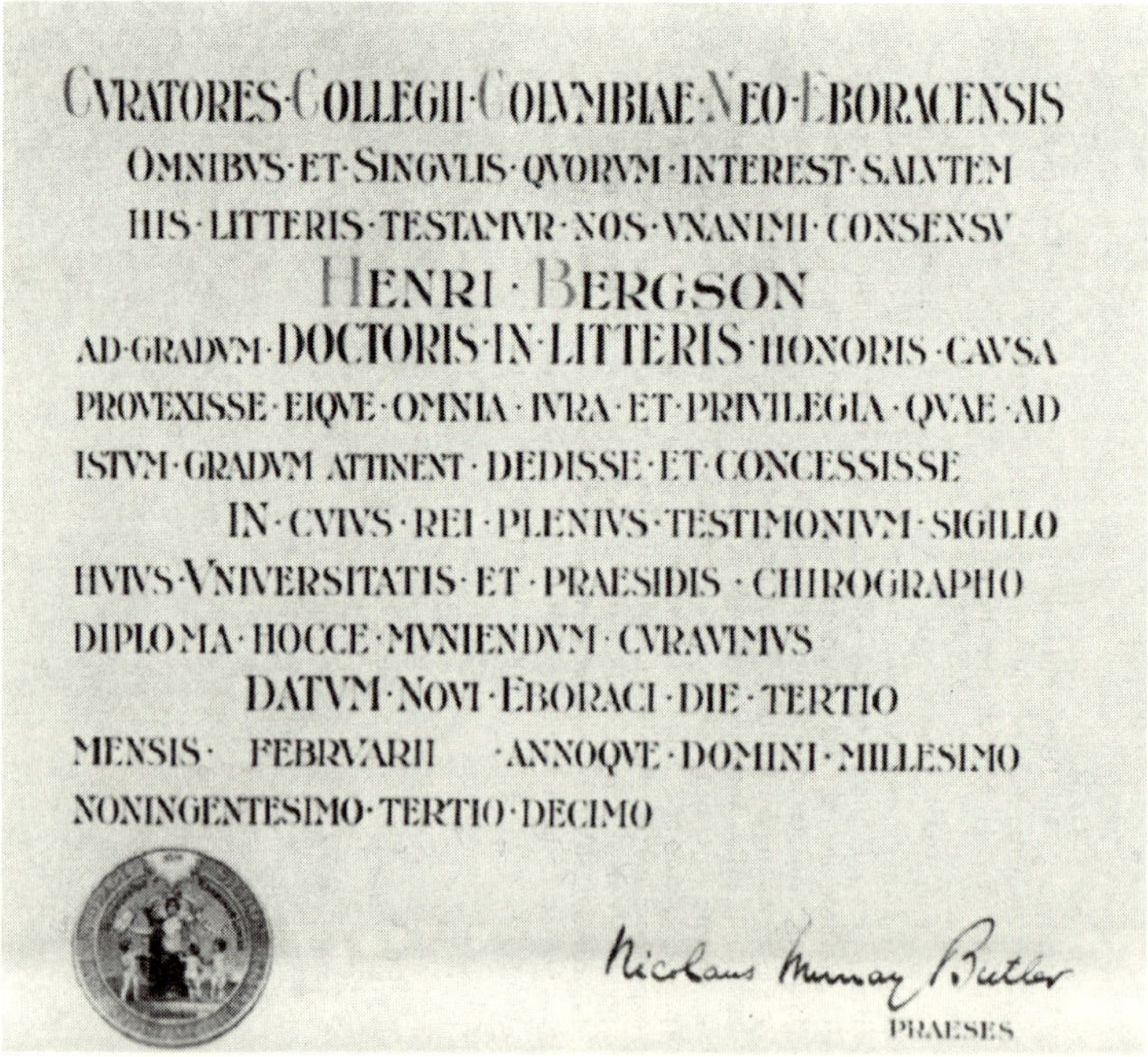

CVRATORES·COLLEGII·COLVMBIAE·NEO·EBORACENSIS

OMNIBVS·ET·SINGVLIS·QVORVM·INTEREST·SALVTEM

HIS·LITTERIS·TESTAMVR·NOS·VNANIMI·CONSENSV

HENRI·BERGSON

AD·GRADVM·DOCTORIS·IN·LITTERIS·HONORIS·CAVSA

PROVEXISSE·EIQVE·OMNIA·IVRA·ET·PRIVILEGIA·QVAE·AD

ISTVM·GRADVM ATTINENT·DEDISSE·ET·CONCESSISSE

IN·CVIVS·REI·PLENIVS·TESTIMONIVM·SIGILLO

HVIVS·VNIVERSITATIS·ET·PRAESIDIS·CHIROGRAPHO

DIPLOMA·HOCCE·MVNIENDVM·CVRAVIMVS

DATVM·NOVI·EBORACI·DIE·TERTIO

MENSIS· FEBRVARII ·ANNOQVE·DOMINI·MILLESIMO

NONINGENTESIMO·TERTIO·DECIMO

Nicholas Murray Butler

PRAESES

補遺

我々が感謝を捧げるコロンビア大学図書館の調査の後に、ベルクソンによるN・M・バトラー学長宛の書簡が収集され、印刷作業中の私のもとに届けられた。受け取った書簡に対して、バトラーはタイプで打たれたベルクソン宛の書簡の写しを保存していた。アメリカにおけるベルクソンの名声は、米仏関係の信頼やW・ウィルソン大統領の国際連盟へ向けられた姿勢同様に、こうした比類のない関係に因るものである。バトラーの傑出した著作群はすべて、世界平和と諸国民間の調和に向けてのものである。

一九一四年一月十七日

N・M・バトラーへ

CULNY (Butler Papers)

海外電信

パリ、一九一四年一月十七日、フランス経由

バトラーLCO学長、ニューヨーク、ドライヴ、モーニングサイド六〇番地

心より感謝申し上げます。

ベルクソン(1)

(1) 『論集』の「一九一三年」の項が、コロンビア大学でベルクソンが行なった講義に関するいくつかの文書を伝えている。当時N・M・バトラーは学長であり、ベルクソンを自宅に迎えた。「バトラー資料」はベルクソンの滞在や講演に関する新聞の切抜きを保存している。一九一三年一月四日付の『ニューヨークプレス』紙は、F・J・E・ウッドブリッジとN・M・バトラーの企画した催しのなかで、ベルクソンが「文学博士」の称号を授与されたことに言及している。この書類の脇にバトラーはベルクソンの見事な写真を載せている。献辞は破損しているが、以下の言葉が記されている。「……N・M・バトラー学長……〔そして〕バトラー〔夫人へ〕……大変親愛なるH・ベルクソン」。そしてロンドンから来た写真家エリオットとフリーのサインが付されている（元の写真の無傷のものも残っている。BGN 2453）。

一九一四年五月十二日

N・M・バトラーへ

CULNY (Butler Papers)

エディンバラ、ドライヴ、クレイグリア一〇九番地

親愛なるバトラー議長

ひと月前からパリを離れており、貴殿が再度フランスにいらっしゃるというきうれしいニュースをたった今知りました。私がどれほど喜ばしく思っているかは言い表せません。妻と私は、貴殿と奥様が一度と言わず拙宅にお越しいただけることを切に願っています。ですが、おそらく皆があなたとの夜会を行なうでしょうから、／何人かの友人ととも

にわが家で夕食会を催すために、今のうちに一晩空けておいていただければ非常にありがたく思います。それゆえ、お日にちを選び次第お知らせくださいますか？　私は現在エディンバラ大学で「ギフォード講演」を行っていますが、来週にはこれを終え、パリにほとんど直接帰ります。ですので、私の普段の住所（パリ、オートゥイユ、ティエール大通り一八番、ヴィラ・モンモランシー）に返信をくださればありがたく思います。——奥様によろしくお伝えください、バトラー学長、敬具

H・ベルクソン[1]

（1）バトラーはベルクソンに返信し、六月十九日か二十日を提案する（*Ibid.*）。

一九一五年七月二十六日
N・M・バトラーへ

CULNY (Butler Papres)

一九一五年七月二十六日

親愛なるバトラー学長

『マグナ・カルタ』[1]に収録の、私に捧げてくださいました見事な講演に対して感謝申し上げます——たいそう古典的な主題を、貴殿は非常に現代的に変えてくださいました。そして、エストゥールネル・ド・コンスタン氏に届けていただいた、ドイツの行動についてのお考えをドイツ人教授にきわめて熱心に語ったお手紙[2]の複写を、どれほどの感動をもって拝読したかをこの機会に伝えさせていただきます。権利、文化、人民の自由のために我々が耐えている戦いのなかで、あなたのような精神的支柱がいることは我々にとって大変な励ましです。

御夫人への挨拶と尊敬を込めて。親愛なるバトラー議長、敬具

H・ベルクソン[3]

（1）『マグナ・カルタ（1215–1915）……憲法制定会議以前……一九一五年六月十五日』*Magna Carta (1215–1915) ... before the constitutional convention... June 15, 1915, New York, Mc Murtrie, 1915*, 合衆国の始まり、発展、統一についてのもの。
（2）未発見。
（3）一九一五年八月二十三日にバトラーから返信（*ibid*）。

一九一五年十月三十日

N・M・バトラーへ

CULNY (Butler Papers)

パリ、エルランジェ通り三一番地
一九一五年十月三十日

親愛なるバトラー議長
ルーヴァン大学教授であるポール・ドラノワ氏を貴殿に紹介し、推薦させてください。この大学の図書館を再建する委員会が結成されたことをご存じでしょう。まさに貴殿はその委員会にすでに／賛同を表明していたと存じます。
ドラノワ氏は、より多くの詳細とともに、何が問題であるかを貴殿へ説明することを欲しています。――この折に貴殿にご挨拶することができました。

敬具
H・ベルクソン

一九一五年十一月五日

N・M・バトラーへ

CULNY (Butler Papers)

パリ、エルランジェ通り三一番地
一九一五年十一月五日

親愛なるバトラー学長
本年中のアメリカ訪問がまさに私の課題でしたが、現在の状況でフランスを長期間離れることは不可能だという理由から、断念せねばなりませんでした。コロンビア大学の聴衆の前であらためて話をするのは心底喜ばしいこととなるはずだった点は、お伝えするまでもありません。また、再度貴宅に泊まるようおっしゃっていただいたことも、私の無念を／倍増させます。モーニングサイドでの滞在の思い出は、この仄暗い時代にあって立ち返りたいと思わせる温かく光り輝く思い出のひとつです。
フランスの精神状態はすばらしいものです。ひとつの理念へと各市民がその命を含むあらゆる／犠牲をなす準備をしている全国民の完全な献身の意味を知るためには、目下そうした精神状態のもとに生きねばならないのであって、愛国的幻想に屈するのではありません。かつてないほど愛国心は高まっています。しかしまた、かつてないほど祖国の大義は人類の大義と緊密に一体となっています。この戦争の出口は、人類が今日まで最大限の価値を付与してきた数々の理念の行く末に懸かっていると感じています。——
親愛なるバトラー学長、敬具

H・ベルクソン

N・M・バトラーへ　一九一七年五月八日

CULNY (Butler Papers)

B——
ザ・ビルトモア、ニューヨーク

一九一七年五月八日

親愛なるバトラー学長

親切なご招待と、来週木曜日に大学にお伺いできるように図ってくださったあらゆる便宜に、今一度感謝申し上げます。[1] 貴校での講演はこのうえない名誉となるでしょう。私は常々この大学に少しは帰属していると思っています。というのも定期的に紀要を拝読し、遠巻きながらその研究を追っているからです。

敬具

H・ベルクソン

（1）一九一六年の日付をもつ書簡は未発見だが、一九一七年二月二十七日に「ヴァンダービルト・ホテル、パーク大通り三四通り」のバトラーからベルクソンへ宛てた書簡は「三月八日の午後四時にアメリカン・アカデミーでの講演」に出席できないことを詫びるものである。

N・M・バトラーへ　一九二一年十月十八日

CULNY (Butler Papers)

パリ、ヴィタル通り三二番地

一九二一年十月十八日

ニコラス・マレイ・バトラー学長
コロンビア大学、ニューヨーク

親愛なるバトラー学長
個人的に「ラ・ビアンヴニュ・フランセーズ」の創立者ド・ジュヴネル夫人を貴殿に推薦させていただけませんか？　彼女は団体のアメリカ／支部をつくろうと願っています。その目的は、我々と外国の友人たちを結ぶつながりを緊密にすることです。この話題に関して、貴殿が彼女に助言を与えてくださいますことにあらかじめ感謝いたします。親愛なるバトラー学長、敬具

H・ベルクソン(1)

（1）一九一七年五月八日のベルクソンからの書簡ののちは、フランスを訪問するJ・アースキンを推薦する一九一七年十二月十四日のバトラーからの書簡や、「五月六日のあなたの記述」で推薦されていたディメ神父を迎え入れることができなかったことを詫びる一九一九年六月九日の書簡や、「一月二日付の葉書を拝受」したことについてベルクソンに御礼を言い、バトラーが六月と七月にパリに滞在することを告げる一九二一年一月十八日の書簡が存在する。

一九二三年七月五日

N・M・バトラーへ

CULNY (Butler Papers)

パリ、ヴィタル通り三二番地
一九二三年七月五日

親愛なるバトラー学長、やっと昨日貴殿がパリにいらっしゃったことを知りましたが、貴殿とホテルでお会いできずとても残念でした。現在用事があるのですが、明日（金曜日）の午前のとても早い時間ですが九時半頃（もしくはもっと早い時間）、あるいは午後五時に、プラザホテルに伺えます。お話できればどんなにうれしいでしょう！　妻が同伴できれば、貴殿とバトラー夫人にお会いするのはこのうえない喜びになったでしょう。しかし、妻はパリにおりません。娘とイギリスを旅行中です。御夫人によろしくお伝えください。

敬具
H・ベルクソン

一九二三年十二月二十一日

N・M・バトラーへ

CULNY (Butler Papers)

パリ、ヴィタル通り三二番地
一九二三年十二月二十一日

親愛なるバトラー学長

送っていただいたお手紙に、いたく心を打たれました。貴殿の作品と人格に捧げられた華々しい賛辞に関して、どれだけ私が幸福であったかを伝えさせてください。さらに、いまや我々が学士院において同僚であり、すでに我々の間にあった関係にさらにひとつの関係が／付加されたと考えることがどんなに喜ばしいかを言わせてください。貴殿が学士院の一員にならずに、また貴殿のパリの友人たちが貴殿にお会いし直接祝福できずに年が明けることがないよう願います。

新年の心からのご挨拶を御夫人にお伝えください。そしてご自身でもお受け取りください。

敬／具(1)

H・ベルクソン

(1) バトラーからの謝意と新年の挨拶の書簡は、一九二四年一月十一日付。

一九二四年十二月二十一日

N・M・バトラーへ

CULNY (Butler Papers)

パリ、ヴィタル通り三二番地
一九二四年十二月二十一日

親愛なるバトラー学長

「ある自由主義者の信仰《ザ・フェイス・オブ・ア・リベラル》」(1)を送ってくださり感謝申し上げます。そしてどれほどの関心をもってこのすばらしい作品を読んだかを述べさせてください。そこでは現代の問題が、ある精神のなかで／、つまり最後には抵抗勢力を負かすことを私が願っている精神のなかで扱われています。この折に、貴殿と奥様に心からの新年の挨拶を送らせてください。

H・ベルクソン

(1)『政治原理と公共政策についての評論と講演』*Essays and addresses on political principles and public policies*, New York, Scribener, 1924. 一九二五年一月五日付のバトラーからの返信（*Ibid*）は、ジェイムズ・ブライスの学士院入会時の講話について知らせている。

一九二五年六月十七日

N・M・バトラーへ

CULNY (Butler Papers)

パリ、ヴィタル通り三二番地
一九二五年六月十七日

親愛なるバトラー学長

パリ滞在中とお聞きしましたが、運悪く貴殿に会うことも、アカデミーでの講演にも伺うことができません。(1) リウマチ症状で動けず、加えてさまざまな合併症が生じています。六ヶ月前からこれが長引き、ベッドや長椅子を離れられません。貴殿がパリにいる間、全時間が塞がっていることは存じております。ですが、もしいつかの午後のわずかの時間を用いて、四時半か五時頃に御夫人を伴いわが家でお茶をしていただければ、妻と私にとってこのうえない喜びとなります。前日にひと言書き送っていただくだけで結構です。医師やその他の者との約束は延期します。バトラー学長、奥様によろしくお伝えください。敬具

H・ベルクソン(2)

(1)『道徳政治学アカデミー入会式講演』*Discours de réception à l'Académie des Sciences morale et politiques*, samedi 27 juin 1925.『ジェイムズ・ブライス』*James Bryce*, Paris, 1925. 一九二五年六月と七月のこのパリ滞在中、バトラーはまた『一九二五年七月二日プラザ＝アテナ・ホテルでのカーネギー財団主催の夜会での講演』*Allocution prononcée au dîner offert par la donation Carnegie le jeudi 2 juillet 1925 à l'hôtel Plaza-Athena*, Paris, 1925 を行っている。

(2) ベルクソン夫人が執筆した書簡の最後にベルクソン自身が署名している。一九二五年六月十八日付のバトラーからの返信は、何日か午後に時間を空けることを約束している。

一九二六年一月五日

N・M・バトラーへ

CULNY (Butler Papers)

アンリ・ベルクソン
アカデミー・フランセーズ所属
道徳政治学アカデミー所属
ヴィタル通り三二番地
グラース（アルプ＝マリティーム）

一九二六年一月五日

あらゆる謝意と心からの新年のご挨拶とともに。(1)

（1）一九二六年一月二十八日付（*ibid*）のバトラーの返信は、一九二五年にベルクソンと会えなかったことを残念がり、例年通り六月と七月にパリに滞在することを告げている。

一九二六年六月二十一日

N・M・バトラーへ

CULNY (Bulter Papers)

パリ、ヴィタル通り二十一日

親愛なるバトラー学長

残念ながらもはや、学士院でお会いしたときのような良好状態ではなく、ご自宅へ伺うと申し上げましたがそれも現在難しいでしょう。(1) ですが、近いうちにパッシーの近くにいらっしゃるとおっしゃっていたので、御夫人とお嬢さんとともに、来週金曜日四時半か五時頃にわが家にお茶をしにいらっしゃいませんか？　お望みでしたら日曜日の同時刻でいかがでしょうか？　ぜひとも内密に、心ゆくまでお話できるでしょう。せいぜい学士院の同輩のどなたか一人に加わっていただけるようお願いするかと思います。ということで、近いうちにお会いできるよう願います。親愛なるバトラー学長、敬具

H・ベルクソン

（1）一九二六年に、六月十九日と二十六日の学士院には出席していない。それゆえベルクソンは十九日にバトラーと会っている。一九二六年六月二十二日のバトラーからベルクソンへの返信によれば、二十六日にバトラーはベルリンへと出発している。

一九三二年五月二十日

N・M・バトラーへ

CULNY (Butler Papers)(1)

(1) 一九二六年六月二十一日以降書簡の送付はない。一九三二年三月二十八日(*ibid*)にバトラーは『二源泉』の献呈に対し感謝し、六月末に短期間パリに滞在すると告げる。一九三二年六月一日にバトラーは五月二十日付のベルクソンからの書簡の送達に感謝を表すが、六月末に会うことはほとんど望めないとしている。

本書簡集で言及されないベルクソンが受け取った書簡の目録

（ドゥーセ財団＝BGN のファイル）


K・アンダーソン、一九一五年六月十四日付。

E・アナスタシアデス、一九一六年三月十三日付。

H・ボルドー、一九二八年十一月十六日付、一九三二年三月五日付。

P・クローデル、一九三五年二月十五日付。

D・コシャン、一九一九年六月三十日付、一月十八日付（年度無記載）、八月三日付（年度無記載）、その他日付のない二通の書簡。

C・J・J・ジョフル、一九二一年七月二日付、その他日付のない二通の書簡。

L・H・リョテ、一九三四年六月十五日付、その他日付のない一通の書簡。

E・ムーニエ、一九二五年四月二十七日付、その他日付のない一通の書簡（『シャルル・ペギーの思想』*La pensée de Ch. Péguy*, Paris, Plon, 1931 出版の一年後のもの）。

P・L・ポワゾン、一九一〇年六月二日付、一九一〇年八月二十七日付。

A・リボー、一九二三年一月十二日付。

Ch・リシェ、日付のない一通の書簡（国際知的協力委員会時のもの、ベルクソンの「返信済み」という記述あり）。

J・ロマン、一九三八年一月十四日付。

タロー・ジェローム、一九三八年三月六日付（ベルクソンの「返信済み」という記述あり）。

ティネール・マルセル、一九二八年十一月十四日付（ベルクソンの「返信済み」という記述あり）。

M・ウェイガン、一九三一年二月二十三日、その他日付のない一通の書簡

国際連盟文書館（ジュネーヴ）はベルクソンの書簡とベルクソンが受け取った書簡を保管している。

本書で公表された
ベルクソン書簡の統計図

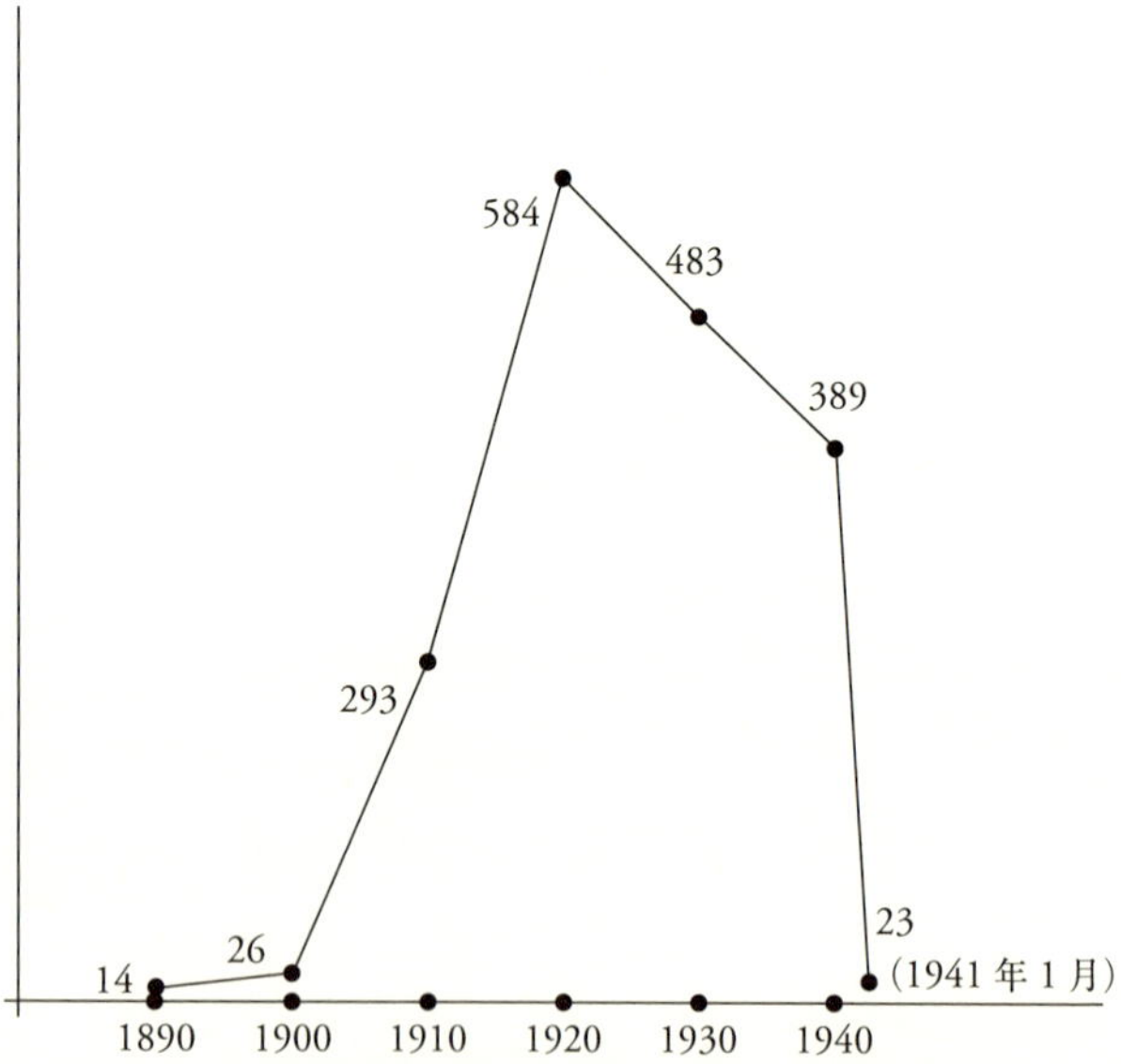

この図表は，書簡のやりとりを包括的に調査した場合に得られる結果を統計的に表したものといえる。

訳者あとがき

本書『ベルクソン書簡集』Ⅲ巻には、Henri Bergson: *Correspondances*, éd. André Robinet, PUF, 2002 の一九二五年から一九四〇年までの書簡と、一九三七年に作成され翌年に加筆された遺言、補遺、加えて全三巻分の人名索引が収められている。

本書の最終部に掲げられたベルクソンの遺言に目を通したあとでは、『書簡集』を読むことにいささか居心地の悪さを感じるかもしれない。遺言はきわめて強い調子で、「私の書類や他所で発見されるかもしれないあらゆる原稿、および原稿のいかなる部分も」、「同様に、私の書簡」も出版することを固く禁じている。遺言作成の日付は三七年二月八日と三八年五月九日とあるが、本書にある一九二七年七月三日付の書簡でおそらく遺言の前段階であるものがすでに準備されていることが語られている。遺言は充分な時間をかけて周到に準備されたものであると推察される。

この遺言がなし崩しになっていった経緯は、『ベルクソン書簡集Ⅰ』のアンドレ・ロビネによる「序」や『ベルクソン講義録Ⅰ　心理学講義・形而上学講義』のアンリ・グイエの「前置き」に詳しいので、そちらをご参照いただきたい。ここではグイエの説明に沿って簡単な確認のみをしておきたい。ベルクソンが亡くなった八年後の一九四九年には、アルベール・アデス（Albert Adès）宛の数通の書簡と、ベルクソンをテーマにしたアデスの著作についてベルクソンが残したメモが、ベルクソンの娘ジャンヌの許可のもと公刊された。その後ベルクソンの義弟アルベールが、哲学的内容を含む書簡であれば公表の許可を与えるという方針を出して、遺言に名前を挙げられたベルクソンの友人たちも賛同した。五七年から五九年にかけて、すでに刊行されている論文や講演などを集めた『小論・談話集』(*Écrits et paroles*) が三巻本として刊行された。第一巻の序文でグイエは、『小論・談話集』に収められた論文はさまざまな媒体においてすでに一度は発表されており、禁則を逃れると判断している (EP 1-2)。講義録に関しては、九〇年にクレルモン＝フェラン高校やアンリ四世校での講義録が四巻本として刊行された。編者のグイエは刊行の理由として、ベルクソンが、「プラトンやアリストテレス、デカルトやスピノザ、カントやヘーゲル」のような哲学史における「歴史的存在」にすでになっており、「学問的考証」の対象になっている点を挙げている (CI 7 / xii)。

このように遺言からの逸脱は、あるときはなし崩し的に、あるときはベルクソンの資料の哲学的・歴史的価値の高まりに応じてなされてきた。とはいえ、ベルクソンの遺言はないがしろにされるべきものではもちろんない。ベルクソンが生前出版した著作および公表した論考と、講義録や書簡集とは、ベルクソンの校閲を経ていない点で厳密に区別されるべきだろう。この区別については、ベルクソン『時間観念の歴史　コレージュ・ド・フランス講義 1902–1903 年度』の藤田尚志による「訳者あとがき」で指摘がなされている (ベルクソン 2019：四三六)。校閲へのベルクソンのこだわりについて言えば、たとえば、『道徳と宗教の二源泉』や『思考と動くもの』の出版に際して、本書に収められたジャック・シュヴァリエとの校正のやりとり、あるいはシュヴァリエの著作内の語句を検討するやりとりをみるに、刊行物に対してベルクソンがきわめて慎重かつ厳密な姿勢をとっていたことがわかる。これは翻訳に関しても同様であり、自著にとどまらずウィリアム・ジェイムズの著作の仏訳にも高い水準を求める書簡を『書簡集I』にみることができる。こうした姿勢を理解するうえでは、ベルクソン自身の表現を借りれば、二六年三月二日付のシュヴァリエ宛の書簡で用いられる「話者ベルクソン」と「哲学者ベルクソン」という区別が助けになると思われる。ベルクソンによれば、単に一時的な感情で個人的なことを口にする場合の「話者ベルクソン」と、厳密な「方法論」に則って著述する「哲学者ベルクソン」とは異なる。いわばベルクソンにとって、オーソライズされているということは、そこに哲学者の「方法論」が実践されていることを意味している。ベルクソンにとってひとつの思想を本のかたちで刊行するのは哲学的な「方法論」が徹底された証なのだ。その一方で、刊行物に対するベルクソンのこうした厳正な姿勢が、オーソライズされていないこの『書簡集』によって証言されているというねじれた構図がある。こうした点も踏まえれば、ベルクソンの校閲を経ていないがゆえに資料的価値が劣ると考えるのもやや性急な判断だと言える。死後刊行物の成り立ちを把握したうえで接する限りで、この『書簡集』も著作からではうかがい知ることのできないベルクソンの生き生きとした姿を蘇らせてくれる有益な財産となる。

では、本書に収められている書簡がやりとりされていた時代を、ベルクソンはどのように生きたのか。特筆すべき事柄をいくつか挙げながら順にみていきたい。

まずこの時代の背景となるのが、ベルクソンと病との付き合いである。一九二四年末から悩まされ始めたリウマチ症状には生涯苦しめられることになる。ベルクソンの読者であれば『二源泉』第一章のリウマチが論じられる箇所を思い起こすかもしれない。この箇所が、切に実態を伴って論じられていたものだったことが『書簡集』を読むことでわかる。あるいは、不眠症や疲労について触れられる書簡も多く見受けられる。

こうした病状や不安定な体調のために、二二年から務めていた国際知的協力委員会議長と、一九年から務めていた公教育高等審議会の職を二五年には辞めることになった（Azouvi 2007: 244）。そして同年からリウマチ治療や湯治のためにフランス南西部ダクスや、トゥールのサン＝シル＝シュル＝ロワールを定期的に訪れることになる。あるいはスイスのジュネーヴでの病院の治療や、同じくスイスのサン＝セルグにあるベルクソンの別荘「エシャペ」での滞在などがたびたび書簡で言及されることになる。書簡内で何度も、自らの足で赴くというよりも「運ばれて」いくのだと冗談めかしてベルクソンは語るが、第一次世界大戦前に講演のためにヨーロッパやアメリカに足を運び、大戦中も特使として渡米したときと比べると、いかにこのリウマチに悩まされていたのかがわかる。

そして一九二八年に（一九二七年度の）ノーベル文学賞を受賞している。しかし、書簡内で語られるように本人は健康状態のためにスウェーデンに行くことが難しく、授賞式では現地フランス大使がベルクソンの謝辞を代読した。のちに『小論・談話集』および『論集』に所収されたこの謝辞には、当時ベルクソンが道徳の問題に関心を寄せていたことが読みとれる。そこでベルクソンは、十九世紀は機械発明の世紀であり、それに伴い人類の「道徳的水準」の向上が期待されたがそうはならなかった、と語っている。機械はいわば「人工器官」であり、この「人工器官」によって拡張される人間の身体には、それに見合った精神の拡大が必要であると述べている（M 1489）。この発言を少し補足すると、一九〇七年の『創造的進化』では、道具や機械は人間などの有機体にとって器官の延長として位置づけられるという文脈で「人工器官としての機械」（EC 142／一八一）が論じられていた。さらに道徳も『創造的進化』から派生した問題と言える。『創造的進化』出版の翌年、イエズス会士のジョゼフ・ド・トンケデク（Joseph de Tonquédec）は、『創造的進化』

の神は内在的な神であり被造物との区別がなされていないという批判を展開した。それに対してベルクソンは、自分は神と創造された世界とを区別していると反論した。続けてベルクソンは、神についてあらためて論じるためには「道徳」の問題に着手しなければならないと主張した。「この主題について、いつの日にかわずかなものでも公表できるのか確証がありません。それができるのは、私の他の研究と同様に証明可能、ないしは「提示可能」な帰結に至ったときだけでしょう」とベルクソンはトンケデクに伝えている（Tonquédec 1936: 60）。本書に収められた二六年四月二十七日付の神学者アルフレッド・ロワジー（Alfred Loisy）宛の手紙にも、「長い間私は道徳に関する問いを気にかけており、関心を抱いておりました。もし私の研究がいつか一冊の本に成就したら、諸々の本質的な点でどれだけあなたに同意しているかがお分かりになるでしょう」とあり、ベルクソンは長年この問題に取り組んでいたことがみてとれる。周囲にもベルクソンが道徳の問題に取り組んでいることはよく知られていた。ジョゼフ・ロッテ（Joseph Lotte）は一九一一年のベルクソンとの会話の内容を手紙で友人へと送っている。ロッテは道徳についての本はいつ出版されるのかと質問し、ベルクソンはそれに取り組むためにキリスト教神秘家について学んでいると答えた（M 880–881）。当時ベルクソンが道徳を主題とした本を執筆することを周囲が待望していたことが、ベルクソンの伝記でも指摘されている（Soulez et Worms 1997: 209）。理由として、道徳的・政治的責任に関する議論がカント主義者たちのあいだで当時盛り上がりをみせていた点が挙げられている。加えて、ここに挙げた『創造的進化』以降の内的な要請も一因であるだろう。

『創造的進化』から生まれたこの「機械」と「道徳」が、ひとつの問題として結びついていくのは第一次世界大戦のさなかにおいてである。大戦中の一九一四年十二月十二日の講演では、「機械」によって拡張された人間の身体は精神の拡大によって補完される必要があると語られている（M 1115）。ここには、こうした身体と精神の不均衡が戦争やその他の災厄の原因であるとみなすベルクソンの考えがある。すでにみたようにこれが、その後ノーベル賞受賞の謝辞にも引き継がれた。実のところ第一次世界大戦中に扱われたこの問題が、『道徳と宗教の二源泉』でも、ほとんどそのままの形で引き継がれている（DS 330／Ⅱ二七六）。こうした問題意識は『二源泉』を刊行するうえで、ベルクソンにとって重要な要素となっていく。

道徳がひとつの主題に据えられた『道徳と宗教の二源泉』は一九三二年に出版される。だが、トンケデクに伝えたように、この主題について「提示可能」な帰結に至った結果としてベルクソンはこの本を出版することになったのだろうか。藤田尚志は『二源泉』の切迫性ないし緊急性について述べて、ベルクソンの著作で序文が書かれていないのは『二源泉』だけである点を指摘している（藤田 2022：四四九）。これは、ベルクソンが道徳の問題には長年取り組んでいた一方で、『二源泉』の出版自体は、序文を準備する余裕もないきわめて急を要する事態であったことを示している。こうした状況を裏付けるジャック・マリタンの証言がある。「ある日、宣伝も出版告知もなく、著者のもっとも親しい友人たちでさえ誰も知らされることなく、二五年も待たれていた著作が本屋に並んでいた」と彼は語る（Maritain 1944: 65）。そしてベルクソン自身も、『二源泉』が充分な状態でないまま出版されることに逡巡していた様子がみてとれる。本書の一九三二年二月二十五日付のシュヴァリエ宛の出版直前の書簡では、以下のように語られる。「前進しているとは確かに実感しておりますが、説得力をもつやり方で論述しなかったことを後悔しております。出版を断念するには、ほんのわずかなことや、ほんのわずかに批判的な考察でも充分でした」。しばしば『二源泉』は圧縮された議論が展開されるゆえに説明の不充分さが指摘されるが、それにベルクソンも自覚的だったことがうかがえる。それでもベルクソンは『二源泉』を世に出すことを優先したのだ。それほどまでに出版を急いだわけは、『二源泉』第四章の内容とも関わる、さまざまな危機を目撃したことにあるだろう。

一九二二年にはイタリアではクーデタによりムッソリーニ政権が樹立された。第一次世界大戦後からつねにドイツへの警戒を怠らないフランスでは、対ドイツ戦略のマジノ線が二八年から構築されている。そして二九年には世界恐慌が生じ、ヨーロッパも経済的な危機を迎える。ドイツでは三〇年の国会選挙でナチスは第二党へと躍進している。国際知的協力委員会の議長として貢献した、第一次世界大戦後に目指されたヨーロッパの平安が、至るところで綻んでいくのをベルクソンは目撃していたことになる。本『書簡集』でも、ヒトラーに対する非常に強い警戒感が表明される書簡をいくつもみることができる。さらにシュヴァリエによる『ベルクソンとの対話』では、「ヒトラーは『二源泉』が正しかったことを証明した」とベルクソンが述べたとされる(Chevalier 1959: 215/二四二)。

こうした時代の状況下で、あるいはリウマチの苦しみのなかで、世に出た『二源泉』はどのように受け取られたのか。ベルクソンは道徳と宗教を扱うこの著作について、当初カトリック勢力からの反応を気にしていた。一九一四年にベルクソンがアカデミー・フランセーズへの入会者候補となったとき、反ユダヤ主義の新聞などが反ベルクソン・キャンペーンを張ったのだが、そのなかにはキリスト教系の新聞もあった(Azouvi 2007: 168)。また同年、『意識に直接与えられたものについての試論』『物質と記憶』『創造的進化』の三著は、内容がキリスト教の教えにそぐわないものとしてローマ教皇庁によって禁止目録に入れられた(Azouvi 2007: 171)。これらの理由でベルクソンは、まずはキリスト教側からの反応に敏感な状態だったと推測される。出版後の反応は、賛否がわかれた。トンケデクやトマス主義者のマリタンらは以前と変わらず批判的な見解をみせた。その一方で、神について不適当な説明がおこなわれた『創造的進化』とは違い、カトリックの神秘家を重要視するこの著作でベルクソンは「われわれの側」に接近しているとのカトリック側からの評価もみられた（Azouvi 2007: 266）。出版の翌年、ロワジーはきわめて強い批判を含む著作『道徳と宗教の二源泉は存在するのか』を上梓する。ロワジーは、ベルクソンが語る「静的宗教」と「動的宗教」という区別がそもそも歴史上の宗教的展開と合致しているのか、それらはそもそも宗教の原初的な二つの側面に過ぎないのではないかと疑問を呈し、『二源泉』の根幹に批判を加える（Loisy 1933: VII）。これに対して、三三年十一月十二日付の書簡でベルクソンからの反論が確認できる。もちろん批判だけではない。ジャン・ナベールは、ベルクソンとキリスト教との関係は他のどんな教義とも比されるものではなく、かつベルクソン的直観によって神と独自の関係が築かれていると述べる（Nabert 1941: 349-350）。またジャン・バリュジは、キリスト教関係者が「罪」や「恩寵」の問題が扱われていないと『二源泉』を責め立てるが、ベルクソンは有限な存在が神の愛に適う存在へと変貌する神秘経験を描くことで「罪」と「恩寵」とを論じていると擁護する（Baruzi 1985: 82-83）。このように『二源泉』への当初の反応は、ベルクソンの思考がキリスト教の教義からみて妥当であるか否かに議論が集中している。第四章に込められた、ベルクソンが間近に迫っていると感じた戦争への問題意識は、この時点では宗教的問題ほどには関心を集めなかったように思われる。

また、もうひとつ問題とされたのは『二源泉』第四章末尾の「神々をつくりだす機械」という表現である。この表現は『二源泉』内で詳細な説明がなされていないために、さまざま議論を呼んだ。ベルクソンは三二年三月二日と六月九日付の書簡でこれについて説明を加えている。ベルクソンが『二源泉』で述べようとしていたことを補完するという意味でも、これらの書簡はきわめて重要な資料であると言える。

そして一九三四年には、最後の著作『思想と動くもの』が出版される。シュヴァリエとの校正のやりとりを三四年四月二十九日から五月六日にかけての書簡で読むことができる。「イマージュ」という言葉をめぐる興味深いやりとりが残されている。こうしたシュヴァリエとの作業を目にすると、ベルクソンが著作に求める正確さは、かならずしもつねに彼自身の考えのみでかたち作られたものではなく、種々の対話を通して生み出されたものであることがわかる。『思想と動くもの』はそれまで発表されてきた論考を集めたものだが、自らの方法論を開陳する冒頭の二編の「序論」は、『二源泉』以降も加筆されている。そうした意味でも『思想と動くもの』は最後の著作となるが、ベルクソンは最後まで著作に対する誠実さ、そして哲学を前進させる「哲学者たちのあいだの協力関係」にこだわっていたことがうかがえる（DS 263／三四二）。

ヨーロッパは次第に雲行きが怪しくなっていく。一九三六年三月にはナチス・ドイツがラインラントの非武装地帯に軍を進駐させる。のちの三九年九月二十五日、開戦とともに身内が招集されたシュヴァリエ宛に送った手紙には「ラインラントの再軍備化以降、戦争は避けられないと考えていました」という文言がみえる。ミュラ伯爵夫人への書簡にも、こうした心情を読みとることができる。三七年九月十三日付の書簡には「今では我々の頭のうえに暗雲が集まってきて、嵐について考えざるをえません」と記され、三八年八月十九日付の書簡では「どんな不吉で悪魔的な勢力のもとで、この星は軌道をはずれようとしているのでしょうか」と沈痛な思いが明かされる。さらにサン゠シル゠シュル゠ロワールの湖や山々を「地球に別れを告げる前に、少なくとももう一度訪ねておきたいと思った」と書き添えてある。このころから自らの最期を予期するかのような表現が次第に書簡内に増えていく。

一九三九年九月にナチス・ドイツがポーランドを侵攻し、四〇年六月十四日にはパリを占領する。四〇年四月二十一日付の書簡のあとの「一九四〇年六月十五日にシノン、六月十六日にアルカションとダクス方面へ」という短い記述が示す通り、ナチスによるパリ占領に際してベルクソンは以前から湯治に通っていたダクスへと逃れた。それから九月にはパリに戻ったようである。そして冬の到来は、老いたベルクソンを痛めつけた。シュヴァリエによれば、暖房が不充分であったために寒さに苦しみ、肺鬱血のために四一年一月三日にベルクソンは亡くなった。ベルクソンは亡くなる直前、意識が朦朧としつつもまるで講義をするかのように振る舞い、最後に「諸君、五時になりました。講義を終わります」と発したと伝えられている（Soulez et Worms 1997: 265）。一九四五年一月六日付『フィガロ』紙に掲載されたベルクソン夫人へのインタヴュー記事がそれを裏付ける（M. N. 1945: 2）。「亡くなる十二時間前になると、夫の意識はほとんど曖昧になっていました。しっかりと精神を保ってはいましたが、もはや状況がわからなくなっていました。錯乱状態のなかで、哲学の問いや、コレージュ・ド・フランスでの講義が夫の精神に蘇ってきたのだと思います。『物質と記憶』や、一九一四年までおこなっていた講義の時間に関するような言葉を口にしていたからです」。「それから何時間か眠り、最後の瞬間は、眠りながらとても穏やかに迎えました」。

最後に、本書を翻訳する機会を与えてくださいました明治大学の合田正人氏に感謝申し上げます。また『書簡集』第Ⅱ巻の訳者である松井久氏には、翻訳に関してさまざま相談させていただきました。松井氏にも心より感謝いたします。そして法政大学出版局の郷間雅俊氏には、長引く翻訳作業のなかでもつねにサポートをしていただき、本書を完成へと導いていただきました。あらためて感謝申し上げます。

二〇二五年二月

平賀裕貴

参考文献

ベルクソンの著作および死後刊行物には略号を用いた。

EC: *L'Évolution créatrice* (1907), PUF, 2007.『創造的進化』合田正人・松井久訳、ちくま学芸文庫、二〇一〇年。

DS: *Les Deux sources de la morale et de la religion* (1932), PUF, 2008.『道徳と宗教の二つの源泉　I・II』森口美都男訳、中公クラシックス、二〇〇三年。

EP: *Écrits et paroles* (1959), éd. Rose-Marie Mossé-Bastide, PUF.

M: *Mélanges* (1972), éd. André Robinet, PUF.

C1: *Cours I. Leçon de psychologie et de métaphysique* (1990), éd. Henri Hude, PUF.『ベルクソン講義I　心理学講義・形而上学講義』合田正人・谷口博史訳、法政大学出版局、一九九七年。

その他

AZOUVI, François (2007), *La gloire de Bergson, essai sur le magistère philosophique*, Gallimard.

BRUZI, Jean (1941), «Le point de rencontre de Bergson et de la mystique», *L'intelligence mystique*, éd. Jean-Louis Vieillard-Baron, Berg international, 1985.

CHEVALIER, Jacques (1959), *Entretiens avec Bergson*, Plon. ジャック・シュヴァリエ『ベルクソンとの対話　新装版』中沢紀雄訳、みすず書房、二〇〇八年

MARITAIN, Jacques (1944), *De Bergson à Thomas d'Aquin*, Paul Martmann.

M. N. (1945), « Les derniers moments d'Henri Bergson », *Le Figaro: journal non politique*, Figaro, le 6 janvier 1945.

NABERT, Jean (1941), « L'intuition bergsonienne et la conscience de Dieu », *L'expérience intérieure de la liberté et d'autres essais de philosophie morale*, PUF, 1994.

SOULEZ, Philippe et WORMS, Frédéric (1997), *Bergson. Biographie*, PUF, 2002.

TONQUÉDEC, Joseph de (1936), *Sur la philosophie bergsonienne*, Beauchesne.

藤田尚志（2022）『ベルクソン　反時代的哲学』勁草書房

ベルクソン、アンリ（2019）『時間観念の歴史　コレージュ・ド・フランス講義 1902-1903年度』藤田尚志・平井靖史・岡嶋隆佑・木山裕登訳、書誌心水

人名総索引

1）この総索引では，本『書簡集』全3巻分の人名を拾った。
2）既刊のⅠ巻・Ⅱ巻には，人名表記の誤りや不統一が見られるものがあった。それら不完全な表記は，ここでは〔 〕内に示し，訂正後の，本『書簡集』における適切な表記を項目名として示した。

ア行

アンウィン　Unwin F.　821
アンジェリエ　Angellier A.　1496
アンジュラン　Engerand F.　1476–78
アンダーソン　Anderson K.　1543
アントニアード　Antoniade C.　270
アンドラー　Andler Ch.　642
アンドリュース　Andrews C. W.　922–23
アンドレ　André　26
アンバール・ド・ラ・トゥール　Imbart de la Tour P.　521, 568, 571, 573, 591, 594, 605, 612, 615, 617, 619–22, 626, 633–34, 637, 643, 653, 660–61, 709, 736, 803, 805–06, 824, 847, 852, 870, 893–94, 900, 906, 927–28, 996, 999, 1029
アンリク　Enriques H.　730
イェルーザレム　Jerusalem W.　201, 287, 295, 474–75
ヴァーグナー　Wagner R.　60, 1369
ヴァール　Wahl J.　1137–38, 1205–06, 1417, 1422, 1466, 1488, 1509, 1511, 1530
ヴァイツマン　Weizmann A.　1077
ヴァシュロ　Vacherot E.　10, 313
ヴァリニー　Varigny H. de　911
ヴァレリー　Valéry P.　523, 911, 969–70, 986, 990, 1002–03, 1046, 1126, 1132, 1146, 1148, 1196, 1202, 1215–16, 1227–28, 1231, 1243, 1251, 1265–66, 1273, 1295–96, 1321–22, 1340, 1344, 1347, 1368, 1387–88, 1411–12, 1414, 1417, 1440, 1460–61, 1468, 1478, 1480, 1517, 1531
ヴァン・エンデ　Van Ende Cl.　456
ヴァン・ダイク　Van Dyke H.　226
ヴァンサン　Vincent M.　543
ヴァンダービルト　Vanderbilt W. K.　652
ヴァンダーリップ　Vanderlip F.A.　654
ヴァンダレム　Vanderem F.　524, 527
ヴィアース　Wiers E. S.　456
ヴィアル　Vial Fr.　1135
ヴィアラット　Vialatte A.　1233
ヴィヴィアーニ　Viviani R.　664, 1323
ウィットニー　Whitney A. F.　652
ヴィトゲンシュタイン妃　Wittgenstein Carolyne Saya de　41
ヴィニャル将軍　Vignal　764–65
ヴィラゼール　Villasère H.　271
ウィルソン　Wilson W.　642, 645–46, 651, 655–57, 660, 662, 666–67, 684, 695, 711, 727, 731–32, 738, 740–42, 744–46, 748, 757, 759–60, 766, 769, 773, 777, 781–84, 786, 788, 790–91, 797, 799–800, 802–04, 812, 1107, 1125, 1520, 1533
ヴィルヘルム二世　Guillaume II　593
ウィルボワ　Wilbois J.　151, 315
ヴィンデルバント　Windelband W.　167–68, 190, 194–98, 200, 235
ウールモン　Oulmont Ch.　419–20
ウェイガン　Weygand M.　1272, 1543
ヴェイリー　Veyries A.　6
ヴェーバー　Weber L.　19, 234, 1362
ウェストン　Weston S. B.　456
ウェルシンガー　Welschinger H.　799–800
ヴェルナー（夫妻）　Werner Ch. et Mme　203, 597, 826–28, 831–32, 886–87, 916–17, 1139, 1159, 1198, 1217, 1251–52, 1267, 1269, 1291–92, 1325–26, 1349–50, 1371, 1399–400, 1438, 1447–48, 1459, 1492, 1494, 1512
ヴェルナツキー　Vernadsky V. I.　944–45
ヴェンチュリ　Venturi A.　67
ウォード　Ward J.　116, 303
ウォートン　Wharton E.　602
ヴォーバン　Vauban S.　1280
ウォーレン　Warren W.　455, 591, 652〔ウォレン〕
ヴォギュエ　Vogüé E. M.　1295
ヴォドワイエ　Vaudoyer J. L.　1176
ヴォルムス　Worms R.　279–80, 305

ヴォワヴネル　Voivenel P.　735
内田康哉（大使）　Uchida　758
ウッドブリッジ　Woodbridge F. J. E.　607, 1534
ウナムーノ　Unamuno M. de　1007
ウリー　Oury L.　966
ウルフ　Woolf V.　1303
ウンガー　Ungar H.　1182
ウンダーウッド　Underwood O.W.　645
ヴント　Wundt W. M.　317
エイセンシッツ　Eisenschitz A.　437
エイセンシッツ　Eisenschitz P.　437
エヴァンス　Evans É.　1226
エヴァンス　Évans S.　479
エーレンスヴァルト　Ehrensvärd A.　1184
エクスナー　Exner S.　119
エストラド＝デルクロ　Estrade-Delcros (prix)　862
エスピナス　Espinas A. V.　10
エスレン　Esslen W.　415
エックハルト　Eckart J.　39
エストゥールネル・ド・コンスタン　Estournelles de Constant d'　598, 1535
エドワーズ大佐　Edwards　775
エナール　Hesnard A.　1353
エノ　Eno H. L.　456
エベール　Hébert M.　210–11
エリー　Ely R. E.　455
エリオ　Herriot E.　961, 963, 1052, 1085
エリティエ　Héritier J.　1315
エルマン　Hermant M.　1353, 1530
エレディア　Heredia M.　→レニエ
オイケン　Eucken R.　157, 289, 327, 375
オウィディウス　Ovide P. O. N.　931
オードラ　Audra A.　1274
オーベール　Aubert L.　25〔オベール〕, 753, 770–71, 775, 777, 790–91
オーランドスキー　Orlandski　652
オシップ＝ルーリエ　Ossip-Lourié D.　80, 174, 184, 319, 435, 529, 809, 848, 867, 894–95, 905–06, 914, 949, 955, 1022, 1024–25, 1039, 1224, 1229, 1235, 1242, 1267, 1485, 1509
オズボーン　Osborne D.　456, 652
オディフレッド　Audiffred J. H.　949
オノラ　Honnorat A.　859
オプノ　Hoppenot H.　357–58
オプレスク　Oprescu G.　1019, 1023–24, 1030, 1052, 1055
オマール公　Aumale H. d'Orléans　679
澤瀉久敬　Omodaka H.　1191
オリヴィエ　Ollivier É.　382, 386, 429, 482, 549, 680, 717, 728, 1113
オリヴィエ（息子）　Ollivier J. É.　384–85, 395, 429, 480, 634, 716–17, 1406
オリヴィエ夫人　Ollivier Mme　12, 371, 377, 382, 384, 405, 427, 429, 432, 434, 480–82, 484, 547, 550, 557, 559, 603, 613, 663, 730
オリヴィエ　Ollivier　→トロワジエ・ド・ディア
オルトラマーレ　Oltramare A.　1402
オンベルグ　Homberg O.　644

カ行

カー　Carr H. W. et Mrs.　270, 336–38, 342, 356, 364, 565, 723, 821–22, 824, 832–33, 887, 891, 895, 992, 1299, 1451, 1529
カーター　Carter W. H.　1274
カーリアン　Carlhian V.　1365
ガーリングス　Gahlings U.　144
カールフェルト　Karlfeldt E. A.　1183, 1186–87, 1225
カーレン　Kallen H. M.　321, 1145, 1155, 1157, 1370
カーン　Cahen A.　25, 344
カーン　Kahn A.　11
カーン　Kahn Al.　664
カーン　Kahn L.　87
カーン　Kahn O.　645

カイザーリンク　Keyserling A. von 143–44
カイザーリンク（夫妻）　Keyserling H. von et Mme　143–44, 214, 216, 235, 278, 288–89, 294, 298–99, 303, 308, 312, 319, 335, 349, 362–63, 367–68, 431, 434, 436, 451, 469, 471, 547–48, 1281, 1362, 1420
カウチュ　Kautsch H.　458
ガクソット　Gaxotte P.　1484
ガション　Gachons J. des　1159, 1169
カストロ　Castro A. de　1090
カズナヴ　Casenave A.　651–52
カセヴィッツ　Casévitz Th.　1182
カッシーニ（夫妻）　Casini P. et Mme 79, 388
カトーイ　Cattaui G.　1282–83, 1346–47, 1401, 1403–04, 1498–99
ガニュバン　Gagnebin S.　423
カピュ　Capus A.　683, 717
ガリマール　Gallimard M.　1075, 1132
ガリレイ　Galilée G.　234, 239
カルカーニョ　Calcagno A.　460
カルデレッリ　Carderelli V.　1163
カルデローニ　Calderoni M.　99, 200
カルデロン　Calderón F. G.　270
カルノー　Carnot S.　174
カレル　Carrel A.　472, 1257, 1399
ガン　Gunn J. A.　855–56
カント　Kant E.　58–59, 73–74, 144, 148, 174, 314–15, 370–71, 413, 475, 543, 637–38, 816–17, 849, 1123, 1280, 1359–60
カントロヴィッツ　Kantorovicz G. 302, 415, 418, 440
カンパ　Campa O.　428
ガンベッタ　Gambetta L.　428–29
カンボン　Cambon J.　621, 664, 709, 720, 1005, 1244, 1272, 1389
カンリッフ＝オーエン　Cunliffe-Owen F.　649
ギールス（大使）　Giers de　757
キーン　Keen W. W.　456
ギットン　Guitton J.　1102, 1261–62, 1306, 1328, 1339, 1344–45, 1365, 1384–85, 1400, 1445, 1530
ギトリ　Guitry S.　1524
ギベンス＝ジェイムズ　Gibbens-James A.　376, 416〔ギボンズ＝ジェイムズ〕
ギボンズ枢機卿　Gibbons　747
キャノン　Cannon W. B.　1226
ギュイヨー　Guyot M.　1253
ギュイヨー　Guyau M. J.　1016
キュヴィエ　Cuvillier A.　1516
キュリー　Curie Marie　922, 928, 973–74, 1011–14, 1019, 1054, 1076–77, 1085, 1088, 1098, 1190
ギヨーム　Guillaume E.　915–16
グイエ　Gouhier H.　17, 437, 872, 1216, 1224–25, 1243–44, 1250, 1275–76, 1303–04, 1356, 1452
クーサンジュ　Coussanges J. de　588
クーシュー　Couchoud P. L.　48, 270, 912–13
クーチュラ　Couturat L.　20, 122, 248, 550–51
クーデル　Coudert F. R.　455, 1398–99
グールモン　Gourmont R. de　162
九鬼周造　Kuki S.　1186, 1190–91
クザン（弁護士）　Cousin　966
グスリー　Guthrie W. N.　456
クネヒト　Knecht J.　811
クネヒト　Knecht M.　708, 714, 914, 920–21
クラーク　Clark E. S. R.　1209–10
クラーク　Clark R. R.　334, 336, 338, 355–56
グラヴィエ少佐　Gravier　738, 769–70, 774, 780, 787
クラコウスキー　Krakowski E.　1245
グラッセ　Grasset B.　862
グラップ　Grappe A.　1308–09

クラパレード（夫妻） Claparède E. et Mme　54–55, 75, 84, 93–94, 106, 121, 130, 133, 362–63, 1327
グラルドン　Glardon A.　953
グランジャン　Grandjean Fr.　826–27, 831–32, 1228
グラント　Grant P. S.　456
グリアー　Greer E.　456
クリール　Creel G. E.　772, 781–82, 790
グリーンバウム　Greenbaum S.　456
クリヴォシェン　Krivocheine　760
クリスチアーニ　Ch Christiani L.　235
クリッソン　Clisson E.　756
グリフィス　Griffith W.　456
グルコ　Gourko V. I.　756
グルナール（外務従事者） Grenard　757
クルノー　Cournot A. A.　10. 315
グレイ　Gley E.　76–77
クローチェ　Croce B.　158, 216–17, 244, 268, 307
クローデル　Claudel P.　1543
クレマンソー　Clémenceau G.　737, 1245
クローナー　Kroner R.　346, 348
クローリー　Croley H. D.　762
クロス　Cross W. L.　455
クロスニエ（外務従事者） Crosnier 760
グロズランド　Groselande　660
クロメンシエヴィッチ　Klomensiewicz 929
クロワッセ　Croisset F. de　1178
クワイン　Quinn J.　652
ゲーグナー（賞） Gegner　1325, 1402
ゲーテ　Goethe W.　488, 829–30, 1295–96
ケッテン　Ketten L.　839
ケッペル　Keppel F. P.　889
ゲデス　Geddes A.　537, 539–40
ゲデス　Geddes J.　398〔ゲッド〕, 537, 540–41
ケトレ　Quételet A. L.　469
ケラー　Keller A.　536
ゲラン　Guérin E. de　1165
ゲラン　Guérin M. de　26, 1054, 1447
ケリー　Kelley S.　592
ゲルラッハ　Gerlach W.　1055
ゲレー　Guerrey　25
ケレンスキー　Kerenscki A. F.　761
ゲンティ　Genty P.　1513
コヴィル　Coville A.　737
ゴーヴァン　Gauvain A.　1177
コーエン（教授） Cohen　652
ゴーギャン　Gauguin P.　1181
ゴーゴリ　Gogol N.　852
ゴーチエ　Gaultier J. de　297
ゴーチエ　Gauthiez P.　90–91, 207
コクトー　Cocteau J.　1272
コシェ　Cochet M. A.　735
コシャン　Cochin D.　520, 863–64, 987, 951, 1543
コステロー　Costelloe K.　907, 909
ゴッス　Gosse E. W.　720
コッチェ　Kottje Fr.　1101
ゴットハイル　Gottheil R.　456
ゴデ　Godet M.　922, 928
コフート　Kohut A.　131
コリンズ　Collins F. H.　527
ゴルシュテイン　Gold'shtein V.　311
ゴルトシュタイン　Goldstein J.　201, 236, 249, 365, 374–75, 378, 421
コルスヴァント　Corswant W.　1141
コルネイユ　Corneille P.　829
コルネリウス　Cornelius H.　86
コルプ　Kolb A.　393
コルラ（弁護士） Collerat　966
ゴワイヨー　Goyau G.　566, 630, 951, 1486
コワンシー　Coincy G. de　1281
コンスタンティン　Constantin G.　1131
コント　Comte A.　10. 314–15, 1243–44, 1303

サ行

サーリング　Thirring H.　1020
サイヤンス　Saillens É. (Seillens)　720
サヴェージ　Savage G. M.　270
サスマン　Susmann M.　490
サドリア　Sadeleer de　661
サラ・ベルナール（基金）　Sarah-Bernhardt　1014–16
サルシオー　Sartiaux P. A.　637–38
サルトン　Sarton G.　79, 408
サロモン　Salomon Ch.　4–7, 9
サロモン　Salomon M.　1272
サロレア　Sarolea Ch.　1011
サン＝シモン　Saint-Simon C. H.　837
サンタナ・ロドリゲス　Sant'Anna Rodriguès A. A. de　837
サンタヤナ　Santayana G.　120
サンド　Sand S.　172
サント＝ブーヴ　Sainte-Beuve C. A.　94–95, 1289, 1396
サントゥール（賞）　Saintour　40, 842
シーモア　Seymour Ch.　1124
ジェイムズ（娘）　James A.　376, 416, 426
ジェイムズ（息子）　James H.　425, 456, 889, 1151, 1487
ジェイムズ夫人　James Mme　321, 328, 330
ジェイムズ　James W.　62–63, 65, 70, 99–103, 106, 108, 110–15, 118, 150–51, 163, 175, 177–78, 181, 187, 200, 210–11, 218, 223–24, 228, 230–31, 234, 238, 241, 264–65, 272, 274, 276, 285, 293, 310–11, 318, 320–21, 324, 327–28, 330–31, 346, 356, 359, 371, 375–77, 388, 399, 403, 416, 560, 878, 889, 957, 981–84, 1055, 1146, 1151, 1156, 1201, 1204–05, 1226, 1318, 1323, 1331, 1338, 1402–03, 1409, 1428, 1487, 1520
シェークスピア　Shakespeare W.　829
シェーラー　Scheler M.　337, 340, 393
シェール　Scheel K.　1018
シェストフ　Chestov L.　968
シェニエ　Chénier A.　67
シェラダム（シェラダメ）　Chéradamé A.　695, 718–19
ジェラルディ　Géraldy P.　1293
シェリング　Schelling F. G. J.　1031, 1300
ジェルマン　Germain J.　1413
ジェルマン夫人　Germain Mme　418
シゲル　Sigele S.　734
シソン　Sisson (?)　790
ジッド　Gide A.　531, 1208, 1218, 1234, 1342, 1376–77, 1394, 1430, 1458
シモン　Simont J.　508
シャープ　Sharp W. G.　645, 757〔シャルプ〕
シャヴァンヌ　Chavannes　26
ジャクソン　Jackson J. A.　647
ジャゴウ　Jagov (Jagow) G. von　672
ジャコブ　Jacob B.　36
シヤック　Sillac Jarousse de　739
ジャックス　Jacks L. P.　391, 404
シャッシニュー　Chassigneux　26
シャトーブリアン　Chateaubriand F. R. de　94
ジャネ　Janet Pierre　125, 314, 891, 893, 991–92
シャモンタン　Chamontin E.　1076
シャレイ　Challaye F.　1199, 1530
ジャルー　Jaloux E.　869, 996–97, 1303, 1369, 1463
シャルドン　Chardon H.　1177
シャルドンヌ　Chardonne J.　1288
シャルム　Charmes Fr.　430, 433, 517, 519, 611–12
シャルメル＝ラクール　Challemel-Lacour P. A.　610
ジャンケレヴィッチ　Jankélévitch S.　274

ジャンケレヴィッチ　Jankélévitch V.　1015–16, 1162, 1209, 1235, 1242, 1359, 1459, 1505, 1530
ジャンティル　Gentile G.　217
ジャンヌ・ダルク　Arc J. d'　668, 1475–76
シャンブラン　Chambrun Ch. L. A. P.　733, 735
シュアレス　Suarès A.　1268, 1279, 1309, 1317–18, 1351–52, 1391–92, 1423–24, 1434–35, 1443, 1461, 1491–92, 1504
ジュヴァラ　Djuvara M.　400
シュヴァリエ　Chevalier J. et famille　588, 848, 850, 854, 967, 1103, 1105–06, 1109, 1111, 1113, 1115, 1122, 1145, 1159, 1168, 1170, 1200, 1262–63, 1265, 1270–71, 1314–15, 1328–32, 1363, 1365, 1368, 1377–78, 1402–03, 1408–09, 1426, 1446, 1486, 1506–07, 1513–14, 1530–31
シュウォッブ　Schwob R.　1210–11
シューク　Schück H.　1187
ジュヴネル夫人　Jouvenel Mme de　1538
シューマン　Schumann Cl.　240
シューマン　Schumann R.　1168
シュヴリヨン　Chevrillon A.　625, 627, 980, 1236, 1373, 1488
シュケ　Chuquet A.　1029
ジュスラン（夫妻）　Jusserand J. J. et Mme　645, 648–56, 659, 664, 738–40, 742, 745, 749, 754–55, 757–61, 763–64, 766, 768–70, 772–78, 780–84, 787, 791
シュタイン　Stein L.　383
シュノ＝ラブーレ　Chenot-Laboulais L. de　8
シュリ＝プリュドム　Sully-Prudhomme R. F. A.　10
ジュリアン　Jullian C.　1258
シュレーゲル　Schlegel J.　212
シュレン＝ピーギ　Schrem-Pighi L.　79
シュローザー　Schloezer B. de　968
シュロン（ニューヨーク）　Chelon　650
ジョアンネ　Johannet R.　1516
ショーペンハウアー　Schopenhauer A.　299, 308, 370–71, 480
ショーメ　Chaumeix A.　235〔ショーメクス〕, 1245, 1319
ジョフル　Joffre J. J. C.　603, 691, 797, 802, 839, 1107, 1272, 1543
ジョリヴェ　Jolivet R.　1265, 1312
ジョレス　Jaurès J.　13
ジョンカー　Jonker G. J. A.　854
ジョンソン　Johnson A.　470, 1155
ジョンソン　Johnson B. M.　654
シラー　Schiller F. C. S.　101, 272, 274, 303, 389, 424, 887, 992, 1074, 1300, 1451
シラー　Schiller Fr. von　487
ジラード　Girard J. W.　735〔ジラール〕, 747
シリトー　Shillito E.　1141
ジルーワン　Gillouin R.　392–93, 466, 526, 1159, 1523
ジルソン　Gilson E.　1096
シルバースタイン　Silberstein L.　271
シルプ　Schilpp P. A.　1484
ジレ　Gillet M. S.　1436
ジロー　Giraud V.　94, 304, 402–03, 438, 513, 528, 632, 639, 641, 708, 723, 728, 794, 803, 939, 997, 1160, 1164, 1176, 1270, 1288, 1317, 1348, 1395, 1405, 1472
ジロドゥー　Giraudoux J.　644, 1152
ジンメル　Simmel G.　208, 222, 236, 258, 274, 333, 418
スーキン　Soukhine　765, 780
スーラ　Soula J.　994
スーレーズ　Soulez Ph.　12, 562, 608, 756, 1375
スカルパテット　Scarpatett →ナルシー
スコーフィールズ　Schofields J. M.　779
スコット　Scott P. W.　271
スコット　Scott R.　456
スゴン　Segond Jean　868
スゴン　Segond Joseph　354, 421, 452

スターリン　Staline I. V.　1507
スタール夫人　Staël Mme G. de　207, 1401–02, 1502
スタヴロー　Stavlaux　25
スティーンベルゲン　Steenbergen A. 193, 235
ステッドマン　Stedman J. M.　645
ストゥー　Stout G. Fr.　106
ストーン　Stone W. J.　645
ストラック　Struck H.　456
ストリヴェント・ミルワート　Strivent-Milvart H. C.　4
ストロウスキー　Strowski F.　1177
ストロール　Strohl ou Still (C.I.C.I.) 928–29
ストロング（夫妻）　Strong Ch. A. et Mme　83–84, 95–96, 104, 106, 108–09, 113, 119, 124, 134, 137, 146, 154, 180, 187–88, 320, 323, 730–31, 942, 1121, 1126–27, 1283
スピール　Spir A.　334, 429
スピノザ　Spinoza B.　22, 280, 405, 475, 525, 848, 915, 935, 937, 1114, 1280, 1359, 1360, 1449
スピラー　Spiller G.　456
スプーナー　Spooner W. A.　890
スペンサー　Spencer H.　87, 129, 170, 176, 444, 1104
スミス　Smith A.　48
スミス　Smith E. F.　456
スミス　Smith M.　1156
スミス　Smith N. K. et famille　732, 816, 820, 895, 972, 1390
スローン　Sloane N. E.　674
セアイユ　Séailles E.　131
セイエール　Seillère E.　271, 1177, 1207
セーデルバウム　Söderbaum M.　1257
セーデルブロム　Söderblom N.　256〔シェデルブロム〕, 298〔同〕, 322〔同〕, 541, 1138, 1141, 1184, 1187, 1239
セシェ　Séché L.　95
セス　Seth J.　895, 972
セッキ　Secchi A.　10
ゼモン　Semon R. W.　126–27
セリエ　Cellier A.　1146
セリグマン＝リュイ夫人　Séligmann-Lui Mme　949
セリベール　Seliber G.　270
セリュ　Serrus Ch.　1313
セルティヤンジュ　Sertillanges A. D. 631
セルネイ　Sernay A.　909
セルバンテス　Cervantès M. de 1461–62
セレゾール　Ceresole G.　121
ゾイテン　Zeuthen H. G.　464
ソーデ　Souday P.　1193
ソーリー　Sorley W. R.　895
ソクラテス　Socrate　1322, 1418
ソトゥロー　Sautreaux C. B.　998
ソレル　Sorel G.　55, 72, 169, 172, 179, 217, 235, 343, 346, 813, 878, 1404–05, 1510
ソロヴィヨフ　Solovieff W.　536–37
ゾンネンシャイン　Sonnenschein S. 292, 462

タ 行

ダーウィン　Darwin C. R.　166, 170
ターケット＝ミルンズ　Turquet-Milnes G. R.　910
ダヴィッズ　Davids　651
ダヴィッド　David A.　1500
ダヴィッド　David P. S.　1181, 1416
ダ・ヴィンチ　Vinci L. de.　1328
ダナール　Dunnard E.　1100
タマン　Thamin R.　1025, 1028–29
タラグラン　Talagrand　25
ダリウス　Darius J. R.　1181
ダルソンヴァル　Arsonval A. d'　37–38
タルデュー　Tardieu A.　756, 761, 784,

790–91, 1366, 1417, 1430, 1451
タルド　Tarde G.　37, 72–73, 280, 734, 1174
タロー　Tharaud F. et J.　88, 1543
チェンバレン　Chamberlain A.　582, 1100
チチェリン　Tchitcherin　750
チボーデ　Thibaudet A.　989, 1001, 1022, 1039, 1159, 1358–59, 1414, 1416–19, 1422, 1431, 1462–63
チャッペリ　Chiapelli A.　332
チャペック　Čapek M.　1467–68
チャンラー夫人　Chanler Mme　652, 904〔シャンレ〕
チュルマン　Turmann M.　1029
ツェラー　Zeller E. G.　10–11, 313
ツォッピ　Zoppi S.　78
デ・ドゥヴィーズ・デュ・デゼール　Des Devizes du Désert G. N.　1345
ディーデリヒス　Diederich E.　156, 169, 193, 195, 198, 202, 217, 222, 278, 295, 301, 344–45, 440–42, 462, 489–90, 515–16, 523, 536, 1073, 1148–49, 1219
ティーレ　Tiele C. P.　1141
デイヴィーズ　Davies　651
ティエール　Thiers A.　610
ディケンズ　Dickens Ch.　1142, 1171
ダイザーリンク　Dyserinck H.　144
ディッキンソン　Dickinson L.　1008–09
ティネール　Tynaire M.　1543
ディメ神父　Dimet　1538
テイラー　Taylor H. O.　456
ティラール　Tirard P.　1225
ディラック　Dilhac　25
ティルゲル　Tilgher A.　1355
ティレル　Tyrrell G.　169, 235, 356, 361, 1432
テヴナ　Thévenaz P.　1489
テーヌ　Taine H.　82–83, 438, 1056, 1176, 1236–37, 1496
デーレンブルク　Derenbourg H. et Mme　51
デカルト　Descartes R.　24, 27, 73, 125, 234, 315, 520, 571, 619, 850, 930, 1280, 1334, 1360, 1377, 1409, 1445, 1447–48, 1452, 1486
デクリュー・ド・ストゥ　Decrue de Stoutz Fr.　1041
デシャネル　Deschanels P.　563
デストレ　Destrée J.　946, 1037, 1048–50
デゼッサール　Essarts E. des　1345
テニエール　Tesnière V.　523
テプフェール　Töppfer A.　1033
テプフェール　Töppfer R.　1033
デュ・ボス（夫妻）　Du Bos Ch. et Mme　534, 601–02, 813, 901–02, 904, 919–20, 968, 1053, 1075, 1203–04, 1213–14, 1217–18, 1220, 1301–02, 1344, 1371–72
デュアメル　Duhamel G.　1454, 1462
デューイ　Dewey G. B.　695
デューイ　Dewey J.　445–46, 450–51, 455, 466
デューラフォワ　Dieulafoy M.　51
デュオルコ　Duhourcau F.　1288
デュナン　Dunan Ch.　398
デュプラ　Duprat E.　270
デュプラ　Duprat G. L.　35
デュボワ（学生）　Dubois　10
デュポン　Dupont P.　1151–52
デュマ　Dumas G.　314, 1118
テュマルティー　Tumulty J.　802–03
デュラン（アルカン社）　Durand　522
デュルケム　Durkheim E.　314, 1174, 1234
デルボス　Delbos V.　32, 148, 237
ドイチュ（外務従事者）　Deutsch　645〔「ドイツ人」は誤り〕
トインビー　Toynbee A.　1037, 1087
ドゥヴィル　Houville d'　→レニエ夫人
ドゥーガル　Dougall M.　1154

ドゥーミック　Doumic R.　463–64, 636, 641, 836, 1076, 1105–06, 1184–85, 1196–97, 1230–31, 1254–55, 1270, 1375–76, 1385
ドウェルショーヴァー　Dwelshauvers G.　234, 295, 299, 597–98
デザマール　Desaymard J.　452, 1233
ドゥジャン（外務従事者）　Dejean　651
トゥタン　Toutain M.　1118
ドゥモー（哲学者）　Demaux (philosophe)　1345
トゥルーズ　Toulouse E.　846, 1188
トゥルベツコイ　Troubetskoy K. D. 760
ドーデ　Daudet A.　1142
ドーリアック（夫妻）　Dauriac C. L. et Mme　16, 23, 31, 33–34, 42, 123–24〔ドーリヤック〕, 190, 208, 412〔同〕, 430〔同〕, 459〔同〕, 1078
ドガ　Degas H. G. E.　1181, 1468
ドストエフスキー　Dostoïevski F. M.　960
ドニ　Denis E.　718
ドネー　Donnay M.　736
ドビュッシー　Debussy Cl.　1434
デビュ=ブリデル　Debû-Bridel J.　1411
トマ　Thomas M.　651–52, 667, 731
トマス・アクィナス　Thomas d'Aquin　631, 1334
トムソン　Thomson J. A.　407, 422
トムソン　Thomson P.　456
ドラージュ　Delage Y.　828, 830
トロブリッジ　Trowbridge J.　456
ドラクロワ　Delacroix H.　39, 123, 126, 209, 221
ドラットル　Delattre Fl. et famille　65, 72, 117, 151, 177, 189, 232, 588, 910, 956–57, 981, 984, 1054, 1127, 1129, 1142, 1161, 1171, 1200, 1204, 1245–46, 1303, 1375, 1398, 1426–27, 1496, 1508, 1517, 1526, 1531
ドラノワ　Delannoy P.　1536
ドリーシュ　Driesch H.　140–41, 235, 367–68, 421
トリュク　Truc G.　1281
トルストイ　Tolstoï L.. N.　960, 968, 1461–62
トレメゼグ　Trémesaygues A.　141, 153, 206
ドローワン　Droin A.　731
トロツキー　Trotsky L. D.　759, 786
ドロッシュ　Deloche M.　52
ドロネー（外務従事者）　Delaunay　661
トロワジエ・ド・ディア　Troisier de Diaz (fille Ollivier)　12, 716, 724, 730
トンケデク　Tonquédec J. de.　1111, 1170

ナ 行

ナイト　Knight E. C.　456
ナヴァーロ　Navarro A. de　747
ナヴィル　Naville E.　82, 238, 242, 285
ナット夫人　Nutt Mme　392–93
ナポレオン一世　Napoléon I　960, 1317–18, 1368, 1470, 1495, 1519
ナポレオン三世　Napoléon III　680
ナルシー（スカルパテット）　Narsy R.　726, 824
ナンシー　Nancy P.　392
ニーチェ　Nietzsche Fr.　327
ニコラルド　Nicolardot F.　952–55
新渡戸稲造　Nitobé I.　972, 1015, 1026
ニューマン　Newman J. H.　589, 956–57
ヌヴー　Neveux P.　1344
ヌーラン　Noulens J.　759
ノアイユ伯爵夫人　Noailles A. de Brancovan　532, 730, 1031–32, 1302
ノエル　Noël E.　127
ノースクリフ　Northcliffe I.　673
ノーベル（賞）　Nobel A.　1184 以下
ノルストレーム　Norström V.　313, 317, 465, 468, 1282

ノレ　Nollet A.　964-65

ハ 行

ハーヴィー　Harvey G.　673
ハーヴェイ　Harvey L. A.　456
バーグソン＝スピロ　Bergson-Spiro B.　1296
バークリー　Berkeley G.　193, 198, 200, 315, 932-33, 937, 961
パース　Peirce Ch. S.　224
ハーラン　Harlan R.　659
バーンスタイン　Bernstein H.　455, 458, 649
バーンスタイン　Bernstein M.　131
ハイデン　Hayden P. M.　1527
ハイド（夫妻）　Hyde J. H. et Mme　281, 390, 446, 474, 491, 592, 608-09, 615, 627-28, 630, 638, 643, 714, 731, 733-36, 798, 806, 812, 819, 838, 943-44, 1087, 1102-03, 1129, 1143-44, 1163, 1184, 1219-20, 1223, 1226, 1232, 1237, 1246, 1248, 1257, 1286, 1346
ハイネ　Heine H.　9
ハイマンズ　Heymans J. F.　120
バイロン　Byron G. G.　1218
ハウシャー　Hausheer H.　1300
ハウス（夫妻）　House E. M. et Mme　647-48, 657, 660-61, 663, 705-06, 709-11, 714, 716-18, 740-42, 744-47, 751-53, 761-62, 768, 771, 780, 787-88, 789, 795-97, 800, 802-04, 807, 820, 874, 909, 974, 1088-89, 1121-22, 1124, 1126, 1259-60, 1283, 1289-90, 1324-25, 1397, 1437, 1520
バクメテフ　Bakmetieff B. A.　756-58, 762, 765, 779
パコト　Pacote J.　1437
バザン　Bazin R.　1413
パジェット夫人　Paget Mme　776
バシュ　Basch V.　1168
パスカル　Pascal Bl.　304-05, 316, 850, 959-60, 968, 997-98, 1333, 1338, 1409, 1486
パストゥール　Pasteur L.　681
ハックスリー　Huxley Th.　406-07
バッシュ　Bach S.　1366
バトー　Batault G.　204-05
パトナム　Putnam G. H.　456
パトナム　Putnam G. P.　456
バトラー（夫妻）　Butler N. M. et Mme　455, 598-99, 608, 647, 649, 661, 691, 996, 1527-28, 1533-34, 1535-42
バニョーリ　Bagnoli P.　78
パピーニ　Papini G.　77-79, 99, 137-38, 142, 156, 158, 193, 198, 233, 239, 242-43, 267-68, 276, 388
ハミルトン（夫妻）　Hamilton G. (Rostrevor) et Mme　881, 884, 1033, 1117, 1445, 1454
ハリス　Harris M. S.　1300
パリス　Paris (colonel)　751, 764, 770, 778, 780, 787
パリス　Pâris M.　177, 265, 272, 277, 324
ハリマン（夫妻）　Harriman W. A. et Mme　650-52, 776-77, 781
バリュジ　Baruzi J.　25, 60, 529, 1162-63, 1439
ハルス　Hals Fr.　619
ハルストリョーム　Hallström P.　1226
バルド　Barde L.　1510
バルト　Barth P.　1096
バルドゥー　Bardoux J. 1177, 1489, 1530
バルトゥ　Barthou J. L.　637
バルフォア　Balfour A. J.　391, 407, 664, 758, 766, 816, 875-76, 1013
パルマー　Palmer W. S.　301, 463
パルマンティエ（夫妻）　Parmentier G. et Mme　1280, 1363, 1445
パレオローグ　Paléologue F. M.　1130, 1157, 1173, 1411
バレス　Barrès M.　517, 555, 627, 713,

940
ハレッキ　Halecki O. de　921–23, 979, 1004, 1010
パロディ　Parodi D.　271, 1489–90
バンヴィル　Bainville J.　1393, 1443, 1483–84
バンダ　Benda J.　427, 1076
パンルヴェ　Painlevé P.　533, 1085, 1152
ピアソン　Pearson F.　456
ピーパー　Piper　274
ピウス 11 世　Pie XI　1484
ピエルフ　Pierrefeu J. de　835
ピション　Pichon St.　648, 654, 737–38, 741–42, 745, 749–50, 754, 758–59, 763, 787–88
ピストゥール　Pisteur J.　839
ビスマルク　Bismarck O. von　593, 672, 1130, 1519
ヒックス　Hicks G. D.　723, 1154
ヒッチコック（上院議員）　Hitchevrck?［ママ］　787
ヒッベン　Hibben H. N.　456
ピトキン　Pitkin W. B.　321, 647
ヒトラー　Hitler A.　1308–09, 1370, 1476, 1484, 1507–08, 1521
ビネ　Binet A.　314
ビアール　Biard　26
ビュイソン　Buisson F.　664
ヒューストン（夫妻）　Houston D. F. et Mme　650, 652, 791
ヒューブシュ　Huebsch B. W.　821
ヒューム　Hulme Th. E.　302, 447, 1124
ヒューム　Hume D.　315, 1390–91
ビュルネ（夫妻）　Burnet É. et Mme (Anna Swansea)　528–29, 1131–32, 1147, 1194, 1201, 1278–79
ピラ　Pila F.　645
ビリー　Billy A. de.　761, 769, 776, 787
ヒル（夫妻）　Hill D.J. et Mme　650, 652
ヒルトン　Hilton G.　456
ヒルマン　Hillman Mlle　415
ファーガソン　Fergusson Ch.　456
ファゲ　Faguet E.　67, 1245
ファッケンタール　Fackenthal F. D.　455
ファニエ　Fagniez G.　1029
ファルチャー　Fulcher F.　922
ファレール　Farrère Cl.　1232
ファン・デル・ターク　Van der Tak W. G.　915
ファン・ラールテ　Van Raalte G.　1056
フンク゠ブレンターノ　Funck-Brentano Fr.　852
ファンチェッロ　Fancello G.　269–70, 276
フィールド　Field M.　456
フイエ　Fouyé　317
フィッツウィリアムス（イギリス軍少佐）　Fitzwilliams　758
フィノ　Finot J.　481, 488
フィヒテ　Fichte J. G.　40, 46–47, 52–53, 60, 213, 515–16, 562, 901, 1031–32, 1150
フィリップス　Philipps W.　742
フィンレー　Finley J. H.　456
ブーヴァール　Bouvard　26
フーコー　Foucault M.　107
プージェ　Pouget G.　1335, 1365
ブータレル　Boutarel A. de　57
ブートミー　Boutmy E.　132
ブートルー　Boutroux E.　10–11, 46–47, 53, 102, 160, 167, 190, 194, 199, 233, 310, 316, 318, 320, 562, 592, 656, 723, 727, 898, 1014, 1123
プーラ　Pourrat H.　1160–61
ブーランジェ　Boulanger J.　1444
ブールジェ　Bourget P.　1348–49
ブールジャン　Bourgin G.　1102
フェスラー　Fessler I. A.　213
フェッサール　Fessard G.　1471
フェリス　Ferris G. A.　456
フェルス　Fels M. de　1280
フェルドマン　Feldmann（X. レオンの

娘婿） 842
フェルナンデス　Fernandez R.　1417, 1429–30, 1462
フェレーロ　Ferrero G.　529, 609, 615–16, 1250, 1314
フェレーロ夫人（ジーナ・ロンブローゾ） Ferrero Mme Gina Lombroso　614, 617, 1250, 1298, 1314, 1422, 1488
フォーア　Fohr P.　340
フォーサイス　Forsyth　329
フォール　Faure G. A.　1149, 1386, 1406
フォッシュ　Foch F.　743, 839, 842
フォルティ　Forti E.　923–26, 947, 1139
フォンスグリヴ　Fonsegrive G.　13
ブグレ　Bouglé C.　270
フッサール　Husserl E.　478
ブッシュ　Bush W.　838, 862, 895
ブデル　Bedel M.　1383
プトゥタン　Petetin M. A. J.　756
ブドン　Boudon V.　626
ブノワ　Benoist Ch.　533, 1022, 1046, 1177
ブノワ　Benoît P.　1287–88
プフィスター　Pfister Ch.　852〔ピステ〕, 1029
フラ　Flat P.　602, 604
プラ　Prat L.　74, 76, 133
ブライス　Bryce J.　1540
ブラウド＝ゲイ　Bloud-Gay　597
ブラセルナ　Blaserna P.　382
ブラッドリー　Bradley F. H.　294, 303
プラディーヌ　Pradines M.　283, 285, 1167–68, 1287, 1350–51
プラトン　Platon　10, 23–24, 75, 151, 204, 210, 277, 475, 932–33, 1138, 1334, 1441–42
フラマリオン　Flammarion E.　826, 877, 1323
プランヴァル　Plinval G. de　1516
フランクファーター　Frankfurter F. 761, 786
フランケンベルガー　Frankenberger J.　490
フランシェ・デスペレー　Franchet d'Esperey L.　804
ブランシュ（夫妻） Blanche J. E. et Mme　390, 410, 491–92, 595, 1180–81, 1189, 1221, 1223–24, 1240, 1249, 1343–44, 1363, 1481
ブランシュヴィック　Brunschvicg L. 19, 25, 67, 248, 435, 833, 888–89, 1135, 1158, 1268, 1402, 1469, 1489, 1508, 1523, 1525–26, 1530
フランス　France A.　513, 1039, 1405–06
フランス夫人　France Mme　1040
ブランダイス　Brendeis L. D.　751, 761, 786, 788
ブリアン　Briand A.　642, 648, 651–52, 664
ブリッジズ少将　Bridges　775
ブリウー　Brieux E.　1177, 1196
ブリノン　Brinon F. de　1531
プリモリ伯爵　Primoli J.　645
ブリュノ　Brunot F.　117
ブリュマンタル　Blumenthal W.　1233, 1344, 1347, 1411–13, 1420
ブリリンスキ　Brylinski ou Brilinski 746, 764–66, 768–70, 774–75, 777–80
プリンス　Prince Fr.　647
フルーウェリング　Flewelling R. T.　811–12, 861, 1299–301, 1397–98, 1450–51, 1529
プルースト　Proust M.　854, 1202, 1218, 1220, 1259, 1404, 1458
フルーリィ　Fleury　25
フルールノワ　Flournoy Th.　363
ブルカール　Bourcart M.　1136
ブルカン　Bourquin C.　930
ブルジョワ　Bourgeois A.　429, 532, 715
ブルジョワ　Bourgeois E.　1029

ブルドー　Bourdeau J.　131, 1177
ブルヌー　Brenous J.　16
フルバン　Hurban M.　749, 794
ブルフシュタイン　Bluvstein (Bluwstein) J.　217
ブレイエ　Bréhier H.　1389
ブレイン　Brain M.　571, 573–74
ブレツキ　Beretski　964
ブレット　Bret Th.　839
フレール　Flers R. de　952
フレシェ　Fréchet M.　1012
ブレダ少佐　Breda　738, 749, 765, 769, 774, 780, 787, 794
プレッツォリーニ　Prezzolini G.　79, 217, 242, 244, 247, 253, 267, 290, 292, 307, 411–12, 415, 428, 599, 619, 985, 1101, 1192
ブレモン（上院）　Bremond　1084
ブレモン　Bremond H.　912, 1054, 1432–33
ブレルトン　Brereton Cl.　895〔ブレレトン〕, 1128, 1274, 1276–77
フレンツェル　Fränzel W.　490
ブロ　Belot G.　14, 19, 271, 842
フロイト　Freud S.　448, 980, 999, 1522
ブロケット（賞）　Broquette　1488
ブロック＝ラロック（弁護士）　Bloch-Laroque　964, 967
プロティノス　Plotin　1261–62, 1360, 1493
フロマジョ　Fromageot H.　644
ブロンデル　Blondel Ch.　152, 296–97, 330, 999, 1056, 1085, 1117–18, 1174, 1259
ベイエン　Beyens E.　672
ベイカー　Baker A.　648, 651
ベイカー　Baker N. D.　761
ベイクウェル　Bakewell Ch. M.　455
ペイラ　Peyrat A.　610
ヘイル　Hale G. E.　922
ベヴァリッジ　Beveridge A. J.　573–76
ベーア　Berr H.　341
ヘーア　Herr L.　77
ヘーゲル　Hegel G. W. F.　164, 199–200, 315, 415, 1205
ベートーヴェン　Beethoven L. von　1369, 1493
ペギー　Péguy Ch.　87–88, 551, 553, 555, 565–66, 599–600, 611, 616, 624, 626–27, 715, 719–20, 722, 889, 959–60, 1025–26, 1028–29, 1543
ペギー（娘）　Péguy G.　1025, 1028, 1134–35
ペギー（息子）　Péguy M.　589–90, 1211–12, 1214
ペギー夫人　Péguy Mme　555, 566, 599, 611, 616, 624, 626, 715, 720, 722, 889, 1025–26, 1028, 1081, 1134–35, 1144, 1255, 1293, 1438–39, 1473
ペギー　Péguy P. (fils)　1412–13, 1439
ベギン　Beguin A.　1282
ベクレル　Becquerel J.　1044
ペスキドゥー　Pesquidoux J. de　1443
ベスナール　Besnard A.　987
ペタン　Pétain Ph.　1243, 1531
ベック　Beck J. M.　627
ベッケル（教師）　Becker　57
ヘッセン　Hessen C. I.　312
ヘッド　Head H.　1358
ベネゼ　Bénézé G.　1286, 1307–08
ベネット　Benett G.　558
ヘフディング　Höffding H.　125, 128, 141, 152, 191, 206, 212, 263–64, 584, 588, 1154
ペマルティン　Pemartin J.　1543
ヘラー　Heller V.　653
ベラール　Bérard L.　871–72, 963, 998, 1019, 1023
ヘラクレイトス　Héraclite　380
ベランジェ　Bérenger R.　721
ペリー（夫妻）　Perry R. B. et Mme　1150
ベリエル　Bériel　25

ペリス　Pellis E.　953
ヘリック　Herrick M. T.　561, 652–53
ペリヤール夫人　Périllard Mme　965〔プリヤール〕
ベルゲ　Berguer G.　1095
ベルゾール　Bellesort A.　1443
ベルト　Berth E.　758, 760〔ベルトロ〕, 1404
ベルトラン夫人　Berthelin Mme　964–65
ペルドリエル　Perdriel F.　1420
ベルトロ　Berthelot Ph.　644–46, 648, 651–52, 666, 681, 756,, 758, 760
ベルトロ　Berthelot R.　199–200
ベルトロン　Bertron S. R.　652〔ヴェルトロン〕
ベルナール　Bernard Cl.　681, 793, 1257, 1387
ペルノー（外務従事者）　Pernot　667
ベルマン　Berman A.　448
ベルンハイム　Bernheim　26
ベレンスン　Berenson B.　908
ペロ　Perrot　25
ベンサム　Bentham J.　48
ヘンダーソン　Henderson A.　867
ベンディクセン　Bendixen F.　153
ベンルービ　Benrubi I.　138–39, 144, 147, 155–57, 159–60, 168, 179–82, 185–86, 192, 195, 197, 201, 211, 217–22, 229–30, 236, 240, 250, 254, 258–59, 262–63, 274–75, 278–79, 287, 289, 295–96, 299–300, 322, 327, 333–34, 337–38, 340, 343–45, 348–49, 357, 362, 366–67, 376, 378, 387, 412–15, 418, 440–42, 453, 460, 475–76, 487, 546–47, 1136, 1174–75, 1325, 1401–02, 1502
ボー＝ボヴィ　Baud-Bovy D.　1033
ボーア　Boer G. de　1056
ホーウェイ　Horway L. H.　456
ポーク　Polk F. L.　651, 744–45, 761, 768–69, 782–84, 791
ポーターフィールド　Porterfield A. W.　456
ボーデ　Bode B. H.　271
ボードリヤール　Baudrillart A.　725, 747, 960, 1189, 1191, 1229–30
ボードリヤール　Baudrillart H.　10
ボードレール　Baudelaire Ch.　1461–62
ボードワン夫人　Baudoin Mme　1144
ポーラン（夫妻）　Paulhan J. et Mme　1260–61, 1414, 1418–19, 1462–63, 1482, 1499, 1504
ボーリン　Bohlin T.　1239
ポール　Paul N. M.　463, 560, 826〔パール〕, 1129
ホールデン　Haldane R. B.　389〔ホルデーン〕, 842, 880, 910
ボールドウィン　Baldwin E. F.　455
ボールドウィン　Baldwin J. M.　153, 165–66
ポグソン　Pogson F. L.　218–19, 356
ホジソン　Hodgson R.　273
ボチカリョーワ　Botchekareva　776
ボップ　Bopp L.　1316, 1417
ポトク（学生）　Potok　888
ボナール　Bonnard A.　395
ボナパルト　Bonaparte　1113, 1470–71, 1495, 1519
ボナパルト（ギリシャ王妃）　Bonaparte Marie　448, 591, 866, 1522
ボニツ　Bonitz H.　937
ボヌヴィ　Bonnevie Chr.　1088
ホプキンス　Hopkins A.　650
ポメロン　Pomerone A.　645
ポリッツェル　Politzer G.　1165
ポリニャック　Polignac M. de　650–52, 660–62
ホルヴァルト　Horvarth E.　766–67, 778
ボルゲーゼ大公　Borghese G.　183–84
ボルディエ　Bordier P.　125
ホルト　Holt H.　355, 387, 456, 470, 1274
ポルト＝リッシュ　Porto-Riche G.　89,

383, 815, 857, 890, 957–58, 1288
ボルドー　Bordeaux H.　1543
ボレル　Borel E.　161, 165–66, 419, 830–31
ホワイト　White H.　651–52, 742
ホワイトヘッド　Whitehead A. N. 1467, 1484
ポワザ　Poizat A.　1239
ボワシエ　Boissier A.　5, 7, 1463–64
ポワゾン　Poyson P. L.　1543
ポワトヴァン　Poitevin L.　125
ボワレスヴ　Boylesve R.　1053
ポワンカレ　Poincaré H.　19–20, 315–16, 543, 680–81
ポワンカレ　Poincaré L.　619
ポワンカレ　Poincaré R.　645, 651, 988, 1323
ボンサル　Bonsal St.　804
ボンセンヌ　Boncenne E.　1345

マ 行

マークス　Marks M. M.　1021
マーシュ　Marsh E. C.　456
マービー　Murby Miss M.　296, 300–01, 304–06, 328, 336, 356
マイアーベーア　Meyerbeer J.　431
マイケルソン　Michelson A.　873
マカレウィカ　Makarewika J.　44
マカロック　McCulloch J. E.　456
マクミラン　Macmillan Co.　169, 172, 222, 226, 229, 250–51, 292, 296, 300, 303, 305–06, 317, 334–35, 338, 340, 342, 350, 355, 358, 360–61, 364–65, 369, 386, 388, 390, 392, 398, 415–17, 470, 523, 565, 719–20, 729, 821–23, 868, 900, 1101, 1116, 1123, 1201, 1226–27, 1273, 1276–77, 1375, 1408
マクラコフ　Maklakof V. A.　758, 760
マサリク　Mazaryk Th. G.　749–51, 769, 773–75, 777, 996, 1346
マシス　Massis H.　1458
増田靖彦　Masuda Y.　1191
マッカドゥ　McAdoo W. G.　650, 652
マッケイ　Mackay　735
マッソン　Masson Fr.　518, 844–45
マッソン＝ウルセル　Masson-Oursel P.　1283, 1285
マッド　Mudd S. T.　456
マドラン　Madelin L.　509, 589, 864–65, 875, 1158, 1182, 1256, 1368–69, 1470, 1494–95, 1518, 1520
マリー　Marie A. A.　734
マリタン　Maritain J.　463, 1213, 1357
マルコム　Malcolm J.　1013
マルサン　Marsan E.　1420
マルサン　Maroussem P. R. P. du, 1016–17
マルセル　Marcel G.　1001, 1080, 1167, 1183, 1193, 1238, 1252, 1338, 1344, 1347, 1388, 1427, 1431, 1471, 1480–81, 1497, 1500, 1543
マルタン　Martin M.　1412–13
マルタン　Martin P. E.　1512
マルタン　Martin V.　1512
マルタン　Martin W.　797
マルテンス　Martens C.　762–66
マルタン　Martens de　285
マルブーク　Marburg M.　731
マルブランシュ　Malebranche N.　930, 943, 1225, 1334
マルボー　Marbeau E.　653
マレ　Marès R. de.　1516
マン　Mun A. de　735
ミシュレ　Michelet J.　126
ミショー　Michaut G.　95
ミッチェル　Mitchell A.　218–19, 223–24, 226, 229, 250–51, 293, 296, 300–01, 304–06, 336, 350, 387, 416–17
ミニャール　Mignard M.　846
ミュアヘッド　Muirhead J.　292
ミュラ　Murat M.　1029

ミュラ伯爵夫人　Murat Th.　183–84, 186–87, 191–92, 202–03, 227–28, 266, 275, 291, 326, 352, 354–55, 374, 381–82, 384–85, 395–96, 402, 405–06, 409–11, 417–19, 422–23, 429–30, 433–34, 437–38, 447, 449–50, 452–54, 463, 472–77, 482–83, 488–89, 510, 512, 518–22, 533–35, 539, 542, 544–45, 548–49, 551–54, 556–58, 560–61, 563–65, 567–69, 590–93, 595–96, 602, 604, 607, 609, 611–12, 614, 618, 623–24, 630, 632, 640, 645, 662, 706, 708–09, 721–23, 725, 735–36, 792, 795, 797–98, 808, 817–18, 834–35, 839–41, 845, 903, 907, 950, 958–61, 975–77, 978–79, 998, 1006, 1012–13, 1020, 1034, 1038, 1071, 1096, 1099, 1148, 1153, 1157, 1164, 1172–74, 1178, 1180–82, 1195, 1206, 1245–56, 1272, 1287–88, 1291–92, 1294, 1302, 1311, 1318, 1321, 1352, 1369, 1393, 1400–01, 1411, 1416–17, 1419–20, 1428–29, 1443–44, 1449–50, 1469–70, 1483–85, 1494
ミュラー　Müller M.　10
ミュレ　Murray G. A.　1072, 1087, 1091, 1093
ミラー（夫妻）　Miller D. S. et Mme　456, 651–52, 654, ,742, 771, 791
ミル　Mill J. S.　1104
ミルバッハ＝ハルフ　Mirbach-Harff E. H. J. M. von　760
ミルラン　Millerand H.　871
ミレー　Millet M.　1347
ミロー　Milhaud G.　315
ミンコフスキー　Minkovski E.　911, 1133–34, 1360–61, 1367, 1372, 1424–25, 1446, 1505
ムーア　Moore G. E.　105
ムーニエ　Mounier E.　1144–45, 1207, 1299, 1301, 1386, 1439, 1543
ムルグ　Mourgue R.　833, 948, 1017, 1358–59, 1372
メイエルソン　Meyerson E.　173, 213
メイソン　Mason A. C.　588
メイソン　Mason J. W. T.　456, 1354
メイボン　Maybon A.　633
メーテルリンク　Maeterlinck M.　601
メーヌ・ド・ビラン　Maine de Biran F. P.　316, 1003–04, 1021
メール　Maire A.　9–10, 13, 56, 477, 1326
メール　Maire G.　10, 101, 117–18, 134–36, 139, 147, 154, 163, 182–83, 186, 279, 345, 353–54, 426–27, 464, 467, 477, 481, 488, 490, 509, 511, 516–17, 525–27, 530, 546, 564, 600, 633, 638, 713–14, 801–02, 843, 904, 913–14, 921, 1083, 1130–31, 1137, 1214–15, 1326–27, 1393, 1481–82, 1528–29
メジエール　Mézières A. J. F.　517–19
メタン　Metin A.　753–54, 782
メチニコフ　Metchnikoff É.　1132
メッツ　Metz A.　1324
メルラン　Merlant　25
メルラン　Merlin　25
モース　Mauss M.　1235
モーハート　Morhardt M.　66
モーラス　Maurras Ch.　1083, 1483–84, 1490, 1494
モーリアック　Mauriac Fr.　1302, 1319, 1382–83, 1407–08, 1415, 1442, 1457
モセ＝バスチッド　Mossé-Bastide R. M.　963
モナコフ　Monakow C. von　1358–59
モノ　Monod A.　25
モノ　Monod Fr.　25
モノ　Monod G.　127〔モノー〕
モノ　Monod V.　1304
モラン　Morand P.　1257, 1322
モリエール　Molière J. B.　7, 829
モルガン　Morgan C. L.　443
モルティエ　Mortier A.　1361
モルネ　Mornet　25
モンジー　Monzie A.　1294

モンソー　Monceaux P.　6
モンティオン　Montyon J. B. A.　1147, 1171
モンティザンベール　Montizambert Mlle　459
モンテスキュー　Montesquieu Ch. de　1249
モンフォール　Montfort E.　825
モンモランシー　Montmorency M. de　207

ヤ 行

ヤーキーズ　Yerkes R. M.　922
ヤウォルスキー　Jaworskı H.　719
ユード　Hude H.　354
ユオ　Huot L.　735
ユクスキュル　Uexküll J. von　299, 312, 320
ユゴー　Hugo V.　60
ユッソン　Husson L.　1448–49, 1456, 1464, 1474, 1503

ラ 行

ラ・クーロンシュ　La Coulonche A. de　6–7
ラ・ゴルス　La Gorce P. de　656
ラ・シェネ　La Chesnaye　533
ラ・パリス　La Palice…　1506
ラ・フォルス　La Force A. duc de　1185
ライプニッツ　Leibniz G. W.　122, 136–37, 261, 1157, 1210, 1372
ラヴィッス　Lavisse E.　454, 572, 642–43
ラヴェッソン＝モリアン　Ravaisson-Mollien F.　17, 44, 313, 315, 1113–14, 1328, 1331
ラヴェル　Lavelle L.　1312–13, 1455–56, 1505, 1516
ラヴェル　Ravel M.　1531
ラヴジョイ　Lovejoy A. O.　370–72, 374, 379
ラヴダン　Lavedan H.　1227
ラクール＝ガイエ　Lacour-Gayet J. M. G.　1029
ラクネス　Raknès O.　877
ラクロワ　Lacroix M.　1277–78
ラグロン　Laggrond A.　952–53
ラサール　Lassalle F.　131
ラザール　Lazard M.　645–46, 695
ラシエーズ＝レイ　Lachièze-Rey P.　1280, 1359–60, 1441, 1514–15
ラシャノー　Lachanaud　25
ラシュドール　Rashdall H.　148
ラシュリエ　Lachelier L.　234, 314, 359, 611, 1440, 1530
ラジョ　Rageot G.　512〔ラジョー〕, 1530
ラッセル　Russell B.　211, 882, 885, 909
ラッソン　Lasson G.　217, 333, 337, 440–41
ラテルナ　Lasternas Bl.　1427
ラニュ　Lanux P. de.　741
ラニョー　Lagneau J.　22
ラネサン　Lanessan J. L. de　593
ラビット（外務従事者）　Rabbitt　777
ラファロヴィッチ　Raffalovich A.　122, 594, 728
ラファロヴィッチ夫人　Raffalovich M. Mme　20–21, 28–31, 33, 37–38, 41, 45–46, 50, 53, 57, 61, 67, 76, 82, 85–87, 90–96, 107, 121–22, 126–27, 130–32, 136, 145, 149–50, 159, 167, 178, 204, 206–07, 212–14, 227, 240, 251, 282, 289–90, 302, 309, 319, 325–26, 394, 427–28, 457, 465, 471, 473, 528, 593
ラフィット　Laffite P.　66
ラブレイエ　Laboulaye de　651
ラボンヌ　Labonne P. E.　757
ラマルク　Lamarck J.　1110
ラマルク夫人　Lamarque Mme　757

ラミ　Lamy E.　628, 646, 656, 716–17
ラムネー　Lamennais F. de　1317
ラランド　Lalande A.　551, 842, 844–45, 936–37, 1096, 1402
ラロシュ　Laroche J.　645
ラロワイエ・ド・シャントピ　Laroyer de Chantepie M. S.　8
ラン　Ranc A.　610
ラングワース夫人　Langworth Mme　651
ランゲ　Lange N.　9
ランジュ　Lange R.　1444
ランジュヴァン　Langevin P.　833
ランシング　Lansing R.　650, 652, 655, 744–45, 751, 759, 761, 783
ランソン　Lanson G.　24
ランツィロ　Lanzillo A.　343
ランドクウィスト　Landquist J. 394–96, 401, 511, 516, 523–24, 871, 872, 902–03, 1194–95
ランドル　Randle H. N.　1121
ラントワン　Lantoine A.　794
ランブリ　Lambry R.　1328
リアール　Liard A.　967
リアール　Liard L.　619, 658, 895, 967
リー　Lee G. S.　734
リー　Lee I.　734
リード　Reid Th.　412
リーブマン（記者）　Liebman　762
リーランド　Leland Miss　658
リヴィエール　Rivière J.　813, 854
リヴォー　Rivaud A.　260–61, 937, 1489
リエベール（外務従事者）　Liébert 648, 657, 660, 739–41
リシェ　Richet Ch.　1543
リシュリュー　Richelieu A. E. du Plessis　681
リスト　Liszt Fr.　41
リスボンヌ（アルカン社）　Lisbonne 874〔リスボン〕, 878〔同〕, 985
リダ　Lida R.　1315–16
リッター　Ritter H.　1029
リッチモンド　Richmond C. A.　456
リッツマン　Litzmann B.　241
リップマン　Lippmann W.　1212
リディッグ夫人　Lydig Mme　652
リボー　Ribot A.　600, 657, 659–60, 706, 791, 1543
リボ　Ribot Th.　13–14, 37, 185, 314, 477, 895〔リボー〕, 951〔同〕
リュクス　Lux J.　270
リュシェール　Luchaire J.　918, 972, 977, 1010, 1034, 1036, 1045, 1048–49, 1051, 1053, 1056, 1077, 1084
リュバク　Lubac E.　1366–67
リョテ　Lyautey L. H.　1543
ルアード　Luard T. B.　1322
ル・サヴルー　Le Savoureux H. 1358–59, 1382
ル・ダンテク　Le Dantec F.　28
ル・ブラン　Le Brun E.　177
ル・ブルトン　Le Breton M.　957, 1200, 1204–05
ル・ボン　Le Bon G.　241–42, 264, 265, 443, 526, 734, 821, 877, 1323
ル・ルー（夫妻）　Le Roux H. et Mme 729, 807, 815, 822–23, 840, 899, 909, 945–47, 969, 995, 1018
ル・ロワ　Le Roy E.　103, 151, 235, 298, 315, 402–03, 419, 421, 466, 517, 526–27, 543–44, 602, 622, 709, 728, 737, 820, 833, 847, 1096, 1159, 1252, 1530
ルイ14世　Louis XIV　837
ルー　Roux A. de　478
ルヴァッスール　Levasseur E.　232, 280
ルーヴェイル　Rouveyre A.　159, 161–62, 467
ルーエ　Ruhe A.　332, 341, 351, 359, 394, 400, 404, 406, 408–09, 461, 463, 485–86, 487, 489, 511, 515–16, 523, 538, 559–60, 596–97, 604, 825, 869, 873–74, 876–77, 926, 1073–74, 1129, 1239

ルージュモン　Rougemont E. de　461
ルージョル　Roujol　26
ルーズヴェルト（ロビンソン夫人）　Roosevelt C.　457, 656
ルーズヴェルト　Roosevelt F. D.　1476, 1520–22
ルーズヴェルト夫人　Roosevelt Mme　748
ルーズヴェルト（息子）　Roosevelt Q.　748
ルーズヴェルト　Roosevelt Th.　285–86, 293, 457, 651, 657, 666, 748, 787, 791
ルーセル　Roussel　25
ルードン大臣　Loudon　1086
ルクーリ　Recouly R.　1173, 1331, 1530
ルクレール　Leclère A.　57–59
ルコント　Lecomte G.　1530
ルシャ（捜査官）　Lechat　967
ルシャルティエ　Lechartier F.　739, 753, 1129
ルジャンドル　Legendre M.　271
ルジョン　Roujon H.　735
ルスタン　Roustan D.　26〔ルースタン〕, 726–27, 812–13, 943, 1027–28, 1199, 1233, 1290
ルソー　Rousseau J. J.　316, 327, 378, 430, 487–88, 1401–02, 1502
ルナン　Renan E.　192, 986–87, 1290
ルヌーヴィエ　Renouvier Ch.　44, 53–56, 73–76, 315
ルノーブル　Lenoble E.　235
ルノリエ　Renoliet J. J.　903
ルフェーブル　Lefèvre Fr.　1001, 1193, 1530
ルベール　Lebert E. M.　1438
ルボー　Lebeau H.　87
ルマークル　Remacle G.　421
ルメートル　Lemaître A.　1285
ルメートル　Lemaître J.　513, 735
ルメルシエ　Lemercier A. P.　123
ルルー　Leroux E.　530
レイトン　Leigton J. A.　456
レイノルド（夫妻）　Reynold G. de et Mme　913, 917, 919, 921–22, 928, 938, 968, 971, 977, 979–80, 988, 1004, 1008, 1010, 1023–24, 1026, 1029–31, 1040, 1073, 1079, 1094, 1165–66, 1171, 1177, 1189, 1207, 1211, 1238, 1246, 1260, 1289, 1341, 1380, 1456, 1465, 1501, 1515–16
レイノルズ　Reynolds St.　393
レイモン　Reymond Dr.　386
レヴィ　Levi A.　96, 99
レヴィ＝ブリュール　Lévy-Bruhl L. et famille　12–14, 25, 43, 131–32, 282, 314, 570, 733, 888–89, 1096, 1118, 1192–93, 1284–85, 1378–79, 1441
レヴィル　Réville A.　226
レヴィル　Réville J.　226
レヴェイヨー（外務従事者）　Réveillaud　990
レヴェック　Levêque Ch.　37, 40, 210
レーヴ　Reves（外務従事者）　746
レーナック（夫妻）　Reinach J. et Mme　6, 281, 353, 520, 572, 593, 606, 610, 617, 625, 632, 635, 707, 721, 732, 799, 836, 851, 858
レーニン　Lénine V. I. O．　786
レーモン　Reymond A.　1346, 1489
レーン（夫妻）　Lane Fr. K. et Mme　650–52, 654, 771–72, 775, 781, 791, 1107
レオン　Léon X. et famille.　16, 19, 21–22, 24, 27–28, 32, 36, 39–40, 46–48, 52, 60, 63, 66, 72–73, 81, 85, 88, 91, 130, 161, 165–67, 189, 190, 194–97, 207, 213, 226, 295, 360, 367, 369, 391, 400–01, 429, 458, 515, 528, 531–32, 550, 561, 571, 597, 613, 657, 713, 779, 806, 809–10, 814, 824, 832–33, 838, 842, 844, 846, 851, 852–53, 856, 860–63, 867, 872–74, 876, 887, 890, 892–93, 895, 900, 923–24, 946–48, 956, 970, 978, 991–94, 1003, 1017, 1021, 1031, 1095, 1150, 1209, 1230

レカミエ夫人　Récamier Mme J. de 1415–16
レカン　Réquin E.　742, 774, 780, 784
レディング　Reading (lord)　761, 775
レニエ　Régnier H. de　514, 522, 635, 801, 864–65, 1014, 1079, 1082–83, 1160–61, 1166, 1182, 1202, 1220, 1233, 1240, 1248, 1253, 1287, 1297–98, 1305, 1342, 1384, 1396, 1415, 1420–22
レニエ夫人（M. L. A. ド・エレディア） Régnier Mme　514, 522, 636, 801, 1421
レニエ　Régnier R.　738, 863, 1103, 1171, 1177, 1206, 1490
レニョー　Regnault M.　756
レバゼイユ　Lesbazeilles P.　6
レベイオ　Rebelliau A.　1177
レルヒ　Lerch E.　1149
レルミット　Lhermitte J.　1491
ロウ　Rowe L. S.　649, 779
ロヴァテッリ伯爵夫人　Lovatelli　7
ロー　Rauh Fr.　228
ローウェル（夫妻）　Lowell A. L. et Mme　456, 474
ローザンヌ　Lauzanne St.　714, 729
ロート　Lhotte A.　1344, 1435
ロード　Lord M. G. C.　456
ロートシルト　Rotschild H. de　1197–98
ロートシルト　Rotschild　437
ローランド　Rowland O.　456
ローレンツ　Lorentz H. A.　961, 994, 1010, 1018, 1020, 1037, 1041, 1047, 1049, 1054–55, 1086, 1097
ロカン　Rocquain F.　1029
ロス　Ross G. R. T.　271, 301
ロズウェル　Rothwell Fr.　169〔ロトウェル〕, 173〔同〕, 1128
ロスタン　Rostand E.　1106
ロスタン　Rostand M.　612, 736
ロッジ　Lodge H. C.　645, 652〔「上院議員宿舎」は誤り。正しくは「ロッジ上院議員宅」〕
ロッシュ（医師）　Roch　1326
ロッシュ　Roches　727
ロッド　Rod E.　513
ロット　Rott H.　1041
ロドリグ　Rodriguès G.　905
ロトリスベルガー　Roethlisberger E. 979
ロビンズ大佐　Robins　786
ロベ　Robet　25
ロベール　Robert H.　1490
ロマン　Romains J.　1136, 1543
ロメイエ　Romeyer B.　1263, 1296
ロラン（外務従事者）　Laurent　759
ロワジー　Loisy A.　220, 225, 232, 237, 243, 637, 641, 711–12, 808, 819, 841, 847, 853, 855–56, 870, 912, 929, 948, 986, 1081, 1120, 1143, 1154, 1179–80, 1247, 1319, 1392, 1432, 1453, 1471–72
ロング　Long Br.　779
ロングワース　Longworth N.　787
ロンブローゾ　Lombroso Gina　→フェレーロ
ロンドン　London G.　1014–15

ワ 行

ワシントン　Washington G.　609, 650, 666, 668–71, 673–74

『論集（*Mélanges*）』以後に公開された ベルクソン書簡を含む文献の一覧（1970-2000）

（本書では，書簡の原本が特定された場合のみ以下の出版物を参照した）

Allen D. F. et Postel F., «E. Minkowski ou une vision de la schizophrénie (suivi de sept lettres de H. Bergson à E. Minkowski», *L'Évolution psychiatrique*, 60, 4, 1995, p. 961–980.

Am Briefen... cf. *Der Morgen*, 5 avril 1929, «Julius Goldstein, zum Gedächtnis», «Am Briefen von R. Eucken, W. James, H. Bergson an J. Goldstein», p. 414–415.

Archives Einstein, *Lettere*, cf. A. Genovesi.

Aron R., *Mémoires*, Paris, Julliard, 1983, p. 129–130.

Bergson H., «French Ideal in Education and the American Student», *Living Age*, 303, 3938, déc. 1919, p. 775–777.

Bergson H., À propos de la nature du comique», réponse à Y. Delage, *Revue du Mois*, 20, 119, p. 514–517.

Billy A., *Bergson, naissance d'une philosophie*, Paris, P.U.F., 1990.

Bourquin C., *Monde Nouveau*, 6, 25, 12 déc. 1922, p. 228–233.

Čapek M., *Bergson and Modern Physics*, New York, 1971.

Carr H. W., «Lettre à H. W. Carr», *Proceedings of the Aristotelian Society*, N.S., 1908–1909, p. 59–60.

Carr H. W., *The philosophy of Change*, London, 1914, p. VII–VIII.

Év. psy., L'Évolution psychiatrique, Fonds Minkowska, cf. Allen. *Formation*, cf. Henriette Guy-Loë.

Genovesi A., «H. Bergson: Lettere a A. Einstein», *Filosofia*, 49, 1, 1998, p. 3–41

Grappe A., «Bergson et Pradines: correspondance présentée par A. Grappe», *Les Études Philosophiques*, PUF., n° 4, 1993, p. 433–446.

Gunter P. A. Y., *Henri Bergson, A Bibliography*, Philo. Documentation Center, Bowling Grenn State University, Ohio, 1974, Revised Second Edition, 1986.

Guy-Loë H., Fonds privé Élie Halévy, *La formation du radicalisme philosophique*, L. III, «Lettres de L. Stephen et de H. Bergson», p. 434–435. *In extremis*, Mme H. Guy-Loë retrouve les originaux de ces deux lettres du 16

juin 1901 et du 2 janvier 1904 dont elle avait respecté le texte avec le plus grand soin: on peut donc substituer aux références à la *Formation...*, celle de FPEH.

Halévy É., *La formation du radicalisme philosophique*, Paris, P.U.F., t. III, 1995, p. 434–435.

Hude H., *Bergson, Cours*, Paris, P.U.F., 1990 sq.

Hulme Th. E., *Speculations: Essays on Humanism and the Philosophy of Art*, Read, London, 1949, lettre de recommandation à Hulme de 1912.

Husserl E., *Briefwechsel*, Band VI, La Haye, Kluver, 1993.

Jankélévitch V., *Premières et dernières pages*, Paris, Le Seuil, 1994.

Lida R., «Lettre à Raimunda Lida», *Nosotros*, 27, 295, 1933, p. 447–448.

Lovejoy A. O., *The Reason, The Understanding and Time*, Hopkins, Baltimore, 1961, p. 185–202.

Matterlin O., *Autographes et manuscrits. Ventes publiques 1982–1985*, Paris, Mayer, 1985.

Millet J., *Bergson et le calcul infinitésimal*, Paris, P.U.F., 1974 à A. Kahn.

Mullarkey J., *The New Bergson*, Manchester, University Press, 1999 (à J. Dewey).

Pages, cf. V. Jankélévitch..

Piper R. F., *Personalist*, 62, 2, 1961, p. 178–180.

Postel F., cf. D. F. Allen.

Prezzolini G., *La Voce*, Discours de Bergson, 1915.

Provencher N., «Les lettres d'Henri Bergson à Alfred Loisy», *Église et Théologie*, 1989, 20, 3, p. 425–438.

Ragghianti R., Henri Bergson, *Lettere a Xavier Léon e ad altri*, Istituto italiano per gli studi filosofici, Serie Testi XII, Naples, Bibliopolis, 1992.

Revue Scandinave, 2, 1911, lettre du 25 novembre 1911 à Ruhe.

RHPR, cf. G. Vincent.

Robinson D. S., «The Bergson-Flewelling Correspondence, 1919–1940», *Coranto*, 10, 2, 1977, p. 21–37.

Sand S., «Lettres de Bergson à Georges Sorel», *Cahiers Georges Sorel*, 1, Institut d'études soreliennes, 1983.

Soulez Ph., «Présentation d'un article inédit en français de Max Horkheimer sur H. Bergson», *L'Homme et la Société*, 67–70, 1983, p. 8. Lettre à C. Bouglé, 1935.

Soulez Ph., «La correspondance Bergson-Lévy-Bruhl», *Revue philosophique*, 1989, 4, p. 481–492.

Soulez Ph., *Bergson politique*, Paris, P.U.F., 1989.

Soulez Ph. et Worms Fr., *Bergson, Grandes Biographies*, Flammarion, 1997.

Suarès A., *L'Art et la Vie, Lettres inédites de... H. Bergson*, Y. A. Favre, Rougerie, 1984.

The Times, Litt. Suppl. Sur *Évol. Créat.*, 24 février 1910.

The Times, 21 août 1925, n° 44049, p. 11 (25 août 1925).

Tsukada S., «L'immédiat chez H. Bergson et G. Marcel», Peeters, 1995,

Vieillard-Baron J. L., «Charles Du Bos et Bergson: une amitié philosophico-littéraire», *Jean Giraudoux, quarante-sept hommages à Jacques Body*, Presses Univ. Tours, 1990, p. 337–346.

Vincent G., «Lettres de Bergson à F. Abauzit», *Revue d'Histoire et de Philosophie religieuses*, 1985, 65, 4, p. 381–394.

Worms Fr., *Introduction à Matière et Mémoire de Bergson*, Paris, P.U.F., 1997.

Worms Fr., cf. Ph. Soulez.

《叢書・ウニベルシタス　980》
ベルクソン書簡集Ⅲ　1925-1940

2025年 3 月 18 日　初版第 1 刷発行

アンリ・ベルクソン
平賀裕貴 訳
発行所　一般財団法人　法政大学出版局
〒102-0071 東京都千代田区富士見 2-17-1
電話03(5214)5540 振替00160-6-95814
組版: HUP　印刷: 三和印刷　製本: 積信堂

Printed in Japan

ISBN978-4-588-00980-8

訳　者

平賀裕貴（ひらが・ひろたか）

1983年生まれ。立教大学大学院博士課程修了。博士（文学）。立教大学ほか非常勤講師。主な業績に『アンリ・ベルクソンの神秘主義』（論創社，2022年），共著『ベルクソン思想の現在』（書肆侃々房，2022年），ベルクソン『笑い』（共訳，ちくま学芸文庫，2016年）がある。